典藏版

当代中国经济学人·韦森作品系列之六

韦森 著

国家治理体制现代化

税收法定、预算法修改与预算法定

商务印书馆
The Commercial Press

图书在版编目（CIP）数据

国家治理体制现代化：税收法定、预算法修改与预算法定/韦森著.—北京：商务印书馆，2017
（当代中国经济学人·韦森作品系列）
ISBN 978-7-100-13010-3

Ⅰ.①国… Ⅱ.①韦… Ⅲ.①预算法-研究-中国 Ⅳ.①D922.210.4

中国版本图书馆CIP数据核字（2017）第043406号

权利保留，侵权必究。

责任编辑：谷　雨
装帧设计：胡　枫

国家治理体制现代化：税收法定、预算法修改与预算法定
韦　森　著

商　务　印　书　馆　出　版
（北京王府井大街36号　邮政编码100710）
商　务　印　书　馆　发　行
山东临沂新华印刷物流集团
有　限　责　任　公　司　印刷
ISBN 978-7-100-13010-3

2017年5月第1版　　开本640×960　1/16
2017年5月第1次印刷　　印张39.25
定价：98.00元

韦森，汉族，籍贯山东省单县，经济学博士，教授，博士生导师，曾任复旦大学经济学院副院长多年，现为复旦大学经济思想与经济史研究所所长。1982年获山东大学经济学学士学位后，曾在山东社会科学院《东岳论丛》编辑部做编辑工作数年，并被评为助理研究员。1987年受联合国资助，赴澳大利亚国立大学国家发展研究中心留学。1989年获澳大利亚国立大学硕士学位。1995年获悉尼大学经济学博士学位。1998年回国执教于复旦大学经济学院。2000～2001年，剑桥大学经济与政治学院正式访问教授。2006年，哈佛大学哈佛燕京学社短期高级访问学者。

在复旦大学开设微观经济学、宏观经济学、制度经济学、比较制度分析等课程；主要研究领域为制度经济学和比较制度分析，对哲学、伦理学、法学、政治学、人类学、语言学、社会学以及宗教神学等学科也有着较广泛的研究兴趣；在国内外有影响的学术期刊上发表大量中英文学术文章，撰写专栏文章、访谈和学术随笔，出版15部学术专著和论文集。

为国内数家著名出版社策划或主编数套大型国外经济学和社会科学学术名著译丛，其中包括：(1)上海财经大学出版社"当代制度分析前沿系列译丛"，(2)复旦大学出版社"西方经济社会思想名著译丛"，(3)商务印书馆"现代货币理论译丛"，(4)上海财经大学出版社"人类经济社会思想探索丛书"等。

近十几年来,因其在制度经济学、伦理学、法学、政治哲学、社会学方面跨学科的研究,乃至在译介国外这些学科领域的世界名著和国际前沿进展方面持之以恒的努力,受到哲学以及其他社会科学界的广泛承认,在当代中国经济学界和社会科学界有较广泛的影响。韦森曾被《南风窗》评为2016年"为了公共利益"十大年度人物之一,以"行动派的经济学家"为标题,回顾了他最近几年在推动中国《预算法》修订和政府减税方面所做的努力和贡献。

主要学术著作：

《社会制序的经济分析导论》，上海三联书店，2001年。

《经济学与伦理学：探寻市场经济的伦理维度与道德基础》，上海人民出版社，2002年。

《文化与制序》，上海人民出版社，2003年。

《经济学与哲学：制度分析的哲学基础》，上海人民出版社，2005年。

《经济理论与市场秩序：探寻良序市场经济运行的道德基础、文化环境与制度条件》，格致出版社，2009年。

个人随笔集：

《难得糊涂的经济学家》，天津人民出版社，2002年。

《经济学如诗》，上海人民出版社，2003年。

《制度经济学三人谈》（韦森、汪丁丁、姚洋合著），北京大学出版社，2005年。

《思辨的经济学》，山东友谊出版社，2006年。

《市场、法制与民主：一个经济学家的日常思考》，上海人民出版社，2008年。

《大转型：中国改革下一步》，中信出版社，2012年。

《重读哈耶克》，中信出版社，2014年。

自　序

自 1978 年改革开放以来，当代中国社会正在经历着从中央计划经济向市场经济的体制转型。在过去近 40 年的中国改革开放过程中，整个社会基本上达至了建立一个法治化的市场经济体制的基本共识。1982 年通过并于 1993 年、1999 年和 2004 年三次修订的《中华人民共和国宪法》第五条，把"中华人民共和国实行依法治国，建设社会主义法治国家"设定为我们国家长期发展的目标。2013 年 11 月 12 日中共十八届三中全会通过《关于全面深化改革若干重大问题的决定》，充分肯定了十一届三中全会以来所进行的中国经济体制、政治体制、文化体制、社会体制、生态文明体制和党的建设制度改革，并把全面深化改革的总目标确定为"完善和发展中国特色社会主义制度，推进国家治理体系和治理能力现代化"。

自晚清以来，经过革命、抗战和国内战争，中国共产党人和无数志士仁人为建立一个现代国家制度和经济发展而付出了艰苦卓绝的努力。实际上整个中国社会也在探索着如何组织人民的生存和生活，如何建立一个现代国家制度而不断进行着制度创新和制度变革。只是经历了近 30 年的计划经济实验，并遭受了"大跃进"和"文革"，直至 1978 年之后，我们才真正认识到，前苏联式的计划经济模式是不可行的，乃至是灾难性的；只有市场经济才是人类社会所能发现的最有效率和最能增进人类福祉的资源配置体制。同时我们也开始逐渐认识到，只有建立一个法治化的国家制度来确保市场经济的运行，才能确保中国能行进在一个稳定、和谐和持续经济增长并使人民福祉不断增进的正确道路上。要建立一个法治化的市场经济国家，就要进行经济体制和政治体制的改革，推进国家治理体制的现代化。从整体上来看，自中共十一届三中全会以来所进行的中国经济体制、政治体制、文化体制、社会体制、党建等方面的全面改革，实际上意味着当代中国还行进在一个现代化国家制度建设的半路上。

在近些年中国国家治理体系现代化建设方面，一项重要的改革是政府预算管理制度的规范与建设。在中共十八届三中全会《关于全面深化改革若干重大问题的决定》第八部分"加强社会主义民主政治制度建设"中，就提出了这一政治体制改革的基本原则："健全'一府两院'由人大产生、对人大负责、受人大监督制度。健全人大讨论、决定重大事项制度，各级政府重大决策出台前向本级人大报告。加强人大预算决算审查监督、国有资产监督职能。落实税收法定原则。"

税收法定原则是现代各国民主政治制度中一项基本原则和国家的基本制度。它肇始于英国，现已为当今世界各国所公认，其基本精神在各国宪法或税法中都有体现。税收法定原则，是指由立法者决定全部税收问题的税法基本原则，即如果没有相应法律作前提，政府则不能征税，公民也没有纳税的义务。税收主体必须依且仅依法律的规定征税；纳税主体必须依且仅依法律的规定纳税。税收法定具体内容包括三个部分：税种法定、税收要素法定、程序法定。

由于现代中国的国家制度是 20 世纪 50 年代初依据建立一个计

划经济体制模式而设计出来的,在1954年、1975年、1978年、1982年《中华人民共和国宪法》乃至1982年宪法的四次修正案(1988年、1993年、1999年和2004年)中,税收法定原则都没有明确的规定,而现行《宪法》中,只有第五十六条有"中华人民共和国公民有依照法律纳税的义务"。这一条文只说明中华人民共和国公民的纳税义务是依据法律产生的和必须履行的,但却没有明确规定征税主体应依照法律规定来征税,因而该规定无法全面体现现代国家税收法定主义的精神。由第七届全国人大常务委员会第二十七次会议于1992年9月4日通过并于1993年1月1日实施的《中华人民共和国税收征收管理法》中,第三条规定:"税收的开征、停征以及减税、免税、退税、补税,依照法律的规定执行;法律授权国务院规定的,依照国务院制定的行政法规的规定执行。任何机关、单位和个人不得违反法律、行政法规的规定,擅自作出税收开征、停征以及减税、免税、退税、补税和其他同税收法律、行政法规相抵触的决定。"这一规定才说明我们国家制度开始有了税收法定的基本精神。但是,这一条规定并没有明确谁来制定税法,但却明确说明法律授权国务院规定的,依照国务院制定的行政法规的规定执行。结果导致在我国现行的十八个(有效)税种中,除个人所得税、企业所得税、车船税由法律规定征收外,增值税、消费税、资源税和房产税等十五个税种均由国务院制定的有关暂行条例规定征收,故可以认为税收法定,包括三个基本要素即税种法定、税收要素法定、程序法定,在我国还没有得到落实。

另外,从理论上来看,尽管税收法定已经是当代世界各国国家的基本制度构成部分,但是中国学界和社会各界真正注意到这一点还比较晚。直到20世纪80年代，大部分国人很少注意和认识到这一点。从目前所搜罗的研究资料来看，税收法定原则最早是在1989年作为西方国家税法的四大基本原则之一被介绍到中国来的。中国当代民商法泰斗谢怀栻先生在《西方税法的几个基本原则》一文中曾详细地论述了税收法定原则、税收公平原则、社会政策原则和社会效率原则，尤其强调了税收法定精神。[1]到了20世纪90年代后，中国法学界和财政学界开始大量讨论这一原则。随着中国市场化改革的深入推进，以及公民私人财产权在《宪法》和《物权法》中逐步得到明确，越来越多的学者开始讨论现代社会中的税收法定和税收法治精神了。随着时代的进步，中国的法学界、财政学界和经济学界以及一些全国人大代表、政协委员不断共同呼吁，中共十八届三中全会通过《关于全面深化改革若干重大问题的决定》中第二十七条，最终写入了"落实税收法定原则"，并且全国人大要在未来五年中对所有中国政府的现有十八个税种的十五个税种进行立法，这应该说是中国现代国家制度建设方面的一项很大进步。

与落实税收法定原则相联系的是中国政府预算管理制度的改革和建设。而加强人大对政府预算的全面审查和监督乃至制衡，则成了中国国家治理体制现代化的一个重要组成部分。经过10余年的蹉跎，经由多方博弈而最后在2014年8月31日由全国人大常委会最后审议通过《中华人民共和国预算法》的修订稿，则构成了最近几年中国国

---

[1] 见谢怀栻：《西方税法的几个基本原则》，载刘隆亨：《依法治税简论》，北京大学出版社1989年，第150～153页。

家治理体系现代化或者说现代国家制度建设的一个重要进展,或者说代表了最近几年中国人思想观念方面的进步,是政府管理体制方面的一项重要改革。尽管新的《预算法》已经修订和颁布了,但到目前为止,国务院《预算法实施条例》修正案还没有通过和颁布实施,因而从某种意义上来说,新《预算法》到目前为止还是为限制政府财税和预算权力所铸造的一个"纸笼子",但笔者认为这当成为未来中国国家治理体系现代化建设的一个基本方向。未来中国的改革和现代国家制度建设,迟早会把这一点落实下来。

收入这本文集的 26 篇文章,汇集了笔者在现有体制环境和宣传途径下对中国国家治理体制现代化和治理能力方面的理论和现实思考,其中主要是围绕着在中国落实税收法定原则,以及围绕《预算法》修改方面笔者在近 10 年所发表的文章。这里要特别感谢天津财经大学的首席教授、笔者的好友李炜光教授。作为同一条"理论战壕"中的"战友",是我们共同发起和组织了数次关于《预算法》和《预算法实施条例》修改的讨论会。作为我国著名的财政学家,李炜光教授也较早提出了政府财政和税收法治精神,并在这方面著作等身。笔者作为一个制度经济学的研究者,前几年在新制度经济学和哈耶克的思想研究方面,做了一些工作。但在政府财税和预算制度方面,我实是一个外行,关注政府预算管理制度和《预算法》的修改问题也很晚。这些年来,我之所以关注财税问题,乃至预算法的修订,源于一件事情的刺激,那就是股市"5·30事件"。2007 年的 5 月 30 日深夜 12 点,国税局把证券交易印花税的税率从千分之一提到千分之三。仅这一项措施,2007 年下半年 7 月 1 日到 12 月 31 日财税部门就多征了 2050

亿元的印花税，相当于次年中国政府所减免的全国农业税的近两倍。从那时候开始，我才意识到政府的税收和财政支出，才是现代国家制度建设的核心问题。尤其是2007年下半年在网上查到李炜光教授的"无声的中国纳税人"(《书屋》2006年12月)一文，读后对我震动很大。同时，我也从网上查到了蔡定剑、刘剑文教授等法学家对各国税收法治和预算民主的论述。从那时才开始，我才意识到现代民主政治的核心和实质是如何管住政府征税权和政府预算收支。随即我便先后在国内外网络媒体和平面媒体上陆续发表一些相关的文章。这些年来，我和李炜光教授以及财政学界和税法学界的教授一起，撰写了一些论文和著作，在推动落实税收法定原则方面做了些理论工作，并从2010年开始，我们就一直关注并实际上参与了《预算法》修订的建议工作。收在本书最后的几篇附录，详细记录了1994年原《预算法》和2014年8月31日由全国人大常委会通过的新《预算法》对照后的不同之处，也有几篇附录是我们专家学者为《预算法》修改所提出的具体意见和建议。这部分附录反映了我们部分专家学者近些年来在《预算法》修改过程中所做的一些努力和部分贡献。

　　这里要说明的是，这次预算法的修订和颁布，是国家立法机关、政府有关部门和社会各界共同参与和博弈的结果。从学界来说，参与笔者和李炜光教授所共同发起主办的数次《预算法》修订专题研讨会的专家学者，包括直接参与新《预算法》修正案起草的北京大学法学院的刘剑文教授和中国政法大学的施政文教授，也有全国政协委员蒋洪教授、原全国人大代表叶青教授，多年研究预算法修改的中央财大的王雍君教授，以及多年关注预算法修改的上海财经大学公共经济与管理学院的朱为群教授、刘小兵教授、邓淑莲教授和郑春荣教授等财政学的专家，以及中国社会科学院农村发展研究所的冯兴元教授、华东政法大学经济法学院院长吴弘教授和上海交通大学凯原法学院的许多奇教授，以及武汉大学法学院税法学专家熊伟教授等。这些专家学者分别参加了我们所组织的数次研讨会，贡献了许多修正意见。中山大学的马骏教授虽然没参加我们在上海组织的《预算法修正案（二审稿）》理论讨论，但对我们参会专家学者所起草的《预算法修正案（二审稿）》的修改意见稿提出了他的一些书面修改意见，并参与了签名。中欧陆家嘴国际金融研究院的刘胜军副院长也参加了关于《预算法实施条例（修订征求意见稿）》的专家学者的讨论会，并提出了一些具体修改意见，参与组织协调工作。这里要特别谨记上海法律与金融研究院的傅蔚冈院长和聂日明研究员的诸多贡献。他们不但作为数次《预算法》修订和《预算法实施条例》（至今未能通过并出台）修订研讨会的主要参与者提出了大量修改意见，而且还具体组织和安排了数次研讨会，并提供了数次会议的资金支持。尤其是聂日明研究员，在数次《预算法》修订和国务院《预算法实施条例》修订的专题研讨会上，他和研究院的一些研究人员及工作人员一起，具体记录了参会专家的发言，编制了1994年的《预算法》与新《预算法》修正案以及我们数次会议所提专家修正意见的逐条对照表。收入本书的附录，包括我们向全国人大、国务院和有关部门提出的具体修正意见，也是傅蔚冈、聂日明及其上海法律与金融研究院的研究和工作人员具体记录、起草和整理的，故他们在实际过程中做了大量工作和贡献。修正意见起草完成后，我们将意见稿交由各位参与专家自己修改，由傅蔚冈、聂日明和我统稿，最终定稿后大家共同签署，再提交给全国人大、国务院法制办和有关部门。故他们的贡献是当为历史所铭记的。作为数次《预算法》及其《预算法实施条例》修订研讨会的组织者，我和李炜光教授除了提出自己的修改意见外，主要负责组织和协调，直至最后的文字把关和定稿。当然，作为本书后面所附几篇附录的修正意见稿，都是由我做最后文字通稿和定稿后才报呈人大和国家有关部门的，任何错误和不当之处，我个人也当负首要责任。

这里也特别感谢全国人大财经委员会的副主任、原央行副行长吴晓灵女士。在 2012 年 7 月 6 日新《预算法》放到全国人大网上向全社会公开征求意见后，由于有关方面并没有做任何公开宣传，是吴晓灵女士在 2012 年 7 月 19 日打电话到我办公室，提醒我《预算法》修正案已经放到全国人大网上公开征求意见了，那时我才知道这一消息，并在当天下午写出了《〈预算法〉修改怎能静悄悄?》一文。之后我们组织了几次关于预算法修改的专家学者研讨会。几次研讨会后我们提出的修改意见稿，都会即时呈报给吴晓灵女士审阅，吴晓灵女士也参加了我们在北京召开的 8 位专家参与的《预算法修正案（三审稿）》的理论讨论会，并到场做了晚餐主旨讲演。但是我这里必须说明，本书中的任何观点，乃至我们专家学者关于《预算法》几版征求意见稿所提出的修改意见，是我们参会专家的共同意见，与吴晓灵副主任无关。这里也特别感谢原国家税务总局副局长许善达先生、原财政部财政科学研究所所长贾康教授，以及上海财经大学校长樊丽明教授，他（她）们曾分别参加了我们所共同组织的数次《预算法》修订的闭门研讨会，并做了主题发言和即时发言，但是，我们关于预算法修改的具体修改意见和建议，同样由我们几次参会的专家学者所共同负责。这里特别感谢我国老一代的经济学家张曙光教授、王则柯教授，以及中国人民大学的毛寿龙教授等，他们曾参加了我和李炜光教授所共同发起和组织的数次理论研讨会及新闻发布会，曾做过主旨演讲、即时发言或参与座谈，在推动我国政府预算公开、财政透明乃至预算法的修订方面也做出过他们的诸多贡献。

在此也感谢财政部预算司、国际司和央行国库局的有关领导，邀请我和部分专家学者参加了他们组织的一些座谈会，以及2016年2月在上海召开的二十国集团（G20）财长和央行行长会议，并向我们这些参加座谈会的专家分别讲解和沟通了关于央行经理国库的实际运作机制及各方的意见，并给我们提供了一些参考材料。收入本书的几篇笔者的文章，以及我们提出的关于《预算法》几次修正案的具体建议，也充分参考了财政部国库司、央行及其国库局有关领导向我们所提供的信息。但是，这里也必须强调，我们专家学者所提出的关于《预算法》修改的意见，全是参与专家所共同提出的，与央行国库局和财政部国库司的领导也没有任何关系。

这里也要特别感谢江西省人大预算工作委员会和广州市人大预算委员会的主任委员们，他们曾多次邀请我们参加一些省市人大预算工委所组织的政府预算监督、预算公开透明以及预算法修改的专题研讨会，向我们介绍了一些省市人大及其预算工委对一些省市政府预算进行监督和审理的实际经验及工作流程。尤其感谢广州市人大预算委员会的前主任委员欧阳知先生。2015年7月7日，在刘剑文教授牵头的中国财税法学研究会的组织下，我们16位财税法专家和经济学人赴广州市人大调研，并随即召开了为期 2 天的关于《预算法实施条例》修正案的座谈会和专题研讨会。欧阳知主任委员还向我们详细介绍了广州市人大加强对市政府预算的监督和规范政府行为方面的改革及经验，这使我们参会学者更加清楚地认识到，加强人大对政府预算的监督和规范政府的财政收支行为，乃是国家治理体系现代化建设的一个重要组成部分。

这里也特别感谢笔者的好友、北京大学国家发展研究院的名誉院长林毅夫教授。2014 年在上海召开的一次经济学家专题研讨会上，我曾经向林毅夫教授详细介绍了我对国家治理体系现代化的一些看法以及一些专家学者对《预算法》修订的具体建议，得到了他的认同，他也谈了自己的一些想法。最后我还委托林毅夫教授向决策层转达了我们的意见和建议。同时，也谨志对清华大学人文社会科学学院经济学研究所的蔡继明教授的谢忱！过去十几年来，继明兄多次邀请我到清华大学参加学术讨论会并开设讲座，而我在清华的许多讲演和发言也都与税收法定原则及预算民主政制建设有关。继明兄和上海社会科学联合会一起，还安排我参加了 2013 年 7 月由十二届全国人大常委会副委员长、民进中央主席严隽琪来上海召开关于十八届三中全会将要通过的《关于全面深化改革若干重大问题的决定》的专家学者座谈会，在座谈会上我做了发言，讲了税收法定原则和政府预算民主制度是人类社会现代化的一个重要组成部分，当是我国国家治理体系现代化的一个重要制度建设。会后我还向有关方面提交了自己的发言稿和简短的意见。故当 2013 年 12 月份我在美国加州大学圣地亚哥分校第一次读到中共中央《关于全面深化改革若干重大问题的决定》的新闻稿，发现第二十七条有"落实税收法定原则"的规划，当时真激动不已！即觉得当代中国正走在现代国家制度建设的正确轨道上。

这里也特别谨记中国企业研究所的理事长王维嘉博士和唐大杰秘书长所提供的支持。2014 年，中国企业研究所曾支持并具体协调和组织了一些专家学者在北京召开了两次关于《预算法》修改的专家研讨会，并在之后又多次支持我们的相关研究，以及我们部分专家在广州召开的《预算法实施条例》征求意见的研讨会。尤其是我们 8 位专家向全国人大法工委和中办法制局所提交的关于《预算法》修改的具体修正意见，也与王维嘉理事长和唐大杰所长的支持和参与分不开的。这里也向他们表示由衷的感谢！

另外，这里也要指出的是，收入这本文集的许多文章都是由专栏文章和访谈的形式，改编成网络媒体和纸质媒体文字稿的。这里特别感谢一些媒体的约稿、催稿并整理我的访谈稿。没有他们约稿、催稿、逼稿和整理访谈稿，这本书的大部分文章也许永远不会写出和发表出来。自 2007 年我开始关注税收法定原则和《预算法》的修改问题以来，由于涉及较多的媒体和记者、编辑，一些编辑、记者已经离开了原来的媒体，部分人的名字我也记不起来了。这里谨志对《瞭望·东方周刊》的黄琳女士和芦垚编辑，原《东方早报》的张明扬、郑诗亮编辑，FT 中文网的张力奋（原）总编、徐瑾和刘波编辑，《华尔街日报中文网》的崔宇编辑，原《财经网》的陈君编辑，《财经》杂志的刘彦女士，凤凰财经的肖叶琼主任及赵春华、葛雪松、王德民等编辑，《第一财经日报》的记者缪琦，《华夏时报》记者商灏，以及"腾讯·大家"的赵琼女士，等等诸位媒体人的支持，笔者诚挚地感谢上述媒体允许我把这些在各个媒体上发表的文章和访谈收入本书之中。

最后，也是最重要的，笔者这里特别感谢商务印书馆上海分馆的谷雨女士。近些年来，笔者围绕政府财政透明、税收法定原则、《预算法》的修改、政府减税乃至法治的基本含义等问题在平面媒体和网络媒体上发表了大量文章和访谈，部分文章和访谈已经收入自己的《市场、法治与民主》（上海人民出版社 2008 年）和《大转型：中国改革下一步》（中信出版社 2012 年）中了。是谷雨编辑最近敦促我把有关法治、税收法定和预算法修改收的文论再汇编成这本文集，以记录近 10 年来自己和其他学者及朋友们在这方面所做的工作。另外，为了普及和唤起民众的纳税人权利意识觉醒，推动预算民主制度的建设，笔者曾在过去近 10 年的许多讲演和专栏文章中不断重复宣讲了一些观点，在整理笔者的录音访谈过程中，一些编辑同仁也常常从网络上搜索到我先前发表过的现成文章，直接把一大段一大段的原话记入了我的新访谈稿之中，结果我的许多网络文章和访谈稿中曾有不少是重复和类似的观点。在编辑这本文集时，谷雨编辑花费了很大的精力对收入本书的文章做了比对和删节处理，基本原则是一处讲过后下一篇文章同样和类似的观点就会被删除（书中某些文章中的类似观点表述，因考虑行文完整性，而做部分保留）。对此，笔者也特别感谢谷雨女士所付出的辛劳编辑和文字处理工作。

笔者相信，中国的市场化改革道路一旦开启，在 21 世纪的当代世界就是不可逆的。1978 年以来，中国沿着十一届三中全会和十八届三中全会所逐步确立的建立法治化市场经济制度的改革道路一路走来，才有了过去近 40 年中国经济的高速增长。过去 40 年中国市场化改革的路程，也说明中国的国家体制还是可改的和可塑的。但是，笔者相信，如果背离了建立法治化的市场经济制度这一中国改革开放的大方向，如果有任何欲倒退到斯大林式中央命令经济的体制模式的尝试和努力，结果或将会给中国带来一场玉石俱焚的大革命，或将导致中国经济的缓慢衰萎。对未来中国乃至全人类，那都将是一场巨大的灾难。就此而论，收入本书的所有文论，既是现实的和历史的，也是理论的和理念的。

最后要指出的是，自己作为一个制度经济学的研究者，近十几年来花费了大量的时间和精力，在中国的改革与经济发展乃至国家治理体制现代化建设方面撰写这些时评和文论，而放弃乃至拖后了自己一些关于制度经济学基本理论著作的撰写和研究，但我从来不后悔自己这些年的"不务正业"。能为我们的国家和社会的点滴进步而贡献自己的一点理论思考，也是一个当代经济学人所当为的事工。

是为序。

韦森 2017 年 2 月 9 日谨识于复旦

目 录

1 / 自序

1 / 第一篇　税收法定与预算民主
3 / 民主与法治是一个和谐社会的基础构件
9 / 税收法定主义的历史缘起
14 / 税收法定的当代实践
19 / 税权法定与未来中国政治体制改革的可能逻辑起点
42 / 是把民主预算列入中国改革日程的时候了！
45 / 中国人的税负与预算民主建设
60 / 为何政府财政信息公开如此之难？
69 / 以预算民主建设推动中国社会转型
　　　——韦森教授就中央政府部门"三公经费"公开问题答记者问
87 / 减税才是未来中国经济最好的宏观政策

105 / 第二篇　《预算法》修订与现代国家制度建设
107 /《预算法修正案》亟须公开征求意见
115 /《预算法》修订怎能"静悄悄"？
119 / 预算修法须保留央行经理国库制
125 / 切莫撑开政府官员腐败寻租的制度保护伞
149 / 央行经理国库的职能取消不得

1

159 / 《预算法》修改的风风雨雨与中国财税改革

178 / 《预算法》修改的进展与展望

203 / 第三篇　从税收法定走向预算法定

205 / 财权制衡与中国下一步当为改革

216 / 现代大国立国的财政与预算管理制度之根基

246 / 韦森、蒋洪、朱为群谈《预算法》的修订

283 / 韦炜道来：万税无缰的焦虑

317 / 从"税收法定"走向"预算法定"

331 / 第四篇　法治的基本理念与未来中国社会的发展道路

333 / 法治的基本理念

345 / 法治理念的产生与沿革：从古代到近代早期

358 / 《大宪章》在人类社会法治化进程中的深远影响

372 / 人民才是推动预算民主建设的最根本的力量

376 / 探寻未来预算民主政治的税理学

383 / 观念决定了制度变迁的路径与方向
　　　——悼念道格拉斯·诺思教授

391 / 附录

396 / 附录一　《中华人民共和国预算法》(新旧版对照)

429 / 附录二　十七位专家学者就《预算法修正案(草案二次审议稿)》向全国人大常委会提出的五点主要修改意见

437 / 附录三　十六位专家学者就《预算法修正案(草案二次审议

稿)》向全国人大常委会提出的具体修改建议

449 / 附录四　八位专家学者对《中华人民共和国预算法》及其二审稿修改意见的对照表

508 / 附录五　八位专家学者就《预算法修正案(草案三次审议稿)》向全国人大法工委提出的五条主要修改建议

514 / 附录六　十八位专家学者对《预算法修正案(草案三次审议稿)》的修改意见对照表

556 / 附录七　十三位专家学者就《预算法实施条例(修订草案征求意见稿)》致国务院法制办的修订建议

567 / 附录八　十三位专家学者就《预算法实施条例(修订草案征求意见稿)》致国务院法制办的具体修改建议

第一篇 税收法定与预算民主

■ 如果任何人凭着自己的权力，主张有权向人民征课赋税而无需征得人民的同意，他就侵犯了有关财产权的基本规定，破坏了政府的目的。

——约翰·洛克《政府论》，下篇

（中译本，商务印书馆1996年，第88页。）

民主与法治是一个和谐社会的基础构件

在2005年9月6日会见出席第22届世界法律大会的代表时，总书记胡锦涛深刻地指出："和谐社会首先是一个民主法治社会。我们将继续发展社会主义民主政治，健全民主制度，丰富民主形式，保证人民依法实行民主选举、民主决策、民主管理、民主监督。"胡锦涛还接着说："我们将继续建设社会主义法治国家，健全社会主义法制，推进依法行政，落实司法为民的要求，充分发挥法治在促进和保障社会和谐方面的重要作用。"之前，在第八次中欧领导人峰会召开前的一次记者会上，国务院总理温家宝也曾明确指出："中国将推进其民主政治发展，坚定不移地重新构建（民主），包括举行直接选举。"温家宝还明确指出，要加强和推行我国的基层民主试点，循序渐进地推进我国的民主和法治化建设。党和政府领导人的这些谈话，表明了我国政府在深化改革开放，推进民主和法治和构建一个民主法治下的和谐社会方面的信心和决心。

中国经过四分之一多个世纪改革开放的伟大历史实践，已把我们的国家、经济和社会带到了21世纪伟大复兴的历史起始点上。在中华民族的这一伟大历史际遇和时代挑战面前，党和国家领导人审时度势，高瞻远瞩，提出要循序渐进地推进我国的民主和法治建设，以构建民主法治下的和谐社会，这对把握我国社会演变与经济发展的未来方向，有着十分重要的意义。

民主和法治是人类社会现代化的一个重要和主要构成部分。人类社会的现代化，不仅仅是工业化和科技革命，也不只是居民收入和生活条件的大幅度提高和改善，而且也是人们经济交易和政治活动的法治化，政府决策程序的民主化，以及人民大众广泛参与并制衡政府资源配置角色和作用的一个深刻的社会变迁过程。毋庸置疑且显而易见，作为人类社会现代化的一个重要组成部分，民主和法治已构成了当代世界各国经济社会发展的一个历史潮流和大趋势。

过去，我们常有一个较为普遍的理论误识，那就是认为民主和法治是西方国家的"舶来品"，是西方人社会价值观的一部分，因而，抑或对民主和法治持敌对情绪和对抗态度，抑或对二者讳莫如深。殊不知，民主与法治作为一种社会机制和社会过程，是建立在普世伦理基础之上的人类社会现代化过程的一个重要组成部分，是构建一个稳定和谐的现代社会的基础性要件。

另外，我们还应该看到，民主以及与之相关联的民本和民权思想，在中国文化的精神传统之中，也可谓源远流长，因而也绝不能把它只归结为西方人价值观中所内涵着的东西。从《尚书》中的"民惟邦本"，到孟子的"民为贵，社稷次之"的思想；从唐太宗的"天地之大，黎元为本"思想，到明清思想家黄宗羲的"为天下之大害者，君而已矣"和"天下之治乱不在一姓之兴亡，而在万民之忧乐"的洞识，清晰地展示出了民权、民本和民主思想在传统中国文化精神中的久远历史源流。翻开中国近现代历史，我们也会发现，构建一个民主法治下的和谐社会，不仅仅是自辛亥革命以来无数志士仁人为之奋斗的伟大社会目标，也是包括孙中山、毛泽东、邓小平等老一辈革命家所弘扬的崇高社会理想，而且还一度曾为国共两党试图通过协商谈判共同构建的社会蓝图。然而，只是到了21世纪初，在我们国家经历了多次极左运动和"文革"的动乱，尤其是经过四分之一多个世纪经济社会改革的伟大历史实践，才使人们逐渐认识到，构建一个民主法治下的和谐社会，已成了一种现实的历史趋势和可实现的现实可能性。

构建民主法治下的和谐社会，也是我国市场深化过程的一个自然要求和必然结果。市场机制主要是一种通过经济当事人分散决策而进行资源配置的社会过程。从经济学上来分析，具有知识分立、不完备信息和有限理性的市场参与者对各自自身利益的追求，以及市场参与者之间的经济交易和社会博弈，往往会产生一些社会成本和外部性（如环境污染），并有可能衍生出在国民经济总量层面上的经济波动和商业周期。这就蕴涵了一个现代政府干预和调节市场过程的自然要求。然而，在政府调节市场过程以降低社会成本和减少外部性方面，在政府试图消除宏观经济波动和商业周期的负面影响方面，存在着两种思路和两种手段选择：是通过行政命令和政府官员的行政自由裁量权，以及政府手中所掌控着的物质和金融资源直接干预经济过程？还是主要依靠法律、法规、行政条例以及财政政策与货币杠杆来规范和调节人们的市场活动？一般说来，前者潜含着过去计划经济时代的体制残留和行政惯性；而后者则必须通过民主和法制建设方能达至良序运作。

通过宪法和有关政府行政法规的明确制度约束来规范政府自身的行政行为和重大的经济与社会决策，对一个良序市场的运行来说，尤为重要。政府公务员在宪法及其有关的行政法规所明确界定的范围内行使自己的权力，人民群众则反过来通过民主选举、民主决策来约束和监督政府公务员的重大经济与社会决策，评估其行政行为及其后果，并相应作出自己的反应。因而，良序的民主机制本身就构成了对政府公务员腐败渎职行为的一项重要的制度约束。只有政府官员清廉了，法制健全了，才能逐渐生成规范的和良序的市场。因此，可以说，没有民主和法治，就不可能有良序的市场机制。没有良序的市场运行，会给政府公务员的腐败寻租行为创造很多机会和可能。在腐败普遍化的情况下，也就不可能有一个和谐社会。从这种意义上，我们可以认为，民主与法治是一个和谐社会的基础性构件。

这里需要指出的是，民主与法治，并不是两个分立的社会机制和社会过程，而是互为条件，互为因果，互相依存，共同构成了一枚硬币的两面。我们已经知道，没有建立在宪法基础之上的民主，政府官员的行政自由裁量权就会无限膨胀，政府官员的行为和决策就不能被限制在人民群众的有效监督和制衡之下，政府公务员的行为也就很难受到法律制度和规范的约束，甚至会反过来把法律规则和司法程序掌控在自己手中，因而他们实际上就会高于法律，或者说在法律规则的约束范围之外。从这种意义上来讲，没有民主，也就不会有真正的法治。

反过来我们也要认识到，法治，就其本质来说，并不是政府治理社会和控制民众的一种手段和工具，而首先是对政府及其公务员行政范围和自由裁量权的一种刚性的制度约束。没有宪法对政府职能和行政职权范围的明确界定和约束，政府本身就会是像英国古典哲学家霍布斯所说的那种利维坦，也就不可能有真正意义上的民主。因此我们也可以断定，没有建立在一部带有"现代法治精神的宪法"[（前）最高人民法院院长肖扬2005年9月8日在第22届世界法律大会（上海）上的主题发言中所言]基础上的完备的法律制度体系，就不可能有真正的民主。另外，从政治学的基本理论上来说，民主说到底并不如人们照字面意义所理解的"人民当家做主"那样简单，法治也绝非意味着国家和政府用法律手段来治理社会和规范老百姓的行为一种工具。民主与法治，首先是对政府自身及其公务员行政权力及其范围的约束而言的，简单说来，是人民大众有效约束和制衡政府行政范围和政府官员行政自由裁量权的一种有效的社会机制。正是有了民主和法治，政府行为和政府官员的行政决策才能真正被置放在人民群众的有效监督和制衡之下。概言之，只有有了真正的民主与法治，才能构建出消除绝大部分政府公务员腐败寻租的制度根源，才有可能达致一个民主法治下的和谐社会。

《尚书·泰誓》中有言："民之所欲，天必从之。"在民主和法治已成了中国市场深化和社会发展的一个自然趋势和必然要求的今天，努力构建一个民主法治之下的和谐社会，将是我们中华民族实现 21 世纪伟大复兴和邦强国盛的一条必由之路。

2005 年 9 月 9 日晨谨识于 Grand Hyatt Beijing 906 房间

（本文曾摘要发表于《南方日报》，2005 年 10 月 5 日）

税收法定主义的历史缘起

税收,是任何国家存在的基础。税收法定(Statutory Taxation),则是近代以来世界上民主政治的最根本和最核心的运作理念之一。从税法学的基本原理来说,税收是现代国家主权的一种表征,但它同时也是国家公权力对纳税人私权利的一种"干预"与"侵犯"。在现代国家中,政府的财政支出一般会呈现一种持续增长的趋势,政府的财政需求也随之不断膨胀,而这种财政需求只有通过税收才能得以满足,因而税收的不断增加,就成了困扰世界上许多国家政府的一个根本性的经济与社会问题。从政治学的基本理念来说,在现代民主政治中,政府公权力本身应当且必须受到限制,否则,它会无限扩张。政府公权力的膨胀,在很大程度上是从政府任意征税或任意提高既有税种的税率上表现出来的。就此而言,税收和税制,最能从本质上反映一个政府公权力的强弱及其范围。如若是一个全权政府,其表现特征往往是税收权不受任何法律的约束和限制;而宪法民主政制下的有限政府,要征收任何税收,则要受宪法以及民意代表的实际约束。这种实际约束,一般并不仅仅表现为宪法中的某种条文的明确规定，而是通过一定议会的审定程序中具体表现出来。在税收法定的政治安排中，如果政府越权征收某一种税，纳税人也能启动对政府的违宪税务诉讼。在实行税收法定的宪法民主政制中，为应付大量和复杂的税务案件，在许多发达国家很早就设立了专门的税务法庭或财务法院。

税收法定的政治理念，早在17世纪和18世纪就在洛克和孟德斯鸠等西方政治哲学家的一些著作中明确地表达出来了。譬如，英国伟大的政治哲学家约翰·洛克在名著《政府论》下篇第140节中就曾指出："政府没有巨大的经费就不能维持，凡享受保护的人都应该从他的产业中支出他的一份来维持政府。但是这仍须得到他自己的同意，即由他们自己或他们所选出的代表所表示的大多数的同意。因为如果任何人凭着自己的权力，主张有权向人民征课赋税而无须征得人民的同意，他就侵犯了有关财产权的基本规定，破坏了政府的目的。"基于这一考虑，洛克进一步指出："未经人民自己或其代表同意，决不应该对人民的财产课税"（第142节）。自近代以来，"未经人民自己或其代表的同意不纳税"，就成了现代民主政治的一项基本原则，也构成了税收法定主义的根本理念。

从人类社会的现代化进程来看，税收法定，首先并不是作为一种先验的政治理念或法律原则而提出来的，而是宪法民主政制治运动的一项现实诉求。只是随着人类社会现代化的演进，税收的法定性和自愿性逐渐变成了在当代世界各国的立法与财政运作实践中一项不断完善着的民主政治原则。

从欧洲历史来看，税收法定的理念最早是在英国《大宪章》中所初步确立下来的。1215年,英王约翰王为了筹集军费,横征暴敛,引起了英国贵族、教士以及城市市民广泛不满。他们联合起来,发动了武装反叛,迫使约翰王在内忧外患的夹击下签署了限制国王权力的《大宪章》。《大宪章》规定,在征得"全国一致同意"外,国王不得课征任何"兵役免除税或捐助"。这样一来,英国《大宪章》的基本历史意义就在于用法律条文明确规定了主权者征税必须受限于法律和人民同意的双重约束,从而开启了宪法民主政制与税收历史关联的先河。之后,在1628年通过的《权利请愿书》中,又有进一步的规定:"没有议会的一致同意,任何人不得被迫给予或出让礼品、贷款、捐助、税金或类似的负担",从而正式在英国的宪章性法律文本中确立了税收法定主义。1688年英国的"光荣革命"胜利后,英国国会制定的《权利法案》中又进一步重申:"国王不经国会同意而任意征税,即为非法"。至此,税收法定的基本政治原则已经确立下来了。

如果说自13世纪到17世纪的英国宪法民主政制建设主要是围绕君主征税权的主轴而发生的,那么,北美殖民地的宣告独立,也缘起于英国殖民者向殖民地人民的随意征税。在18世纪后半叶,英国政府在北美殖民地开征印花税和糖税,以转嫁它在战争中的巨额财政亏空。之前,英国政府在殖民地只征收关税。当时,北美殖民地的民众担心,此例一开,英国政府以后会进一步征收其他税收,于是,便以在英国议会无殖民代表参加为由,宣称英国政府无权向殖民地人民征收印花税。1765年10月19日,北美殖民地通过了《印花税法案大会决议》,从法律上抗争英国殖民者的横征暴敛。

但英国政府无视北美人民的呼声,随即颁布了《印花税法》。1765年10月殖民地代表会议在纽约通过了《殖民地人民权利及其不满的宣言》,从此便开始了北美殖民地的反英独立战争。美国独立后在1781年颁布了《美利坚合众国宪法》,宪法第1条第7项便是有关税收法定的规定及其具体实施程序。美国宪法同时规定了现代宪法民主政制的几项基本原则,如权力分立、权力制衡等等。可以说,美国宪法民主政制建设是围绕着限制政府税收权而展开的,或者说是政府的征税权问题实际上成了美国宪法民主政制建设启动的基本动因。

  同样,回顾法国大革命的历史,我们也同样会发现,1789年法国大革命的直接起因亦是由法国国王路易十六课征新税而引起的。1774年路易十六继位时,法国经济已经是危机四伏。宫廷各级政府官员的恣意挥霍,更加重了当时的财政危机。随后,路易十六的大臣们试图用挖运河、建港口、修道路来刺激经济,但这些措施反而更加重了法国政府的财政亏空。为解决政府财政危机,路易十六决定开征新税,从而引发与三级国民议会的冲突,并导致国王出军队镇压国民议会。以法国第三等级为主的巴黎各阶层市民为保存国民会,与国王展开激烈抗争,由此揭开了1789年法国大革命的序幕。1789年法国革命胜利后,同年8月,法国制宪会议颁布了《人权和公民权宣言》,其中14条就规定:"公民都有权亲身或由其代表来确定赋税的必要性,自由地加以认可,注意其用途,决定税额、税率、客体、征收方式和时期"。1789年的大革命开启了法国现代宪政民主建设的一二百年的漫长历史。在随后一两个世纪中,法国宪法民主政制演变的整个历史均是围绕着税收与国家主权者的权力范围这一主轴而展开的。

通过上述简短的历史回顾，可以看出，在人类近现代历史上，民主政治建设的历程总与税收制度的变革紧密相关联，从而可以认为，对税收法定的追求实际上构成了一些国家宪法民主政制建设的主旋律。并且，大多数法治民主国家是围绕税收法定原则的确立而开启自己民主政治历史演进之路的。

2007年7月19日晨谨识于复旦
（本文发表于《中国新闻周刊》，
2007年8月6日第28期第93页）

税收法定的当代实践

在现代社会中,民主政治的一个重要目标就是分权或限权,即将有无限扩张趋势的政府公权力限制在宪法所划定的范围之内。税收,作为维持政府机器运作的主要财政来源,在任何国家存在的条件下都是必需的。征税权及其实施机制,也从而构成了政府公权力的主要和核心部分。就此而言,作为"限政"的宪法民主政制,首先就要对政府的征税权有所限制,以使政府部门在实现财政预算收支基本平衡的目标时,依法行政,并在遵守课税平等、效率和法治的原则下,给予纳税人的基本权利以充分的尊重和保护。同时,由于公共财政说到底是一种服务性的政府行为,其出发点和归宿均应为最大限度地保障广大纳税人的合法权益和福利,因而宪法民主政制也要求政府的税收和其他财政行为要以公共利益和向社会提供公共服务为依归。从纳税人是政府税收之源,是政府官员的"衣食父母"的角度来看,国家保护纳税人权利应该说是理所当然的。从国家和社会存在的根本目的来看,政府财政从理论上来说也应该是为纳税人谋福利的。因此,政府的权力,包括税收和财政权力,必须源自纳税人的同意,并受制于宪法的约束和其他行政法规的有效制衡,以防止政府征税权和其他财政权力的滥用。这就构成了宪法民主政制条件下政府公共财政的基本理念。

基于上述政治理念,在当代世界上的一些法治国家,税收法定的宪法民主政制精神受到越来越广泛的认可。几乎所有倡导法治的国家,无论其发达程度、地理位置、历史传统、行政架构如何,都在其宪法和国家的宪章性法律文本中设置了税收法定的有关内容,或在有关国家机构、权力分配、公民权利和义务的规定中对税收的法治性质作出一些明确的阐述,并几乎无一例外地将相关的政府征税审定权赋予议会。

这方面的例子很多。譬如,法国宪法第三十四条就规定:"各种性质赋税的征税基础、税率和征收方式,必须以法律规定";意大利宪法第二十三条规定:"不根据法律,不得征收任何个人税或财产税";日本宪法第八十四条则规定:"新课租税或变更现行租税,必须有法律或法律规定的条件为依据";芬兰宪法第六十一条规定:"税收,包括关税在内,不论是否规定期限,均应根据法律规定。取消或变更原有税制或纳税义务也应根据法律规定。"

如果说在以上这些发达国家的宪法中只是对税收法定原则做了抽象的界说的话,那么,美国宪法第一条第七款则更明确地从实质上对政府的征税权加以限定:"一切征税议案应首先在众议院提出,但参议院得以处理其他议案的方式,提出修正案或表示赞同。"接着,在第1条第8款还具体规定:国会有权"赋课并征收直接税、间接税、关税与国产税,以偿付国债和规划合众国共同防务与公共福利，但所征各种税收、关税与国产税应全国统一"。与美国相类似，比利时宪法第一百一十条也对政府的税收做了实质性的规定："国家税必须通过立法才能规定。省、城市、市镇联合体和市镇的地方税，非经各自议会作出决议，不得征收。"另外，比利时宪法第一百一十二条还规定："在税收方面，不得规定特权。免税或减税，只能由法律规定。"希腊宪法第七十八条则规定："非经议会制定法律，对征税对象和收入、财产类型、支出以及按何种税类处理等事宜作出规定，不得征收任何税。""有关征税对象、税率、减免税和给予补贴，均须立法权力机关规定，不得委托授权。"除上述发达国家外，俄罗斯宪法也规定，联邦委员会有权审议国家杜马通过的联邦预算、联邦税收和收费方面的法律。马来西亚、新加坡、斯里兰卡、印度尼西亚、约旦等国的宪法都大致强调："非经法律规定，不得征税"。在阿拉伯也门共和国、科威特、巴林、埃及等相当多的发展中国家的宪法中，有关条款也充分体现出了税收的宪法民主政制精神。

除了以上各国在宪法上的明确规定外，在具体的政府提案的审理程序上，在各国议会中，事关纳税人切身利益的税收提案一向是要优先讨论的，并且这种讨论不是空泛的、原则的、内部的，而是具体的、现实的、公开的和透明的。在审定政府提交的税案时，经过民选而来的议员代表，自然会考虑自己选区和所属党派选民的利益，从而多会从纳税人（亦即主要选民）的利益考虑而对政府税收行为和财政预算评头论足。议会代表往往会对政府要不要征税、向谁征税、征什么税、征多少税、怎样征税等重大税收问题提出自己的争辩意见，并通过各种行政程序实际监控政府征税案的实施和财政支出的每一项政府行为，一旦发现问题，立即会在议会辩论中提出来。当然，这一切最终都还要经过投票程序来进行决定。有关税收的这种开放的法定行政审议程序，充分反映了民主政治下税收法定原则的宪法民主政制精神和议会中心主义。

这样一来，在现代法治国家中，政府处理税收事务的权限必须依据议会的决议和法律来行使，议会通过的预算和有关政府税收活动的限定性文件，都是国家的法律，政府必须不折不扣地执行。未经议会的许可，任何借口政府首长或财税部门特权和利益而自行征税、征费的行为，以及超出议会准许的时限和方式的税收行为，一概都是非法的，从而会引起纳税人对这种政府不当行为的违宪诉讼。结果，在世界上的许多法治民主国家，均有法院和具体的司法程序为纳税人提供了法律方面的救济，实际上造成税务诉讼在法治国家中行政诉讼案件所占的数量和比例甚大。为了应付税务案件的大量性和复杂性的特点，西方许多国家很早就设立了专业的税务法庭或财务法院。在英国，古老的三大普通法法庭之一就是财税法庭。另据我国学者秋风的研究，在我国台湾地区，尽管没有设立专门的税务法庭，但税务诉讼是放在行政诉讼中来进行的（设有专门的台湾地区行政管理机构），以至于近几年台湾的税务诉讼占行政诉讼的百分之六十以上。在台湾大法官会议对相关法律所进行的解释中，有很大一部分也与税法有关。

当然，必须看到，在许多法治国家的税收法定原则的实施过程中，常常有其所谓的行政"低效率"。在这些国家中，常常有议会为某一项税收提案而争论不休——短则数周，长则数月，甚至更长为数年的情形。目前在加拿大、新西兰和澳大利亚实行的消费税，就是经历了这三个国家多年的议会辩论和争吵才最终得以实施的典型的例子。过去，我国财经界和理论界的人士往往只看到西方国家的议会常常为某一项税案争吵不休从而行政"效率低下"的一面，却常常忽略了这种现代税收机制的合理性，以及其能减少政府重大经济决策失误的现实优长。

在实行法治民主国家各国的竞选中，税收也历来是各党派竞选中最为敏感的问题之一，并且增税或减税一向是政治权力角逐者最为关注和经常使用的竞选策略手段，因而，对税收和财政支出问题，竞选的任何一方都不敢有丝毫的马虎和懈怠，他们所提出的竞选纲领，也自然会尽量调整自己的实证政策，最大可能地接近符合纳税人的意愿，以取得纳税人的信任和支持。在历次大选中，一个竞选人若在税收问题上稍有不慎，就会满盘皆输。由此也可以认为，在许多现代法治国家中，纳税人对政府税收的制衡和财政支出的监督，并不只是体现在宪法的一些条文规定上，而是体现在现实政治机器运作的方方面面。因而，税收法定，在许多现代法治国家中，是一项现实运作的原则，而不仅仅是一个政治信念；是实的，而不是虚的。

2007 年 7 月 19 日下午 3 时谨识于复旦

税权法定与未来中国政治体制改革的可能逻辑起点

一、法治民主与依法行政

2008年，是中国改革开放的30年。两千多年前，孔夫子曾说他自己是"三十而立，四十而不惑，五十而知天命，六十而耳顺，七十而从心所欲，不逾矩"。作为一个拥有13多亿人口的大国，中国如若像我们的先圣孔老夫子，经历了共和国近30年的巩固、政治运动和经济建设，再经历了30年改革开放的巨大经济增长，到了2008年这个历史转折点上，应该说是过了"不惑之年"而到了"知天命"之岁了。然而，历史往往告诉人们，一种社会体制往往比一个人更有自我维系的生存能力。尽管如此，在经历了多年经济高速增长但诸种社会问题也不断积聚的当下，可能大多数人已开始认识到，我们的共和国正在一步步走向一个历史性选择的十字路口。这即是说，30年中国改革开放的巨大经济成就和不断出现的社会问题，不时在人们面前显现这样一个若隐若现但又似乎挥之不去的问题：已经市场化了的当代中国正在走向何方？

中国的市场经济社会正在走向何方？说来这也许是一个不成为问题的问题。因为，我们的《中华人民共和国宪法》第 5 条就曾明确规定着："中华人民共和国实行**依法治国**，建设社会主义**法治国家**。"不久前召开的中国共产党第十七次全国代表大会的报告中，胡锦涛也曾明确地指出："人民民主是社会主义的生命。"值得注意的是，十七大报告的第六部分在论述政治体制改革时，不仅重申了"发展社会主义民主政治是我们党始终不渝的奋斗目标"，而且直接将该部分的标题定为"坚定不移发展社会主义民主政治"。从宪法的条文，到十七大报告的精神，均说明了一点：未来中国，会走向且正在走向一个法治民主国家。然而，站在 30 年改革开放的历史与现实转折点上展望未来中国，人们意识到，未来中国向何处去的问题，实际上变成了法治民主的政治体制将如何具体型构、建设与演化、变迁的问题。

既然宪法规定明确确立了我们要建设社会主义"法治国家"的长远目标，十七大报告又明确说明民主政治是我们国家和社会的生命，这无疑确定了我们的国家发展的大致走向或者说社会走向的大方向。但是，何为民主？何为法治？未来中国民主与法治政制型构、建设和演化变迁的逻辑起点又在什么地方？

首先，民主与法治，作为中国 20 世纪 80 年代以来就常常出现在媒体中惯常术语，各界人士基于自己知识禀赋，均可以谈出自己的不同认识和理解。笔者新近的看法是，法治，在英文中为"rule of law"（即"法律的统治"，而不是"rule by law"，即"用法律统治"，"用法律来治理"），就其本质而言，并不是政府治理社会和控制民众的一种手段和工具，而首先且在实质上是对政府及其公务员行政范围和自由裁量权的一种刚性的制度约束。换言之法治并不是政府用法律来治理社会，而是政府行政和政府官员的行政自由裁量权受法律所制约。在这种意义上说，法治绝非是政府用法律治理好了社会，或者说用法律治住了老百姓，而是选民用宪法和其他行政法规治住了政府，从而使政府官员的行为是受约束和民意制约的。就此而言，如果没有宪法以及相应的行政法规对政府职能及其行政职权范围的明确界定和约束，政府本身是像英国古典哲学家霍布斯所说的那样一种无任何约束的利维坦，即使政府制定多少法典，颁布多少法律、法规，最多只能达到用法来治和依法而治的一种社会状态，而不可能有真正意义上的法治，即法律的统治。其次，民主说到底并不如人们通常照字面意义所理解的那样简单，更不是简单的投票选举，而是政府的决策和程序以及做决策和制定程序的人均受民众及其他们所选举代表意见的制约。概言之，民主与法治，首先是对政府自身及其公务员行政权力及权力范围的约束而言的，或者简单说来，是人民大众有效约束和制衡政府行政范围和政府官员的行政自由裁量权的一种有效的社会机制。

从人类社会的近现代以及当代历史来看，民主与法治是人类诸社会现代化的一个重要和主要构成部分。人类社会的现代化，不仅仅是科技革命和制造业的工业化、人类商品和服务消费的商业化和市场化，也不只是居民收入和生活条件的大幅度提高和改善，而且是人们经济交易和政治活动的法治化，政府决策程序的民主化，以及人民大众广泛参与并制衡政府资源配置角色、功能及其作用的一个深刻的社会变迁过程。如果从这一视角观察分析问题，就会发现，政治的法治化，社会的民主化，以及文化的多元化，说到底都会从政府公权力的如何运用以及在运用中如何受宪章性法律法规以及其他权力制约和制衡方面显现出来。就此而论，如果政府的公权力实际上不受制约，以致政府官员的行政自由裁量权边界模糊和不受民主程序的实质性约束，那么就谈不上真正的民主与法治。也正是从这种意义上理解民主与法治，笔者在近几年的专栏文章中一再指出，所谓"宪法民主政制"或"法治国家"，说到底就是政府官员的自由裁量权得到了明确的界定，因而政府的权力是有限的。

从上述认识问题的视角来看待我国现行的政治体制安排，我们会发现，在民主与法治建设上，我们国家依然是任重道远。2007年围绕着中国政府的财税收入和中国税制所发生的一系列事件，恰好暴露了中国民主与法制建设中的一些根本性问题。在目前中国的政治体制安排中，由于中国政府官员的行政自由裁量权边界模糊，以至于关系国计民生和亿万家庭福祉的重大经济决策，可以由政府部门的某个或某些官员自己自由或任意决定。政府公权力边界的未清晰界定，政府官员自由裁量权模糊和任意性，导致已经市场化了的中国社会在政治运作上仍然是一个行政控制社会。改革开放以来，尤其是近几年来围绕中国政府财税收入与支出所暴露出来的一些深层次问题，正好说明，已经市场化了的当今中国社会，确实是到了需要反思并前瞻性地讨论其政治与社会体制演变发展的未来走向的时候了。

二、近几年政府财税收入超高速增长的背后

2007年以来，税收变成了举国上下所关注的一个热门话题。之所以会如此，也许并不是因为各类媒体一再传出在世界各国"税负

痛苦指数"排名中，中国连续几年排名前三甲，而是因为财政部和国家税务总局 2007 年以来频繁调整一些税种的税率，并不时增加一些新税种，再加上中国税务部门强化了一系列征管措施，并对下级增收税款采取了某种非常有效的返还留成激励机制，导致中国政府的财税收入在 2007 年大幅度增加。按照国家税务总局发布的 2008 年元旦快报中的数字，2007 年，全国税收收入共完成 49442.73 亿元（这还不含关税、契税和耕地占用税），比上年增收 11806 亿元，增长幅度竟高达 31.4%，增收额也是 2006 年度增收额的近两倍。另外，2007 年全年中国政府财政总收入也超过 5.13 万亿元，比上年同期增收 12543.83 亿元，增长 32.4%。2008 年以来，尽管从各种渠道传来的信息均表明中国经济增速正在放缓，但是，政府的财税收入却继续保持一个高速增长的势头。按照财政部的最新数字，2008 年 1 月至 6 月，全国的政府财政收入达到 34808.19 亿元，同比增长 33.3%，比上年同期又进一步提高了 2.7 个百分点。

一个令人值得人们深思的现象是，到目前为止，中国各级政府部门以及中国新闻媒体在报道本地以及全国的税收大幅增加时，是在取得了辉煌成就和巨大成功的正面意义上报道的。到目前为止，还很少有学者——尤其是很少有经济学家——来冷静地反思政府的超高速财税增长对中国经济与社会发展的负面影响，尤其是还很少有人从政府在经济社会发展中的作用、功能和角色方面来认识"近些年政府财税收入超高速增长对中国政治和社会体制的格局及其未来发展走向意味着什么"这类深层次的——或言根本性的——问题。

如果从中国改革开放近 30 年来政府财税增加及其财税制度的

演变历史来综合审视中国政府在经济发展中的作用，也许更能认识到一些深层次的问题。按照财政部官方网站提供的一些数字，1998年，中国政府的财政收入约为9876亿元，到2006年，则增加到51304.03亿元。上述数字表明，2007年中国政府的财政收入已经是1998年的5.2倍。另外，在1978年，也就是"改革开放"的第一年，政府财政收入占GDP的比重是31.1%（请注意，这是中国计划经济时代的末期数字）。1994年，中国进行了以"分税制"和流转税制改革为基本内容的财税体制和制度改革，财政收入占GDP的比重迅速下降到10.8%；到1996年，这一数字则进一步下降到9.8%。然而，自2000年以来，中国政府的财税收入保持了一个超高速的增长势头，且增速越来越快，以至于在2000年以来的数年中，政府财政收入占GDP的比重不断上升，2003年达到15.1%，2004年达到16.1%，2005年为16.8%，2006年提高到18.4%，2007年则进一步上升到20.8%（参图1）。

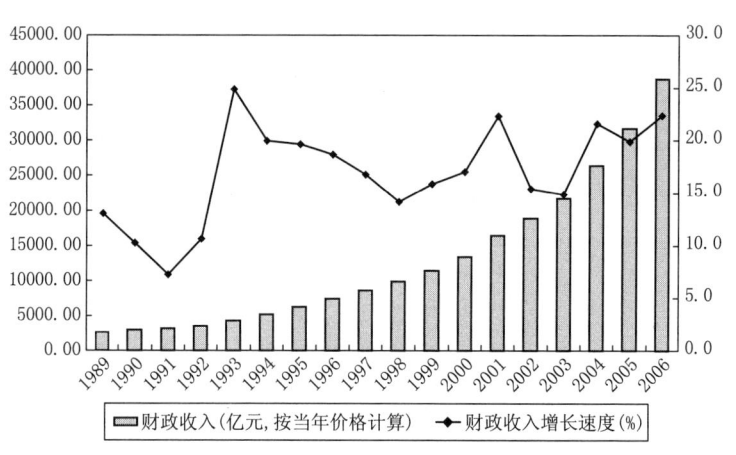

图1

值得注意的是，以上数据还只是包括所谓的各级政府"第一财政"的统计数字。如果加上各级政府的预算外收入和制度外收入，中国各级政府的实际财政收入总额占 GDP 的份额要远远高于这个比例。根据财政部前任部长以及李炜光教授等多位学者的计算，若把各级政府的预算外收入、制度外收入全部计算进来，政府全部收入占 GDP 的"大口径"宏观税负应该在 34.43%～40% 之间。在《财经》杂志 2007 年年刊发表的一篇文章中，前国家税务总局副局长许善达先生也承认经济学家们的这一估计数字，并说，即使按照最保守的估计，这一比例也大致在 25%～30% 之间。如果把政府的第一财政、预算外收入和制度外收入放在一起来考虑，我们就不会对《福布斯》杂志所公布的全世界 50 多个国家的赋税痛苦指数中中国连续几年名列前三甲（2005 年排名第二，2006 年、2007 年均排名第三，参见图 2）这一现象感到奇怪和意外了。

Country	Misery 2007
France	166.8
Belgium	156.4
China	152.0
Sweden	150.4
Italy	148.0
Austria	144.4
Argentina	135.0
Finland	131.0
Hungary	130.5
Greece	128.9

图 2 《福布斯》杂志公布的 2007 年世界各国
"税负痛苦指数"排行前十位国家

政府财税收入的大幅度和超高速的增长，无疑意味着政府操控经济和驾驭社会的能力在加强。但是，这一现象对已经市场化的当今中国社会意味着什么？政府天文数字的财政收入和支出对现今中国宏观经济动态——尤其是2007年下半年以来中国的通胀率抬头——又意味着什么？目前中国政府的决策层是否意识到了这些现象背后的种种问题及其内在关联机制？又有多少中国的经济学家和国际上的中国问题专家意识到了这些问题的严重性？

除近些年税收高速增长以及政府财税收入占GDP的比例不断攀高，以至于在全世界的税负痛苦指数中中国连续几年名列前三甲这一问题外，比税收负担更令人值得关注的问题是：政府在征收了巨额的财税收入后将其用到什么地方去了？

政府征收的巨额财税收入究竟被用到什么地方去了？按照李炜光教授等学者的新近研究，改革开放近30年来，中国政府的行政费支出增长了近90倍。在1978年，行政管理费用占财政支出总额的比重仅为4.71%，到了2004年，这一比重就增加到37.6%，而同期美国的这项支出的数字仅为12.5%。另外，在2004年，政府财政预算中的公共服务及社会管理支出，我国为25%，美国为75%。根据上述数字，李炜光教授认为，改革开放30年来，政府的公权力没有丝毫后退，而是强化了，且政府仍然像以前那样控制着国家的绝大部分资源。另外尤其值得关注的另一个问题是，尽管这些年中国政府的财政收入在超高速地增长，政府财政收入在GDP中的比例不断攀高，但是，根据中共中央党校社会学教研室吴忠民教授的研究，中国政府的财政收入中基本民生方面的投入占GDP的比例，却在全世界排名倒数第一。《中国青年报》2007年7月的一篇报道中曾透露，吴忠民教授在谈到这一现象时十分激动，他有些痛心疾首地说："我们比欧美发达国家低也就罢了，但比非洲那些贫穷国家还低，就说不过去了！"

政府财税收入的大幅度和超高速增长，政府财政收入在GDP中的比例不断攀高，政府财政支出中基本民生方面的投入占GDP的比例在全世界排名倒数第一，自然会影响到普通民众的实际福利。按照中国社科院2008年《社会蓝皮书》最近给出的数字，在2003年，劳动报酬占国民收入的比重，在我国是超过50%的，但是，到了2006年，这一数字则下降到40.6%。2003年，全国职工工资占GDP的比重超过13.3%，然而，在三年的时间里，这一数字就下降了2个百分点，到2006年为11%左右。上述一系列数字说明了什么？显而易见，这些数字充分表明，在近些年中国经济高速增长的同时，国家或言政府确实是越来越富了，且掌控的经济资源越来越多，操控社会的能力越来越强，但是，普通民众的相对收益和福利却下降了，民众对政府公权力和政府政策制定的制约，也在衰减和弱化。以至于普通民众对于政府在做什么，毫无知情，而只能望着一座座新建的政府机关的豪华行政大楼而"漠然兴叹"！普通民众对各级政府不断增加税费要求，只能无言的服从；对政府征来的巨大财政预算的花销去处，更一无所知；对政府推出的任何经济政策和法律法规，也只能默默地接受。

另外，根据近些年来各类媒体不断报道，一方面，中国政府财政收入在超高速增长，政府财政收入占GDP的比例不断攀高，政府财政收入用在民生方面投入的比例却位列末尾。另一方面，与此形成鲜明对比的是，全国各级行政机关的官员一年的公款吃喝、公车消费、党政干部公费出国考察的费用，均高达数千亿元。在每年3月的"两会"期间，不断有这样的数字曝光。另外，根据新浪网2007年6月28日的一篇报道，时任审计署审计长李金华在报告2006年度中央预算执行和其他财政收支的审计情况时曾说，他们的审计表明，中央部门及其所属单位的预算管理存在诸多问题，其中所发现的中央各部委本级存在的"问题资金"金额就高达348.53亿元；各部委所属单位存在的"问题资金"的金额又多达120.27亿元。李金华介绍说，这次他们共审计了56个中央部门，并延伸审计了434个二级预算单位。在审计中，他们发现，中央各部委本级管理不规范问题金额为331.15亿元，违法违规问题金额15.24亿元，损失浪费金额达2.14亿元。以上这些数字表明，比税收负担更值得令国人关注的问题是：政府在征收了巨额税金后，是怎么花的？又究竟被花到什么地方去了？

除上述一系列问题外，按照2005年8月5日《环球时报》的一篇报道，中国的富人约占总人口的20%，但他们上缴的个人所得税还不到国家个人所得税收入的10%。据此，有学者称，中国富人的税收负担目前在世界上是最轻的。另外，从财富占有上来说，在当今中国社会也存在严重的不均，且保持着继续拉大的趋势。根据美国的波士顿咨询公司在2006年10月17日发布了《2006全球财富报告》，在当今中国，0.4%的家庭占有了70%的国民财富，而在日本、澳大利亚等国，一般是5%的家庭控制国家50%的财富。上述数据充分表明，我国在财富分配不均和不公方面，已经超过了当代大多数西方发达国家了。2006年下半年以来中国股市的空前繁荣，无疑又加速了社会财富向富人手中加速积聚的过程。这两年，政府为了减缓社会财富和收入分配的不公和极不平均的状态与趋势，确曾在税收制度上采取了一些措施，如从2006年11月开始《个人所得税自行纳税申报办法（试行）》，对年薪12万元以上的收入阶层采取强制自行申报年收入的制度。然而，从目前中国社会的财富创造机制来看，真正的富人，并不是仅靠工薪收入的人，而是那些能通过各种渠道攫取"灰色收入"的人。在目前的税收制度，对这种种"灰色收入"是根本无法征税的。因此，可以推想，目前中国的税制，仍然是对仅靠工薪收入的低收入家庭和个人是不利的，而目前中国的真正富人，与全世界的富人一样，总是有办法逃税和避税的。

概言之，把中国的税负痛苦指数排名世界前三，政府在基本民生方面的投入占GDP的比例在全世界排名倒数第一，以及中国富人的税收负担在世界上最轻这三个问题结合起来，就会知道，真的是到了从根基层面上反思我们国家的税收制度和政治制度基本安排之问题的时候了！

三、政府税收高速增长的可能经济影响

政府财税收入大幅度增加，对即时宏观动态经济增长以及整个社会福利的影响如何？2007年发表在《中国新闻周刊》的一系列专栏文章中，笔者已经指出，从经济学的基本原理来看，任何征税和提高税率都会减少企业和家庭的私人财富，因而一般会通过一些内在关联和传导机制对企业自身的投资和扩张以及家庭的消费支出产

生一定的遏制作用,从而对宏观经济增长产生一定的影响。

　　数年前,世界银行的一些专家曾对税收与经济增长的关系专门做过一项实证研究,该项经验研究发现,在一个现代国家里,当其宏观税负在 10.3% ～ 30.9% 时,每提高 1% 的税负,将使国内投资下降 0.66%,GDP 增速则下降 0.36%。世界银行的研究还发现,之所以在税收与经济增长之间一般有这样一种负相关关系,主要因为:(1)企业所得税的增收会降低企业赢利水平,削弱了企业的国际市场竞争力;(2)个人所得税的增收,则会降低劳动收益率,抑制劳动供给;(3)增值税和营业税的增收,会抑制民间消费。在上述税收的这三种可能负面影响中,目前最值得我们关注的是税收对居民消费的负面影响。在我国多年来在经济高速增长的同时出现消费疲软、储蓄过旺的情况下,提高对居民消费可能有遏制作用的税收的税率,显然不利于解决我们多年来存在的消费疲软问题,从而不利于靠真正启动内需来拉动长期经济增长。这个问题不解决,会关系到中国经济的高速增长能否持续这一长期且战略性的问题。当然,2007 年以来,中国的国内消费有所启动,并在巨大的流动性过剩的情况下引发了 2007 年下半年以来的通胀率抬头。在此格局下,政府增税对消费从而对经济增长的负面影响被掩盖起来了。将来一旦出现中国经济增长速度减缓,政府税收对家庭消费以及对经济增长的负面作用将会再度彰显出来。

　　除了上述宏观经济考量外,更为严重的是,从微观经济学和福利经济学的角度来分析,任何开征新一种产品税(新的车船税基本上属于这一种)、资源税或提高其税率,均会减少该产品以及相关产品的市场需求或供给，从而对整个社会产生一种三角形的"无谓损失"（deadweight loss），即减少社会总福利。这也就是经济学家们所常说的"哈伯格三角"（Harberger triangle）。正是基于这一理论，信奉供应学派观点的美国里根总统在 20 世纪 80 年代初竞选总统时，就把减税作为他的政纲的核心理念。里根及其经济智囊认为，减税将给人们适当的工作激励，这种激励不仅会提高社会的总经济福利，也可以反过来增加税收。另外，根据新华网华盛顿 2008 年 1 月 18 日一则电讯，在美国经济刚刚显露出衰退迹象的这当下，时任美国总统的乔治·W. 布什首先考虑的应对措施也是减税。近日，美国政府就提出了高达 1450 亿美元的减税方案，试图以此刺激经济增长，避免美国发生经济衰退。这也说明，西方社会的政治家和经济学家们一般认为税收对经济增长确有某种减速和抑制作用。

尽管从经济学的基本原理来看增加税收既会减少社会福利，也可能会对经济增长产生一些负面效应，但税收毕竟是任何国家机器存在的基础。正如马克思本人所言，"赋税是喂养政府的娘奶"，"赋税是政府机器的经济基础"。离开赋税，国家机器将不能运转，政府也无法向社会提供任何单个人无法提供的一些必要公共物品和公共服务，因此，税收又是任何一个社会均所**必要的恶**"。正因为如此，就连十八世纪美国最伟大的科学家和政治家富兰克林也曾无奈地叹道："在这个世上，除了死亡和税收外，没有什么事情是确定无疑的。"既然税收是任何社会所"必要的恶"，但这毕竟是"恶"。"恶"，尽管不可能被尽除，从经济学的基本原理上来看，就应该是

越小越好。从这种视角来认识问题,经济学鼻祖亚当·斯密一生最著名的一句话现在也就是可以理解的了:"**除了和平、轻税赋和宽容的司法行政外,把一个最原始的国家发展为最大限度繁荣的国家,就不再需要别的什么了**。"在最近中国政府屡屡推出新税种并不断提高既有税种税率的这当下,读读斯密早在1755年就发出的这黄钟大吕般的警示,也许不无教益。

当然,在给税赋的负面经济影响足够的认识的同时,我们也看到,在中国经济近30年连续的高速增长且增长势头目前不减的这当下,政府宏观政策决策者实际上有某种意愿要把提高税收来作为紧缩和调控经济过热的一种措施,这在某种程度上是可以理解的。事实上,也正是在目前中国经济的高速增长时期,税收的负面作用在目前的经济动态发展中还不甚明显。然而,必须看到,一旦某种税收开征,或某种税率被提高了,往往会有一种很强的"路径依赖"效应。基于某种行政惯性和政府财政平衡的维系需求,已经开征和已被提高的税种往往较难被取消和再降低。因此,尽管在中国经济高速增长的这当下,增税的负面效应可能还不太明显,但如果中国经济增长速率一旦出现滑坡时,沉重赋税对经济增长和整个社会福利的负面影响将会非常强烈地凸显出来。因而,当下政府目前随时、随地、随意、随机增加某些新税和提高某些税率,对税收这"必要的恶"的负面影响,我们不能不有所认识和警惕。从这种意义上来看,如果欲把税收杠杆作为政府宏观调控的一种手段,那将是非常危险的,因而必须慎用,以谨防其长期的负面影响。

四、政府征税的法律基础问题

除了从经济学的角度讲政府征税有导致的社会福利损失以及会抑制宏观经济增长的负面影响外,从法学和政治学的基本原理来看,一个君主或政府任何时候征税,从本质上来说也不是一种"良善"(good)的事。因为,从实质上来看,任何政府税收,都是国家政权对私人产权的一种强制剥夺和攫取,因而说到底是政府公权力对个人私权利的某种"侵犯"。用税法学家的专业用语来说,由于税收是国家为实现其公共职能而凭借政治权力而依法强制和无偿地从私人和企业那里获取财政收入的一种活动和手段,因而,对纳税人来说,税收完全是纳税人对政府的一种无对价的给付。

正因为税收说到底是一种公权力对纳税人私权利的一种干预和侵犯,是纳税人对政府的一种无对价的给付,保护纳税人不受君主和政府公权力的任意攫掠,就成了自1215年英国《大宪章》以来人类宪法民主政制的一个最基本的核心价值诉求。

值得注意的是,除英国、美国和法国外,在欧洲中世纪晚期和近代历史上,荷兰之所以成为一个独立的国家,部分也是因为当时统治着荷兰地区的西班牙王室的过度征税而引起的。从历史上看,正是哈布斯堡王朝过度征税,荷兰人才组织了反对西班牙君主的叛乱,随后联合,建立了民族国家荷兰。

根据现代税权法定主义的基本精神,在大多数西方发达国家,以及发展中国家如马来西亚、菲律宾、印度尼西亚、斯里兰卡、约旦等国的宪法中均有类似"非经法律规定,不得征税"的明确条款,因而，可以认为税收（宪）法定已经成为现代宪法民主政制中的一条普世原则。根据这一原则，在世界上许多国家，要新增一个税种，或提高一种既有税种的税率，往往是件非常麻烦和困难的事。这往往要经过议会多轮激烈辩论，并常常会引起纳税人的各种抵制、抗议甚至游行示威。因此，在加拿大、新西兰、澳大利亚和世界上许多其他国家，常常有经过几届政府激烈争吵，一种新税仍不能开征或一种既有税种的税率无法被提高的情形。

另外，这里要特别指出，税权法定，议会对政府征税权的实质性的有效制约，在中国近代历史上也确曾发生过。按照李炜光教授的研究，在1909年晚清政府初步尝试实现君主立宪制之后，由清政府自己所建立的资政院，就曾迫使清政府放弃其独立财权，并将当年清政府的财政预算核减掉了7790万两白银。李炜光教授认为，从任何角度看，这在当时都是一项非常了不起的事件，因为，尽管当时中国才刚刚试行君主立宪制，晚清的资政院就能做到这一点。从这一事例中，我们也可以认识到，早在百年前，中国人就向世界充分显示并证明，我们完全能实行政府税权法定这一现代宪法民主政制的基本原则，并且有能力建立起政府预算受民选议会（人大）代表制约和审定的政治制度安排。

五、当今中国税权法定原则阙如的问题到底在哪里？
——李炜光教授的精彩分析

在上一节的论述中，我们已经知道，目前世界绝大多数现代国家，其中包括数十个发展中国家，均实行税收（宪）法定的制度，而且一些国家中实际上实行政府征税的决定要经过议会代表审议并批准通过方能实施的政治实践。然而，在我们国家的现行政治体制安排下，情况却完全不是这样。由于目前人们的税权法定主义观念淡薄，税收立法权又实际上集中于政府的最高行政机关，这就为财政部和国税局任意决定税种和提高税率总是开着绿灯。在这种体制安排下，财政部和国税局可以不经人大批准和辩论而随时、随地、随机地开征一种新税种，或任意提高一种既有税种的税率。结果，像2007年5月30日提高证券印花税税率这样每年多征收上亿元税款的重大税收决定，以及2007年7月1日实施的关系到千家万户利益的提高一倍的新车船税，财政部或国税局可以不经人大讨论而独自决定，甚至最起码连颇具社会转型期"中国特色"的"听证会"都没有举行过。这样的做法，显然有违现代社会中税收（宪）法定主义的基本原则，从而使纳税人没有任何方法和手段来保护自己的权利。更有甚者，在纳税人的直接经济利益受到政府公权力的侵害后，连社会各界人士对政府税收部门的任意征税做法表示不同意见和评论的渠道和机会都没有。这一例子充分说明，我们国家的法治建设目前还任重道远。

那么，为什么在一个后计划经济的时代里，当今中国的政治架构中还未能建立起税收（宪）法定的政治制度？我们国家税制的根本问题到底在哪里？沿着这个问题进一步深入思考，我们就会发现，中国目前税收激增和税制的一些基本问题，是与我们国家现存的基本政治制度的深层架构密切联系在一起的，或者说与我国的宪法条文所规定的基本政治安排密切相关。从形式上来看，尽管我国现行宪法在公民权利和国家架构等方面的规定，与大多数西方宪政民主国家的宪法有诸多类似之处,但是,先不从实质上来说,而仅从文本的观点来看,我国宪法在税收宪法民主政制精神和制度规定方面也存在明显的欠缺。譬如,在《中华人民共和国宪法》中,唯一涉及税收的内容是第五十六条:"中华人民共和国公民有依照法律纳税的义务。"而国家税收权力的归属这个无论对于政府还是公民都至关重要的问题,1949年以来的四部宪法中,竟然都从未做任何规定,至今都是阙如的。另外,从1949年以来的四部《宪法》文本中,从来没有规定纳税人权利的条款,也没有明确说明政府征税需要代议机关(人民代表大会)同意和批准的规定。根据这一状况,在2004年撰写的一篇《现代税收的宪政之维》的长文中,李炜光教授发现了目前中国宪法中有关税收问题的规定以及中国现行税制安排的下述问题:

> 首先,把公民纳税义务的条款写在宪法里值得商榷。宪法是公法,是针对国家、政府的公共权力而制定的,是落实国家与政府承担对公民的义务(公共服务)的法律文本,不是用来限制公民的。……在宪法中没有明确规定公民纳税权利的情况下单方面规定其纳税义务并不是一种明智的选择。……在宪法中加入公民纳税义务条款的动机可能是为了提高公民纳税的责任和自觉性,但是,这类在实际的税收征管过程中其实并无大的用处,在一个法制健全的国家,即使不在宪法中规定公民的纳税义务,也无碍这些义务的履行,而如果这个国家的法制阙如,就是在宪法中列举再多的义务也是枉然,例如偷逃税现象,

就不会因为宪法中有纳税义务的条款而有所减少。

其次，我国宪法没有明确人民代表大会税收立法的专有权，导致税收立法"越权"的现象。我国宪法（第二条）规定，"中华人民共和国的一切权力属于人民"，人民代表大会及其常务委员会代表着全国人民当家理财，实行的是彻底的议会中心主义，是很先进的制度，人类社会的发展史也一再表明这样的制度具有无可替代的优越性。问题在于，代表着全国人民的人大却没有税收立法的专有权，也就是说，除了人大，别人也可以立法或以条例之类的形式变相立法，上面那句"一切权力"的话就成为虚置的了。由于宪法不作为，征税权几乎全部由政府自己"越俎代庖"了。目前我国税收法律有 80% 以上是由国务院根据人大授权以条例、暂行规定等行政法规的形式颁布的，经全国人大立法的只有《中华人民共和国外商投资企业和外国企业所得税法》《中华人民共和国个人所得税法》《中华人民共和国税收征收管理法》三部，甚至一些实施细则之类的制定权还被下放给财政部、国家税务总局等更低层次的政府部门，事关绝大多数纳税主体权利义务的税收规范并非由代表全体纳税人的人民代表大会制定，行政机关成了规定税收要素的主要主体，这种状况无疑是与税收的宪法民主政制的原则背道而驰的。从理论上说，如果需要，政府想征多少税都可以做到，中间没有任何制约和监控的政治环节。这就演变成一个怪现象，政府每年的预算都需要拿到全国人大去审核批准，而政府决定新征税种或提高税率却不需要全国人大来批准，成了只管出不管进，睁开一只眼却闭上另一只眼。由于我国税收不是基于博弈而产生的，人民代表大会也不是纳税人讨价还价的场所，因而税权法定的原则在公法上就完全被忽略了。

第三，我国宪法没有限定税收的委托立法权，导致税收法律、法规"失据"的现象。依据税收的宪法民主政制原则，议会在保留税收要素立法权的同时，可以将实施细则类的制定权授权给行政机关，但这种授权立法仅限于具体的和个别的税收事项，一般的、空白的授权是无效的，依据此类授权所制定的行政性法规自然亦无效。然而，我国行政机关的实际立法权却极为广泛……1984年以后，授权立法的进程竟然停止了，征税几乎成为政府的一种不受约束的权力。10年后的1994年税制重大改革，在国务院制定的一系列税收暂行规定中，未见有立法依据的规定。如果严格依照税收宪法民主政制原则分析，则可以认为此次税制改革过程中制定的各类税收暂行条例都是无法律依据的。即使说人大及其常委会是默许授权，也只能说这种授权是一种空白授权，是不（产）生效力的。

第四，我国宪法没有对纳税人的权利作出明确的规定，行政权力过分干预税收过程的现象比较严重。对于什么是"纳税人"的问题，《宪法》未作明确解释，仅在"公民的基本义务"一节（第五十六条）中规定"公民有依照法律纳税的义务"，未规定其应享有的立法与监督两项基本权利；《税收征管法》对纳税人的定义则不准确，纳税人被片面地理解为纳税义务人。在税收观念上，我们历来把国家视为税收法律关系中单一的权力主体,而将纳税人视为税收法律关系中单一的义务主体,政府征税的目的主要是取得财政收入和调节经济运行,至于如何规范政府的税收行为、保障纳税人的权利的作用则完全不能与前者相提并论。……既然连纳税人权利这样最基本的税收要素都定位不明确、不准确,政府在自己制定各种细则和规章时便常常忽略纳税人的因素,一些解释性的行政命令便越来越庞杂,成为税收法律的主要部分,扩大了税务部门不应有的量裁权,导致税收过程中的随意性增大,侵害纳税人利益、纳税人负担过重的现象也就难以避免了。

最后,我国宪法没有明确规定政府必须依法征税,导致税收执法行为规范的扭曲。根据税收宪法民主政制原则,税务机关必须严格按照法律规定稽核征收,无权变动法定税收要素和法定征收程序。由于没有在宪法中明确地体现这一精神,实际征收过程中行政命令大于税法的现象比较严重,征税行为不规范的情况随处可见。一些地方为了人为地增大中央财政对地方财政的返还基数,或人为地往往达到增值税、消费税的增收目标以争取中央财政的定额返还,以行政命令的手段"政治任务式地征税",或不按规定及时抵扣增值税应扣税款等手段,迫使纳税人在规定时间内过量承担了一部分税法之外的纳税义务,有关部门却几乎不需要为此承担任何行政责任和经济补偿,造成征纳主体在法律面前事实上的不平等。此外,以税谋私,收"人情税"、"关系税"的情况也是屡禁不绝。

作为一个财税问题的专家,李炜光教授所提出的上述五点洞识,再清楚不过地道出了我国现行政治体制和税收制度的最根本的问题之所在。从李炜光教授的理论分析中,以及从 2007 年围绕着政府税收所发生的一些事情中,均说明了这样一个问题:明确税收立法权,使政府的税收收入和财政支出的规模以及基本用途均由人大通过法定程序加以规范,并在现实政治运作中使政府税收的征收与使用均受人民代表的仔细审议、讨论和批准,从而使纳税人的基本权利得到充分和切实的尊重和保护,在目前来看是一件非常急切的事。

六、税权法定:未来中国民主政制建设的一个可能逻辑起点

在中国文化中,"8"是一个吉祥的数字。最近有研究发现,在我们共和国的历史上,尾数为"8"的年份或多或少、或轻或重地总是一个重要的年份,由此,不少人把 2008 年视为某种"元年"。不管人们如何理解"元年"的意思,不管是在英文"the first year of an era"意义上来使用,也不管人们在使用"元年"这个词时是否意识到在传统中国文化中它的原初含义是"帝王即位的第一年",但在一个现代理性的市场化社会中,人们多使用"元年"一词,这说明了许多人对未来充满了美好的期盼。2008 年的北京奥运会成功举办,在中国运动员获得了金牌和升国旗、唱国歌的同时,可能每一个中国人可以自豪地感到,有数千年传统文明和历史文化包袱的中华民族正在崛起,中国在世界上的影响力越来越大。这些无疑是一个不争的事实。然而,在中国崛起的同时,在我们已经市场化的社会内部,

一些社会问题，例如政府官员腐败、社会收入分配差距在拉大、通货膨胀等在积聚，也毋庸讳言。"元年"之"元"，呼唤着对我们的制度、我们的现状、我们的成就、我们的问题，以及我们的未来发展道路进行某些"元思考"（meta-reflexation）。因为，只有从我们社会运行的最深层面上理清了一些"元问题"，我们才会不再走错路，才会减少我们社会整体的"学习费用"。

适值 2008 年 8 月，瞻望共和国的未来，我们相信，既然中华人民共和国的 2004 年新宪法和中国共产党的十七大报告均明确写明中国要走依法治国的道路，民主与法治应该是未来中国社会发展的大致走向。就此而论，新世纪的中国"元年"之"元精神"，既会反映在"税权（宪）法定"这类"关键词"上，也会具体体现在现实和未来的法治、民主和宪法民主政制建设之中。尽管对未来中国社会如何走向法治国的具体路径我们目前还不甚清楚，但是有一点我们今天却已似乎明白，那就是未来中国的政府体制改革，应该与构建征税权（宪）法定和现代民主财税制度密切相关，或者说从这里开始。从这个意义上来说，我们似可期望把构建税权法定的政治制度以及政府税收的具体征收和用途须经人大实质性的审定批准的政治安排作为未来中国新政治体制建设的一个逻辑起点。

2008 年元月 21 日晨谨识于复旦

2008 年 8 月 25 日定稿于沪上

是把民主预算列入中国改革日程的时候了!

2008年下半年以来,世界经济整体陷入一次1929～1933年大危机以来所未曾预见的大衰退。随着西方发达国家的经济萎缩,外贸依存度已经很高的中国经济经历了13个多月大幅度的出口下滑。然而,就在2009年中国经济和中国企业面临近些年所未曾遇的困难环境中,政府的税收却不断攀高,政府的财政盈余也在几乎逐月积累,到2009年10月份,全国竟出现了8478亿元的财政盈余,到了12月份,全国财政还有2万亿元的支出预算没花掉!令人十分不解的是,就在这样一个宏观经济运行结果的事实面前,决策层、财经媒体以及中国的许多经济学家们还在侈谈"要在2010年继续实行'积极的财政政策'"!这一近乎荒唐的现象实在令人不可理解:还有大危机背景中政府有近万亿财政盈余这样的"积极的财政政策"和"扩张性的宏观政策"吗?

这种令人近乎不可理解却实际上又被大多数人所忽视了的宏观经济运行结果,充分暴露了中国经济与政治体制的深层和根本性问题:政府征税和政府财政支出根本不受任何实质性的制约。

政府征税不受任何实质性的制约、政府财政预算不透明，不仅仅是个宏观经济政策的选择问题，而且是现代民主政治与法治国建设的根本性问题。

2004 年通过的《中华人民共和国宪法》第五条曾明确把"建设社会主义法治国家"定为我们的基本国策和社会发展纲领，党的十七大报告又明确地把"坚定不移发展社会主义民主政治"确定为我们执政党的基本奋斗目标。然而，现在的问题是，"法治国"和"民主政治"的核心价值和基本构架到底是什么？2007 年以来，围绕着政府税收不断攀高——几乎近 20 年来每年都为 GDP 增速的两倍，且每年政府财税部门都几乎以超过一倍的增幅来完成自己年初所定的预算收入目标，使人们越来越认识到，民主政治与法治国建设的核心问题，不只是形式上民主选举政府领导人和党内民主问题，而实质上是个政府的民主预算问题。

在这一方面，要感谢李炜光教授以及我国财政学界、税法学界以及宪法学界的其他专家学者的研究工作。正是有了这些专家学者的努力，民主预算是现代民主政治的基本构架和核心价值这一理念才渐渐成为我国社会各界的共识。

理解了现代民主预算的基本理念，也就能知道目前中国社会体制运行种种问题的根源在哪里了。近些年来，政府官员腐败案件不断曝光，大面积地发生而又屡治不果，我国社会财富占有和收入分配上的差距不断拉大，整个社会越来越靠政府的项目投资和高投资率来维系经济增长，居民家庭收入和居民家庭消费占国民收入的份额持续下降等，说来不都是国民收入中政府财政收入份额快速增加以及政府财政支出不透明的必然结果？

既然未来中国民主政治和法治国建设的核心和基本问题则是政府的财政体制和财政预算问题，那么，要建立社会主义法治国家和民主政治，就要把财政体制改革作为政治体制改革的首要切入点。具体说来，要从限制政府的征税权开始，构建公开、透明、民主和法治的政府财政预算制度。要做到这一点，首先就需要考虑修改我们的《预算法》以及《宪法》中有关政府征税权的条款，明确把政府征税须征得纳税人的同意以及政府每一笔预算支出都要经纳税人选出的人民代表审议批准这类保护纳税人权利的条款写进《预算法》和我们的《宪法》。

民主政治，必定且首先是民主预算。没有预算民主，任何民主政治都将是空的。没有预算民主，法治国也不可能真正建立起来。没有民主预算，中国经济从长期来说将会如温家宝所说的那样"不稳定、不平衡、不协调，和不可持续"。修订并颁布带有真正民主预算精神的《预算法》，目前看来势在必行，且已经迫在眉睫。

2010 年 1 月 11 日晚谨识于复旦

（本文发表于《财经》杂志，2010 年 1 月 18 日）

中国人的税负与预算民主建设[1]

发展中的中国税负与发达国家差不多

记者： 2010 年舆情比较热的话题是中国的 GDP 超过了日本，但我们有意无意地忽略了，中国的财政收入前两年就超过日本了，中国政府早就比日本富了。事实上，近几年，无论经济是好是坏，GDP 增长是快是慢，我国的财政收入一直保持高速增长，地方政府一直把财政收入的高增长当作一项政绩。而由此派生出来的税收高增长民间早已有了不少反对的声音。

韦森： 中国的税负高还是不高？我与财政部的专家有着不同的看法。财政部财政科学研究所所长贾康等人及政府智囊层面的人都认为，中国的宏观税负（税收收入）才占 GDP 的 21% 左右，和发达国家比起来，还远远落后。这表面看似乎没错，发达国家的税负水

---

[1] 2010 年 12 月的一个傍晚，笔者在复旦大学 3108 教室与同学们交流中国社会转型及民主政治等严肃话题。笔者心目中民主法治建设起点——预算民主，政府的征税，要得到人大代表的审议、同意和制约，更要透明。

平在30%左右，如美国2005年为25.5%，日本为26.4%。当然，一些欧洲的高福利国家宏观税负很高，而北欧的瑞典等国都要在35%以上，甚至有的国家超过40%。

但是我们这个21%也是有中国特色的，不能完全说明问。如果算上"第二财政"收入，包括各地政府的土地出让金等收入，连贾康所长他们自己估计下来数字都会在32%左右，有些学者如中央党校的周天勇和天津财经大学的李炜光教授认为，中国的宽口径宏观税负可能更高，而这些当然都是取之于民。因此，目前看来，中国人民的税负水平其实和发达国家差不多了，但是我们的工资和人均可支配收入呢？要比西方发达国家低很多，甚至不到人家的十分之一。根据世界银行的一项研究，低收入国家的最佳宏观税负水平为13%左右，中下等收入国家的为20%左右，中上等收入国家的为23%左右，高收入国家的为30%左右。按照这个标准，中国的宏观税负早已超过国际中低收入的标准，并且早已超越很多发展中国家。理解了这一点，就能理解《福布斯》每年公布"税负痛苦指数"中的排名中国一直名列前三甲的原因了。按照这一指数排名，除了2007年中国排名第三之外，2006年到2010年间，始终都排在世界第二，仅次于法国，而高于瑞典和比利时。尽管《福布斯》的这个排名不是没有问题，可能也有值得商榷之处，但至少反映了中国宏观税负已经很高的现实。到底中国的税负如何，痛苦不痛苦？我和许多企业家都交流过，他们也都认为税负水平太高了，尤其是近几年，实在是日子很不好过。

中国的税负高，也可以从我们国家税收总额的绝对数字上反映出来。譬如，2009年中国的第一财政收入是6.8万亿元，2010年全年政府财政收入达到8万亿是没有问题的。这个数字除以我们的人口，平均每人是6200多元钱。请想一想，这是一个什么数字？2009年中国7.2亿农村人口的人均收入才5100多元钱，我们的人均纳税比7亿多农民的年收入还多出1000多元钱。你说中国的税收高不高？如果你觉得拿农民的收入比还不直观的话，把政府的"第二财政"和其他预算外收入也算进去，基本上可以这么说，中国人每赚一块钱，大致就得同时交给政府一块钱。（编注：以32%的宽口径宏观税负水平为基准，中国人均税负水平目前约为9000元左右，基本与国人人均可支配收入差不多）

中国的宏观税负已经很高，中国的税负痛苦指数排名世界第二，为什么大多数国人还感觉不到？这首先是因为中国人的纳税人意识比较淡薄，对于很多税收合理性的考量不多。对大多数中国人来说，我不抗税，但我要偷税漏税，或者是我要贿赂税务部门来减税免税。很多企业，包括国企在内都是"偷税""漏税"的。这应该是公开的秘密。政府也知道许多企业偷税漏税，结果政府为了有足够的收入，税率定得很高，因而形成了恶性循环。中国的税收充分反映了"人治"社会的运作机制。如果"纳税人权利"被明明白白地摆在桌面上，就会减少很多麻烦的事情。

记者：但是就日常生活经验来看，除了每次上缴个人所得税之外，我们也不太清楚生活中到底有多少钱是用来纳税的，这可能也直接导致了我们所谓纳税人意识的淡薄。

韦森：的确，中国的税收和西方大多数国家不一样。西方各国的税收大部分是直接税，即你一拿到工资单就知道其中有多少是交给了政府的，多少是每个月实际挣到的，账目很清楚。即使是消费税，例如澳大利亚和新西兰的 GST，在超市和商店的收银条上都标得清清楚楚。但是在中国，大部分是流转税和针对企业赢利所征收的税，人们并不知道。实际上，你每到超市里去买一件东西，里面就包含了税。比如你在餐馆吃一顿饭，里面实际上已经征收了好多重流转税了，但在超市和餐馆的收银条中根本反映不出来。我们的税是直接从你花出去的钱中帮你扣掉的，也是直接从你的工资中扣掉的。纳税不透明情况的存在，给培养纳税人意识造成了困难。2007 年开征的燃油税是新税种，每个司机加油时大致会知道（你加每 1 升汽油政府大致征去了 0.95 元的税），但多数开车者也没有时时意识到这一点。

高物价与高税收息息相关

记者： 最近报纸上可以看到不少高物价新闻，比如深圳人跑到香港去买东西，那里的东西反而比内地便宜。又或者是中国制造的商品，其价格在美国反而比在中国便宜很多。您认为这个和高税负有关系吗？

韦森： 当然这之间有很大的关系。比如在中国生产的爱步牌（ecco）男鞋，在上海的五角场地区的商场，买一双要 2000 多元钱，而在美国买一双，才 100 美元左右，打折的话，80 多美元就可以买了，显然比在中国买便宜很多。在中国生产一些国际名牌产品，进行一番包装，运到美国，美国批发商赚了一部分，但是，美国商店中的价格反而比中国便宜，这说明了什么问题？按一般人的想法，我们的东西运到美国，产品成本加上运输费用、批发商和零售商的费用，肯定会使得其在美国市场上的价格高昂。但事实是，美国的价格反而比中国低。这个例子可以间接证明中国的税负是高，还是不高。现在老百姓怨声载道的高通胀，也和这有很大关系。事实上，在经济学上，通胀就是政府征收的一种"特别税"。政府花钱建项目，资金不够，就几乎无限制地创造"流动性"，增发货币。到了你手里，工资没有涨，物价上去了，就等于给你征了一种特别的税。说得白一点，政府为了保持高速经济增长，增加投资，创造就业，表面看是政府在为老百姓做事，但最后还是要老百姓为之埋单。譬如，去年一年就增加了17多万亿广义货币，现在发改委又反过来通过行政手段控制市场价格，不让民间涨价，甚至还要进行行政处罚，这其实是一种本末倒置。所以我们必须厘清背后的逻辑关系，而不能只被表面的现象所迷惑。

记者： 那中国现在有没有条件进行大规模减税以缓解民生的压力？

韦森： 对于政府税收与政府体制改革问题，最近几年我写了很多文章，主要的呼吁有两个：首先，呼吁要建立现代宪法民主政制，其中最主要的是预算民主制度。一句话，政府不能随便征税，征税要经纳税人所选代表的同意。孟德斯鸠在《论法的精神》中曾说过一句很经典的话："一切有权力的人都容易滥用权力，这是万古不易的一条经验。有权力的人们使用权力一直到遇有界限的地方才休止。"这话说得很到位，今天也值得我们深思。举个例子，从2000年到 2010 年，每年政府财税部门都几乎以超过一倍的增幅来完成自己年初所定的预算收入增长目标，这说明我们的财税部门征税根本不受任何制约。这点可能连财政部的官员都没有注意到。他们只注意到自己完成了多少，取得了多么辉煌的成绩，但有没有想过那是从纳税人那里要的钱呀！这里要说明，我所提倡的"预算民主"并不一定意味着减税，关键是政府的征税，要得到人民代表的审议、同意和制约，要更透明，要让纳税人知道。

其次，征税之后，政府把钱用在哪里？这是我们每个纳税人和公民都要关心的一个问题。不能只考虑发展速度，考虑大项目和面子。譬如，在一座 10 万人的小城镇，却造个能容纳 20 万人的广场，GDP 上去了，也很有场面，但很可笑。不能为了创造 GDP 而不择手段。这和欧美学者所赞誉的"亚洲模式"，即"高储蓄、不消费"是两回事。现在的情况是政府高税收，政府替老百姓花钱。

在我提倡的"预算民主"中，政府征税要受约束和制约，预算支出透明，这是最根本的。至于税收要不要减，税负高与低，这是政策层面的问题。当然，从目前的状况来看，中国的税负已经是很高了。从经济学角度来说，一旦一个国家的税收高，尤其是对企业的营业税等征收得比较多，实际上极大地增加了企业成本。而目前人民币又在升值，这就会使以出口为主的企业产品成本高于越南、孟加拉等国的产品，从而导致商品竞争力下降。如果把税收降下来，那么企业的负担也可以减轻，有利于企业赚钱，企业赚了钱就有余力雇工人，就可以增加就业，可能从一个方面真正启动内需。

记者：近两年决策层一直说中国经济的出路在启动居民内需，

但恐怕不落实到减税的话,民众也没钱来配合国策吧。

韦森: 说要启动内需,怎么启动呢? 政府的税收在迅速增长,每年都高出 GDP 那么多。企业的利润也在增加,但近年居民家庭的劳动收入在国民收入中所占比重持续下降,消费怎么会增加呢? 事实上,2011 年以来,居民家庭消费又呈现下降的势头,这实际上是一个非常危险的现象,应当引起决策层的高度关注。

过去十几年,中国企业的生产能力大幅度增加主要是靠出口国外来消化,现在出口增速减缓了,生产的东西卖到国外比较困难,那就得在国内市场消化。但国内老百姓不买产品,企业怎么实现赢利? 其实,居民消费是启动内需最根本的动力源。因此,减少老百姓的税负,增加低收入家庭的收入,这是关键中的关键。原来大家可能以为,低收入家庭本来就不缴个人所得税,所以与政府减税没有什么关系。但其实不是这样,就像我前面所说,中国的税制与其他国家不一样,消费税是不透明的。你哪怕是挣几百块钱的打工妹,去吃一碗面,到超市去买日用品,本身就已经包含流转税了。故不能认为他们不交个税就没有任何税收负担了,其实都已经包含在消费过程中了。西方税收是透明的,如在澳大利亚,实行透明的消费税制,譬如,在超市买任何东西,拿到的收银条上,就会明明白白地告诉你,我花出去的钱里面有多少是给政府的消费税,英文叫 GST。反过来在中国,在任何一个城市,你买东西,缴了多少税,你并不清楚,但不是没有缴。

另一个方面就是,政府如果能够把税收返还企业一部分,企业就不会面临做一天亏一天的境地了。否则就会出现有钱人不办企业，而是把钱用来炒股炒房，流到国外。如果降低税收，企业有了赢利的预期，企业家才会更主动地雇工人，这也是增加低收入家庭收入的办法。

"轻税负"与"宽司法"才能促进国家富裕

记者：正是出于这一推理，西方国家的政府在遇到金融危机时，一般首先会想到减税，降低企业和民间负担；但在中国则是另外一种思维，应对危机和宏观经济增速下滑时，政府首先考虑的是要多收税来加大公共投资刺激经济，这是"我来帮你花钱"的思路。

韦森：在很多人的观念里，中国企业现在不缺钱，即便每年征收几万亿的税，企业还是财大气粗。但是我认为，减税有利于增加国家的长期竞争力。事实上，这几年，我的政策主张一直是，征税权要受监督，要修改宪法和税法，对政府征税要有限制机制。财政预算支出要透明，预算要民主。在税收政策上，不能只有一种"增"的机制，而不以"减"为方向。随着宏观经济的波动，经济好了，税收可能提高一些。如果经济不好了，就应该减税，减轻企业负担，这应该是一个大方向。这几年，政府好像也提过几次"减税"，但是实际上却是越减收得越多，这不行。

亚当·斯密在1776年就曾说过，一个国家如何才能富裕？最重要的是轻税负和宽容的司法。就连中国封建社会的皇帝，也懂得"轻徭薄赋、与民休息"，才是富国的道理。但现在我们政府的决策层中，却有一些人至今还认为，只有高税收、政府多花钱，才能刺激经济增长。这个是最根本的认识和理念冲突。对于企业来说，挣了钱都被政府拿去了，企业不挣钱了，还有什么意思？税收高导致成本高，这很容易就能想见的。理论和实证都可以轻易地证明这一点。从这个角度来想，为什么我们政府决策层替企业和民众花钱的理念就不能扭转过来呢？什么时候才能想通这个道理？

记者：但现实是，不论从世界背景，还是金融危机后中国模式的"发扬光大"来看，大家都认为大政府也就是政府花钱刺激经济的体制有其可取之处。

韦森：没错，现在确实是这样。特别是现在美国政府出现了巨额财政赤字，一方面要减税，一方面又要增加失业保险基金，那政府财政赤字还不会增加？欧洲方面，希腊、爱尔兰等国家现在都没有钱还债。转而来看中国，我们的问题是政府收的税太多了，甚至钱多得花不掉。譬如，到 2010 年 11 月份，中国政府还有近 1 万亿的财政盈余。当然，尽管有些部门和地方的开支到 12 月初还没有汇总起来，加上各部委和各级政府在年底又要突击花钱，2011 年两会期间可能又会出现 2010 年全年政府财政预算执行情况仍是负的情况。但实际上，许多财政专家都认为，在中国，在许多部委都有财政部和发改委拨的款花不掉的情况。既然政府财政收支状况相对宽裕，为什么不考虑减税？目前，国内和国外许多人都认为中国模式不得了，一些西方的经济学家也认为中国政府做得不错。在他们的观念里，一旦危机来了，大政府和高政府投资就是一个既有效又有力的解决手段。这个看法我是不同意的。相反，从一开始，我就觉得，这种大政府、高投资的增长模式有相当大的风险。

回顾 20 世纪的历史，就会发现，在经济危机和萧条时期，提倡大政府的主张能够得到更多的支持，从而使得凯恩斯主义不断"借尸还魂"，大行其道。"中国模式"的提法出来后，人们就更认为，中国经济在如此恶劣的国际环境下还能高速增长，那就更体现大政府的好处了。这就从根本上搞错了。为什么中国在改革30年后会有今天的成就？不是因为我们的大政府，不是因为高投资，而是因为我们在过去30多年中逐渐引进和形成市场机制。一句话总结，过去30年中国的经济奇迹最根本的原因就是我们有了市场经济。在短期内，可以通过采取凯恩斯主义的大政府和政府投资花钱来强行推动经济发展，但在较长时间段中这会失去效力，且会带来很大负面影响。目前欧洲的葡萄牙、爱尔兰、希腊、西班牙以及冰岛等国的问题，难道不都是他们长期采取凯恩斯主义宏观政策的结果？从长期来看，还是那些低税收和企业有竞争力的国家才真正有竞争力，才有长期经济增长，这已经是被世界历史反复证明了的史实。

记者：您之前提到了一个比较新的概念——"预算民主"，您的意思是政府的花钱得被管起来？

韦森："预算民主"概念原初并不是我提出来的，很多财政学专家以及政治学、宪法学和税法学专家都接受并开始使用这个概念了，只不过近来我讲这个问题比较多。近些年，我一直主张，宪法民主政制的核心和骨架是"预算民主"。原来许多人（包括我自己）都没有意识到这一点。在2007年股市的"5·30事件"后，我才慢慢意识到，民主政治，其核心并不是"人民的统治"或"'民'选'主'"的问题，而是个政府税收问题，是个民主预算问题，或简单说来政府的征税权要有限制以及政府财政支出要受到民选代表的实质性审议和制约问题。

如果我们观察西方近代历史的话，就会发现，西方的整个宪法民主制度是围绕着征税权和政府财政支出的审议而展开的。看看英国，就会知道，从1215年《大宪章》开始，一直到1688年的"光荣革命"，整个英国的宪政进程是围绕着限制国王的征税权而展开的。1689年在英国制定的《权利法案》，第十七条就明确规定："国王不经议会同意征税，即为违法。"荷兰的建国、法国大革命、美国的独立，也都是由政府征税问题引起的。

分税制需要法定框架与预算民主框架

记者："预算民主"的提法相当有建设性，我们平日听了太多坐而论道的偏激声音。

韦森：对，建设性很重要，从预算民主上开始进行宪法民主政制的建设和法治社会建设，目前看来是可行的。但有人会认为这个思路太理想化，说起来容易，实现太难。因为对于很多地方来说，从预算民主开始进行政治体制改革，这就等于动了一些政府官员的"大奶酪"。现在中国财政体制和政治体制的基本安排就是这样，即政府财政收入和财政支出完全是政府的事，根本不受任何制约。譬如，我们的现行《宪法》第五十六条只是说"中华人民共和国公民有依法纳税的义务"。为什么只讲公民有纳税的义务，而不讲公民作为纳税人的"权利"？为什么不讲纳税人的权利应当受到保护？看看目前世界上绝大多数国家的宪法，大都讲纳税人的权利而不只是讲纳税的义务。正是因为有了纳税人，才能让国家养着5300万吃

"皇粮"的人。不能仅仅用"义务"这个词，就把纳税人打发了。从国家的征税权力的安排看，根据1982年、1996年以及2004年的宪法，全国人大把征税的权力授权给了国务院，国务院把征税和财政预算的权力授权给财政部，财政部又把这个权力授给国税总局。权力如此层层下"授"，全国人大要进行管理的话，得拐多少个弯啊！几乎可以说到最后是根本就管不到了。比如前两年新出台的燃油税和环境保护税，就是国税局根本未经人大投票批准而征收的。在世界上许多国家，政府要开征一个新税，首先要到议会投票，通过后才能开征。2007年我们国家开始征收燃油税，经过人大投票批准了吗？根本没有，连个听证会也没开过。当然，在我国目前的预算制度下，我们形式上好像什么都有，包括财政部的预算报告，也须得经人大代表投票通过，但问题是在目前人大"虚设"和人大代表"非专职化"的制度安排中，好多人大代表只是对政府的任何决议都举举手通过、走走过场而已。当然，近些年我们的一些人大代表的民主意识在觉醒。譬如，尽管在目前的人大制度和财政体制安排下，我们的很多人大代表还是发现目前这样政府征税不受任何实质性的约束和政府支出不透明的制度问题很大，在每年的人大会议上，他们开始对政府和财政部的预算报告认真起来，据说这几年财政部对人大预算报告，全国人大代表的反对票都有数百张。

实际上，目前财政学界的许多学者基本上都同意我的看法，认**为从建立"预算民主"作为突破口来启动未来中国的政治体制改革是可行的**。就政府决策层来说，现在也开始意识到了预算民主的正确性。当然，也有一些人和学者认为，这是未来中国政治体制改革的问题,目前我们还没有能力做到。我不大同意这种判断。回顾一下中国近代史,就会发现,从以预算民主作为突破口来建立现代宪法民主政制与法治社会,现在看来已经不存在可行不可行的问题了,而是为与不为,做与不做的问题。因为,在晚清和民国初期的历史上,中国人恰恰就做到了。譬如,清政府 1907 年决定实行君主立宪制,1909 年正式设资政院,相当于现在的议会或人大。1909 年清政府做了一个税收预算,包括政府的开支、加上庚子赔款,等等,数目很大。清末立宪第一年,预算就要经过资政院投票批准,尽管当时的资政院里的人还都是一些由朝廷遴选出来的士绅和满清亲贵,但投下来的结果你知道怎么样,这些"自己人"还是硬把这个清廷的预算砍掉了三分之一。当年才刚立宪,就做到了这件事情,现在过了 101 年了,都这么现代化了,我们的全国人大的代表性再怎么说也比晚清好不少吧?怎么还不能做到?由此看来,中国的预算民主,不是能不能的问题,而是为不为的问题。

更进一步看,如果着手做了这件事情,建立了预算民主制,等于是帮了政府一个大忙。财政预算透明了,我们的纪委、反贪局和审计署的工作不就好做多了?如果权力没有得到有效的监督,财政支出不透明,就会出现政府官员权力无限扩张的可怕局面,也会给一些掌握权力的人的腐败寻租预留了空间和可能。税收收入经全国人大批准才能征收,政府预算透明,无疑就会形成遏制一些政府官员腐败寻租的可能,反过来也可以救我们一大批干部呀!

与财政收入相比,政府财政支出方面的问题更多,政府征了那么多的税,政府财政收入增长那么快,但都用到什么地方去了?如果把征来的税用于补贴低收入家庭，改善医保和社保，这无可厚非。关键是，这些年政府并没有把钱重点花在医保、社保、教育、科研和文化建设上，而是用在盖广场、建机场、修高铁等等"铁公基"项目上去了，也有很大一部分是被政府自己消费掉了。按照中国社科院财经战略研究院的一项新近研究，在政府财政支出中，行政管理费用的支出比重高达18.73%，而同期日本的行政管理支出比重是2.38%，英国为4.19%。反过来看，我们的政府用在教育、医保和社保方面的开支，却比西方国家低很多。这说明政府征得到的大部分税和费，并没有取之于民，用之于民，而较多是政府自己消费掉了。再加上政府花钱开支不透明，一些政府官员从中腐败寻租，还不是这种体制安排的必然结果？单靠中纪委、审计署、反贪局的检查，又能起多大作用？

记者：20世纪80年代的时候，情况好像和现在相反。中央财政占GDP的比例不断降低，当时也引起了另外一种忧虑。

韦森：对1994年中国政府的税制改革的过程和当时的情况，财政部（前）部长刘仲藜曾做过一个回忆。1994年前的主要情况概括起来就是中央收不上税。在国家的初级发展阶段上，必须靠税收来保证政府的强大和国防的稳固，如果中央政府收不上来税，大笔的钱留在地方政府的口袋里，肯定是不行的。在全世界来看，把钱集中在联邦政府和中央政府的手上，也是一个一般趋势。因此我认为1994年的分税制改革是必要的，因为当时中央政府的税收和财政收入在下降。

事实上，分税制这个体制在美国、澳大利亚都存在，但他们的分税制是在一个法定框架下进行的,而我们的分税制则是在没有预算民主框架限制下实行的,其中只是牵涉到地方政府和中央政府的利益分配问题。在我国目前的分税制体制安排中,中央和地方财权和事权近些年来发生了"错配",主要问题是财权越来越集中到中央,而事权则越来越多地落到地方政府肩上。财权与事权错配,导致中央集中的财政收入太多,甚至出现有些部委的预算拨款花不掉、突击花钱的问题;而地方政府的负债却越来越大,甚至将来有可能影响中国经济与金融体系的稳定。目前这种分税制的财政体制似乎已经到了不改不行的地步了。1994年的税制改革在当时有它的进步意义,但是在没有预算民主政制的情况下,这一改革却导致了今天政府税收急剧膨胀而不受任何实质性约束、几乎每年都完成自己年初所定财政收入增速目标百分之二百多的情况,这说明我们的财政体制改革,已经迫在眉睫,到了非改不可的地步了。

最后要说的是,我们的财政体制改革,尤其是税收制度的改革,不仅仅是个预算体制问题,而是我们的基本政治制度框架的改革和重构。税收(宪)法定,征税须经人民选出的代表批准方能征收,政府的财政支出透明,且受人大代表审议和批准,这应该是我国未来法治民主建设的第一步,也应当是未来中国政治体制建设的最核心内容和最基本的构成部分,且在目前看来也是可行的。

(本文发表于2011年1月16日《东方早报·上海书评》B02版)

为何政府财政信息公开如此之难？

近来，中央政府一些部门陆续公开了自己的"三公经费"（出国出境费、车辆购置及运行费、公务接待费）和其他行政经费支出信息，这立即成了全社会关注和热议的一个话题。作为国务院和财政部近几年所一直努力推进的政府部门财政预算信息公开和透明工作的一部分，从任何角度来讲，这都是当代中国政府体制运行的一个历史性进步，符合我国现代法治民主政制建设的长期目标。

从起因上来看，政府财政信息公开透明，先是中国财政学界、法学界和其他社会科学界在学术层面上讨论的一个现代政治运作理念上的议题，近两三年来为社会公众和媒体所热议并推动，最后逐渐为政府决策层所接受，正在渐进性地逐步推开。

2008年5月1日，国务院颁布实施了《中华人民共和国政府信息公开条例》，该条例第二章大部分所要求各级政府公开的信息，都与财政预算及其实施情况密切相关。之后，中央政府率先公开自己的财政预算执行情况，在2009年首次公开了经全国人大审查批准的中央财政收入、中央财政支出、中央本级支出、中央对地方税收返还和转移支付等四张预算表。2010年,经全国人大审查批准的中央财政预算十二张表格全部公开,内容涵盖公共财政预算、政府性基金预算和国有资本经营预算。

2010年3月1日,财政部发布了《关于进一步做好预算信息公开工作的指导意见》,吁求中央各部委和各级地方政府部门主动公开自己的财政预算及其执行情况。2011年1月18日,财政部又下发了《关于深入推进基层财政专项支出预算公开的意见》,要求基层政府进一步加大财政专项支出预算的公开力度,特别是要重点公开与人民群众利益密切相关的教育、医疗卫生、社会保障和就业、住房保障支出以及"三农"等方面的财政专项支出方面的信息,并明确列出了45项财政专项支出的细目。2011年5月4日,温家宝总理亲自主持召开了国务院常务会,研究部署进一步推进政府财政预算公开工作。会议要求98个中央部门要加大政务公开力度,增加部门预算和决算公开的内容,并要求到6月底要公开"三公经费"和其他行政经费支出情况。

在国务院和财政部的步步安排下,中国各级政府部门的财政预算信息公开到目前有了初步的进展。按照国务院的官方信息,2010年在报送全国人大审查部门预算的98个中央部门中,有75个公开了部门预算,并有18个省(区、市)财政公开了本地区公共财政预算和政府性基金预算。2011年,有27个省(区、市)的财政进行了公开,并有20个省(区、市)公开了省直部门的部门预算。

尽管在制度建设和行政措施上上有国务院和财政部的行政法规和文件意见的推动,下有学界的讨论、公众的热议,再加上媒体的报道、曝光所共同形成的社会舆论压力,一些中央政府部门和一些地方政府及其部门在财政预算信息公开方面有了一些进步,但是,从整体来看,目前中国各级和各地政府及其部门的财政预算信息公开,还只能说是刚起步。从某种程度上来说,各级政府及其部门的预算信息公开,到目前为止还只能说是初露了"冰山一角"。譬如,自2011年5月4日国务院常务会议要求在6月底98个中央部门要公开部门决算和"三公"经费和行政经费支出情况,到7月15日,只有国家文物局、中国工程院、审计署、文化部、民政部、新闻出版总署、商务部、发改委等23个中央部门公布了自己的"三公经费"的粗略账单。按照中南财经政法大学财税学院院长陈志勇教授的判断,到目前为止,目前已公布"三公经费"的政府部门大致仅为10%,多数中央部门的"数据"还迟迟没有"亮相"。这实际上反映出一些部委还缺乏主动公开的意识,有的部委仍在持观望态度,担心暴露出的偏高行政经费会引起公众的质疑,而政府部门的其他方面大量实质性的财政收支信息,还远远没有公布出来。

另外,根据新近出版的上海财经大学公共政策研究中心蒋洪、刘小兵、邓淑莲等教授所率领的研究团队的《2011年中国财政透明度报告》,近几年全国省级财政透明度实际上变化并不大,各省平均得分(按百分制计算)只是从2009年的21.71提高到目前(2011年)的23.41,仅提高了1.43个百分点。由此看来,尽管到2011年有27个省(区、市)政府公开了财政预算信息,但从整体上来看,中国各级政府的财政信息公开还处于"极低水平",还不怎么公开透明。上海财经大学这一研究团队的研究还发现,在目前财政部门向全国人大常委会提供的财政信息中，大约只有80%左右提供给了全国人大代表，且只是在全国人大召开会议期间才向人大代表们提供。即使是财政部门向全国人大财经委提供的财政信息，也是不完全的，包括社会保障资金、国有企业资金、政府的资产负债等重要的财政信息，目前还都是缺失的。

近两三年来国务院和财政部下发了数道"金牌政令"，来推动政府财政预算信息公开和透明，为什么各级政府及其所属部门在公布自己的财政预算和行政开支的信息公开方面如此行动迟缓？且如此被动？初想一下，可能有如下几个方面的原因：

首先，出于各政府部门自己巨大经济利益，加上多年计划经济体制遗传下来的行政惯性，大部分政府行政部门不愿意且还不适应财政信息公开，除非在万不得已的情况下，谁也不愿公开。在过去数十年计划经济体制中，乃至到最近，各级政府及其包括财政税收的政府部门，只有征税、收费、花钱、拨款的行政实践，而没有任何公开自己如何收支花钱、公布自己的财政预算信息这回事，更没有自己手中掌管的资金和款项支出受他人约束和制约的制度性安排。近几年来，在财政学界、法学界乃至学术各界的理论讨论和社会公众和媒体的舆论压力下，政府部门突然被要求公开自己的财政收入是如何来的，又是如何支出去的，钱花到了什么地方去了，许多政府官员对此显然还不是很习惯，甚至有本能的反感和抵触。加上背后的巨大经济利益，非到万不得已，看来没有多少部门会愿意主动公布自己的财政收支信息，把自己部门的"私下"账本向"外人"摊开。另外，多年来，各级政府部门一直习惯性地把政府财政收支和行政花费视为保密信息。因此，即使在 2008 年国务院的《政府信息公开条例》颁布和实施后，许多政府部门的领导并未彻底放弃这种政府财政的"保密思维"，因而不大愿意公开自己的财政收支信息。

其次，在目前中国的政治体制和行政法律制度安排中，还缺乏对政府财政收支信息公开的强制性的法律规定。我国现行的《预算法》，是从 1995 年开始颁布施行的，至今已 16 年没有修订了，明显已不再适应我国经济社会发展的需要；而新的《预算法》修改草案，虽几经讨论修订，已历经数年，到目前为止还不能"上会"审议（2010 年曾 3 次被"拒绝"提交给全国人大讨论）通过。在目前仍然实行的《预算法》中，对各级政府的财政预算公开和透明，根本就没有任何规定，而只是在涉及预算监督问题的第六十八条中，有"各级人民代表大会和县级以上各级人民代表大会常务委员会举行会议时，人民代表大会代表或者常务委员会组成人员，依照法律规定程序就预算、决算中的有关问题提出询问或者质询，受询问或者受质询的有关的政府或者财政部门必须及时给予答复"之类的软性规定。2008 年国务院颁布的《中华人民共和国政府信息公开条例》，也仅仅规定了"财政预算报告公开"的义务，而不是强制性的制度规定。财政部的 2010 年 3 月发布的《关于进一步做好预算信息公开工作的指导意见》，以及 2011 年 1 月财政部发布的《关于深入推进基层财政专项支出预算公开的意见》，还都是"指导性意见"，而不是硬性的制度约束和法律规定。这样的体制安排和制度环境，给各级政府及其部门的行政长官在预算公开方面以很大的灵活性。各级政府和政府各部门在具体执行过程中，往往"就低不就高"，尽量不公布对自己不利的信息。

　　这里也附带说明的是,在2010年准备提交"上会"的《预算法》修改稿草案中,增加了如下一个条款:"经本级人民代表大会或本级人民代表大会常务委员会批准的预算、调整预算、决算,应当及时向社会公开,但涉及国家秘密的内容除外。各级政府财政部门负责本级政府总预算、决算的公开。各部门负责本部门预算、决算的公开。公开的实施办法,由国务院规定。"值得注意的是,在这一新版的《预算法》修正稿中,对政府财政信息的公开,这里仍然说的是"应该",而不是"必须",且对这个"应该",还加了一个限定性语句:"公开的实施办法,由国务院规定。"这样的"条款"和"规定",实际上仍将给出这样一个信号:各级政府的财政预算信息公开,还只是各级政府行政官员的自愿行为和自己政绩表现性的选择,而不是用法律手段来强制要求各级政府及其政府部门财政预算收支信息必须公开。因此,许多看到新《预算法》修正案草稿的财政学和税法学专家认为,现在正在内部讨论和征求意见的新《预算法》草案,与1995年的《预算法》相比,并没有进步多少,而且在许多方面还有倒退。因此,新《预算法》修正案被拒绝"上会"讨论,目前看来未尝不是一件值得庆幸的事。

　　最后,除了预算信息公开透明到目前为止对许多政府部门的领导人来说还是个"新鲜事",出于过去多年的行政习惯而不愿公开和尽可能地不予公开,以及目前的法律法规对预算公开还没有真正刚性的制度性要求和规定这些因素外,目前政府财政信息的公开之所以仍然步履维艰、困难重重,更重要的是许多政府部门负责人对预算民主和现代民主政治的运作还没有足够的和确当的认识,换句话说,对政府税收的本质以及对纳税人权利的认识,对许多政府官员来说,目前还仍然是被"昧蔽着"的。从政府的施政理念上来回顾,人们会发现,尽管毛泽东等老一代中共领导人很早就有当官要"为人民服务"的教导,但这一条严格来说还不属于现代政治的施政理念,这还是数千年传统中国社会政治文化的一个延续。加上中国数千中国传统官文化中的"勤政爱民""爱民如子"的"父母官"思想在很大程度上相当流行和被官员们所信仰,这就给政府财政信息公开透明遗留下一个深层文化理念上的障碍:既然做官像是为人父母,那么,做父母怎么能让民众这些"小孩子们"知道我所掌管的这个"家"的钱是如何花的?

现代政治的基本理念,其核心应该是政府在花纳税人的钱因而必须用纳税人的钱来为纳税人办事,而不仅仅是作为人民的父母官要出于自己的道德考量来"为人民服务"。正如李炜光教授在2006年发表的一篇《无声的中国纳税人》的经典论文中所提出的那样,如果我们不认真培育每一个政府官员和公民的公共财政和纳税人意识,致力于创造一个现代税收的制度环境和文化环境,即使我们引进最好的制度——包括近几年国务院和财政部所大力推动的各级政府部门财政预算公开透明的行政举措,也会变成"无本之木""无源之水",到最后也可能会因为无法实行下去而自行枯萎,抑或被占据主流地位的意识形态、行政习惯和潜规则之类的东西搞得"非驴非马"。

尽管国务院和财政部大力推动政府部门财政信息公开目前看来

是个历史性的进步，但我们必须认识到，在目前中国政府体制的实际运作中，即使各级政府及其政府部门按照目前国务院和财政部的几个文件精神的"指导意见"公布了"三公消费"和其他专项支出的情况，但要真正做到政府财政预算公开透明，还任重道远，还有大量制度建设性工作要做。因为，在各级和各地政府的现实财政运作中，大量政府性资金至今还游离于预算之外，不少政府部门还有隐瞒收支、私设小金库、账外设账等违规行为。即使强行让各级政府及其部门公开各自的财政收支状况，但许多政府部门可能只是公布部分对自己有利的信息和数字，而隐瞒和遮蔽对自己不利的数字和信息。另外，只有把各级政府及其部门自己公布的信息与审计部门对其预算执行情况和公布的信息的审计配合起来，各级政府及其部门公布的预算信息才在一定程度上是可信的，这种预算公开才是有意义的。

最后要补充的是，即使政府财政预算信息公开透明了，这本身还不意味着就是"民主预算"或言"预算民主"，而只是为未来中国法治民主政治的"预算民主"提供了一个前提条件。现代政治制度下的真正预算民主，其实质是政府征收任何一种税和行政性收费，都要经纳税人选出来的代表的实质性审议批准；而除了日常的政府运作费用支出外，政府的任何一笔大的支出，包括兴建新的政府机关行政大楼和官员提薪，都要受到纳税人选出来的代表的实质性审议和批准通过。没有纳税人选出来的人民代表对政府预算收支的实质性的审议批准和制约，财税部门就会任意引入任何新的税种，任意提高一种税的税率，加上政府财政收入的增加不受任何制约，而在财政支出方面又没有任何实质性的制衡和制约,在这样的制度安排中,即使政府财政收支信息公开了,透明了,那又有多少意义?这还不能算是民主预算和预算民主。

我们的结论是:尽管政府财政信息公开透明目前推行起来仍是步履维艰,且是一个非常重要的历史进步,但是,这还仅仅是未来中国法治民主政治制度建设的一个逻辑起点,一个朝向迈入预算民主政制大门的第一步。未来中国的以预算民主为轴心的现代法治民主政治制度的建设,仍将路途漫漫、任重道远。

2011 年 7 月 17 日晚谨识于浙江临安神龙川农舍

(本文已于 2011 年 7 月 20 日发表在《财经网》笔者的专栏,见 http://www.caijing.com.cn/2011-07-20/110780618.html)

以预算民主建设推动中国社会转型
——韦森教授就中央政府部门"三公经费"公开问题答记者问[1]

"三公"只是问题的一小部分

记者：这次中央政府所属部门"三公经费"公开，已经进行了一些时日，最近社会上和网络媒体议论很多，对此您如何评价？

韦森：迄今为止，中央政府所属的80多个部门迄今已陆续公开了自己的"三公经费"数字。这"三公经费"公开，才推行一年多，在刚开始试行的时候，问题肯定有不少。中央政府所属的98个部门，肯定都有比较好的会计师，知道怎么做账，知道公布哪些数据对本部门最有利，或者给本部门造成的负面影响最小。在现在这些数据还没有被审计之前，还不能完全相信这些数据。

但必须要肯定的是，这至少是当代中国政治和政府体制改革中一项重要进步。近两年来，国务院和财政部已经多次敦促中央直属部门和地方政府公开自己的"三公经费"数据和财政预算执行情况。

---

[1] 本文根据记者采访稿整理。

事实说明，决策层已经意识到要从预算公开、财政透明来推动中国的政府体制改革，大方向是应该肯定的。

记者： 国外并没有哪个国家有"三公消费"的统计口径，而目前我国财政公开并没有很好的制度和法律基础，这样直指敏感的"三公"，是不是一种跃进式的措施？

韦森： 实际上《预算法》和《政府信息公开条例》都没有关于"三公经费"的明确规定，但是这些年来学者和社会各界对此议论甚多，要求公开的呼声很高。社会舆论的很大部分，都直指政府部门的"三公经费"。舆论都在讨论，大家都在"逼"，使得问题一下超前了。这是社会各界通过网络媒体和平面媒体推进中国政治与社会转型的一个结果，一个例证，这也颇具当代中国社会的特色。

我曾在澳大利亚学习工作 13 年。记得在澳学习工作期间，一直是工党执政。澳大利亚工党从 20 世纪 80 年代开始，连续执政十几年，自由党后来经过 4 次选举失败后才上台。由于长期在野，自由党的一些领导人并不熟悉政府机构的具体行政运作程序。上台后他们遇到的一个情况是，很多议员和部长住在悉尼，要到堪培拉上班，来回要报销飞机票和其他交通费。这些人在野了十几年，不知道怎么处理这个问题，很多人在报销往返交通费的时候，稀里糊涂地把儿子和太太的也报销了。在野党工党后来把这种事给逮住了，追问这件事情，结果几个部长因此被迫辞职了。

这个例子说明，在西方的民主制度下，在野党就看着你做什么事情，处处"找茬儿"，在这种情况下，政府官员要腐败，也比较难，且每一项大的预算花费支出往往都要经过议会辩论和投票通过才能花出去，所以没必要像我们一样要专门公开"三公经费"。中国没有预算民主政制，无人、无法从财政体制上监督和制约政府的花费和支出，便出现了今天的政府部门"三公经费"问题，故这是中国特有的一个现象。

要认识到，"三公经费"，只是我们政府行政体制运作问题的一小部分，更大的问题是，巨大的政府财政收入到底是如何花出去的。譬如，每年发改委一个个项目的钱，是怎么决定的？是如何批下去的？种种明目的款项是怎么拨下去的？有没有腐败在里面？

这次公开的"三公经费"中，国家税务局的花费非常庞大，但国税局的人下去，又有几个自己掏腰包请别人吃饭？这样的部门还有这么大的三公消费，这里面有没有问题？

比如汶川重建，为什么要拨一万亿？什么叫预算？真正的预算应该是汶川报给绵阳，绵阳报给四川，四川报给中央，然后中央根据地方报上来的重建经费需要来拨款。但是，实际过程是怎样的呢？地方还没报呢，上面一拍脑袋，一万亿就批下去了。后来媒体也注意到了，汶川根本花不掉这些钱。怎么办？买豪华车，盖大楼。

要知道，这是从纳税人手里收上来的，发改委一拍脑袋就给拨下去了，连计划经济都不如，计划经济还有投入产出表。现在发改委拨款，好像很随意，人大有没有监督和审议制约，这样下去还了得？我们现在有10万多亿的预算盘子呀！不是计划经济时代那一点点预算资金了！

两任审计署的署长李金华、刘家义通过审计都承认，中央部门每年拨的款都花不掉，故出现所谓的"8月份之后现象"，即各部委

71

要突击花钱,要把财政部和发改委拨的款突击花掉,不然下一年的拨款计划就减了。结果审计署每年审计出来的"问题资金",光中央五十多个部委每年都400多亿。"三公经费"只是这个大的财政体制和政府运作体制问题的一个小问题而已,只是整个问题的一个方面而已。概言之,我们的财政不是量需为出,整个逻辑链是颠倒着的。

记者:所以社会舆论热议政府部门的"三公经费",只是一个切入口,背后是民众对于财政税收浪费的不满。

韦森:这些年来税收高速增长,大量的税收被庞大的行政机构花掉了。全国政协委员、国务院参事任玉岭所透漏的信息,2005年全国吃"财政饭"的总人数,已高达4572万人;另外,还有500万人仰赖于政府赐予的权力实行自收自支,按他透漏的数字计算,我们的官民比已达到1:26。这一比例的精确的数字我们没有计算,但目前我国"吃皇粮"(的人)占人口的比例是全世界最高的,这应该没错。最近中央直属行政部门公布出来的"三公经费"数字,只是这个问题的一个方面的反映。

国家行政学院的教授竹立家前几年曾计算过,全国的公车消费是4000多亿元,但当他说出这个数字时,原来全国大致只有400万辆左右的公车。现在有人估计说,目前中国有1000多万辆公车。如果大约是这个数字,那全国公车消费总量现在岂不要上万亿了?这是个什么数字?

把政府机构三公经费支出与我们全国的医保支出相比,就知道这个数字是多高了。国外医保支出是财政支出最大的一项,一般占财政支出的百分之十几。在美国、欧盟、澳大利亚等很多国家和地区，医保支出比例均达到 GDP 的 17% 左右。我们国家的呢？全国医保财政才拿出多少钱？目前中国的医疗卫生投入总额占 GDP 的比重还不到 2%。按照温家宝总理 2010 年的政府工作报告透露的数字，2009 年中央财政投在医疗卫生方面的支出，才 1277 亿元（尽管增长了 49.5%！），而按照财政部《2009 年全国财政支出决算表》中的精确数字，2009 年全部财政支出中用在全国医保上的钱，才 1892.21 亿元，这在 2009 年的政府 7.63 万亿元财政支出中又占多大比例？我们政府征到的税，又有多少和多大比例真正用到纳税人身上了？

财税体制是中国模式的核心

记者："三公经费"之所以如此惊人，主要还是归因于政府税收的高速增长。但是如果回顾中国改革开放的历程，尤其是 20 世纪 90 年代改革重启，1994 年的分税制使中央财政强大起来，无疑对中国经济的发展起了巨大的推动作用。可以说，财税体制，是中国模式的核心要素？

韦森：对。正是随着这些年中国经济的高速增长尤其是政府税收超高速增长，我们似乎正在形成一个所谓的"中国模式"，一个如英国 17 世纪的哲学家霍布斯所言的那样一个庞大的行政"利维坦"。在这个巨大的利维坦中，各级政府官员、国有企业的高官，通过手中的权力和掌控的资源，进行层层权力寻租。如果说目前有个中国模式，或者说正在形成一个中国模式，这才是"中国模式"的根本性特征，或者说这个模式的实质。

当然应该看到,在中国经济发展的现阶段上,这种政府和国有部门在发展经济的同时进行"权力寻租",从某些方面来看是有效率的。因为,在20世纪80年代初计划经济结束时,我们国家还比较穷,城市和乡村基础设施很差,在经济起飞的初始阶段上,确实要靠政府和国有部门投资来推动经济增长和建设城乡基础设施。尽管在这方面的项目投资中有些腐败,甚至有不小的浪费,但在中国的工业化和城市化的初始发展阶段上,这种靠政府官员和国有部门高管的层层寻租所推动经济发展模式,却是有效率的,从某种程度上说有其必然性和优长。可是等到公路、铁路、机场、码头、地铁、广场、文化设施都建好了,等各级和各地政府行政大楼都一幢幢建成了,这一波基础设施建设的黄金时代过去了,还能再建吗?即使在现阶段,又有多少基建设施方面的浪费?全国又有多少这样的巨大项目浪费?这个模式就要终结了,不会超过10年,这个增长阶段就要过去了。我们未来还能靠这种体制和这种经济增长模式来推动中国经济增长吗?中国的经济增长方式必须转型,而与这个增长模式连在一起的我们政治和社会体制也必须转型。不转型,中国就要出问题。经济增长,也不可能是可持续的。

记者:但是任何体制本身都有着巨大的运行惯性。

韦森:是啊!这正是这些年我们所担心和困扰的问题之一。近些年来,许多有良知的学者和知识分子,运用一切可能的机会,呼吁学术界和全社会各界在充分肯定我们改革开放30多年的巨大成就的同时,反思我们这个体制运行的基础和潜在问题,就是想使我们这个社会努力从这个有着巨大变迁张力的体制运行惯性中跳出来。这几年，我一直说，要警惕走向这个"中国模式"，避免形成这样一个"中国模式"，也正是从这个视角考虑所言的。一个利用自己掌握的几乎不受审核和实质性制约的权力和巨大的资源进行层层寻租的体制正在形成，而且不断在自我强化，而现在又看不出有根本办法来跳出这个体制的自我惯性运行，因为没有约束力量来制约和制衡这个巨大的行政利维坦，正是目前中国种种经济与社会问题的核心和关键之所在。我们要用多少年和多少代，才能使这个几乎不受任何制约的巨大的行政利维坦变成一个现代政治意义上的"有限政府"，一个行政和资源配置权力受实质性制约和制衡的现代政体？这是我们的政治体制改革和社会转型要最终回答和要解决的根本性问题。

从中国政府财政税收政策上来说，现在整个政府的政策导向还是增加税收和其他财政收入，用财政学的专业术语来说，继续提高中国的"宏观税负"水平。国税总局局长肖捷和财政部部长谢旭人，都一再表示中国的税收和财政收入还有进一步增加的空间。按肖捷的说法："政府集中的税收收入还无法满足迅速增长的公共支出需求，有必要随着经济发展逐步合理提高税收收入占GDP的比重。"应该说，财政部长和国税总局局长都还只是从本部门每年的财政收支状况来看问题，并没有从中国社会转型的整个背景来看中国的大势。我觉得，这个问题要放在中国社会当下经济社会发展阶段的整体格局和政治体制的整个背景中看。从财政体制的表层来看，政府征了这么高的税，真正用在民生上很少，而大量财政收入却被政府机构自身消耗掉了。即使从政府的项目投资来看，我们仍然是一个发展财政和建设财政，还没有真正转向公共财政。从中国政治体制运作的深层结构来看，我们有这样一个庞大政府科层组织，财税部门征越来越多的税，实际上是在维持并强化这个巨大的行政利维坦，是在维系、固化和强化目前这个独特的体制模式。

在计划经济情况下，中央直接控制的资源很少。改革开放以来，市场经济被"请"了出来，经济高速增长，政府的征税能力和手段越来越强，政府所掌控的财力也越来越多。尤其是自1994年试行分税制改革以后，政府税收每年都是超高速增长，现在中国政府掌握的财力是计划经济时期没法比的。政府掌握的资源越来越多，财政收入占GDP的比重也不断提高。一个常常被人们忽略的现象是，近10年来，政府财政收入的实际增幅，在大多数年份中都是财政部为两会提交审议的当年预算报告中所定财政收入增加目标的200%以上，有些年甚至更高。

记者：这种体制下，"国进民退"是否是种必然？

韦森：这两年，总是不时有政府部门的官员否认"国进民退"正在中国发生。要知道，真正的"国进民退"，不是指国企的个数在增加，而主要表现为政府和国有部门掌握的资源越来越多。

自1994年试行分税制改革以来，中国经济高速增长，政府的税收更是超高速增长，每年差不多都是GDP增速的两倍。同时，企业利润（在统计口径上称为企业"营业盈余"）也在高速增长，但城镇居民收入、农民收入多年来都一直低于GDP的增长速度。从2008年世界经济衰退之后，企业的利润也开始下降，尤其是民营企业和部门。现在，在国民收入初次分配的三大部门中，就只剩下政府的税收还在高速增加。在国民收入初次分配中，政府拿得越来越多，而其他两个部门尤其是居民劳动报酬所占份额就必然越来越小，真正的"国进民退"，是发生在这个地方。

记者：这种财税体制，是否也在阻碍我国经济增长方式的转变？

韦森：肯定是。一边是政府的税收和其他财政收入不断增加，而经济增长又主要靠政府财政支出和从银行贷款来建设大项目所推动，一边又喊经济增长方式转型，这怎么可能？我们目前的这种经济增长方式，是与现行的政治体制尤其是政府的财政体制连在一块的。这种政府体制，就只能有这种经济增长方式，在这种体制下，你要转变经济增长方式，那就相当于你对老虎说："老虎老虎你别吃肉了，你吃草吧！"这可能吗？

中国的贫穷落后、低收入、基础设施差的经济发展阶段正在成为过去，接下来经济要进一步发展，主要要靠民营经济和居民消费增加来推动，这是大多数经济学家的共识。但是，现在，民营企业在萎缩，国民收入初次分配中劳动报酬的份额在减少，我们又怎么能转变经济发展方式呢？在这种体制格局中，不可能会有其他增长方式，通过内需和居民消费拉动经济增长，目前看来还都只是一个美好的愿望。

过去多年，地方政府之间在发展经济方面的竞争，尤其是在地方基建投资和招商引资方面的竞争，在推动中国经济增长方面确实起了很大作用。以前各地的经济增长，主要都靠地方政府从银行借款和卖地的土地出让金收入来启动的。随着中国经济增长阶段的延伸，过去中国经济增长中地方政府的这一推动力，正在逐渐变成未来中国经济增长的负面因素和障碍。地方政府靠银行贷款和负债来建设的基础设施，并没有多少收益，等到还款的时间到了，"清算"的时候来了，地方政府靠卖地还负债的能力没有了，中国金融系统就可能发生危机，经济危机也会随之而来。

目前中国经济确实是在高速增长着，但主要靠各级和各地政府的基建投资和国有部门的扩张来推动的。民营企业，在目前紧缩的货币政策下，纷纷表示比2008年全球经济衰退前期还要日子难过。这又怎样转变中国的经济增长方式？我们要往前看，早一点准备。早准备了，尽可能地转变了经济增长方式，损失就会小一点，我们的社会就会少"折腾"一些。与这个体制"共生的"经济增长能否转变得了，现在看来仍是个大问号。

所以，无论是地方债问题、"三公经费"问题，还是预算公开问题，归结起来，都是一个问题，就是中国的现行体制问题，这也就是所谓的"中国模式"的一个潜在问题。

记者：那么是否能够认为，目前政府财税部门的官员还是计划经济时代的思维？

韦森：从某种程度上可以这样认为，且不仅是政府财税部门，许多部门不都是？现在的发改委，不就是过去的计划经济委员会？是由过去的经委和计委合起来的更大的计划经济委员会？目前的发改委，主要任务，是管增长和发展的。其资源配置权力，比过去的计委还要大得多！这些年，我们的经济从整体上来说已经市场化了，甚至过度市场化了，包括不能或不宜市场化运作的一些社会活动和部门都市场化了，但是我们整个财税部门乃至整个政府管理社会的思维，还是过去计划经济的那一套。整个财政体制运作的逻辑，还是从计划经济延续下来的。我上面已经说过，从形式看，政府目前的整个财政体制还是建设财政和发展财政，还不是现代公共财政，多数政府官员和财税部门的官员，实际上或者说基本上不具备公共财政的思维。

但是问题是，政府财政收支的场景变了，即经济市场化了，且全球化了，财政收入的大盘子大大扩张了，但我们管理国民经济的思维却没变，种种问题于是就必然出现了。原来在计划经济时代，政府财政收入的盘子小，处处要算计着花，捉襟见肘，想多花也没地方弄钱去。现在政府把市场放了出来，GDP 规模已经很大了，已经是世界第二了，政府的征收能力和手段大大加强，从市场运行中抽取引入的税收和其他"红利"已经超过 10 万亿元。然后政府富得不得了，在某种程度上富到不知道钱该怎么花、怎么用了。请问，当今全世界哪个国家政府有像目前中国政府的日子这么好过的？那一个政府又能像中国政府这样大手大脚地花钱的？看看各级和各地的一幢幢漂亮的政府行政大楼，就知道我们的政府是怎样用钱和怎样花钱的了。"三公消费"，只不过是这其中的"小菜一碟"。

预算民主是政改的关键

记者：那么是否可以认为我们的财税体制与市场经济不匹配，是落后的？

韦森：似乎不能用"落后"一词来简单概括我们目前财税部门

的财税体制。问题在于你从哪个角度看。我们的金税工程、现代化的发票技术、网络技术，还有庞大的有着高学历的征税队伍，从技术上和任何层面讲都是非常先进的。我们税收制度也在不断完善，这是这些年政府税收高速增长的重要原因。单从这方面来说，我们税收和财政体制运行在世界上来说是很先进的。唯一一点没实现的，我们还不像美国和其他发达国家，每个人一个税号，走到哪里，在国内任何地方有收入，都进入同一个税号。我们现在的互联网技术和通信技术已经达到了这一点，我不知道为什么财税部门不推广和试行一个成年人一个税号的制度。这其中或有其他隐情和行政考虑？尽管还没有做到每个成年人一个税号这一点，但是我国的征税技术和手段还是蛮先进的，其"先进"，主要在对偷税漏税"堵"和"罚"的手段不断加强和不断完善，结果是财税部门从市场中征取税收的能力和手段在不断加强。

这方面的"先进"，是1994年分税制改革以来中国政府财政收入连年超高速增长的一个重要原因，也反过来支撑了政府投资所推动的经济增长，当然还有政府科层自身消费（包括三公消费）总量和份额的快速扩张。但是，我们财税部门的领导人和专家，似乎并没有考虑到，把钱留给民间，留给企业，才花得更有效率。从公共经济学和税收学基本原理上来说，政府从老百姓和企业那里征过来的税，再花出去，总是有损耗的，叫"跑冒滴漏效应"吧！政府官员的腐败，只是其中之一；资源浪费和低效率，更是其中一大块。

政府总是想着老百姓不花钱，我来替你花钱，这才有经济增长，这套推理逻辑完全错了。这不仅是个经济发展战略上的整体失误，也是个基本国策问题。民富了，才能真正国强。而在当今中国，这却似乎反过来了：国富了，民却不富，至少从相对份额上说是如此。民不富，经济增长能走多远？经济增长，又是为了啥？民富，才是任何一个时代的政府所应确立的首要施政目标呀！再说，国富，必然结果是与权力有关的人富，而大多数人"穷"。我们的社会收入分配和社会财富占有的基尼系数不断拉大，都快接近 0.5 了，恰恰是这种"国富"和这种政治体制的一个必然结果。

记者：所以关键问题还在于根本的施政理念转变。实际上中央最近这几年频繁提阳光财政，但效果甚微。

韦森：改革开放以来，随着中国经济的高速增长，各级和各地政府手中掌管的资源和财力越来越大，花钱也越来越多，一些直接掌管这财政资源与配置权力的人，自然会从中收益。单凭思想教育，要求他们自觉地实行阳光财政，靠一些官员的道德觉醒和思想进步来试行预算公开透明，能解决多大问题？国务院要推行阳光财政，要预算公开透明，对于直接掌管这巨大政府财力和资源的官员，肯定不利，他们会本能地反对，或敷衍了事，或阳奉阴违，很难且很不愿意公开自己所管的预算收支状况，尤其不愿公开政府机构收支细目，更不愿公开自己所管的隐形收入和小金库。公开出来的数字，又有多少反映政府部门实际收入和支出情况？一句话，一旦涉及当权者的切身利益，就完全不一样了，就很难推行下去了。

记者：这是否又要归结到政治体制改革的根本问题上去？

韦森：可以这样认为。近些年，我几乎利用一切讲学、访谈和写专栏文章机会，反复讲现代民主政治的核心问题是预算民主，因而财政体制改革，是政治体制改革的核心问题，正是讲的这个意思。

原来，许多人包括我自己都没有意识到现代民主政治的核心和根本问题是预算民主这一点。在 2007 年的股市"5·30 事件"后，人们才慢慢意识到，民主政治其核心原来并不是"人民当家做主"、"人民的统治"或"'民'选'主'"的问题，而实质上是个税收和政府财政收支权的制衡问题，是个民主预算问题，或简单来说，是限制政府的征税权以及政府财政支出要受到民选代表的实质性审议和制约问题。看一下英国的历史，就会知道，从 1215 年《大宪章》开始，一直到 1688 年的光荣革命，整个英国的宪政进程是围绕着限制国王的征税权而展开的。1689 年在英国制定的《权利法案》第十七条就明确规定："国王不经议会同意征税，即为违法。"另外，稍微了解一下世界近代历史，就会知道，荷兰的建国，法国大革命，美国的独立，都是从政府征税问题引起的。另外，许多国家的现代转型过程也表明，"宪政"开始并不一定是"民主的"。比如，到 1688 年的光荣革命时期，英国的宪政制度基本上就建成了，但是到了 19 世纪初，在英国才大约只有占人口比例 2.5% 的贵族有选举权。经过 19 世纪 30～50 年代的宪章运动，到 1884 年，在英国才有三分之二的男子有选举权。到 1928 年，21 岁以上的妇女才和男人一样有投票权。到 1966 年，英国才有 18 岁以上的所有公民普选内阁首相的制度。法国妇女有选举权，也是 1944 年之后的事情，甚至到 1974 年 6 月，法国才最终确立了 18 岁以上公民普选总统的制度。就连美国这个确立普选权较早的国家，原来妇女、黑人和其他少数民族的人并没有选举权，直到 1971 年 3 月制定的联邦选举法，才有了现在这样较完备的普选制度。所以，从欧美历史看，宪法民主政制的实质是限制政府的征税权和预算民主的问题，而不简单是个民众的普选权和选民直接"选主"（即国家和政府领导人）的问题。从世界上一些国家的现代社会转型的历史经验中，可以推知，如果我们未来的政治体制改革没有一个明确的宪法民主政制目标，而仅仅是把我们未来的政治民主化进程想象为只是在形式上采取一些西方国家通行的"普选制"，这将非但不能保持我们国家的社会安定和经济的长期增长，还有可能出现像"文革"那样的"大鸣大放式"的"大民主"，甚至会出现多数人的"民主暴力"或"暴政"。对于这一点，我们必须有一些清醒的认识。

如何实现预算民主

记者：预算民主的关键是什么？

韦森：从预算民主上限制政府的征税权，那么政府的预算就要有个机构来审议，来制衡。做这个事情的，在当今中国应该是且只能是全国人大。所以，目前的问题是先要"做实人大"，加强全国人大的功能。真正运作的预算民主，最后当然还离不开民主选举。没有纳税人真正选举出来的代表，他怎么会为纳税人真正谋利，又怎会真正代表纳税人的利益？

要加强全国人大在政府预算收支方面进行实质性审议、制约和批准的功能，必须渐进性地推进人大代表的民主选举制度，比如试行人大代表的专职化，以及最近出现的独立候选人，都应该允许，并予以鼓励。没有民主选出来的代表，最终还是无法实现民主预算的。

记者：有些地方已经在财政公开方面有比较深入的尝试，比如四川的白庙、浙江的温岭，上海的闵行，但是似乎并不顺利，也没有能够很快推广开。从这一点上看，虽然中央提的很多，但是对财政公开似乎还没有做好准备。

韦森：好在全社会已经逐渐认识到民主问题不是个普选制的问题，而是约束政府的征税权和财政支出透明、公开且受人民代表实质性的审议、制约和批准问题了。预算民主是现代民主的核心，政府不能无限征税，征了税，钱要花到纳税人身上，这正在慢慢成为我们全社会的共识。目前国务院、财政部和社会各界，都在共同议论政府预算公开透明问题，并有行政措施实际推动预算公开，恰恰说明了这一点。中央政府率先试行"三公经费"公开，就是沿着这个改革方向上往前走，向前推进，所以说这从任何意义上来说，"三公经费"公开，都是个重要的历史进步。

近几年，深圳的吴君亮先生在推动政府预算公开透明方面做了大量的实际和艰苦的工作，已经去世的蔡定剑教授生前在上海闵行推行预算公开的试验，广东省和其他一些省份这些年逐渐试行政府财政预算公开，均说明全社会各界慢慢都意识到了这个问题的重要性。财政学界许多专家学者从理论上讨论中国的预算民主建设问题，并做了许多思想普及工作，也功不可没。

但是，要实现和建设预算民主政制，一定要允许地方政府进行政治体制改革的试验，目前最起码要鼓励政府预算公开、透明和民主预算的试验。中国的改革只能一点点推进，不可能期望一下子就完成，搞"大爆炸式"的整体改革。这是多年来中国改革成功的最重要的历史经验。邓小平"南方谈话"后，如果不是允许深圳等地进行特区改革开放的试验，会有今天吗？中国改革的历史经验告诉我们，要不断地解放思想，不断进行广泛的理论讨论，不断地突破一些理论禁区，并在实践中不断地进行实验，不断地推进，才能一步步渐进性地改。我们经济体制的市场化改革，就是这么一点点走过来的。未来中国的预算民主建设，未来中国的政治体制改革，也只能这样慢慢地和渐进性地推进。

记者：还有一个问题，"三公经费"公开，政府预算公开透明，现在并没有明确的法律约束，《预算法》的修订也一直没有实质性进展。您怎么看这一问题？

韦森：据我所知，新的《预算法》修正草案，几经讨论修订，已历经数年，到目前为止，还未能"上会"审议，仅2010年，就曾三次"拒绝"提交给全国人大讨论。这在目前来说未尝不是件好事。要把保护纳税人的权利的条款，税收法定的宪法民主政制精神，或具体来说，征收新税要经人民代表审议批准、预算透明公开的精神都写到《预算法》里，再提交"上会"，也不晚。甚至可考虑在未来制定新《税法》时和修改《宪法》时，要把保护纳税人权利和税收法定的现代宪法民主政制精神写入其中。要做到这一点，首先要通过社会各界的广泛讨论，在全社会形成一些基本共识。由此看来，目前预算民主的思想还没有得到普及和还未形成全社会基本共识的时候，《预算法》修订案被推迟"上会"，往后拖，是件好事。现在的"三公经费"公开，只是给出了初始信号，让人们看到些未来中国民主预算政制建设的曙光。真正的政府财政公开透明，还要等到预算民主政治制度建成之后才能实现。

现在看来，不管是未来中国经济增长方式的转变，经济和社会体制的转型，还是政府体制改革和政治体制转型，均要从预算民主这个核心和关键点入手。政府财政预算体制不转变，什么真正的改革和转型都谈不上。实现不了预算民主，讲自由、民主、法治、宪法政治目前看来往往是空的。这些年来，我们一直相信，预算民主建设，乃是未来中国政治体制改革的一个逻辑起点和突破口。现在国务院、财政部、学术界乃至社会各界所共同促动的政府部门"三公经费"数字公开，以及促使政府财政预算公开透明，都是在为未来中国的预算民主建设做些前期准备。我们由衷地希望，这条改革之路是通的。

2011 年 7 月 26 日于复旦

（本文以《中国首先需要预算民主》为题首发于 2011 年 8 月 3 日 FT 中文网 http://www.ftchinese.com/story/001039940）

减税才是未来中国经济最好的宏观政策

"两会"即将召开,对于外界备受关注的财税体制改革问题,笔者接受了凤凰财经特别专访。笔者长期关注中国经济发展和财税体制改革,对中国经济发展问题认识深刻,分析理性,提出很多建设意见。

访谈中,笔者多次流露出对中国经济问题和财政体制改革的担忧。目前中国财政体制改革是到了不改不行的时候了,企业税收负担过重,严重影响了中国经济的发展,减税才是未来中国经济最好的宏观政策。

"未来转变中国经济下行趋势,唯一的宏观政策只有财政政策。财政政策不是政府花钱,政府再花钱就会赔上大萧条,而是减税。劳动力成本降不下来,人民币升值是政府决定不了的,只有税收是政府可以做到的。政府减税后,中国企业才有竞争力,企业活过来,有出口订单了,政府的税收才会增加;再不减税,很多企业都关门了,政府税收都收不上来。"

如果再按照过去的发展思路,依靠投资拉动经济增长,不管收益只管 GDP 速度，不管下一届政府谁来还债，这种模式一路下去的话，中国经济就会出现大萧条。

鉴于此，笔者呼吁，目前中国亟待财税体制改革，建立现代财税管理体系，做实人大预算工委，约束政府盲目投资，增加民生方面的支出，让老百姓得到更多的实惠。

中国财政体制改革是到了不改不行的时候了

《凤凰财经》：十八大之后财税体制改革方面，您认为现在最大的一个突破点是什么？

韦森：最大突破点也是难点，就是财政体制改革设想的落实。中共十八大报告就把财政体制改革写进了下一步改革设想第一条："加快改革财税体制，健全中央和地方财力与事权相匹配的体制，完善促进基本公共服务均等化和主体功能区建设的公共财政体系，构建地方税体系，形成有利于结构优化、社会公平的税收制度。"在十八届三中全会《中共中央关于全面深化改革若干重大问题的决定》(《决定》)中，这一改革设想有所细化，也有所调整。《决定》第19条的具体说法是："建立事权和支出责任相适应的制度。适度加强中央事权和支出责任，……逐步理顺事权关系；区域性公共服务作为地方事权。中央和地方按照事权划分相应承担和分担支出责任。"这些规定还比较模糊，到底如何改，目前还不是很清楚。现在人们都认为中国目前的分税制的财政体制需要改，主要问题是中央和地方的中国财权和事权不匹配，财权（现在被称之为"支出责任"）主要在中央，而事权在地方。现在写入《决定》的财政体制改革，实际上牵涉到中央和地方的财权和事权的重新调整问题，把财权上升，事权上收。这牵涉到一个问题，即中央和地方的利益的调整，这是件非常难处理的工作。从"三中全会"开始前一直到会议最后，财税体制改革问题拖了那么久，说明在财税改革上大家意见比较大。目前看来具体改革意见还不太清楚，且任何改革方案能否推进和落实，更是一个未知数。

实际上，中国财税体制改革不仅仅是中央和地方财权与事权的重新调整和匹配问题，任何调整和改革，都会牵动整个中国经济增长方式和增长前景。近些年来，中国经济增长很大一部分是地方政府支撑的和推动的，建大楼，建广场，修高铁、高速公路和地铁。未来中国经济的风险很大程度上也在这个地方，因为过去20多年政府所推动的基础设施建设已经给各级地方政府留下巨额负债。在过去二三十年中，尤其是2009年全球经济衰退以来，整个中国经济增长的三维动力，除了国家、市场以外，还包括地方政府的基础建设投资所推动的经济增长。现在如果上收事权，今后再不以地方GDP增长的高低来考察地方政府官员的政绩了，整个经济增长方式都会发生变化。当然，如果中国财政体制按照这个逻辑改，不一定是坏事，而是真意味着中国经济增长的方式要发生根本性的转变了，即从发展主义政府向注重民生和公共福利的政府职能转变，就此而论，财政体制改革，不仅仅是一个政府管理体制的改革问题，实际上将会牵动整个国家政府体制的改革，且最终会影响到中国的经济增长和老百姓的福利。

记得两三年前，楼继伟部长曾讲了一个基本观点，即尽管各国中央政府和地方政府的财政收入分成受各自的政治历史传统所决定，但在一个国家越现代化过程中，财权是越来越往中央集中。例如，按照 2011 年的数据，美国联邦政府的财政收入占政府总收入的比例为 56.64%，德国占 65.34%，丹麦占 73.45%，法国占 84.93%，英国则高达 91.08%。澳大利亚也是如此。我在澳大利亚待了十几年，感觉澳大利亚联邦政府的财政收入也占大头，州和地方政府只占很小的一部分。故一个国家越现代化，财权越往中央集中，这应该是一大趋势。从我们国家中央和地方的财政收入和支出的分成来看，中央政府财政收入占政府总收入的比例大约只有 53.30%，但是通过中央政府的转移支付，实际上地方花大头，80% 以上财政支出花在地方。从这些年中国政府财政收入与经济快速增长的轨迹来看，如果财权下放到地方，这些钱总是会用到建大楼、广场和面子工程上，很少用到民生上，因为用到民生支出上，对本地 GDP 增长的贡献不明显。如果把财政资金像过去二十多年那样用到建设所谓"面子工程"和基建项目上，GDP 增长的效应马上就出来了，这样的增长方式使 GDP 增长速度虚高，但老百姓从经济增长中所得到的福利和实惠则比较少。这样看来，财权或言支出责任还不如集中到中央，使政府每年所征得的财政收入更多地被用到医保、社保、教育和其他民生用项目上来，这样中国的老百姓会得到更多的实惠。

《凤凰财经》：如果财权集中到中央，地方上该如何转变经济增长方式？不考核 GDP，地方竞争机制如何解决？

韦森：过去地方政府和地方竞争，的确在中国经济增长中发挥了很大的作用。在中国经济的低度发展阶段且基础设施比较落后的情况下，在中国经济起飞的初始阶段上，地方政府之间在经济增长方面的竞争，有它的积极意义，但现在，绝大多数地方的政府大楼盖得已经很漂亮了，不少地方基础设施建设除了地铁以外，广场、大楼、滨江花园等等都建得很漂亮了，且花费无数。而多年来地方政府用在医保、社保上的财政投入相对来说比较少。以后，拿了老百姓的钱，得用到老百姓身上，得增加老百姓的收入，但现在政府的财政和税收与老百姓的收入增长和社会福利的增长并不协调、不匹配，缺口很大。

这种增长方式不能再继续了，现在最重要的是要把国民收入分配向民生方面倾斜，所以财权集中可能更为有利一点。在政府税收的"央地分成"上，不能像一些主张和地方政府官员所希望的那样进一步向地方倾斜，因为给地方政府留得再多，还是不够，他们还是投向基础设施，而不是投向民生，结果地方还是负债，因而给他们留多少钱还是不够用。因为发展民生，不创造 GDP，政绩不明显。而建大楼、建广场，效果明显，也拉动 GDP 的增速。更重要的是，地方行政官员的政绩上去了，腐败寻租的机会也多了，贪腐也上去了。

《凤凰财经》： 财权上收后，地方债问题如何解决，谁来偿付地方债？

韦森： 中央要放开地方的发债权，允许他发债。现在中央不允许地方发债，主要通过中央有控制地发城投债，结果大量风险则集中到银行了。尽管有些地方政府的负债已经很大，差不多达到了当地 GDP 的 200%，但总体来看，现在地方政府的直接负债还不算太大，不到 18 万亿，所有的都加起来，有的人说 21 万亿，也有人说是 27 万亿，相比西方发达国家来说，还不算太高。负债了，有了债务约束了，地方政府官员的"预算约束"就变得"硬了"，也会促进和有利于未来的民主政治建设。发了债，通过市场融资，不但会有利于金融市场的发展，实际上也会把风险推向市场，而不是像现在这样实际上全集中在商业银行。通过让地方政府举债的方式来融资，也有利于建立规范透明的地方政府举债融资机制。

目前中国经济的问题在于，这些年来所投的一些项目是不赚钱的。过去，地方政府作为一个个"开发公司"，只管眼前，只考虑投下去就会创造 GDP，还不还债不管。比如建一个广场，投几亿甚至十几亿下去了，把广场建好了，建得很漂亮，但一分钱都不赚，每年还要维护费。建城市地铁，收些票价，多少还赚点，但可能还不够它运营的成本。各级各地政府建了那么多政府大楼、环城大道、滨江公园和文化广场，当年 GDP 是上去了，但谁来还债？这也是所谓的"中国模式"所积累下来的一个问题。

另外，现在非常奇怪的一个现象是：一方面财政存款在不断攀高，各级和各地的专项财政资金却花不了；另一方面，政府的债务却在积累。单从这两个现象你就会发现，中国财政体制改革是到了不改不行的时候了。

另外，这里面我们不要把地方政府的负债和各级政府部门的财政存款混在一起。地方政府的负债很大程度上是建大楼、修地铁，建马路，建广场和各种"形象工程""政绩工程""面子工程"去了，主要是通过融资平台，通过城投公司和其他融资平台所负下来的债；而政府收的税和其他财政收入,主要是从老百姓那里征来维护整个国家机器的运行,要支付政府公务员的薪水、医保、教育、科研和支农资金等等,这个钱与地方政府的负债是两笔账。不能说因为地方政府负了那么多债,我们就没有减税空间了,这不是一回事。

因为地方负债二十多万亿,就说没有减税空间,这其中的逻辑不对,因为这是两笔账,根本不是一回事。中国政府目前应该有很大的减税空间。我们各级政府财政存款四万多亿,再说没有减税空间,从根本上讲不通。2013年5月份以来,李克强总理也在几次场合中讲到要盘活财政库底资金,并于7月3日主持了国务院常务会议,会议的主要议题就是"盘活库底资金",号召各级政府"把闲置、沉淀的财政资金用好,集中有限的资金用于稳增长、调结构、惠民生的重点领域和关键环节"上。7月15日,财政部预算司又发布了"关于加强地方预算执行管理激活财政存量资金的通知",这实际上是在敦促大家快点花钱。

尽管国务院和财政部在2013年年中一再敦促地方尽快花钱,但按照央行2013年12月公布的数据,到2013年10月,全部政府存款余额又攀高到4.12亿元,比9月份政府存款增加了6683亿元,相比4月份4.6万亿的财政存款余额来说,并没有减少多少。另外,自从2012年年底中共中央强制推行"八项规定"以来,许多地方政府机关和一些吃"国库粮"的单位突然发现财政拨下来的经费花不掉,无地方花,都犯愁了。这一从另一个方面说明我们的政府目前还是有减税空间的。既然政府征了税,都花不掉,没地方花,另一方面各类企业利润率下降,相当一部分企业经营困难,那为什么政府就不能考虑减税呢？

去年澳大利亚央行的副行长来访，在上海请我吃饭，我问他，你们政府财政存款存在哪里？是放在央行国库里，还是存在商业银行之中。他笑了笑，意思是说你一个大学教授，怎么会问这么一个幼稚的问题，我们的政府怎么还会有钱存呢！说这笔钱没到，那笔钱早就支出去了。只有中国政府有几万亿的财政存款，积累在央行国库和各级政府的财政专户中花不掉，当今世界上可能没有任何一个国家的政府像中国政府的日子这么好过，几万亿财政存款花不掉。再看奥巴马政府，这些年都陷入财政悬崖了，2013年政府都关门十几天，没钱了。光美国联邦政府，就负载十六七万亿美元了，已经超过每年的GDP的100%，在这样的巨额负债的情况下，美国政府都还能维持减税政策多年，我们国家就这点负债，就不能减税了？这说不通。

《凤凰财经》：上收财权直接涉及中央和地方利益的调整，地方上会不会抵触，阻力很大？

韦森：对，地方上意见非常大。我与上海市、浙江省、福建省的一些厅局级领导干部交流，地方领导对财权进一步上收的改革设想抵触心理确实非常大。

其实，当年朱镕基实行分税制改革的时候，也遇到过类似的情况。1994年，当时中国财政收入只有5000多亿元，收不上钱，税负占GDP 12%左右。时任副总理的朱镕基说，我们要建设现代化国家，但钱收不到中央来，怎么发展经济建立强大的国家。当时朱镕基总理做了许多工作，说了很多好话，最后地方政府才同意了分税制改革。当时，朱镕基是副总理，马上要做总理，他想推分税制，把财权上收。当时的阻力都那么大，现在进一步改革财权和事权不匹配的现行财政体制，上收财权（或言"支出责任"），阻力就更加可想而知了。

凤凰财经：目前来看应该怎么解决这个问题呢？

韦森：这个问题就看我们两个改革小组了，尤其是新近成立的"中央全面深化改革领导小组"的决定和决心了。如果最高决策层下命令，要改革现有的财政体制，财权（支出责任）从地方上收，那就得收；如果最高决策层下不了决心，不下强制命令，看来很难推行得开。但这样的财政体制改革，要牵涉到整个国家管理体制的改革，是一项巨大的系统工程，能否启动，还不知道。

建立现代国家治理体系，首要建立现代财税管理体系

《凤凰财经》：据您了解，今年《预算法》方面会有哪些新进展？

韦森：《预算法》今年通过，基本上阻力不会太大。另外，我一直呼吁要建立现代国家治理体系，首先是要建立现代财政管理体系，把财税管起来，有制衡监督机制，才算是建立起了现代国家治理体系。现在政府财政预算，年初一个数字，年底一个数字，怎么收税，怎么花钱，没有细目，在很大程度上不透明，更没有任何实质上的监督和制衡。国家治理体系的现代化，首先是政府财政预算管理体制的现代化。故加强全国人大对各级政府全口径预算决算的审查和监督，乃至批准和制衡，当是未来中国国家治理体系现代化的重要建设和组成部分。1994 年，当时国家只有 5000 亿元财政收入，

现在财政收入猛增，已经达到十几万亿元。2013年财政收入将近13万亿元，加上土地出让金，就17万亿元，再加上政府其他收入，合起来不下于20万亿元。这么大的盘子，花钱没个章法，财税部门任意征税，发改委和财政部任意决定财政支出，任意批项目拨款花钱，这种体制是有根本问题的。用现代财政学的术语来说，纳税人的钱袋子，没有实质性的监管和制衡，纳税人只有政府说让征多少税就缴多少税，不要说派代表决定政府所征税收的用途，甚至连政府怎样用纳税人的缴的税款都无权知晓。这是不行的，这是一个国家还没有走向现代国家治理体系的根本性问题。

财政管理体系的现代化需要做实全国人大。修改《预算法》，用法律规定下来全国人大对政府全口径预算的监督审查和制衡，是一个方面，更重要的是做实全国人大对政府财政预算的财权监督与制衡，更准确地说是做实人大预算工委（全国人民代表大会常务委员会预算工作委员会）。现在的预算工委在财经委（全国人民代表大会财政经济委员会）里，开会时候出现一个"财经委"，开完会就又变成"预工委"。财经委一套人马两套班子，一个国家，只有两三个人具体负责，这是起不到任何实质性的监督制衡的作用的。

《凤凰财经》：以目前的状况，应该怎样才能做实人大预算工委？

韦森：首先，可考虑从全国人大到各省人大以及县级人大都设立一个相对独立的预算工委，每一级预算工委下面常设预算办公室，如果这些预算办公室，能像美国国会两院的12个拨款委员会那样有财政资金使用的决定权，每一年的财政预算都要通过预算办公室才能支出，就可以规范我们十几万亿政府财政收入的收支，减少不必要的浪费，也会堵住许多政府官员腐败寻租的渠道。比如现在要开两会，财政部要制定下一年的预算，那么首先要送进人大预算工委和预算办公室审核，经过专家审核后才能上会。这不仅是财政体制改革的问题，也涉及中央地方分权的问题。

我们国家到底该如何设置这一体制，我认为应该综合考虑，整体上看看美国、瑞典、德国、英国等现代化国家，了解一个现代化国家是怎么用钱的，各国议会内部到底有什么样的制衡和监督政府预算收支的机构，做一些各国财政管理体制的比较研究，探索建立起我们国家未来的国家预算管理体制。

目前来看，做实全国人大，首先要考虑做实人大预算工委，可考虑在全国人大内部建立像美国国会的专业拨款委员会那样的机构，我觉得今年即使修改通过了《预算法》，进行相应的财政体制改革，可能还暂时做不到，能在以后八年甚至更长的时间里建立起这样一个全国人大对政府预算管理的监督体系就不错了，关键是决策者要意识到这一点，能朝着这个方向努力。

减税才是未来中国经济最好的宏观政策

《凤凰财经》：前段时间社科院报告提出，中国人均宏观税负已经到万元，您是如何看待这一问题的？

韦森：这不仅是"万元阶段"的问题，把财政和预算外支出、制度外收入加起来，我估算不止这个数字。我之前大致算过，如果把政府各项全口径的收入全算进来，这几年是我们13亿人每人

1元钱的可支配收入，政府就会拿1元钱的财政收入，大约是1:1的比例。政府的全国财政收入、土地出让金，还有其他的收入加起来，估计会在20万亿元上下。中国13亿人，每人就合一万五六千元钱，城市可支配收入乘上城市居民及农村的可支配收入，这些加在一起然后再做一个平均，计算出来的政府可能拿的总财政收入，比中国城镇居民的可支配收入还高一点。

《凤凰财经》：也就是说，政府拿的比我们可支配收入还多，是这个意思？

韦森：对。

《凤凰财经》：这样来看，政府是不是在与民争利，也就是"国富民穷"？

韦森：这里不是老百姓穷不穷的问题。这些年，随着中国经济的高速增长，各阶层和各地区居民的收入都提高了，中国生活在贫困线以下的人口已经大幅度减少了。只是相比较而言，政府的财政收入增长太快，而老百姓的可支配收入增长速度相对太慢了。我粗略计算了一下，从九十年代初开始到现在，政府的财政收入增长，翻了三四十倍，而全国城镇和农村居民平均可支配收入，最多也就是翻了7.7倍。这里面有几个因素，第一，就是中国经济高速增长，企业很好赚钱，资本边际收益率高。中国的税收主要是通过间接税取得的（增值税还有企业所得税），所以中国经济高速增长的时候，财政收入也在高速增长。这是第一个重要的因素。第二，是通过"金税工程"，使财税部门税收的征收能力大幅度提高了，电脑联网，增值税发票一开，偷税漏税非常难。尽管税率没变，企业的实际税收负担大幅度上升了。

中国企业的所得税仅次于韩国，做企业的都感到税负太高。所以，现在中国政府最好的宏观政策，不是货币政策，而是财政政策，货币政策在目前已经无效，甚至对中国经济的增长是负效用。

货币政策为什么无效？因为只要银行放松贷款，钱会流进两三个地方：第一是地方政府，第二是房地产，第三是僵尸企业。很多企业靠银行贷款活着，就像快垂死的人。放松贷款只会到这里面去。目前好企业不缺钱，根本不需要贷款，经营不好的企业银行又不敢放贷，所以放松货币政策对经济刺激不大。

中国经济面临的整个格局是：人民币在升值，劳动力成本上升，政府税收在提高，企业的融资成本上升。这些因素加起来，在中国企业还能做吗？假如你想办个新企业，靠银行贷款来融资，现在恐怕是很难的了。买银行的理财产品，买腾讯的理财通，利率都到百分之六七了，支付宝余额宝的利息，也一直在百分之六七。这些理财产品再转贷给别人，这些机构至少在其中要赚两三个点，那么企业最后拿到的实际贷款利率，恐怕就超过 10% 了。历史上有多少个企业的利润率能够长期超过 10%？

在这种情况下，放松货币政策基本上失效，未来减缓中国经济增速的下行，较为有效的宏观政策主要靠财政政策了。财政政策不是政府再猛花钱投资，而是减税。目前企业劳动力成本在上升，人民币近些年来一直在升值，尽管最近中国的人民币币值有波动，但人民币升值不是中国政府所能决定得了的，只有税收是政府可以做到的。政府减税后，中国企业才有竞争力，企业活过来，有出口订单了,政府的税收才会增加;再不减税,好多企业都关门、破产了,政府税收就收不上来,结果未来中国政府的财政收入只会减少。

依据经济学中的"拉弗曲线",我们知道,当政府的一般税率在一定的限度以下时,提高税率能增加政府税收收入,但超过一定的限度时,再提高税率,反而导致政府税收收入减少。

《凤凰财经》:现在中国处在这个拐点上了?

韦森:是啊。我判断基本上已经到了这个拐点上了,甚至都有点往后了。政府减少一点税率,财政收入短期也许会减少一点,但长期只会增加政府财政收入。如果现在政府再继续提高税率,一些企业关门了,政府的财政收入只会减少。

所以,现在李克强总理或者财政部长、各省财政厅厅长,应该多考虑企业的困难。应该把减税写入政府报告之中,这样地方财税部门也没有太多的考核压力了。如果中央政府把减税列为自己的施政目标,至少地方上就没有那么大增加税收的压力了。现在问题是政府决策层还没有意识到中国经济所面临的根本问题之所在。据说三中全会一直到最后一天,对于要不要减税都没定下来。最后提了一句话,叫"稳定税负",稳定税收,财政收入不增不减,最后停在这个地方。

《凤凰财经》:如果不减税,按照目前这个思路走下去,会出现什么风险?

韦森:现在中国经济表现出几个相反的趋势,一是2014年1月出口突然"冒泡",出现两位数。每年年初出口都在下降,今年突然上升了,但是汇丰PMI到已经低于50,即在经济的枯荣分界线的线下了。这样一来,经济学家都被弄糊涂了,PMI 在往下走,出口数据在往上走,这个数字怎么来解释?国家统计局说,1月份的出口数字没假,不像去年上半年好多企业虚报出口数字,想多点出口退税。但是,对于去年上半年一些出口企业虚报出口数字的事,政府是应该反思的,一些企业依靠出口退税才能存活下来,来养活自己和工人,这说明企业经营都难到了什么样子了,企业都快存活不下去了,想着多报点出口,多退点税,企业才能维持运作,都要喊救命了,快要沉底了,这是什么征兆啊!但是,自去年5月份之后,海关一收紧,一打击虚报出口数字的做法,中国的出口增速就下来了。

现在的问题关键是,最高决策层好像还没有认识到在当下的中国经济格局中,合宜的宏观政策是什么。自 2008～2009 年世界经济衰退以来,美国和西欧各国的经济危机成那样了,政府都纷纷掉入"财政悬崖"了,都能坚持减税政策,中国十七八万亿的财政收入,四五万亿政府财政存款,就不能减税吗,就没有减税空间么?

《凤凰财经》:如果不减税,财权上收后,也是不能解决中国经济增长的问题?

韦森:对,解决不了。减税的财政政策才是未来中国经济最好的宏观政策。现在税收这么高,企业不赚钱,把风险都推给银行了。企业的融资成本不断攀高,很多企业贷新款还旧债,早晚把会企业拖垮,企业破产了,就把银行拖垮,到时中国经济就要出大问题。现在若政府考虑减税,长期来看是对中国经济增长会更有利。

靠投资拉动经济是抽鸦片，最终会出现大萧条

《凤凰财经》：这样看来，您认为中国在经济 GDP 目标设置上，会不会调整下降？

韦森：去年两会期间，我就写文章说过，应该取消设 GDP 增长目标。因为中央一旦设立 GDP 增长目标，地方上就会竞相提高。不定反而更好。

《凤凰财经》：现在业界预测的比较多，(GDP 增速)不能低于 7%，这是一个底线？

韦森：我注意到，原德意志银行大中华区首席经济学家马骏预计 2014 年中国的 GDP 增速会攀高到 8.6%，林毅夫则说，目前中国经济的增速到 8% 是没问题的。他们都比较乐观，但是认识到中国经济困难比较多的经济学家还是占主流。

在 2012 年 5 月到 11 月，我在 FT 中文网上发了三篇头条文章，分析认为中国经济增速在下行，但是到了第四季度，一个拐点上去了。到了 1 月和 3 月之间，许多投行的经济学家高兴得不得了，说警惕 2013 年宏观经济过热。这些偏乐观的经济学家认为，看中国经济不用看其他的东西，就看一个指标，就是银行贷款，贷款上去了，肯定就过热，贷款下去了，经济就回落。

但是去年，贷款和社会融资上去了，经济却往下走，出现一个"剪刀差"。这个怎么解释？原因并不在于很多钱是借新款还旧债，而在于中国的银行贷款和社会融资中可能有重复计算成分。就是大银行贷给小银行，小银行贷给信托，信托再贷给融资平台，融资平

台最后就到了房地产，或者是到地方政府企业中了。其中，很多社会融资和银行贷款可能交叉和重复计算。

中国经济下行是一个不可逆转的趋势。现在中国的企业赚钱都很难，很多企业资不抵债，依靠贷款才能维持一天天撑下去，这是中国经济面临的一个很大的问题。如果再按照过去的发展思路，一味靠政府推动的投资来维持，已经不可能再维持高速度，不管资本收益，只管 GDP 增速，不管下一届政府谁来还债，按照这种模式一路走下去的话，最终会把中国经济推向大萧条。

相反，如果现在中国顺应经济增长趋势，慢慢允许它下行，对中国经济长期增长来说还会更有利。道理很简单，因为现在再靠投资拉动增长，就等于是在抽鸦片，短期会兴奋一段时间，但最后肯定会要倒下去；但如果把鸦片戒掉，只不过是在短期更难受一点，可能还能熬过来，中国经济还能稳稳地增长，不会出现大萧条。所以，经济速度慢一点，可能对未来中国经济的长期增长会更有利。

（采访：赵春华　刘静　文 / 刘静）

第二篇 《预算法》修订与现代国家制度建设

■ 一位中国的作者写道:"秦朝与隋朝灭亡的原因是,君主们不愿像古人一样,仅仅行使一般性的监督——这是一个元首所应当做的唯一事务,而是事事都要自己管理。"在这里,这位中国的著者把所有的君主国所以腐败的原因都告诉了我们。

当一个君主事必躬亲,把全国的事集中在首都,把首都的事都集中在朝廷,把朝廷的事集中在自己一身的时候,君主政体也就毁灭了。

——孟德斯鸠《论法的精神》,上卷

(中译本,商务印书馆1995年,第116～117页)

《预算法修正案》亟须公开征求意见

预算修法势在必行,时在当行?

2012 年两会即将召开之际,诸多民生问题成了热点话题。尽管进一步深化改革目前已经成了全社会各阶层的共识,但是,多数人关注较多的,还是关系到自身生计的一些民生问题。也许很多人并没有完全认识到,只有深化我国的政治体制改革,尤其是改革我国现有的政府财政预算制度,一些民生问题,如房价过高,物价上涨过快,收入分配差别过大,基本医疗保障制度和社保的政府资金投入不足和覆盖面不够,乃至普通民众的"老三难"(上学难、看病难、就业难)等民生问题,以及政府官员贪污腐败不断发生且屡治不果等社会问题,才有望从根本上得以根治。

为什么说诸多民生问题都与政府的财政体制和预算制度密切相关?这可以从以下三个方面来分析。

第一,从政府的财政收入来看,自 1994 年实行分税制改革以来,全国的政府财政收入高速增长了近 20 年。尤其是 2001 年中国加入WTO之后，随着中国经济的快速起飞，全国各级政府的财政收入保持了一个快速增长的势头。我们粗略计算了一下，自2002年以来，全国的财政收入（仅"第一财政"）就翻了约9.5倍，年平均增长率约为20.39%，而同一时期我国的GDP年平均增长速度为10.57%。在2002年，中国政府的财政收入总量才18903.64亿元，到2011年中国政府的"第一财政"收入就达到了103740亿元。另外，尽管在政府的楼市调控政策下全国多数城市房地产市场成交低迷，2011年全国土地出让收入仍高达3.15万亿元。仅这两项加起来，政府的收入就已经高达13.5万亿元。如果加上各级政府的其他预算外收入和制度外收入，保守估计目前全国各级政府所掌握的财力也会在十七八万亿元，甚至更高。政府财政收入高速增长，在国民收入的三大构成部分中，企业利润和居民收入份额自然会下降。国家统计的数字也清楚地表明了这一点。居民收入占GDP的比重持续下降，一些民生问题就会不断出现，并积累了下来。

第二，在我们目前的体制中，政府财政总体上来说主要还是"建设财政"和"发展财政"。在每年政府预算支出中，用在医保、社保和教育等方面的支出占整个财政支出的份额还比较少。譬如，我们这个有13亿多人口的大国，每年政府的财政收入已经十几万元亿了，但政府用在医保上的钱，还只有2000多亿元人民币，与只有不到1079万人口的希腊政府每年用在社保上的钱差不多。由此看来，不完成从建设财政和发展财政向公共财政的转变，医保、社保和普通民众的"老三难"问题就很难得到根本的解决。

第三，由于在目前的预算体制下，各级政府的财政收支对社会公众来说不公开透明,每年的财政支出和项目建设资金也不受任何(包括人大代表)实质性的约束和制衡,这就为一些政府官员的腐败寻租预留了空间、机会和可能。近些年来,政府官员贪污腐败的大案要案不断发生,屡治不果。尽管中纪委、审计署和反贪局对政府公务员的贪污腐败打击力度不断加强,但贪污腐败案件仍不断曝光。这说明一些政府官员的腐败寻租是有制度原因的,即与我们现有的财政预算体制密切相关。

既然现有的政府财政预算制度存在着种种弊端,从预算制度改革上启动我国政府体制改革乃至整个政治体制改革,已经到了势在必行和刻不容缓的地步了,而修改1994年制定的、已经不适应市场化了的当今中国社会、巨大政府财政收入和支出条件下的《预算法》,乃是这一改革的关键一步。

《预算法》修订的艰难"博弈历程"

现行的《中华人民共和国预算法》,是1994年3月22日由第八届全国人民代表大会第二次会议通过并于1995年1月1日开始实施的。1995年11月2日,国务院第三十七次常务会议通过并即时施行了《中华人民共和国预算法实施条例》。这一《预算法》和《实施条例》,构建了迄今为止我国的财政税收体制的基本框架,其实质是确立了目前的中央和地方分税制的财政体制。现在看来,尽管1994年通过的《预算法》有诸多弊端,但自1951年8月19日中央人民政府政务院颁布《预算决算暂行条例》,到1988年3月举行的七届全国人大一次会议上,马洪等32名代表提出了制定《预算法》

的议案，再到 1994 年我国第一部《预算法》的制定、颁布和实施，标志着我国政府预算制度的历史进步。

然而，在 20 世纪 90 年代中期，我们的市场经济还不怎么发达，国民经济总量还很小。当时，每年政府财政的总盘子还只有 5000 多亿元。随着中国市场经济的迅速发展和政府财税收入的大幅增加，在 1994 年的《预算法》和 1995 年的《实施条例》颁布实施不久，诸多问题和弊端就很快出现了。这种种弊端和问题，被（前）全国人大预算工委主任高强归纳为六个方面：对预算编制完整性缺乏明确表述；对规范预算管理执行缺乏严格的约束；对财政机制和转移支付制度缺乏明确的表述；对地方政府的债务审批、管理、使用、偿还等缺乏具体的规定；对预算监督和违法行为追究缺乏可操作性；以及对预算公开缺乏明确要求等（见《财经》记者王毕强的《预算修法有限进步》一文）。于是，1997 年，全国人大提出了修改《预算法》的动议。后来，经全国人大有关部门与国务院相关部门的反复协商，在 2004 年全国人大正式启动了《预算法》的修订议程，并在 2006 年由全国人大预算工委会牵头起草了《预算法修正案》第一稿。据悉，这一《预算法》最初修正案，曾借鉴了世界上许多国家的预算制度的优长和经验，强调了对政府部门的财政收支预算及其执行的限制和监督，是一部比较接近现代民主政治精神的草案。然而，这一最初修正案草稿招致了国务院有关部门的质疑和抵制，后来被束之高阁。

由于 1994 年的《预算法》和现行的财税体制和预算制度存在诸多弊端，且这些弊端随着我国市场经济的发展和政府财政收入的蛋糕越做越大而越来越突出，结果，无论全国人大财经委的有关官员、全国人大和政协代表，还是我国的财政学、税法学的专家，乃至一些宪法学和经济学的学者，以及一些关心中国未来改革进程的社会有识之士，在近些年来一直呼吁和敦促重新修订《预算法》。结果，在2009年，第十一届全国人大决定重启预算修法进程，并成立了由时任全国人大预算工委主任的高强牵头，由人大预工委、财政部、国家发改委、审计署等十几部门联合组成的新《预算法》起草小组。这次重启《预算法》修正，与上次由人大预算工委单独牵头起草有很大不同，是先由全国人大预工委和财政部先分别起草一份草案，最后在2010年出"拼出"一个双方共同认可的"修正案（草案）"初稿，随后又在国内一些部门和专家学者之间小范围地闭门征求意见（笔者曾参加了一次讨论会），进行修正。经过内部复杂"博弈"和多年的蹉跎，2010年12月，全国人大预算工委最后将《预算法》修正事宜转交给了国务院。在2010年和2011年，时有传出新《预算法草案》"上会"（审议）的消息，但至今这一《预算法修正案（草案）》仍没有提请全国人大常委会正式审议。

2011年12月16日，国务院总理温家宝主持召开了一次常务会议，讨论并原则通过《中华人民共和国预算法修正案（草案）》。接着，在12月26日，（时任）财政部长谢旭人向十一届全国人大常委会第二十四次会议作了关于《预算法修正案（草案）》的说明。据新华社12月17日的通讯稿称，这次国务院常务会议所通过的新《预算法》修订的基本原则是："（1）增强预算的科学性、完整性和透明度。各级政府的全部收入和支出都要纳入预算。除涉及国家秘密的内容外，各级政府和各部门的预算、决算都要依法向社会公开。（2）健全财政管理体制。各级政府之间应当建立财力保障与支出责任相匹配的财政管理体制。（3）完善财政转移支付制度，做到规范、公平、公开。（4）强化政府债务管理，防范财政风险。（5）严格预算执行，规范预算调整，完善预算审查监督。"据称，这次国务院常务会议已决定在2012年的适当时候将"草案""上会"，提请全国人大常委会审议通过。

何时把《预算法修正案（草案）》向社会公开征求意见？

按照全国人大的立法惯例，新法的制定和现有法律的修订，均须事前在全国人大的网站上先挂出来，向社会广泛征求意见，并根据从社会各界所征求到的意见，对法律草案加以完善修改，然后再"上会"审议并经人大投票通过。例如，全国人大已把《刑事诉讼法修正案草案》在网上公布些时日了（自2011年8月30日起），经过广泛征求社会各界——尤其是法学界——的意见、批评和反复修改后，在今年的"两会"上才最后经全国人大代表投票通过。

一个国家的《预算法》，其实质是给政府尤其是财政税收部门制定的约束和监督其行政行为的制度规则。这次《预算法》的修订，最后由国务院及其有关部门来操作，由财政部结合全国人大预算工委和其他有关部委的官员的意见来起草，本身就有政府机构自己给自己量身"定做袍子"之嫌。现有的《预算法修正案》，从根本上来说，其宗旨也有根本性的问题，现在看来需要彻底的改变。现行的《预算法》，本质上是一部财政部门的"组织法"，在目前我国部门立法的法律框架下,其实质是政府财政部门管其他部门的法律。就此而言,这次预算的起草和修订本身,在某种程度上就有违现代民主政治的法治精神。政府部门自己给自己定制法律规范,管理下级和其他政府部门,但很难真正打造出能束缚自己脑袋的"紧箍咒"。从中国社会当前的格局和未来发展趋势来看,尤其是从未来中国法治民主政治体制的建设愿景来看,要彻底把《预算法》修订成为对各级政府财税部门预算的"权责法",成为人大制衡和监督财政部门的法律,才符合现代民主政治建设的大方向。就此而论,尽管2011年12月16日总理温家宝在主持召开的国务院常务会议中透漏,新的《预算法修正案》在政府预算公开、透明、科学、完整、健全和监督方面做一些推进,但目前看来离现代宪法民主政制的立法精神还相差很远。即便是如此,新的《预算法修正案》还是有一些进步。然而,问题是到目前为止,有关方面还是迟迟不将《预算法修正案(草案)》草稿在全国人大网站上公布,而只是在很小的行政圈子和"专家"的范围中部分征求了一些意见,甚至还对一些近些年呼吁和推动"预算民主"和财政公开透明的专家乃至全国人大代表和政协委员们"保密"。这样来修订《预算法》,是合宜的吗?

《预算法》作为一种行政法规,其实质应该是约束各级政府部门尤其是财税部门官员行政行为的法律,是旨在让各级政府官员在法律规则的正式约束下管好用好纳税人的钱,取之于民,用之于民。现在,让这些负责财税的官员自己给自己制定法律,甚至不愿让纳税人知道自己给自己量身定做的这个"袍子"是什么样子的,这样的法律,即使到时候隐秘地讨论起草和制定出来,并最后突然"上会"通过了，在未来到底是有利于未来中国的政治体制改革，还是会在更长的一段时间里阻碍未来中国的法治民主政制的建设，现在看来都是问号。

概言之，我们的基本观点是：像《预算法》这样实质性约束各级政府财政预算收支行为且对一个国家的实际运作极其重要的行政法律，不能在没有广泛征求社会各阶层——实际上大多数纳税人——的意见的情况下就"上会"通过。我们希望，应该把2011年12月16日国务院常务会议讨论并原则通过的《中华人民共和国预算法修正案（草案）》尽早公布在全国人大的网站上，通过广泛征求社会各阶层——实际上各种纳税人——的意见，并经过深入和广泛的讨论和协商，最后制定出一部真正具有现代民主政治精神的《中华人民共和国预算法》，并以此为契机和突破口，渐进性地启动我国的政治体制改革，推动中国朝着现代法治民主国家迈进。

2012年3月1日初识于沪上

（本文发表于《新民周刊》，2012年第10期，发表时有删改。本文网络版发表于《FT中文网》2012年3月15日，见 http://www.ftchinese.com/story/001043678）

《预算法》修订怎能"静悄悄"？[1]

2012年7月6日,《预算法修正案(草案二次审议稿)》条文已经公开发布到全国人大的网站上了。目前正在向全国征求意见,意见征集截止日期为:2012年8月5日。

自2004年全国人大正式启动《预算法》的修订以来,转眼已经8年多了。在这8年多的时间里,财政学界、税法学界、政治学界、经济学界、新闻媒体乃自社会各界,曾对《预算法》的修订发表了大量意见,并提出了许多建议。在人大财经委和财政部内部,也经历了复杂协商和"博弈",《预算法修正案》也几易其稿。

现在,《预算法修正案》总算公布到了全国人大的网站上向社会公开征求意见了。然而,蹊跷的是,这次《预算法修正案》公开征求

---

[1] 一国预算,关系国计民生,而《预算法》修改启动8年多来,各界也倾注关注热情;不过,从《预算法修正案(草案二次审议稿)》的公开征求意见过程来看,无论时间还是讨论,都显得过于"低调"。笔者呼吁就预算公开更广泛征求各界意见,不仅应该考虑把预算公开征求意见时间适当延长,尤其应把《预算法修正案》全文公布。

意见，既没有新闻发布会，也没有任何媒体报道。《预算法修正案》的一些修正条文已经放在网上两个星期了，如果不是全国人大网站的常客，可能根本不知道有这回事。甚至就连在中文网络媒体中无所不知、无所不在、无所不能的"百度"搜索引擎，竟然也看不到半点有关《预算法修正案》公开向社会征求意见的任何条目。

结果，预算修法，官员低调，媒体失声，学界噤声，全社会反应冷漠，社会公众似乎失去了对预算修法这件事关中国基本制度和未来经济社会走向的头等大事的兴趣。难道全社会都忘了预算修法这回事？这难道就是负责《预算法》修订的操作者和有关方面所有意要达到的效果？

《预算法》，事关一个国家的经济和政治的基本制度，其实质是给政府尤其是财政税收部门所制定的约束和监督其行政行为的制度规则。作为一种行政法规，《预算法》说到底是约束各级政府部门尤其是财税部门官员行政行为的法律，而实质是让各级政府官员在法律规则的正式约束下管好用好纳税人的钱，取之于民，用之于民。中国《宪法》第62条明确规定：全国人民代表大会行使"审查和批准国家的预算和预算执行情况的报告"的职权。

依此条文，《预算法》也应该是人民代表"以宪审定"和批准政府财政行为的具体法律准则，而不仅仅是上级财政部门检查和监督下级政府和财政部门财税收支行为的法律。这么重要的法律的修订，到了"临门一脚"时，却是如此的低调、冷漠和无声，这到底是怎么回事？当今中国到底怎么了？

了解和跟踪这次预算修法历程的人会知道，虽然这次《预算法》

的修订，之前曾在财政学界、法学界、政治学界和经济学界进行过广泛的理论讨论，在中国立法机关和政府行政部门内部，也经过了极其复杂的"博弈"和"协商"，但《预算法修正案（草案）》最后是由政府行政部门主导起草的，而专家学者的参与程度非常低。

可能正是因为这一缘故，这次《预算法修正案（二审稿）》被静悄悄地放到全国人大网站上向社会公开征求意见后，并没有较多地引起专家学者和新闻媒体的关注。这样一来，一个想见的结果可能是：经过一个月征求意见，在全国没有多少人参与、关注和提意见，最后全国人大法工委关闭了"向社会公开征求意见"窗口，很快"上会"顺利通过了。一个法律一旦经全国人大审议通过，且颁布实施，又要经过许多年才能进行下一次修订。

结果，像《预算法》这样事关中国政府体制运作乃至基本政治制度运作的法律，如果不能充分反映现代民主政治的精神，不能适应当今一个有着近五十万亿 GDP 总量和十几万亿元政府财政收入和支出大国的实际经济与政治运作，反而可能会维系和保护现有体制，因而可能不是推进了中国法治民主建设的行程，而可能是很快就成了进一步改革的阻碍和障碍。

基于上述考虑，我们吁请全国人大常委会法制工作委员会：（1）就预算公开向国内媒体进行广泛说明和宣传，吁请有关专家和社会各界人士广泛参与这难得的公开征求意见，热烈提出修改意见。（2）可否考虑把预算公开征求意见时间适当延长。（3）为了方便公众参与预算修法的修订，能否把《预算法修正案》全文公布在人大的网站上让全社会公开讨论，而不是像现在这样仅仅把部分修改条文挂在网上。

我们也呼吁财政学界、法学界、政治学界、经济学界、工商界、媒体界乃至社会各界人士关注全国人大法工委就《预算法修正案》公开向社会征求意见这件事。预算修法，事关中国的基本社会制度，事关中国经济社会未来走向，事关中国的长期繁荣兴盛。"天下兴亡，匹夫有责。"让我们群策群力、直言不讳地对《预算法修正案》提出自己的意见和建议，为尽可能修订出一个符合现代民主政治精神的《预算法》献策和建言，为实现2004年《宪法》为中国所设定的现代民主法治国家的目标而共同努力。

2012年7月19日匆匆于复旦

（本文发表于2012年7月20日FT中文网
见 http://www.ftchinese.com/story/001045602?page=1）

预算修法须保留央行经理国库制

《中华人民共和国预算法修正案(草案二次审议稿)》自7月初向社会各界公开征求意见,已得到社会各界人士的广泛参与。从7月6日到8月5日的一个月期间里,全国人大已收到修改意见超过33万条,参与人数达19115人。这既反映出社会各界对修改此法的重视,也反映出全国人民对预算民主的渴望与期许。

7月下旬,笔者与叶青、蒋洪、李炜光、施正文、王雍君、冯兴元、吴弘、刘小兵、朱为群、邓淑莲、傅蔚冈、聂日明等21位财政学界、法学界和经济学界的专家、教授和学者一起,举行了一个《中华人民共和国预算法修正案(草案二次审议稿)》专题讨论会,经过热烈的讨论和激烈的争论,我们已经形成了几条基本共识,并已通过全国人大的官方渠道正式向全国人大法工委提出了我们对新《预算法》逐条的、具体的修改意见。笔者这里不想全面地谈我们这些对这次《中华人民共和国预算法修正案(草案二次审议稿)》的修改建议和意见,而仅就"二审稿"中第五十四条关于删去原《预算法》第四十八条"央行经理国库"条款问题谈个人以下几点看法。

第一，在已向全国人大常委法治工作委员会提交的我们十几位教授的集体修改意见中，其中第 8 条有我们关于"央行经理国库"的修改意见：强烈要求全国人大法制工作委员会能保留原《预算法》第四十八条第二款"中央国库由中国人民银行经理，地方国库业务依照国务院的有关规定办理"这一条款。我们认为，如果这个条款被删掉，取消目前的"央行经理国库"制度框架下国库单一账户为基础的政府预算资金的集中收付制度，或将"央行经理国库制"改为"央行代理国库制"，实际上将会改变我国的政府管理体制，对中国的未来的经济社会发展产生重大影响。因而我们认为，这个条款是否保留，不仅仅是央行与财政部权力和利益之争问题，而是我们国家政体的重大和基本制度安排之争。

第二，保留原《预算法》这个条款实在重要，重要之处在于：在我们现在的人大体制下，如果在新的《预算法》第五十四条中去掉原第四十八条"央行经理国库"这一条款，将会导致以后财政部把国家的管理纳税人的"钱袋子"的"会计功能"和"出纳功能"集中交并与财政部门一家。如果这个新的《预算法修正案》通过，将会产生一个收税和花钱不受任何监督和实在性制约的一个"超级财政部"，整个未来中国社会发展中政府官员腐败和其他种种问题大量涌现的"潘多拉盒子"就会打开，政府官员腐败寻租问题将会更难制约和监督。从我国经济社会发展和国家长治久安的多种因素考虑，我们认为，这个条款无论如何也要坚持和保留，使央行经理国库的制度不但保留，而且应该要加强、完善和进一步规范化，进一步确立和完善以国库单一账户为基础的政府预算资金的集中收付制度，保证政府的预算资金在央行国库单一账户的统一收付和监控下安全、完整和高效地运行，从根本制度上堵塞政府官员腐败寻租的财政资金收支渠道。概言之，应该保留和坚持央行经理的国库单一账户收付制度。这是事关我们国家运行最基本和最重要的制度保障之一，只能加强和改善而使之规范化，而不能被取消和有任何削弱。

第三，从法理上来说，现有央行经理国库是合理的。在现有的宪法和人大体制下，在公共财政与财务管理领域，2004年《宪法》、1995年的《银行法》以及原来的《预算法》，实际上都赋予了财政部门与央行以"平等责任主体"的地位：两者平等地向人大和国务院负责任。这同时也意味着：作为平等的责任主体，"央行（国库）向财政部门负责"在法理上无法成立。但是，如果新的《预算法》把原《预算法》第四十八条第二款"央行经理国库"去掉，要么把央行国库撤销，要么央行国库向财政部门负责，这在法理上不通。既不合理，也不合适，将会对我国未来的经济社会发展产生诸多不利影响，将会带来许多更严重的且可以预见到的后果。

第四，从法律制度和体系安排上来看，在新的《预算法修正案》第五十四条中删去原来《预算法》的四十八条第二款"央行经理中央国库"，目前也欠妥。1995年制定和2003年修订的《中华人民共和国银行法》第四条第八款，对中国人民银行的职责明确规定有"经理国库"。1985年颁发《国家金库》条例，也有同样的规定。如果新的《预算法》把"中央国库业务由中国人民银行经理，地方国库业务依照国务院的有关规定办理"这一条款拿去，也使数部法律相互矛盾和冲突。故即使要维持现行体制不变，也需要保留这一条款，除非同时修改《银行法》《预算法》以及《国家金库条例》。

第五，从经济学上来说，如果把原《预算法》中"央行经理中央国库"去掉，将会产生一系列问题。在目前全国各种财政收入高达十几万亿，财政存款余额也在数万亿的情况下，如果央行不再经理国库，财政部和各级财政部门会把巨额财政存款通过竞价（利息）存放在个商业银行中，这不仅使纳税人的钱如何存放、如何使用无法监督，难以审计和制衡困难，从而为各级政府和财政部门的官员腐败寻租预留巨大的空间和可能，而且实际上是会让各级财政部门用纳税人的钱去赚钱，去从商业银行赚取"高利息"，甚至去拿"回扣"，因而实际上会产生巨大的部门利益。

第六，对于取消央行"经理国库"还有一个重大经济学问题，大家可能还没有认识到，这就是如果央行不再经理国库了，财政部门可以把近二十万个"财政专户"中的库款余额存在任何一家商业银行，也会对我们的宏观调控机制和体制产生重大影响。几万亿的财政存款余额存在各商业银行的账户中，商业银行肯定会通过贷款把它贷出去，这会通过货币供给的乘数效应增加广义货币供给，使政府宏观货币政策不能达到预期的目的。更为重要的是，把国库的财政的钱存在个商业银行，会改变我们的广义货币定义，会扰乱政府财政政策和货币政策的目标与协调机制，从而会给宏观经济运行带来一系列不可估量的影响。

第七，对于学界一些人提出"央行经理国库"导致"效率低"的观点，我们持强烈反对意见。要知道，所有财政收入，说到底都是纳税人的钱。如果不让央行独家经理国库，而实际上让财政部门把国库收入通过利息竞价存放在个商业银行中，这实际上等于让政府部门，说到底让财政部门用纳税人的钱来赚钱，这于理于法都是不通的。财政部门通过税收渠道所征集到的纳税人的钱存在央行国库中，在支出时，首先要考虑的不是花得有没有效率的问题，而是花在哪里更合理合宜，是否用到了由人民代表大会审议批准政府预算所指定的地方和项目，是否真正地花在了纳税人身上的问题，这才是最重要的和首先要考虑的。因而，央行国库作为政府的"出纳"，其重要的职能和功能是确保监督财政部作为政府的"会计"把预算资金用到了该用的地方，准确无误地支付到了由全国人大批准了的政府财政预算所规定的地方，这是确保我国政府体制正常运行的一项基本制度安排。从这个意义上来讲，财政支出花得越明白、越公开、越难，则越好。这才是现代民主政治的核心理念和实质性问题。

第八，根据上述种种考虑和理由，我们这些学者呼吁，使我们的最高决策层和全国人大常委们能真正认识到这个问题的重大、根本和要命之处，千万保留央行经理国库这一条款。这次《预算法》修改的理想的改革目标是：不但保留"央行经理国库"这一制度，而且要加强和改善这种央行经理国库的制度，且实行央行国库单一账户（TSA）制度，从而达到政府现金余额的集中化管理。这个模式要求，除了设于央行国库并由央行负责管理的TSA外，政府现金不得存放于开设在任何商业银行的账户，也不得通过这些账户办理公款收付。在这种理想的模式下，除了设于央行的国库单一账户之外，各级政府当然还需要有其他银行账户，但这些账户的功能在于会计记录，即在每个预算科目下实时记录相关的会计信息。基于现金余额由央行国库集中化管理的目标，这些账户不应被用来处理公款的收付和存放库款，它们必须是虚账户（零余额）。

当然，这样的理想模式显然动了别人的"奶酪"，触及到一些直接掌管十几万个财政专户的"沉淀资金"支配权的一些官员的巨大经济利益。从这里我们也能理解这次由财政部主持起草的《预算法修正案》为什么坚持要删去原《预算法》第四十八条第二款"央行经理国库"这一实质性条款了。如果这一新的《预算法》通过，就可以逐渐把央行的"经理国库"的职能拿掉，慢慢演变为"财政经理国库"，使各级和各地财政部门的"财政专户"成为事实上的"国库"的主体。这才是这次《预算法修正案》的最核心和实质性的问题。

如果让这样的法律通过，将导致我国政府管理体制和政治体制的重大改变，也必将会对我国未来的经济社会发展产生重大影响。这将会为未来政府官员腐败寻租绿灯常开，撑开了一些政府官员腐败寻租的"制度保护之伞"。

概言之，在新的《预算法》中是否保留"中国人民银行经理国库"的条款，并不只是政府内部的部门利益之争，而是牵涉到未来中国命运和未来走向的根本性政府制度安排的重大变革。这可是天大的事，不可不慎之又慎！

2012 年 8 月 14 日定稿于复旦

（本文于 2012 年 8 月 15 日发表于《华尔街日报》

笔者"经济学如诗"专栏）

切莫撑开政府官员腐败寻租的制度保护伞

《中华人民共和国预算法修正案（草案二次审议稿）》自2012年7月6日向社会各界公开征求意见，一个月内，共收到修改意见33万多条，参与人数也高达19万多人。这既反映出当今中国全社会对修改此法的重视，也反映出国人对预算民主政治的渴望与期许。

7月下旬，笔者与中南财经政法大学教授、全国人大代表叶青，全国政协委员、上海财经大学教授蒋洪，天津财经大学首席教授李炜光，中国政法大学财税法研究中心主任施正文教授，中央财经大学财经研究院院长王雍君教授，中国社会科学院农村发展研究所研究员冯兴元教授，华东政法大学经济法学院院长吴弘教授，上海财经大学公共经济与管理学院副院长刘小兵教授以及朱为群、邓淑莲教授，上海金融与法律研究院执行院长傅蔚冈研究员，以及中山大学政治与公共事务与管理学院院长马骏教授（书面交流与参与）等十几位长期关注这个问题的国内学者一起，举行了一个《预算法修正案（草案二次审议稿）》(简称"二审稿")专题讨论会，已经形成了几条基本共识，并已通过全国人大的官方渠道正式向人大法工委提出了对新《预算法修正案》逐条的具体修改意见。

笔者这里不想全面地谈我们对这次《预算法修正案》的修改建议和意见，而仅就"二审稿"中第五十四条删去原《预算法》第四十八条"央行经理国库"条款所引发的相关问题，谈一点笔者个人的看法，而文中的任何观点和看法，均由笔者个人负责。

改"央行经理国库"将是一项重大政府管理体制变革

这次《预算法修正案（草案二次审议稿）》中删除了现行《预算法》第四十八条第二款中"中央国库业务由中国人民银行经理，地方国库业务依照国务院的有关规定办理"的内容，代之以"国库管理的具体办法由国务院规定"。细读新《预算法修正案》这一系列新条款，我们发现，改变和取消现存的央行经理国库的制度，欲把国库收归到财政部独家管理，并随之把各级政府财政部门的几十万个"财政专户"合法化，进一步虚化人大对财政预算的批准、支配、监督和审理权，才是这次"二审稿"的核心和实质。

这一《预算法修正案》若经人大常委会审议投票通过，将导致中国国库制度一个重大和根本性的改变。因此，自"二审稿"在全国人大网上挂出公开征求意见以来，在财政学界、经济学界、法学界、政治学界引起了广泛关注和热烈讨论。是否继续实行现行的"央行经理国库"制，是否坚持和完善央行经理的国库单一账户管理体制,则成了学界和社会各界集中讨论的一个焦点问题。

了解这个问题沿革和内情的人会知道,财政部与央行关于到底是人民银行"经理国库",还是代理"国库",已经争论和争执数年了。将"经理"改为"代理",表面上只是一字之差,在真正含义上乃至在实际体制安排上却大相径庭。"经理"具有主动性,"代理"具有被动性,"代理"即是把国家委托人民银行经理国库变为财政委托人民银行代理国库,这将改变现行国库管理中部门合作与监督制衡的关系。

在这次《预算法修正案》的"二审稿"中,起草人巧妙地不再执着于到底央行是"经理国库"(原《预算法》第四十八条第二款和1995年通过2003年修订的《中国人民银行法》第四条第八款写定下来的),还是"代理国库",而是直接把原《预算法》第四十八条第二款删掉,代之以"国库管理的具体办法由国务院规定",同时增加了"各级政府财政部门应当加强对本级国库的管理和监督"、"各级政府财政部门负责监督检查本级国库办理的预算收入收纳、划分、留解、退付及预算支出的拨付业务"这样的条款。经过这样几个条款的综合修改,组合起来,起草人的目标非常明确,最终就是要改变现行的中国人民银行经理国库的制度,随之建立起一种财政部对预算资金有绝对支配权、委托中国人民银行代理或者选择商业银行代理的中国国库管理的新体制。

尤其值得注意的是,在"二审稿"第五十一条中提到:"有预算收入上缴义务的部门和单位,将应当上缴的预算资金及时、足额地上缴国家金库和依法设立的财政专户",与现行《预算法》第四十六条中的"有预算收入上缴任务的部门和单位,将应当上缴的预算资金及时、足额地上缴国家金库"表述相比,这一新的《预算法修正案》实际上把各级财政部门目前较普遍实行的几十万个"财政专户"给"明确化"从而使之"合法化"了。就此而论,新的《预算法修正案》的这些新的条款,应该被视作为新预算修正案对现行国库资金管理体制欲做的一些重大和实质性的修改,甚至牵涉到国家政府管理体制的重大改变。

通过深入讨论和仔细研究,我们认为,相对于1994年通过的《预算法》,《预算法修正案(草案二次审议稿)》在某些方面在形式上是有一定的进步的。譬如,在以下三个方面,就有一些形式上的改进:(一)明确规定各级政府、各部门、应当依法将所有政府收入全部列入预算,增强了政府预算的完整性;(二)在各级政府财政公开方面做了明确的规定;(三)使修正案规定预算的编制更加细化。但是要看到的是,这些修改并不是实质性的进步。一方面虚化人大对各级政府财政部门预算的监督和制衡,另一方面改变甚至消解掉中国人民银行经理国库制从而排除掉央行的审核、监督和制约,才是这次《预算法修正案》要达到的实质性目的。

首先,在落实宪法赋予人大的预算审查、批准与监督职能,强调全国及各级人大对于本级预算的权力主体作用方面,这次"二审稿"并没有任何实质性的进步,甚至还有些倒退。尽管这一新的"修正案二审稿"在第三十九条保留了原《预算法》的"中央预算由全国人民代表大会审查和批准,地方各级政府预算由本级人民代表大会审查和批准"这一原则性的条款,但是在一些具体措施方面,实际上是旨在弱化而不是在任何地方强化了人大对财政预算的监督。譬如,在中央与地方的财政体制改变、预算执行、预算调整的批准与监督,政府性基金预算、国有资本经营预算和社会保障预算的收支范围界定,不同预算科目间预算资金的调剂使用权等等方面,这次"二审稿"均明确规定要授权给国务院来制定,还没有给予任何说明地删去了原《预算法》第六十九条"各级政府应当在每一预算年度内至少两次向本级人民代表大会或者向常务委员会作预算执行情况报告"的条文。另一方面,在"二审稿"第四十九条、第六十三条、第六十八条、第八十三条等,都对人大的赋权表述和规定严重不足,包括财政部门向人大提交的预算编制科目不够细化,预算审批与调整对行政部门赋权过大、虚置人大职责,预算监督过于强调财政部门的自律、而忽视人大对预算监督的权力主体作用,等等。

一方面虚置了人大的监督制衡权力,另一方面又要剥夺乃至欲取消央行经理国库的合规性审核和监督职能,这样一来,若"二审稿"获人大常委投票通过,将导致各级政府财政部门实际上获得了预算资金既不受人大实质性的监督制衡,又不受央行国库的审核和监督的实际全部权力,从而使财政部门全权掌控了政府预算资金的收支、使用权,甚至连预算资金使用的监督也变为财政部内部的事了。这无疑将会为政府官员腐败尤其是那些直接掌握一些"财政专户"巨额资金存放权的财政官员的腐败寻租撑开了制度保护之伞,打开了绿灯常开的制度方便通道。这样的《预算法》修改,是进步,还是倒退?

改"国库单一账户管理"为"国库单一账户体系管理"玄机

原《预算法》第四十六条规定,"有预算收入上缴任务的部门和单位,必须依照法律、行政法规和国务院财政部门的规定,将应当上缴的预算资金及时、足额地上缴国家金库(以下简称国库),不得截留、占用、挪用或者拖欠。"在新的"二审稿"中,这一条款变成了第五十一条,规定"有预算收入上缴义务的部门和单位,应当依照法律、行政法规和国务院的规定,将应当上缴的预算资金及时、足额地上缴国家金库(以下简称国库)和依法设立的财政专户,不得截留、占用、挪用或者拖欠。……前款规定的财政专户,是指对法律、行政法规和国务院规定的特定专用资金设立的专户。财政专户纳入国库单一账户体系管理。"

与原来的第四十六条相比,这新五十一条,多了两个内容:(1)除了原来的国库单一账户外,多了"依法设立的财政专户";(2)与原来的"国库单一账户管理"体制相比,这里多出来了一个"国库单一账户体系管理"。

仅仅是在"国家金库"后加了"财政专户"和在"国库单一账户"后加了"体系"两个概念,却意味着中国政府国库体制的重大变化,蕴含着许多重大政府管理体制改变的玄机在其中。

首先,将"财政专户"与"国库"相提并论,意味着法律允许国家预算资金可在多个地方和多家银行分散存放,而不是只存储在中国人民银行一家,这实际上否定了央行"国库单一账户管理"管理体制。

其次,"国库单一账户管理"与"国库单一账户体系管理",是两个完全不同的概念，也意味着是两种完全不同的制度安排。后者实际上意味着，即使各级财政部门把各种"财政专户"里的巨额资金（目前有关方面统计，目前全国各种财政专户大约有18万个，专户内沉淀资金约3万亿元）存入各类商业银行，它们仍在"国库单一账户体系"之内。唯一的差别是政府财政资金已不再全部存放在央行经理的"国库单一账户"之内了！仅仅是两个字之差，却隐含着巨大的国家财政管理体制乃至国家政体的根本性改变。

建立现代政府预算管理制度的必要前提条件之一，是实行国库单一账户制度，将政府全部收入和全部支出纳入这个唯一的存款账户，全部政府收入由纳税人的账户直接缴入国库单一账户；全部政府支出，则由国库单一账户直接支付到商品和劳务供应商账户。因此，在原则上讲，是不能在新《预算法》中写入"财政专户""国库账户体系"等这样的内容的，以避免政府部门以虚账户之名，行实账户之利。

从中国国库制的演变历史来看，1995年国务院颁布的《中华人民共和国预算法实施条例》第四十条，有明确规定："国库是办理预算收入的收纳、划分、留解和库款支拨的专门机构。国库分为中央国库和地方国库。中央国库业务由中国人民银行经理。未设中国人民银行分支机构的地区，由中国人民银行商财政部后，委托有关银行办理"。

在2002年由财政部和中国人民银行联合颁发关于印发《中央单位财政国库管理制度改革试点资金支付管理办法》中第四条，也明确规定："国库单一账户体系由下列银行账户构成：财政部在中国人民银行开设的国库单一账户（简称国库单一账户）；财政部在商业银行开设的零余额账户（简称财政部零余额账户）；财政部为预算单位在商业银行开设的零余额账户（简称预算单位零余额账户）"。这也清楚地界定了央行经理单一国库账户的法理地位，也实际上清楚地界定了"国库单一账户"的含义和现实运作中各级财政部门在商业银行开设的收入汇缴账户、支付零余额账户、"特设账户"乃至"财政专户"的本质。

当然我们也注意到，在2001颁布的这个试行办法的第四条中，开始出现了以下条款和概念："财政部在商业银行开设的预算外资金财政专户（简称'预算外资金专户'）；经国务院批准或国务院授权财政部批准为预算单位在商业银行开设的特殊专户（简称'特设专户'）。"现在，既然新的《预算法》要求所有政府财政收入都要纳入预算，那么，从逻辑上推理，也就没有为"预算外资金"设立"财政专户"的必要了，而应该顺理成章地把所有政府预算资金全部纳入央行经理的国库单一账户，而不是把专为先前的预算外资金所设立的临时的"财政专户"合法化，并相应地通过"国库单一账户体系"这个概念下把各种"财政专户"和"小金库"存储在个商业银行的做法也给制度化和合法化了，从而从根本上颠覆乃至最后消解掉中国人民银行经理的"国库单一账户管理"制度。

瓦解"央行国库单一账户管理"体制将撑开官员腐败寻租的制度保护之伞

在新的"二审稿"中，增加了一个新的第五条，明确规定，"各级政府的全部收入和支出都应该纳入预算"。相应地，这一修正案也取消了原《预算法》第七十六条关于预算外收入的规定,(即"各级政府、各部门、各单位应当加强对预算外资金的管理。预算外资金管理办法由国务院另行规定。各级人民代表大会要加强对预算外资金使用的监督。")并在第三十二条再次明确规定:"各级政府、各部门、各单位应当依照本法规定,将所有政府收入全部列入预算,不得隐瞒、少列,也不得将上年的非正常收入作为编制预算收入的依据"。从理论上来说,将所有政府收入全部纳入预算,取消掉"预算外资金"项,这是一个很大的进步。然而,如果取消掉央行经理的"国库单一账户管理"制度,进而将各种"财政专户"合法化和制度化,这一理论上的进步将没有任何实际意义和实际效果。且非但不能减少政府官员因财政收支不受实质性约束和制衡所带来的腐败寻租问题,反而会可能导致这种腐败寻租的普遍化,且更难从制度上加以根治。

为什么消解掉"央行国库单一账户管理"体制将会产生如此严重的后果?这要从两个方面来说。

首先,央行国库作为政府财政收支的"总出纳",对各级财政部门的政府预算资金的收支有着其他部门不可替代的审核、监督作用。在现行的中国政治体制下,尽管政府的预算资金的收支从理论上来说要由人大的批准与监督,在事后也有审计部门审计与监督,但是,央行国库与这两种"事前"和"事后"的监督不同的是"事中"或言"过程中"的监督,是人大监督和审计监督所不能替代的过程中的合规性审核和时时、事事、笔笔的监督。这种"央行国库"体制安排的精髓和要义在于:国库存放钱,但不能动用钱;财政支配钱,但必须符合规则和人大批准的预算规定,在具体存入和支出预算资金是要受到国库"出纳"在收支业务过程中的审核和监督的。

在中国现在的政治制度下,中国的人大还不能像西方的议会那样对政府的财政预算有实际上的审批权和严密完善的监督制约机制,包括议会的公开论辩和国会拨款委员会的实际批准。中国的各级财政部门实际上集预算编制、预算执行和预算监督为一体。在这种政府财政部门几乎没有多少实质性的制约与制衡的体制安排下,央行国库在其经理的政府预算收入的收纳、划分、留解、退付以及预算支出的拨付业务中的审核、监督和约束,就变得极其重要和必不可少了。

在这样一个政府管理体制下,如果把原《预算法》中"央行经理中央国库"这一条款拿去,将会产生一系列问题。对此,中央财经大学王雍君教授最近曾提出,如若取消掉现行的央行经理国库制,"对于财政部门办理的每笔公款缴库和支付、存放与处置,央行国库将无法行使核实、监督和纠正之职责。原则上,人大和审计部门也可监督财政国库可能出现的差错甚至违规(腐败和舞弊的风险一直很高),但只有央行国库才具备完整的条件实施且在日常基础上进行一笔一笔的监督,由此,为守护好纳税人的钱包,央行经理的国库单一账户制度提供了一道极端紧要的防火墙机制"。王雍君教授的这一"防火墙说",很有道理。在当今中国的现实中,恰恰是如此。据有关方面提供的资料,从 2005 年到 2010 年 6 月底,中国的各级国库发现、拒办和查处的商业银行的违法、违规以及误操作行为高达 132 万笔,涉及金额高达 4 814 亿元。这些数字恰恰说明央行国库的防火墙功能正在工作。若改掉央行经理的国库单一账户管理制度，如果消解掉了央行国库的合规性审核和监督职能，以后由谁来监督和审核这些违法、违规资金？我们十几万亿财政收入大国的政府财政资金的收支系统，还有什么确保其安全运行的防火墙？难道要全靠财政部门官员们的思想觉悟和道德自律？

第二，在现行央行经理国库的体制下，除了央行国库对政府预算资金的收纳、划分、留解、退付以及预算支出的拨付业务中的合规性审核和正常的监督职能外，若改变现行的央行国库经理制，也会产生许多重大的经济运行问题以及政治学和财政学中的许多理论和现实问题。改变现行的央行国库经理制，也会产生许多重大的经济运行问题以及政治学和财政学中的许多理论和现实问题。

在目前全国政府各种财政收入已高达十几万亿，各级政府的财政存款余额也在数万亿的情况下，如果央行不再经理国库单一账户，财政部和各级财政部门会（实际上已把）把各种"财政专户"做成实账户，且这些实账户的收支不再经过央行国库的单一账户流入流出，那么巨额财政存款通过竞价（利息）存放在个商业银行中，实际上使各级财政部门会用纳税人的钱去赚钱，去从商业银行赚取"高利息"，甚至去拿"回扣"，因而实际上会产生巨大的部门利益。因而，这不仅使纳税人的钱如何存放、如何使用无法监督、审计困难、制衡困难，而实际上是为各级政府和财政部门的官员腐败寻租提供了制度保护之伞，开设了合法通道，预留了巨大的空间、机会和可能。

事实上，这已经不是我们学者的纯粹理论推理和猜想，而是在现有体制下正在各地不断发生的事实。从 1998 年广东省佛山市"5.18 特大预算资金被盗案"（一个区财政局的预算科长盗窃预算资金 1.56 亿元，挪用 270 万元），到 2010 年江苏省财政厅副厅长张美芳因涉嫌从商业银行吸储拿回扣受贿据说超过 5000 万元，再到财政部国库支付中心副主任张锐因"经济问题"被双规，乃至江西省鄱阳县财政局一个股长李华波挪用 9400 万元的财政专户资金去境外赌博案例，等等，这些案例都说明，在现有的财政体制下，尤其是各种"财政专户"不经央行国库单一账户而收入、存储和支出，已经造成了诸多体制性的漏洞，而这些体制性"漏洞"，也实际上意味着给了各级政府中实际掌握着财权的官员腐败寻租的机会和可能。由此我们也可以认为，目前一些政府官员的腐败寻租大案要案不断发生、贪腐金额动不动就数千万、上亿甚至几十亿元，是有着深层的体制和制度原因的，而在现有的财政体制中，人民银行国库单一账户外的大量"财政专户"的存在，应该是其中的一个主要原因。

据有关方面不完全统计，到目前为止，全国各地和各级政府财政部门的财政专户大约有 18 万户，户内沉淀资金大约有 3 万亿元，数量约与国库余额相当。那么，现在的问题是，这近二十万"财政专户"的 3 万亿的巨额资金，都存放在哪里了？又有多少官员合法与不合法、明里或暗里从各商业银行拿到"吸储"回扣？全国又有多少张美芳之类的官员还没有被发现？

到这里，我们也可以理解为什么财政部门的一些官员和专家无论如何坚持要在新《预算法修正案》中要取消央行经理国库制和把财政专户合法化了。人们不禁要问：这里面有多大的和多少人的

"个人利益"在其中？

概言之，如果把央行经理国库单一账户管理的职能消解掉，同时在"国库单一账户体系"的名号下把各种财政专户合法化，以后会逐渐演变成这样一个中国的"国库体制"：各级政府财政部门直接与商业银行发生关系，通过在各商业银行之间来竞价（"竞息"）来开设"财政专户"和存储"预算资金"，而直接掌管着每一笔资金支配权的财政部门的官员又可以从中个人寻租和拿回扣，而人民银行的"国库单一账户"的库款规模将逐渐萎缩，最后完全退出"国库单一账户体系"。这样的"国库体制"安排，本质上就是让财政部门拿着纳税人的钱去（商业银行）赚钱（利息），甚至让掌握着各种财政预算资金支配权的官员去为个人牟利。无疑这将严重损害纳税人利益，撑开政府官员腐败寻租的制度保护之伞，导致社会公平正义的尽失，最后必将导致政府官员腐败寻租的普遍化。

正是考虑到这一点，全国各地许多能看出《预算法修正案（二审稿）》修改细节的专家和学者，马上意识到了删掉原《预算法》第四十六条第二款"央行经理国库"这一修改的重大意义和严重性，纷纷呼吁立法机关要保留中国人民银行经理国库的体制，并进一步确立和完善以央行国库单一账户为基础的政府预算资金的集中收付制度，保证政府的预算资金在央行国库的统一收付和监控下安全、完整和高效地运行，从根本制度上堵塞政府官员腐败寻租的财政资金收支渠道。

故此，我们认为，坚持和完善央行经理的国库单一账户收付制度，是事关我们国家政府体制运行最基本和最重要的制度保障之一,只能加强、完善而使之更加规范化,决不能取消和有任何削弱。

改变"央行经理的国库单一账户管理制"将对政府宏观经济调控机制和政策产生影响

我们已经知道,取消或削弱现行的央行经理的国库单一账户管理制度,在"国库单一账户体系"的名义下将各级财政部门的数十万个财政账户合法化,实际上是允许财政部门官员可以拿着纳税人的钱去赚钱。这将严重损害纳税人利益,撑开政府官员腐败寻租的制度保护伞,导致社会公平正义的缺失,最后必然导致政府官员腐败寻租的普遍化。除了这一想见的结果外,如果取消或改变目前的央行经理国库制,也会对政府宏观政策的制定和实施产生一些预想不到的影响。

首先,从宏观经济上看,如果像这次"二审稿"第五十一条、五十四条、五十五条以及五十六条所预设的那样,一方面将各种财政专户合法化,另一方面又允许各级财政部门将各种财政专户的沉淀资金不必存入人民银行的"国库单一账户",而是可以通过竞价(利息率)的方式存放在各商业银行,会导致政府财政政策和货币政策的调控方向和协调机制的紊乱。

1995年通过并于2003年修订的《中华人民共和国中国人民银行法》第二十九条明确规定,"中国人民银行不得对政府财政透支,不得直接认购、包销国债和其他政府债券"。这是一项重大的基本制度安排,实际上限制了政府不得用增发钞票来弥补自己的财政赤字,也从根本制度上设定和规范了政府宏观政策中财政政策和货币政策正常作用渠道。根据这一《银行法》第四条第八款和原《预算法》第四十八条第二款所设定的"央行经理国库"这一制度安排,国库资金存在放央行账户,是其资产负债表的重要组成部分,因而国库资金的变动,又会直接影响基础货币供应。当国库资金大幅上收并存放在央行账户上时,会减少经济体中的流动性。当各级财政部门年底财政"突击花钱"时,又会造成市场流动性的阶段性扩张,并实际上导致每年年初一二月份流动性激增。就此而论,即使在现存政府体制安排下,财政政策也会对货币政策不时产生周期性的冲击与扰动。

但是,在纯粹和理想的央行国库单一账户的管理体制下,国库资金流入和周期性的使用在央行均有监控和记录,央行会考虑市场流动性状况、节假日、财政年底"突击花钱"的周期等情况,决定如何用公开市场操作和商业银行存款法定准备金率来调控流动性。现在,如果这一新的《预算法修正案》通过了,以后如果央行不再经理以国库单一账户为基础的政府预算资金的集中收付制度,财政部和地方财政部门随即可把"国库资金"存放在各个商业银行之中,并有权单独决定国库资金使用的时间和金额,那么,这将对央行的对基础货币的调控产生随机的干扰,从而使央行实际上无法再监控并调节经济体内的流动性。

具体说来,如果取消了央行国库单一账户为基础的政府预算资金的集中收付制度,各级财政部门自设几十万个财政专户,就会使数万亿的财政资金流到商业银行,而商业银行又会马上将其放贷出去,通过货币供给的乘数机制,增加货币供给,致使央行无法实施任何有效的货币政策和调控政策。这样一来,央行的货币政策就会完全失灵、扭曲甚至最终无效。这是取消央行经理国库制可能带来的第一个方面的经济影响。

第二,最近财政部的有关专家曾在媒体上撰文,坚持认为具体看管国家"钱袋子"的只能是国家财政,而不能是其他。由此这些专家还认为,如果以央行国库以制衡监督的名义,来参与预算资金的管理,结果会是扯皮、低效,协商成本高,等等。这些坚持要改央行经理国库制为代理制的专家还认为,在现行经理制下,财政资金拨付过程中,需要走央行的审批程序,需要他们相关负责领导签字通过,这往往会减缓财政资金下达的速度。这应该说是代表了财政部门的一些主要想法。另外,也有一些不怎么明白财政和央行国库管理之争真相和实质问题的个别专家提出甚至怀疑央行经理国库制的效率问题,这亦是天真可笑的。国库的钱,是纳税人的钱,花得爽不爽,不是财政工作的核心,花得对不对、是否用在了当用的地方,是否用到了由人民代表大会审议批准政府预算所指定的地方和项目,真正地花在了纳税人身上,这才是最重要的和首先要考虑的。央行国库作为政府预算资金的"出纳",其重要的职能和功能是确保监督财政部门作为政府的"会计"把预算资金用到了该用的地方,准确无误地支付到了由人大批准了的政府财政预算所规定的支出项目,这是确保政府体制正常运行的一项基本制度安排,而效率问题,是非常次要的。

再说,在目前的互联网技术和通讯技术条件下,央行国库和财政部门的任何信息沟通,乃至财政资金收支指令的发出和审核,都可以做到是即时的。尤其是考虑到近年来人民银行与商业银行已建成了成熟、稳定的清算、信息及网络系统,各项财政收入或拨款已完全能做到实时到账,在几秒钟之内就可以到达企业或老百姓的账户。在此现代互联网技术条件下,说实行央行国库"单一账户管理"就没有效率,也是说不过去的,更不符合事实。

基于上述考虑,我们认为,在加强人大对政府预算收支的审定、监督乃至审计的同时,要加强央行经理国库作用,保留、改善并强化现行的央行经理国库体制,这才有利于中国未来的法治民主政治的建设。这是事关我们国家长治久安和民族命运的一项基本制度安排,希望我们的立法机关和我们的人大常委们能够认识到这个问题的关键性和重要性,在讨论和审议新的《预算法修正案(二审稿)》时,一定要保留原来《预算法》第四十八条第二款,"中央国库业务由中国人民银行经理,地方国库业务依照国务院的有关规定办理"。千万不能让我们这个有十几万亿元财政收入大国的政府管理纳税人的"钱袋子"的"会计功能"和"出纳功能"集中交并与财政部门一家。不然,我们这个国家将来会出大事。

构建"财政经理国库制"的法理基础之缺失

从上面的分析中,我们已经清楚地看出,将各级政府财政部门的几十万个财政专户合法化,改变中国人民银行经理的"国库单一账户"管理制度为财政部实际经理的"国库单一账户体系"管理制,随之在财政部门对"各级国库库款具有绝对支配权"(第五十四条第三款)的前提下使人民银行变成只是与其他商业银行一样的代理经

141

营财政"国库单一账户体系"一部分的一家银行,才是这次《预算法》修订所要达到的根本性和实质性目的。现在看来,如果"二审稿"起草单位要达到这样的中国国库制度的实质性改变,将是整个政府管理体制的重大变革。目前看来,这种改变至少还缺少法律制度基础,且会引起建立在《中华人民共和国宪法》为基础上的相关法律体系的冲突和紊乱。

从法理上来说,现有央行经理国库是合理、合宪的。在现有的宪法和人大体制下,在公共财政与财务管理领域,2004年《宪法》,1995年的《银行法》以及原来的《预算法》,实际上都赋予了财政部门与央行以"平等责任主体"的地位:两者平等地向人大和国务院负责任。这同时也意味着:作为平等的责任主体,在规定"国库库款的支配权级政府财政部门"的条款下要求"央行(国库)向财政部门负责"在法理上无法成立。现在,新的《预算法修正案(二审稿)》要把原《预算法》第四十八条第二款"央行经理国库"去掉,这就要求要么把央行国库撤销,要么央行国库向财政部门负责,这在法理上是不通的,即使勉强通过,也将是这次《预算法》修订的重大倒退。

从现有的法律制度体系上来看,1995年制定和2003年修订的《银行法》第四条第八款对中国人民银行的职责明确规定有"经理国库",而1989年《中华人民共和国国家金库条例实施细则》则具体规定了"央行经理国库"的具体的制度安排。另外,1995年由国务院颁发的《预算法实施条例》第四十条,也是这样来定义国库的:"国库是办理预算收入的收纳、划分、留解和库款支拨的专门机构。

国库分为中央国库和地方国库。中央国库业务由中国人民银行经理。……地方国库业务由中国人民银行分支机构经理……未设中国人民银行分支机构的地区，由上级中国人民银行分支机构商有关的地方政府财政部门后，委托有关银行办理。"这些都是国库设置在中国人民银行内的法律依据。

如果新的《预算法》把"中央国库业务由中国人民银行经理，地方国库业务依照国务院的有关规定办理"这一条款去掉，随之含糊其辞地只讲国库，而不讲央行国库，也必然使这一新的《预算法修正案》与多部现有的法律、法规相矛盾和冲突。

值得注意的是，在财政部与中国人民银行2001年共同颁布下发的《财政国库管理制度改革试点方案》第三部分"财政国库管理制度改革的主要内容"的第一条第一款，也非常明确且具体地规定了如下内容：

（1）财政部门在中国人民银行开设国库单一账户，按收入和支出设置分类账，收入账按预算科目进行明细核算，支出账按资金使用性质设立分账册。

（2）财政部门按资金使用性质在商业银行开设零余额账户；在商业银行为预算单位开设零余额账户。

（3）财政部门在商业银行开设预算外资金财政专户，按收入和支出设置分类账。

（4）财政部门在商业银行为预算单位开设小额现金账户。

（5）经国务院和省级人民政府批准或授权财政部门开设

特殊过渡性专户（以下简称特设专户）。

在具体规定了以上这五条之后，这一《财政国库管理制度改革试点方案》还明确地强调说明："建立国库单一账户体系后，相应取消各类收入过渡性账户。预算单位的财政性资金逐步全部纳入国库单一账户管理。"

这里规定得清楚和明确，对中国国库体制的改革方向，规定得很具体！既然现在政府的全部收入都要纳入预算，且随之取消了"预算外资金"这一项，那么应该顺理成章且自然而然地将所有的"预算单位的财政性资金逐步全部纳入国库单一账户管理"，这才符合法理和现存国家诸多法律法规所设定的央行国库制的基本制度架构。

根据以上诸法律、法规对央行国库的规定和界说，以及根据国务院、财政部和央行共同制定的法律法规之前所要致力构建的国库体制，在新的《预算法修正案（二审稿）》第五十四条删去原《预算法》第四十八条第二款央行经理国库的内容，显然是不合适的，除非同时修改《中华人民共和国银行法》《国家金库条例》《中华人民共和国国家金库条例实施细则》，以及财政部和央行共同颁发的《财政国库管理制度改革试点方案》等数部法律、法规。

概言之，取消央行经理国库制，将"财政专户"写入新的《预算法》，从而用"国库单一账户体系管理"取代央行"国库单一账户管理"，这些暗含的"改制"的组合拳，实质上是旨在颠覆现存的央行经理的国库单一账户管理体制，把财政部门之外部实质的和技的监督和制衡机制全部拆卸掉，把财政部门的利益合法化。如果这一新的《预算法》通过，将会导致政府财政资金的日常收支不再受到央行国库的任何合规性审核以及实质性的监督和制衡，其直接结果自然是使各级财政部获得对全国十几万亿政府预算资金的绝对支配权，而随之亦把各级财政部门的预算收支活动的监督也变成财政部内部的事。很显然，如果这一新的《预算法修正案》通过，财政部的行政自由裁量权将无限地放大，将会为一些实际掌握十几万亿元财政预算资金收支支配权的官员将资金任意存放到任何商业银行从中收高息、拿回扣撑开了制度保护之伞，也从而将会打开政府官员普遍腐败寻租的"潘多拉盒子"。

超越财政与央行的部门权益之争

综合以上分析，我们已经清楚看出，改变现行的中国人民银行经理国库的制度，使数十万个"财政专户"合法化，才是这"二审稿"的真正目的和实质性指向。如果这一新的《预算法修正案》通过，央行的"经理国库"的职能将会逐渐被削减直至全部被去掉，并演变生成一个"财政经理国库"的国库管理新体制，使各级和各地财政部门的"财政专户"成为事实上的"国库"的主体。这才是这次修改《预算法》的最核心和最根本性问题。

正是因为这一点，我们这些学者呼吁，除非对这份"二审稿"的以上条款做重大修改，全国人大常委不能、也不应该让这样的《预算法》通过。要修正和颁布新的《预算法》，不但不能让新的《预算法》删去原《预算法》的第四十八条第二款"央行经理国库"这一条款，而且要设专门条款，强化和明确中国人民银行经理国库的专门职能，建立起中国人民银行经理各级国库的单一账户管理制，并将"预算单位的所有财政性资金全部纳入国库单一账户管理"。我们也建议，全国人大和国务院在具体修订未来的《预算法实施条例》时，可考虑把财政部与中国人民银行2001年共同颁布下发的《财政国库管理制度改革试点方案》第三部分"财政国库管理制度改革的主要内容"的第一条第一款关于央行国库单一账户的五条细则写入《预算法实施条例》。

当然，维护、加强、完善现行的央行经理国库制，动了一些人的"奶酪"。对于一些财政部门的官员来说，他们可能有这样的推理：在中国目前的经济社会体制下，许多政府部门的行为都"市场化操作"了，包括地方政府的土地出让金征收和使用，以及一些财政支出拨付到各行政部门和国有企事业单位后，他们都是市场化运作了，不但把财政拨来的款存入了各商业银行，而且还有的去买基金，甚至"去炒股"。事实上，也有许多政府部门、公共机构乃至国有企事业单位在拿着公家的钱和理论上全民所有的资产、资金、资源进行市场运作。既然其他国有部门都如此，为什么就不允许财政部门的政府公务员用沉淀在各种财政专户中的资金去赚取利息？

如果是这样推理，就牵涉到中国政治体制的许多深层次和根本性问题了。但是，我们现在只能说，财政部作为掌管纳税人钱袋子的政府财权管家，是无论如何也不能拿纳税人的钱去赚钱，更不能像某些人那样拿着应该归入国库单一账户的钱去为自己去牟利。这应该是社会正义的底线。于是，这里就变成了这样一个问题：在目前的政治体制下，财政部门的官员到底遵从央行国库单一账户管理体制将"库款"存储在人民银行中，不赚息、不牟私利从而守住社会正义的这条底线，还是与其他政府部门、公共机构乃至国有企业的一些官员和高管一样，运用所掌控的资金、资本、资源，在房地产和资本市场上进行运作并从中获取高收入和自利的实际"寻租行为"？

如果政府的财政部门的预算收支行为都"市场化运作"了，都去寻求部门"利润最大化"和个人利益最大化了，又将形成一个什么样的国家和政府，又将会有一个什么样的财政部？这难道不是未来中国政治体制改革和法治民主建设所要解决的最根本性问题吗？

到这里，我们不得不说，我们这些学者和书生，并不想也根本不愿意参与央行和财政部部门体制安排和权益之争，而完全是基于对我们整个国家和社会的长久发展考虑而呼喊和做上述建言的。我们认为，如果原《预算法》第四十八条第二款被去掉，从而改变现行的"央行经理国库"制度框架下以"国库单一账户"为基础的政府预算资金的集中收付制度，或将"央行经理国库制"改为"央行代理国库制"，这将从根本上改变中国政府管理体制，形成财政收入、支出、存储乃至监督等诸多功能融为一体而不受任何实质性监督、制衡、约束的"超级财政部"，从而对中国未来的经济社会发展产生诸多重大影响。因此，我们认为，这个条款保留不保留，不仅仅是央行与财政部权力和利益之争问题，而是我们国家政体的重大和基本制度安排之选择。我们这些学者，对央行没有什么偏好，对财政部也没有任何成见和意见，我们完全是出于对国家的命运和民族的未

147

来发展的重大体制问题的全面考量，而向全国人大常委会建言的。

另外，我们真正呼吁并希望数万乃至数十万财税部门的官员和政府公务员们，能为我们民族的命运和国家的未来长远发展计，有像希腊神话中尤利西斯与海妖的故事中的船长那样让水手绑住自己，有克制征税、花钱和为个人牟利冲动的觉悟，理解并支持构建中国法治民主政制，支持堵塞政府官员腐败寻租渠道的基础性制度建设，包括央行国库制的建设和完善。用正义的和良序的法律制度保护我们的国家，从而也就是保护了自己。

当今中国社会已经走到一个何去何从的十字路口上。未来中国，是走向一个现代民主法治国家，还是走向一个没有任何内部实质性权力制衡且政府官员腐败寻租普遍化的高度集权体制，坚持并完善中国人民银行经理的国库单一账户管理体制，应该是竖立在这个十字路口前的一块重要路标。

（本文于 2012 年 8 月 16 日发表于 FT 中文网，见 http://www.ftchinese.com/story/001046042）

央行经理国库的职能取消不得[1]

财政收入再次超过GDP。自从1994年分税制改革以来，中央财政收入增速明显。同时，中央财政收入有相当一部分通过中央转移支付，转移到了地方。有分析指出，这笔财政收入返还给谁，返还的标准是什么，并不清晰，其结果是中央财政和中央直属部门的权力过分膨胀。因而有大量的预算外、制度外收入，国有垄断集团税后利润等游离于政府预算之外，以"部门利益"的方式"自主"运行。也正因此，对于本次《预算法修正案（草案二次审议稿）》，有舆论认为，由财政部主导的草案更像一个政府内部工作条例，极大地反映了财政系统的部门利益，与《预算法》应有的地位不符。那么，有"小宪法"之称的《预算法》，其修正案最终究竟能否超越部门立法？

---

[1] 本文根据笔者接受《华夏时报》记者访谈整理。

新《预算法》应是财税部门预算的"权责法"

《华夏时报》:就《预算法修正案(草案二次审议稿)》,我们看到,公开征求的修改意见已达 33 万条,其中学界有专家认为,财政部主导的"二审稿"草案集中反映了财政系统的部门利益,不符合《预算法》应有的地位,应重新起草一个修正案。您怎么看?

韦森:一个国家的《预算法》,其实质是给政府尤其是财政税收部门所制定的约束和监督其行政行为的制度规则。这次《预算法》的修订,最后由国务院及有关部门来操作,由财政部结合全国人大预算工委和其他有关部委官员的意见来起草,本身就有政府自己给自己量身"定做"之嫌。现有的《预算法修正案(草案二次审议稿)》(二审稿),存在着许多根本性的问题,现在看来需要一些根本性的改变。人大法工委把"二审稿"放到网上向社会公开征求意见,尽管在政府预算公开、明确了全口径的预算管理,增强了预算的完整性,全面取消预算外资金,预算的编制要更加细化等方面有了很大进步,但是在二审稿公开征求意见仅两周内,就受到了社会各界的广泛关注,并且学界批评意见较多的根本原因,就是这份征求意见稿,还存在诸多的问题。

现行的《预算法》,本质上是一部财政部门的"组织法",在目前我国部门立法的法律框架下,其实质是政府财政部门监管其他部门的法律。就此而言,这次《预算法》的起草和修订,本身就有违现代民主政治的法治精神。政府部门自己给自己制定法律规范,监管下级和其他政府部门,很难真正打造出能束缚自己的"紧箍咒"。

从中国社会当前的格局和未来发展趋势来看，尤其是从未来中国法治民主政治体制的建设愿景来看，只有彻底把《预算法》修订成为对各级政府财税部门预算的"权责法"，成为全国人大制衡和监督财政部门预算行为的法律，才符合现代民主政治建设的大方向。

应坚持完善央行经理国库单一账户收付制

《华夏时报》：有分析说，二审稿中很多牵涉到财政体制的重大事项，比如第五十一条规定将"依法设立的财政专户"和"国家金库"并列，并将财政专户合法化——财政专户纳入"国库单一账户体系"管理；比如1994年《预算法》规定中央国库业务由中国人民银行经理，草案第五十四条删去了这一款，还增加了财政部门对国库的管理和监督权——这些条款，都遭到学界人士的激烈批评，被认为是严重的立法倒退，您怎么看？

韦森：这样的修改，意味着新《预算法》中不再继续坚持人民银行经理国库体制，而是确立一种受财政委托、由人民银行代理或者选择商业银行代理的国库体制。将"经理"改为"代理"。表面上只是一字之差，含义上却大相径庭。"经理"具有主动性，代理具有被动性，"代理"即是把国家委托人民银行经理国库变为财政委托人民银行代理国库，改变了现行国库管理中部门合作与监督制衡的关系。这是事关国家政体的重大变化。如果这样的《预算法》通过了，则意味着国库资金的监督制约机制将严重削弱，国库资金的安全性将面临严峻挑战。我们由衷地希望保留中国人民银行经理国库体制，并进一步确立和完善以国库单一账户为基础的政府预算资金的集中收付制度，保证政府的预算资金在央行国库的统一收付和监控下安全、完整和高效地运行，从根本制度上堵塞政府官员腐败寻租的财政资金收支渠道。

由此我认为，坚持和完善央行经理的国库单一账户收付制度，是事关我们国家运行最基本和最重要的制度保障之一，只能加强和改善而使之规范化，而不能取消和有任何削弱。

"代理国库"制将导致官员腐败寻租的普遍化

《华夏时报》：如果央行"经理国库"制改为"代理国库"制，将对国内宏观经济运行、社会民生带来哪些影响？

韦森：从经济学上讲，如果把央行经理国库的职能删掉，以后所有财政部门直接与商业银行发生关系，这将形成巨大的部门利益，本质上就是让财政部门拿着纳税人的钱去赚钱。这将严重损害纳税人利益，撑开政府官员腐败寻租的制度保护伞，导致社会公平正义的缺失，最后必然导致政府官员腐败寻租的普遍化。

从宏观经济上看，开设几十万个财政专户，让财政资金存放商业银行，财政政策和货币政策的协调机制就会全部紊乱了。1995年通过的《中国人民银行法》第29条明确规定，"中国人民银行不得对政府财政透支，不得直接认购、包销国债和其他政府债券"。这是一项重大的基本制度安排，从根本制度上设定和规范了政府宏观政策中财政政策和货币政策正常作用渠道。根据1995年制定和2003年修订的《银行法》第四条第八款和原《预算法》第四十八条第二款所设定得"央行经理国库"这一制度安排，国库资金存放央行账户，是其资产负债表的重要组成部分，因而国库资金的变动，又会直接影响基础货币供应。当国库资金大幅上收并存放在央行账户上时，会减少经济体中的流动性。当各级财政部门年底财政突击花钱时，又会造成市场流动性阶段性扩张，导致每年一二月份流动性激增。故即使在现存体制安排下，财政政策已经对货币政策不时产生周期性的冲击与扰动。

但是，在现有的制度下，因为国库资金流入和周期性的使用央行均有监控和记录，央行会考虑市场流动性状况、节假日、财政年底突击花钱的周期等情况，决定公开市场操作。如果央行不再经理以单一账户为基础的政府预算资金的集中收付，财政部和地方财政部门把"国库资金"存放在各个商业银行之中，并有权单独决定国库资金使用的时间和金额，这将对央行调控基础货币的产生干扰，从而使央行实际上无法监控和调节经济体内的流动性。具体说来，如果取消了央行国库单一账户为基础的政府预算资金的集中收付制度，各级财政部门自设几十万个财政专户，就会使数万亿的财政资金流到商业银行，而商业银行又会马上将其贷出去，通过货币供给的乘数机制，增加货币供给，致使央行无法实施任何有效的货币政策和调控政策。这样一来，央行的货币政策就会完全失灵、扭曲甚至最终无效。

此外，个别专家提出央行经理国库制的效率问题，这一思路也是有问题的。国库的钱，是纳税人的钱，花得"爽不爽"，不是财政工作的核心，花得对不对、是否用在了应当用的地方，是否用到了由全国人民代表大会审议批准政府预算所指定的地方和项目，是否真正地花在了纳税人身上，这才是最重要的和首先要考虑的。

因而，央行国库作为政府的"出纳"，其重要的职能和功能是确保监督财政部作为政府的"会计"把预算资金用到了该用的地方，准确无误地支付到了由全国人大批准了的政府财政预算所规定的地方，这是确保政府体制正常运行的一项基本制度安排，而效率问题是非常次要的。进一步说，在目前的互联网技术和通信技术条件下，央行国库和财政部门的任何信息沟通乃至财政资金收支指令的发出和审核，都可以做到是即时的，因而说实行央行国库"单一账户管理"就没有效率，也是说不过去的，更不符合事实。

因此，我认为，在加强人大对政府预算收支的审定、监督乃至审计的同时，要加强央行经理国库作用，保留、改善并强化现行的央行经理国库体制，这才有利于我国未来的法治民主政治的建设。这是事关我们国家长治久安和民族命运的一项基本制度安排，希望我们的立法机关和我们的人大常委们能够认识到这个问题的关键性和重要性，在讨论和审议新的《预算法修正案》时，一定要保留原来《预算法》第四十八条第二款"中央国库业务由中国人民银行经理，地方国库业务依照国务院的有关规定办理。"千万不能让我们这个有十几万亿元财政收入大国的政府管理纳税人的"钱袋子"的"会计功能"和"出纳功能"集中交并与财政部门一家。不然，我们这个国家将来会出大事。

还必须强调指出的是，1995年制定和2003年修订的《中国人民银行法》第四条第八款对中国人民银行的职责明确规定有"经理国库"，而1989年《中华人民共和国国家金库条例实施细则》则具体规定了"央行经理国库"的具体的制度安排。如果新的《预算法》

把"中央国库业务由中国人民银行经理,地方国库业务依照国务院的有关规定办理"这一条款删去,也使《预算法》与这两个现有的法律、法规相矛盾和冲突。所以,即使在现行体制下,也要保留这一条款,除非同时修改《银行法》和《中华人民共和国国家金库条例实施细则》。

必须确保实现政府全部资金集中化管理

《华夏时报》:我们看到二审稿中提到,"有预算收入上缴义务的部门和单位,将应当上缴的预算资金及时、足额地上缴国家金库和依法设立的财政专户",与现行《预算法》中的"有预算收入上缴任务的部门和单位,将应当上缴的预算资金及时、足额地上缴国家金库"表述相比,特别到了"财政专户"。您对此有何评价?

韦森:将财政专户与国库相提并论,意味着法律允许国家预算资金在多个地方分散存放。"国库单一账户**体系**管理"与"国库单一账户管理"是两回事,是两种制度安排。建立现代预算管理制度的必要前提条件之一是实行国库单一账户,将政府全部收入和全部支出纳入这个唯一的存款账户,全部政府收入由纳税人账户直接缴入国库单一账户,全部政府支出由国库单一账户直接支付到商品和劳务供应商账户。

因此,预算法中不能写入"财政专户""国库账户体系"等这样的内容,以避免政府部门以虚账户之名,行实账户之利。结合我国现阶段实际情况,如果确有一些有必要设置的财政专户,那这些账户余额也必须是零余额,资金停留时间不能超过 24 小时,以确保实现政府全部资金的集中化管理。

《华夏时报》：分析人士认为人大审议预算报告中的民主环节，如质询、听证、论证、审批、审核等，其实在人大常委会的议事规则中都有相关规定，但一直未见任何实际行动。这是否意味着预算法案的立法权并未真正授予人大？

韦森：多年来，我一直认为，并不断呼吁这么一点：既然未来中国民主政治和法治国家建设的核心问题或言基本问题是政府的财政体制和预算制度的改革，那么，要建立社会主义法治国家和民主政治，就要把民主预算作为政治体制改革的一个切入点。具体说来，要从限制政府的征税权和预算开支开始，构建公开、透明、民主和法治的政府财政预算制度。要做到这一点，首先就需要考虑修改我们的《预算法》以及宪法中有关政府征税权的条款，明确把政府征税须征得纳税人所选代表的同意以及政府每一笔预算支出都要经纳税人选出的人民代表审议批准这类保护纳税人权利的条款写进《预算法》和我们的宪法。

但是，在目前的体制下，我们还显然做不到这一点。这次《预算法修正案（草案二次审议稿）》公开向社会征求意见后，我们这些多年来关注政府财政体制改革的学者经过讨论，针对其中的方向性、框架性问题，经过热烈讨论和激烈争论，共达成如下五条共识：

第一，建议赋予人大代表预算修正权，更好地落实宪法和法律赋予人大的预算监督职能，建议进一步明确预算的权力主体，强调全国及各级人大对于本级预算的权力主体作用；

第二，建议明确预算执行过程中的法定授权原则和人大预算执行监督；

第三，建议明确国库支配权与国库经理，肯定央行的国库经理地位；

第四，建议完善预算支出项目相关的公开透明条款；

第五，建议进一步明确《预算法》的法律责任，补充、明确对违法行为的惩罚责任条款。

当然，只在这些法律条文上做文章还远远不够。因为，预算民主的真正运作，在实质上要求"做实人大"。要"做实人大"，要政府的财政收入和财政支出完全受全国人大代表实质性的审议和制约，还必须让这些人大代表能真正代表纳税人的权利、要求和意愿。这无疑又会牵涉到我们的人大代表的选举制度和职能转化问题。这显然是一项极其复杂的系统工程，难度将会很大。但是，不管多难，不管多复杂，这些现代民主政治的基本要素是躲不掉的，总得一点一点地来完成。

总而言之，从促使政府财政预算支出透明着手，修改《预算法》，明确预算的权力主体，强调全国及各级人大对于本级预算的权力主体作用，使政府的财政收入和支出均受民选代表的实际审议、约束和批准，同时加强央行经理国库的监督和制衡作用，健全、加强、完善和规范化央行"国库单一账户管理"制度，是现阶段我们能做和当做的。当然，要建立邓小平同志生前所预期的"法治民主"政治，还有很长的路要走，但从修改《预算法》开始来启动政治体制改革，应该是未来中国法治民主政制建设的一条较为显见的逻辑链条。现在的问题是,前进多少我们只能尽量争取,但无论如何不能倒退,更不允许大幅度地倒退。要做到这一点,显然还需要通过法学界、政治学界、财政学界、经济学界乃至社会科学各界和政府决策层之间的广泛对话,以形成一些关于未来中国经济社会改革的重叠共识。有了共识,我们才能起步,才能期望在未来中国十年乃至更长一点的时间中,不但保持中国经济的长期可持续增长,而且能建设一个良序法治民主政治下的和谐的市场经济社会。

《华夏时报》: 您认为二审稿的未来结果会是怎样的?公开征集的意见有多少内容会反映在通过的三审稿中?

韦森: 对于《预算法修正案(草案二次审议稿)》的相关问题,学界很多激烈的批评意见正在受到有关部门的重视。我与叶青、蒋洪、李炜光、马骏、施正文、王雍君、冯兴元、吴弘、傅蔚冈、朱为群、邓淑莲、聂日明等关注这个问题的十几位国内学者一起,召开闭门会议后,已通过全国人大法工委的官方渠道提出逐条的、具体的修改意见,意见稿刚刚完成并已上报全国人大。在三审前,全国各界应该广造舆论,尽最大可能地使我们的新《预算法》有些进步,而不是像这样财政部"部门立法",从而在许多方面大幅度地倒退。我相信,共识正在形成,包括全国人大法工委、财经委、审计署、央行和学界。

《预算法》修改的风风雨雨与中国财税改革[1]

《预算法》关系国计民生，素有"经济宪法"之称，从"三公消费"到"突击花钱"都与此有关。自 2007 年开始关注预算民主问题以来，笔者一直在努力推动《预算法》修改和中国各级政府的预算公开和透明，呼吁"以预算民主为核心制衡政府财权"。2012 年 7 月份，在《预算法修正案（草案二次审议稿）》被放到全国人大网站上向全国公开征求意见后，笔者牵头并组织了近 20 位教授和专家在上海召开了专题讨论会，向全国人大提交了他们对《预算法修正案》的修正意见，并为全国人大所重视和接受，期间，FT 中文网也陆续刊发了笔者以及其他作者对于《预算法》修订的评论。

中国全国人大第十一届第三十次人大常委会已经决定本届人大不再审议《预算法修正案》，宣布《预算法》修订将推迟到下届人大。笔者认为人大常委会搁置《预算法》的修订，是

---

[1] 本文根据 FT 中文网采访笔者的访谈记录整理。

目前最好的结果。笔者接受了《第一财经日报》记者缪琦近期在上海的专访,再度强调,制约政府的权力才是中国政治体制改革的关键,而从财政体制改革来推动中国的政治体制改革,应是中国未来当走的路。

让财力和事权相匹配

记者: 回顾过去十年,您觉得我国财政体制改革最大的成果是什么?

韦森: 应该说自 1994 年实行分税制改革后,随着市场经济的发展,我国政府财政体制在现有的整个体制下是有很大进步的。首先,自 1994 年的《预算法》颁布实施以后,尽管颁布不久后就发现有许多问题,但是在规范中央与地方政府间财政分配关系方面还是有很大进步的,尤其是近两三年,温家宝总理和国务院在推进各级政府预算公开尤其是"三公经费"公开方面做了很多工作,财政部和地方政府在公开政府预算方面也开始做了一些推进工作。尽管目前看来,各级和各地政府财政公开透明方面做得还很不够,其主要还是理念上的,离实际上的公开透明还有很大距离,但我们也要看到其中的进步。

其次,通过制定和完善各种"税法"和征税制度,尤其是通过"金税工程"等现代互联网技术的实施,这几年各级国税和地税系统征税的能力大大加强了,使企业和个人偷税漏税越来越难。特别是现在有了印发的防伪增值税发票系统,通过电脑联网技术,使征税更规范,更程序化,企业和个人更难逃税。这是过去十多年我国政府财政收入的高速增长的主要原因。自 2002 年以来，政府财政收入几乎每年都以 200% 以上的速率完成政府年初所制定的增长目标。譬如，2011 年 3 月，温家宝政府工作报告中说，2011 年中国政府的财政收入计划增加 8%，但 2012 年 3 月两会期间，国务院和财政部的工作报告则报出 2011 年全年我国政府财政收入实际的增长是 24.8%，也就是完成年初政府自己所定计划的 310%。这些数据和事实说明，目前我国政府征税和其他财政收入，根本没有任何制衡和约束机制。在征税之后政府怎么用，更没有实质上的约束机制。比如我国"窄口径"的宏观赋税占 GDP 比重在 20% 上下，但"宽口径"的宏观赋税已占 GDP 的 34%～35%，虽然还没有西方发达国家的高，但是西方国家的税收，大量地用在老百姓身上，即公共和民生支出上，而我们的财政收入，则大量用在基础建设上了。

第三，1994 年的《预算法》，1995 年国务院颁布的《中华人民共和国预算法实施条例》，和 1995 年通过并于 2003 年修订的《中国人民银行法》，以及在 2001 年由财政部和中国人民银行联合颁发的《中央单位财政国库管理制度改革试点资金支付管理办法》等法律和文件，实际上确立了中国人民银行"央行单一国库账户"制的财政资金管理体系。尽管随着近些年一些地方政府的"小金库"和"财政专户"的出现，政府财政资金一大部分不再存在央行"单一国库账户"了，但这一制度建立起来后，对央行国库对财政资金使用的监督以及财政部门资金的收支的规范化，还是有很大作用的。

但是，现有的《预算法》也是有问题的。正如全国人大预算工委主任高强所言，1994 年制定和颁布的现有《预算法》的主要问题是：对预算编制完整性缺乏明确表述；对规范预算管理执行缺乏严格的约束；对财政机制和转移支付制度缺乏明确的表述；对地方政府的债务审批、管理、使用、偿还等缺乏具体的规定；对预算监督和违法行为追究缺乏可操作性；以及对预算公开缺乏明确要求，等等。但是在我们看来，更主要的问题是对政府财政征收和支出缺乏实质性的制衡和约束机制，导致政府想征什么税，就征什么税，钱想花在哪里就花在哪里，各级政府领导人一拍脑袋，就可以把钱支出去了。在这种情况下，政府官员的腐败大面积地发生，且屡治不果，这是一个主要原因。

记者：那么，分税制改革的下一步要怎么走？

韦森：首先，现有的分税制显然不再适合已经有十几万亿乃至近二十万亿的财政收支的大国的运作了。这种分税制，大家批评较多的是中央和地方的财权和事权的不对称。政府税收的大部分钱被中央拿走了，地方的钱留的很少，但事权却大量落在地方上，比如公共设施支出，地方吃财政饭的政府公务员、教师和其他人员的工资，医保、社保，发展地方经济的投资，还有保障房建设资金，等等。地方政府没有钱，就被迫采取另外一些渠道"融资"，一是卖地，二是向银行贷款。这又导致了地方负债不断攀高，甚至一旦发生财政收入下降，连发工资和奖金都困难。在这种情况下，这种分税制看来非改不行了。

那如何让财力和事权相匹配？有两个思路：一是增加地方政府的税收分成；另一个思路是把财权进一步向中央收，但收权后事权也让中央多扛点。我的观点是，在地方政府负债严重、各自为政的乱象中，把税收更多地留给地方，解决不了各地的大问题，反而只会出现留得多，花得更多，也常常贪得更多的情况。因而，把财权上收，事权也上收，可能更好一点。所以我个人比较赞成第二个思路。但不管怎么改，都必须考虑中央与地方在财政收支上财权和事权要匹配。

当然，这里也牵涉到另一个问题，就是张五常、张军、史正富等经济学家所提到和论证的，近几年中国经济增长动力主要来自于地方政府，但是现在大多数地方政府已经负债累累，如果将来税收大部分上收，地方政府怎么发展经济？又怎么把有限的财政资金用到民生上呢？基于这一考虑，我倒是赞成财政部财政科学研究所贾康等人的建议，即考虑允许地方政府发债。不允许地方发债，地方政府就会向银行借贷。那么，与其把这个风险留给银行，不如把它留给投资者。也就是说，允许地方发债，但买债与否，交给投资者根据收益预期决定。这就分散了风险，也运用了市场机制。

不动财权，什么改革都是空的

记者：对于最近热议的扩征房产税您如何看待？

韦森：这个问题我没有专门研究，但是通过参加几次房地产高峰论坛，有些了解。我个人觉得这个问题十分复杂，目前推出比较困难。一方面，要控制房价，最有效的办法，一是推出房产税，再就是推出官员公布个人财产制度。中国的房价高，有很多原因，没有房产税，以及有权力的人大量买房投资，是其中的主要贡献因素。这些年，中国整个房地产这么热，个人按揭贷款占整个商业银行贷款余额却不大，我看到的材料说也才只有2万多亿。现在总共是有70多万亿商业银行贷款余额，其中有十几万亿在房地产上，但是主要都是开发商的贷款和土地的贷款，住房按揭贷款所占比例并不是很大。

现在喊买房难的，大都是刚毕业参加工作的青年人。家里长辈多方帮忙，出个首付，然后按揭买房。但大部分买房的其实是政府官员，以及企业家和其他投资者、炒房者。这些人，几套、几十套的房子，用现金就直接买了，根本没有贷款，租出去租不出去，都无所谓，都是投资，房价在涨，相比而言物业费算不了什么。这也是中国经济不出问题和房价下不来的主要原因。如果按揭贷款占比很大，一收紧银行房地产利率，房价就马上下来。但是现在的情况是，很多人和高收入阶层买很多套房子，并没有按揭贷款，或只有很少的按揭贷款，现在大家都是把购置房产作为一个投资行为，而不是"自住"和"消费"，房价推得越高，他们的财产价值越大。在这种情况下，银行的利率对房地产的影响不大。购房者其相对不是很大的银行按揭贷款比率，也使中国经济比较"抗风险"，即房价下跌一点不至于使中国经济产生大的危机。

如果到上海的浦东、松江，或者许多中小城市去看看，会发现很多房子都是空置着没人住。如果是像西方那样有房产税的话，如果房主不住，又不租出去，那就要倒赔很多钱，还要缴物业管理费，谁还会想这样大胆地投资呢！现在没有房产税，仅仅缴掉物业费，房价涨了这么多，所以许多人买了7套8套，甚至十几套或几十套，房子就放在那儿不住也不租，房价也就一直降不下来。如果开始普征物业税了，一些官员和个人有那么多房子，若租不出去，就要抛售了，那房价就会下跌，甚至要大跌了。

故我的判断是，如果开征房产税，再加上强制让政府官员个人财产公开，就会对房价产生重大影响，利率对房价的影响也就开始起"市场作用"了。据有关材料表明，目前中国处级以上干部家庭平均有5套房以上，故一旦要求他们财产公开，一些政府官员多套住房就必须要出手了，不然怕追究其来源。如果官员财产公开制度真正普遍推开，肯定对房价会有影响，二手房的价格会下来一些，对新房价格也会产生影响。

征房产税，就应该普征，才公平。实际上，像上海现在的房产税制，以前买的房子就不用缴税，这就不公平，完全保护了既得利益者的利益，但无疑也保护了一些可能的贪污腐败官员。要征，就要全国普遍征。即使税率少一些、低一些，也要普征，这才公平。

但问题是，如果普征了，再加上推出政府官员财产公开制度，会不会导致中国房价大跌？房价大跌了，自然会影响房地产的投资，是否会导致中国经济增速进一步下滑？甚至出现经济大萧条？这就给决策层出了道难题：既不要房价大涨，使房地产产生更大泡沫，但又不希望房价大跌，出现经济危机，真是左右为难。

在《把脉中国经济》一文中，我曾指出，2012年7月在江苏昆山举办了一个夏令营，邀请了全世界奥地利学派的经济学家来讲奥派经济学。我在会上碰到了一个美国经济学家，叫福德怀雷（Fred E. Foldvary），可真是一个奇人！1996年，他出版了一本只有34页的小册子，书名就叫《2008年的大萧条》（2007年出版了第二版）。

和他聊天之后，我马上从他的个人主页上下载了这本小册子的 PDF 版。粗略翻了一下，发现这是我到目前看到的唯一一本能在之前就预测 2008～2009 年这次世界经济衰退的著作。这位长期研究商业周期现象的奥地利学派经济学家，在这本薄薄的小册子中，警告世人，现代社会的大萧条，起因都是房地产泡沫。福德怀雷把哈耶克的商业周期理论与亨利·乔治（Henry George）等经济学家的土地价值理论结合起来，惊人地发现，自 1818 年以来美国差不多 200 年的历史中，每次经济衰退（recession），尤其是大萧条（depression），都是与房地产的"实周期"有关，且都是在地价、房屋建设和房价的最高峰后一两年之后发生的，200 多年来，几乎没有例外。福德怀雷也发现，在过去 200 多年间里，美国房地产的实周期大约是 18 年，之后一两年肯定跟着一场大的经济衰退。根据 1990 年美国发生了一次由房地产"实周期"引发的一场小的经济衰退，他在 1996 年就预测大约在 2008 年美国将会有一次大的经济衰退，并在 2007 年出版了这本小册子的第二版，明确提出这一点。果不其然，2008 年下半年，美国经济急遽下滑，GDP 总量在 2008 年下半年和 2009 年上半年萎缩了 16% 还多。读过他的这本小册子，我一方面为他的发现所震惊，一方面也心里直发怵。当中国的这一轮地价、房价和房地产建设的高峰期过去后，中国将会发生什么？中国的房地产周期，又将是多少年？

即使不用奥地利学派的经济学来思考问题，稍微观察一下西方发达国家战后的商业周期，也会发现，经济的萧条和繁荣，基本上与房地产的繁荣或萧条紧密相关联，可以叫"春江水暖鸭先知"吧：

房地产总是经济繁荣与衰退的先行指标。一旦房地产开始恢复,建筑开工指数增加,买房指数开始增加,经济就开始上扬了。反之,如果房地产价格下行了,甚至大降了,经济萧条也就随之发生。如果中国经济也是符合这个现代经济体系运作的一般法则,中国房地产的价格大幅度下降了,房地产投资会下降,中国经济也会出问题。这无疑给中国政府的管理决策层设了一个两难境地。

现在的问题就在于中国政府到底要怎么做,以哪头为重。即使不考虑这个因素,普征房产税,也是个很大的工程。毕竟每套房子的情况和价格不同,同一个楼层,因房屋不同层面和朝向,价格也不同。现价买卖房子,征收房产税很容易定价。但现有存量房,尤其是不参与交易的自有房产,价值怎么评估价值?要征税,要先估价。估价,显然是个很大的工程,做起来很困难。看来要在全国普遍推开房产税,目前也做不到。

记者: 十八大报告提出要加快改革财税体制,您认为财税改革的未来方向是什么?

韦森: 我一直在讲,政府权力的制衡,应是未来政治体制改革的关键。政府的权力是什么?首先是财权。不动财权,什么改革都是空的。所以从财税体制改革来推动政治体制改革,这应该是未来中国政治体制改革核心中的核心。只有政府权力有实质性的制衡了,尤其是征税权和用税权有人民代表的实质性的制衡了,我们才能建立良序法治下的和谐社会。这也是这几年我为什么反复讲,不断地讲,要从预算民主建设上来启动政府体制改革。预算体制改革,应该以修改《预算法》作为一个突破口。但看来在这一点上还没有达成社会共识。

不久前,我在北京大学国家发展研究院的一次内部讨论会上说了一个观点:"以预算民主为轴心,构建宪法民主政制的社会主义新国家。"我当时提出,不是要取消发改委,而是要升格"发改委",改成"政改委"。也就是说让发改委把财权还给财政部,还给国务院其他部门,未来加强财政部的财政资金"统收统支"的权力。发改委把分配资源的财权还给财政部和国务院各个大部后,不要再审批项目了,而是要专门研究和设计政治改革方案。

另外,就是要做实全国人大。全国人大现在很大程度上来说还是"虚的"。把全国人大"做实",要做大动作,要改变我们的基本制度,看来比较难。现在我们的全国人大代表有将近3000人,这要怎么开会?如果把全国人大代表的人数减少,扩大全国人大常委的人数,竞选上岗,大约400多个人就够了。但如果这样竞争全职上岗,在三五年任职期间,专心做全国人大代表,就可以监督政府的财政收支的日常行为和重大的经济决策。同时,全国人大"做实"后,可考虑下面再设几个委员会,就可以对口监督和制衡政府各部门的权力。比如全国人大财经委,现在才20多人,可以扩大为200多人,然后,成立个预算办公室,从中央到地方的每一笔预算收支,都要全国人大预算工委核准批准符合预算后,才能支出,这样就可以制衡政府的财政收支权力了。如果这样做了,一些政府官员想贪都贪不了,也可以从根本上控制政府官员腐败问题。

现在看来,这是现有的体制和环境下至少还可以实现的改革。所以,以预算民主为核心,修改《预算法》和《宪法》,这个路子至少目前看来应该是可行的。

《预算法》修订背后的风风雨雨

记者：前几天常委会第三十次会议已经决定本届人大不再审议《预算法》了。

韦森：是的。不久前召开的第十一届人大第二十九次人大常委会通过了七个法律，但没有讨论通过《预算法修正案》。另外，第三十次人大常委会也最后决定本届不再审议《预算法》了。看了这个消息后，央行有关人士询问全国人大方面原因是什么，结果全国人大回答说，主要听取的是我在7月下旬在上海牵头组织的近20多位专家教授意见的结果。央行有关部门最近也来电，向我们证实了这一消息。

记者：看来你们的意见反响很大。您作为经济学家，当初为何参与又是如何推动它的修订的？

韦森：2013年3月份我写了一篇文章，发表在《新民周刊》上，题为《〈预算法修正案〉亟须公开》，里面回顾了《预算法》的修订过程。从我个人来讲，我关注《预算法》比较晚，是2007年之后才开始关注。我原来一直是研究制度经济学的，做思辨哲学和语言哲学以及与制度经济学关系研究的。2007年，偶然因为股市"5·30事件"，关注到了李炜光等教授的文章，我才知道原来民主问题实际上是个政府的预算问题，这才开始关注政府的征税权和财政税收问题。

这次《预算法》的修订过程，说起来已经启动几年了。1994年制定了《预算法》，这在当时是个很大的进步。90 年代制定《预算法》的背景是，80、90 年代以前，中央几乎收不上税，当时整个政府税收占 GDP 的比例，大约只有 11%～12%，非常低。对于一个市场经济刚开始发育的国家，当时政府的财政收入才 5000 多亿元。中央政府收不上税，市场经济又开始发展了，国家怎么发展经济，怎么建设一个现代化的强国？在当时中央政府的财政收入窘境中，时任副总理的朱镕基就有些着急了，跑到"纳税大户"——广东找到了当时的省委书记谢非，说要开始试行分税制改革。分税制的核心事实上是增强中央税收的能力，把大部分钱钱收到中央去。当时地方政府官员基本上是比较抵制的。后来朱镕基甚至是到各省省长那儿去求他们，说一个国家的财力必须要集中。最后是谢飞和地方政府领导妥协了，才实行起来了分税制。当时的财政部长刘仲藜还专门为此写了一篇有关分税制改革的文章，回顾了这一历程，说明分税制改革是在这种情况下制定和推出的。

实际上 1994 年的《预算法》主要作用是肯定了这一分税制的体制。从马洪 20 世纪 80 年代提出制定《预算法》，到《预算法》1994 年制定和颁布，这是一个很大的进步。特别是其中的第四十八条第二款，确定了央行国库的"经理地位"。意思是说，财政部是国家的总账房，是会计；央行成立国库局，所有政府的财政收入必须放在央行国库，故央行是国家的"出纳"。90 年代的《预算法》有两点作用：一是肯定了分税制的财政体制；二是肯定了央行的经理国库的制度。1995 年制定的《银行法》，又进一步对称地确立央行经理国库经理的地位。

今年 8 月，我在 FT 中文网发表的《切莫撑开腐败寻租的制度保护伞》一文中就提到，2001 年和 2003 年，财政部和央行所共同制定的国库管理条例的具体实施办法，明确规定所有财政税收的钱必须放在央行国库里，称为"单一国库账户"。上面讲到，1994 年制定《预算法》时，当时我国政府的财政收入比较少，只有几千亿元。到了 1997 年就开始发现其中有些条款不适用了，需要修改。如何修改《预算法》，全国人大和国务院有关部门乃至社会各界，争议比较大，包括央行和财政部如何管理国库的权力之争，即央行到底是"经理国库"还是"代理国库"之争，也在国务院内部争议很大。但终于到 2004 年正式开始启动了《预算法》的修订程序，并于 2007 年开始重新起草《预算法修正案》。

根据我掌握的资料，最早的《预算法》的修订案是全国人大财经委负责起草的。2008～2009 年草案就出来了，这个草案的立法核心含有我们这些专家组的成员所一直宣讲的精神：政府征税权力有一定的制衡和监督，尤其是对财政部门进行约束，是最好的一稿。这也就是说，修正案第一稿大致符合现代预算民主政治发展的基本导向。这个草案出来后，据说让财政部看后，一口就回绝了。后来有关部门就想了一个妥协办法，即，既然全国人大财经委起草的稿子财政部不同意，那第二次的《预算法》修订草案就由人大财经委和财政部各组织一个起草小组，两套方案往一块凑，最后看能否制定出一个大家都能接受的妥协方案。但据说后来发现两个起草方案差距较大。一方面，全国人大是想要给财政部的权力戴"紧箍咒"；另一方面，财政部却是要给自己"量宽松的衣服"，制定法律管理下级机构和其他部门。两套方案的立法的导向根本不一样，根本凑不到一块。这是《预算法》修订的第二个回合。

之后，《预算法修正案》也开始在全国征求意见。2009～2010年期间，（原）全国人大财经委副主任高强曾来上海征求学界的意见，我也参与了一次征求意见的会议。从2007年开始关注《预算法》，我发表了很多文章，表达了要限制政府的征税权、制衡政府的财政收入和支出权力等观点。也与李炜光、蒋洪、叶青等很多财政学的教授一起，呼吁从预算体制改革上来推动政治体制改革。

因为两个草案的根本不同，到了2010年下半年，据说《预算法》的修订就僵住了。后来据说就让财政部一家起草，然后交给全国人大审议。结果交给全国人大审议时，人大一直没有审，即一直没有争得"上会"，一直拖到了2011年下半年。2011年12月16日，温家宝召开了国务院的常务会，原则上通过了财政部起草《预算法》的修正案。10天后，谢旭人又代表国务院和财政部向人大做了《预算法》修订的报告，提出了全国人大的六点改进意见。但是最后这个修正案草稿，我们这些学者和外人大都没见到。

2012年初，我写了一篇文章，表达了以下意见，既然《预算法修正案》原则上已经通过了，就应该尽早拿出来，公开征求意见。大家知道，2012年《刑事诉讼法修正案》公布后，在全国范围内争议很大，最后也接受了大家和专家的意见，做了一些修改。但是，大家可能还不知道，刑事诉讼法所涉及的只是很少一部分与犯罪有关的人，而在目前我们以间接税为主体的财税体制中，每个中国人都是纳税人。牵涉到每个中国人权益的《预算法》，为什么不早点公开讨论？同时，我也提出这次《预算法》修订本身的方法也不对。《预算法》不应该是财政部门自己给自己的立法，不是管他人的法律，而应该是全国人大制定的约束财政部门财政收支的法律。《预算法》，不应该是上级到下级的内部管理方法的法律，而是管理监督政府财政部门的法律。故像现在这样立法，本身就违背了立法的基本原则。

到了7月19日，一名全国人大常委的领导打电话告诉我，提醒我说《预算法修正案（二审稿）》已经公布在全国人大网站上公开征求意见了，并提醒我新二审稿在央行国库的问题上有重大的倒退，希望我组织学界专家对二审稿提出修改意见。当天下午，我就写了一篇《预算修法怎能静悄悄？》，这篇文章在FT中文网上发表后，在网上传播甚广。这篇文章应该是《预算法》公开挂在全国人大网站上第一篇公开讨论这件事的文章，也被任志强、许小年等人通过他们的微博大量转载。这使得原本悄悄放在人大网页下面的征求意见的消息开始受到了全国公众的关注，后两个星期一下子获得了30多万条修改意见。而在这之前，《预算法》放到全国人大网站上，做得很隐秘，只是把改动条款放上，并规定从7月6号开始上网公开征求意见，到8月5日关闭。这次预算修法，做得如此低调，两个星期过去了，连百度和Google搜索引擎上都没有任何《预算法修正案（二审稿）》已经放到网上公开征求意见的消息，连一个搜索条目都没有！

接着，我牵头约请和组织了我国财政学界和法学界的李炜光、蒋洪、叶青、王雍君、施正文、冯兴元、傅蔚冈等近20多位专家教授在上海召开了一次《预算法修正案》的专题讨论会,对新的"二审稿"提出了逐条的修改意见。经过一天热烈而又细致的逐条讨论,我们发现,这次修正二审稿,做了两个隐秘的"小动作":

(1)"架空"而不是"强化"全国人大的对政府财政收支行为的审批监督功能。本来,近几年我国财政体制改革的大方向一直是加强全国人大对财政预算的监督、审议和批准的权力,即由全国人大强化监督和控制财政部的财权。但这一修正案二审稿,不但没有加强全国人大的监督审议功能,反而把这一点弄得更"虚"了,把原来应该是全国人大"批准"的,改成全国人大"审议"了,把该是全国人大"审议"的改成由全国人大"提出意见",但具体办法由国务院及其有关部门制定。这样一来,非但没有加强全国人大的监督作用,反而把人大进一步"架空"了,监督、审理和批准功能进一步"虚化"了。并且,这次《预算法》修订,还把原来政府预算执行情况一年两审制(一次在年中一次在年底)改成一年一审了,即全国人大只对政府预算执行情况年底审议一次。

(2)这次《预算法修正案(二审稿)》,最令人担忧的是"央行的国库经理地位"去掉了,也就是删除了现行《预算法》第四十八条第二款中"中央国库业务由中国人民银行经理,地方国库业务依照国务院的有关规定办理"的内容,代之以"国库管理的具体办法由国务院规定"。这一修改所将导致的结果是把腐败寻租合法化。

如果央行不再经理国库,而财政部可以把财政资金存放在任何一家商业银行,不再放在央行"经理的"国库中了,这实际上也就是欲把国家的"会计"和"出纳"全部归并到财政部了。多年来,财政部门觉得自己的财政收支行为处处受到央行国库的"掣肘",故这些年来一直想把央行经理国库的职能去掉,以实现自己全权且不受制约和不受监督的财政资金收支的权力。一个小公司都不敢把会计、出纳交给一人,更何况目前我们政府全部财政收支的总盘子已经是近20万亿元的国家了?所以,我们十几个教授和有关专家一起,针对上述的这些问题,提出了我们具体的修改意见。然后,通过正式渠道把我们的修改意见上传给全国人大,后来也直接写信给吴邦国委员长和温家宝总理,希望这个具有重大缺陷的《预算法修正案》不要"上会"通过。

记者:您组织的这近20位教授的意见中,主要反映了哪些共识?

韦森:我们20多位教授、学者一起把意见汇成了一个公开信,发出了五点呼吁:

第一,建议赋予全国及各级人大代表预算修正权,更好地落实宪法和法律赋予全国及各级人大的预算审查、批准与监督职能,建议进一步明确预算的权力主体,强调全国及各级人大对于本级预算的权力主体作用。

第二,建议明确预算执行过程中的法定授权原则和人大的预算执行监督权。我们认为,预算编制、预算执行等条款应该遵循法律保留原则,不应该随意授权给行政部门进行立法。

第三,建议明确国库的构成、支配权与经理,确立央行的国库经理地位。国库是财政收支的平台,国库是国家的国库,而不是财政部门的国库。我们强烈建议将所有预算资金(包括财政专户)应纳入央行国库单一账户管理，而不是像二审稿第五十一条那样含糊地规定"财政专户纳入国库单一账户体系管理"，从而避免各类"财政专户"以虚账户之名，行实账户之利。同时，国库由央行经理也有利于对资金的监督。全国人大是国库的户主，政府和财政部门是操作账户的受托人。央行经理国库，行使的是监督权和审核权，而非简单的代理。

第四，建议完善预算支出项目相关的信息公开条款，提高预算透明度。预算支出花的是纳税人的钱，一分一厘都应该让纳税人知晓，因此预算公开是保障纳税人清楚知晓预算支出的重要方式。另外，对于公众申请预算公开的异议处理机制应该明确。

第五，建议进一步明确《预算法》的法律责任，补充、明确对违法行为的惩罚责任条款。我们建议，明确违反《预算法》有关规定的，在实体上就依《预算法》的规定处分；区分情节给予不同处分，以增强《预算法》的可问责性。

记者：那么，未来《预算法》大改的可能性有多少，会怎么改变？

韦森：未来《预算法》如何修改，就要看下一届全国人大了。我们7月份开会时，就发现，这样的《预算法修正案》，最好的结果就是不上会、不讨论、不通过。因为，一旦这种法律通过后，就要好多年不能再修改了，窒碍而不是推进中国的预算民主政治的建设。现在，有《预算法修正案》2012年7月放到网站上后的33万多条修正意见，包括我们的"五点主要共识"在这里，还有媒体的大量批评和论证文章，未来不管谁来主持起草《预算法》，想再"架空"和"虚化"全国人大对政府财政收支的监督、审议和批准功能,恐怕是做不到了;再想拿掉央行国库的"经理地位",恐怕也不敢再提了。所以未来的《预算法》修订,只要这两条不动,其他的如三公经费公开、预算编制的完整性和科学性,都不是一些实质性的条款。概言之,就目前来看,把《预算法修正案》停掉、挡下来,应该是最好的选择。

(本文发表于 FT 中文网 2012 年 12 月 28 日头条,见 http://www.ftchinese.com/story/001048219?page=1)

《预算法》修改的进展与展望[1]

《第一财经日报》：又一年过去了，去年您提到的《预算法》的修订有何进展？

韦森：在即将过去的一年里，我们一直在与有关方面进行着沟通，密切关注着《预算法》修订的进展。本来 2013 年年初就有消息说会在 4 月 15 日十二届全国人大常委会上三审《预算法修正案（二审稿）》，但 4 月下旬召开全国人大常委会会议议程中，并未如部分全国人大人士希望的那样对《预算法修正案》进行三审。会后，全国人大财经委有关人士曾告诉《财经》记者说，将在 2013 年 8 月三审"二审稿"，但 8 月份人大常委会仍然没有把三审"二审稿"列入议程。后来又有消息说《预算法》审议将推迟到十八届三中全会之后。最近又不断有消息传来说，全国人大不久要重启《预算法》修改议程了。就连全国人大财经委副主任委员吴晓灵女士 12 月 14 日在第二届三亚·财经国际论坛上发言中也敦促尽快重启《预算法》

---

[1] 本文根据 2013 年 12 月 15 日《第一财经日报》专访笔者录音整理。

修订，并在最近一直呼吁未来财税改革应通过法制轨道加强行政问责，认为"只有通过立法让财政公开透明才能够问责，才能够更有效地解决财政预算的评估问题"。事实上，今年以来，我也与几位财政学和税法学的教授和专家一直保持着沟通，几次想再召开一次有关《预算法》修订的专门理论讨论会。但是，鉴于人大常委会一直没有重启《预算法》修改的议程，且如果"二审稿"不做任何修改就再次"上会"审议，我们觉得意义不大。对"二审稿"的意见，我们二十多位教授在2011年写给全国人大常委会的修改意见中都提了，在没有看到《预算法修正案》新的修改稿之前，我们自己再开会讨论也没有任何意义，所以也就一直拖了下来，至今没有召开。这是一个方面情况。

另外我们也注意到，楼继伟接任新的财政部长后，在3月下旬《财经》杂志上发表文章，论述了中国财政体制改革下一步的一些设想。在谈到中国国库管理体制问题时，楼继伟部长曾明确说，财政部不是政府的"会计"，而是政府的"出纳"。他的原话是：1998年开始的公共财政改革，"改革了国库管理体制，实现了国库集中支付。这主要涉及预算执行的管理，要求预算按照通过的预算去执行，所有的单位都不再有实存账户，全部开在国库以及当天与国库结算的支付账户上，实际等于部门不见现金，没有沉淀资金。财政部和各个预算单位变成了一个什么关系呢？通俗地讲，是各个预算单位做预算执行，财政部做监督，在资金的收付关系上，各个单位是'会计'，财政部是'出纳'，这样双向制约，保证预算严格执行。这当然也带来一个问题，就是库款大量留在了中央银行，年底中央和全国各级财政库款余额1万多亿元,都放在中央银行。国家也希望以此从源头上治理腐败,因为各单位只见到预算,只见到可用多少钱,而不能够随意支配这些钱。财政部自己也是如此,因为不是'会计',而是'出纳'"。

楼部长的这段话,牵涉到两个方面的问题:第一,到底财政部和央行谁是政府的"出纳"?如果说财政部是国家(政府)的出纳,那央行国库局又是什么呢?那谁又是政府的总会计呢?财政部是国家的总账房,是政府的会计,这应该是常识。尽管财政部下面也设有国库司,但是它的主要职能是管账的,而不是管财政资金"存储现金"的,因而不能说财政部是"出纳"。楼部长的这段话,很明显是说央行国库的事,还是想坚持要改变现行的"央行经理国库制"?当然我在这里提出来这段话讨论,并非想批评楼部长,而是就我们国家的基本制度安排说事论理。据我个人所知,楼继伟部长是一个多年坚持市场化改革的学者型官员,一个谙熟中国财政体制和各国财政体制的专家,用他自己的话说,是一个"参与设计了1994年分税制改革的一名'老兵'"。但是从他说的这句话中,至少我们可以判断,财政部方面实际上还是在想打"央行国库"的主意,还想努力争取把"央行经理国库"的职能去掉。是否坚持现行的"央行经理国库"的"国库单一账户"国家管理体制,是牵涉到我们国家和政府基本制度安排的一个根本性的问题。这是一个《预算法》修改的特别关键的问题,也是任何时候重启《预算法》修订都绕不过去的一个核心和基本问题。

第二个问题是,楼部长在这篇文章中提到近年来中国各级政府的财政存款不断攀高，在"央行国库"中就积淀下来上万亿乃至数万亿的"库底资金"问题。从经济学上来讲，如此巨额的"库底资金"沉积在央行国库中，确实"没有效率"。这也许是财政部方面多年来想改变我国的"央行经理国库"体制的主要理由。

正是因为中国各级政府部门有数万亿"财政结余"以央行国库库底资金的形式"趴在"那里"没有效率"这一点，在2013年4月下旬，财政部就提出了在央行国库中的库底资金现金管理问题，要求盘活数万亿"趴在"央行国库不动的"库底资金"，并于4月23日在资金市场上第一次拍卖400亿元出去。2013年5月份以来，李克强总理也几次讲到要盘活财政库底资金问题，并于7月3日主持了国务院常务会议，会议的主要议题就是"盘活库底资金"，号召各级政府"把闲置、沉淀的财政资金用好，集中有限的资金用于稳增长、调结构、惠民生的重点领域和关键环节"上，这实际上是在敦促大家快点花钱。7月15日，财政部预算司又发布了"关于加强地方预算执行管理激活财政存量资金的通知"。把这3万多亿库底资金放了出去，存到了商业银行，是有"效率"了，钱能生钱了，但是，这将对中国的宏观经济政策，尤其是央行基础货币净投放会产生什么样的后果？这个问题财政部是否考虑过？

今年五六月份，当读到财政部要求盘活国库库底资金的消息，我当时的第一直观反应就是，财政部可能又是在打"央行国库"的主意了。据有关方面的统计资料，到2013年5月底，中国各级政府财政存款的情况是：央行国库里的资金是3.2万亿元，各级和各地"财政专户"里的存款是1.4万亿元，加起来是4.6万亿元。

181

3.2万亿元的央行国库库底资金放在那里不动，在财政部看来确实是"没效率的"，"钱不能生钱"。所以我估计是财政部报告给李克强总理，必须把"央行国库"里的钱弄出来，把它放到市场上去。如果把这3.2万亿元的资金全部盘到市场上去，再坚持1994年的《预算法》第四十八条第二款"央行经理国库"的条款，也就没有什么实际意义了。我当时甚至猜测，2013年7月国务院下命令要"盘活央行库底资金"，其实是给《预算法修正案》重新上会做些前期的预热，扫清一些关键条款的障碍？当时我本来想就这个事发表一些评论，也有一些媒体（包括《南方周末》）也就此事想约我发表一些见解，但后来与有关方面领导沟通后发现，这不成为一个问题。也就是说，想通过盘活央行国库库底资金来改变现在的央行经理国库制度，可能做不到，或者最多只能部分做到。

为什么做不到？因为之前已经有财政部和央行联合发布的文件在那里，动不了。2006年5月26日，财政部和央行联合下了个文件，叫《中央国库现金管理暂行办法》（财库37号文），有了这个条例，哪怕盘活了央行国库库底资金，甚至把央行国库的库底资金盘得很低，并不能改变1994年《预算法》第四十八条第二款、1995年《银行法》第二十四条以及1985年《中华人民共和国国家金库条例》第二条所共同规定的"央行经理国库制"。

按照2006年的《中央国库现金管理暂行办法》，有两种渠道可以把央行国库库底资金盘活：第一，既然国库里有政府存款的盈余，可以通过买回国债的办法把库底资金盘出去。比如，2012年年底，我国大约有7.76万亿元的国债余额，如果用3万多亿的库底资金把部分国债买回来,政府就可以少付利息了。但是我查了一下,这个"盘活库底资金"的选项还从来没用过,因为我们整个政府的财政还是有赤字的,故财政部从来没有操作过这一选项。另外,从宏观经济学上来讲,用库底资金回购国债,无疑是在增发基础货币。这还要在货币政策上考虑通货膨胀因素和其他各种宏观经济影响。第二个选项是,央行国库代替财政部来拍卖库底资金到商业银行的定期存款,其实质是"将国库现金存放在商业银行,商业银行以国债为质押获得存款并向财政部支付利息的交易行为"。这种渠道盘活库底资金的操作办法具体是,财政部委托央行将结余的国库库底资金以招标拍卖的形式把部分资金"盘活出去",以定期贷款的形式"存入"商业银行,商业银行根据自己资金的松紧情况来对央行拍卖资金的利息"出价",价高者得。这种通过招标的形式拍卖出的库底资金,收益仍归财政部,央行只收一点手续费或不收手续费,拍卖率按照市场上资金短缺情况来定。

考虑到国库的钱是"救命的钱",严格来说这个钱除了预算规定的外是不能动的。为了保证国库资金百分之百的安全,《中央国库现金管理暂行办法》第十一条规定,国库现金管理存款银行(以下简称存款银行)在接受国库存款时,必须以可流通国债现券作为质押,质押国债的面值数额为拍得的存款金额的120%。这就是说,如果一家商业银行拍卖到了100亿元的国库资金"定期存款",就必须有120亿元的可流通国债质押在央行里。这意味着,如果"被存款银行"拿这笔"存款"去投资亏了,或这家商业银行倒闭了,至少1元钱还有1.2元的国债券质押在这里,这样就能确保财政资金百分之百的安全。

读了《中央国库现金管理暂行办法》，我发现财政部想把央行经理国库的职能去掉，也做不到。央行替财政部拍卖，拍卖的时候要考虑整个金融市场上的资金短缺程度。因为这是基础货币再投放，要考虑整个货币市场上资金面的松紧程度，即要综合考虑通货膨胀和整个宏观经济形势来做决定。

我让学生查了一下，从2013年4月23日到9月12日，财政部通过央行共拍卖了8次库底资金，总共为3700亿元，拍卖的"存款利率"（存款银行给出的"存款利率"）从4.23%到6.5%不等。大家知道，今年（2013年）以来，中国金融市场上的资金面一直比较紧，上海银行间同业拆借利率（shibor）一直在3.5%以上，甚至到12月19日，3个月期银行同业拆借利率一度超过8.0%。大家知道，在6月21日前后，曾在中国金融市场发生了一场小的金融风暴，隔夜拆借利率竟攀高到13.44%以上。由此也可以理解央行替财政部盘活库底资金3700亿元的182天和91天期限的"定期存款利率"在4.85%上下的原因了，这说明中国资金市场整体上来说一直真的很缺钱。

尽管如此，由于央行替财政部拍卖"固定存款"来盘活库底资金的办法，要主要考虑基础货币投放的因素和影响。故全年央行通过这种渠道盘活的财政资金还只有几千亿元，相对于在3万多亿元的央行国库库底资金整体来说，还大致是个零头，仍然没有改变各级政府大量财政存款以库底资金的形式"趴在"央行国库中不动的基本格局。这一方面说明我们的财政体制有问题，另一方面也实实在在地说明目前中国政府还是有总量减税的空间的。最近几天，又看到央行最新公布的数据，今年 10 月全部政府存款余额又高达 4.12 亿元，比 9 月份政府存款增加了 6683 亿元，相比 4 月份的 4.6 万亿的财政存款余额来说，并没有减少多少。这实际上说明，一些库底资金在年中被盘活了出去，又有一些新财政资金进了央行国库重新"趴了"下来。这也一方面说明我们中国的政府真的"不差钱"，另一方面也说明我们的财政体制到了非改不可和非大改不可的时候了。这同样也意味着我们国家的整个宏观经济管理体制和国家的财政制度需要大改，这才是中国经济改革下一步亟需改的东西。

那么，要不要改目前中国的央行经理国库的管理体制？从世界各国的财政资金的管理体制来看，国库现金运作模式主要有三种：第一种模式是国库现金全部存入中央银行〔1985 年《中华人民共和国国家金库条例》和 2002 年由财政部和中国人民银行联合颁发的《中央单位财政国库管理制度改革试点资金支付管理办法》中第四条所明确规定的"国库单一账户"制度，就是指向这种国库管理模式，尽管这些年各级政府和财政部门在商业银行开设了许许多多"财政专户"，实际上有违这种国库管理模式〕；第二种模式是存入经过招投标产生的商业银行，并收取利息；第三种模式则是国家财政部门在中央银行保留了一定余额的库底资金后，余下的库底资金可以用于货币市场短期投资，以获取短期投资收益，但这种模式实际上还是第一种模式的改造版。按照财政部国库司负责人在 2013 年 4 月份的说法，在采取第三种国库管理模式的国家中，"建立库底目标余额制度是发达市场经济国家的通行做法。库底资金除满足日常支付需要外，其余部分用于现金运作"。今年以来，财政部和央行显然是已经按照这"第三种模式"来做了。

但现在的问题是，按照这种模式，还是应该坚持现行的"央行经理国库"制，或具体来说，应该进一步强化和完善央行"国库单一账户"（TSA）制度，而不是任何削弱和取消这种国库管理制度。那么，到底如何处理和对待目前各地和各级政府财政部门的20多万个"财政专户"？按照人大财经委副主任吴晓灵女士的主张，未来应该取消财政专户，实行所有财政资金的央行"国库单一账户"管理。这样做无疑可以堵死许多政府官员利用"小金库"进行腐败寻租的渠道和可能，也更利于央行对基础货币投放的宏观管理（因为目前全国1万多亿元"财政专户"中的存款显然已经在货币市场上流通着），但在目前看来很难做到，只能随着以后政府财政存款的慢慢下降而逐渐减少。另外我们也注意到，财政部在2013年4月12日发布了一个《财政专户管理办法》（即财库2013年46号文），在第六条第三款明确说"国库单一账户不能满足资金管理核算要求，需要开立财政专户"，并在同一条第一款明确规定财政部门可以根据"法律、行政法规或国务院、财政部文件规定开立财政专户"。46号文实际上已经把现存的几十万个财政专户给"合法化"了，这也实际上改变了1985年的《金库条例》和2002年的《国库支付管理办法》中的央行"国库单一账户"的制度。但问题是，是否将来"财政专户"的资金越来越多，而存入央行国库的财政资金越来越少？这些都是未来《预算法》修订和中国预算体制改革要具体考虑的问题。

由此看来，未来《预算法》的修改，如何坚持和完善央行经理国库的"国库单一账户"制度，是个无论如何也绕不过去的问题。这个问题不经过各方协调和充分讨论,再重新上会讨论和修改《预算法》,显然还有一道没过去的坎。

《第一财经日报》:在十八届三中全会明确了要启动"全面改革"的环境中,《预算法》的修订是否会有更小的阻力或更大的机遇?

韦森:其实,中共《十八大报告》就有很多新的提法,十八届三中全会《决定》又进一步把财政体制改革原则细化了,我觉得这非常利于未来《预算法》的修订,可以往前推进一大步。譬如十八大报告中关于经济改革的第一条中就讲到"财政体制改革",原话是"加快改革财税体制,健全中央和地方财力与事权相匹配的体制,完善促进基本公共服务均等化和主体功能区建设的公共财政体系,构建地方税体系,形成有利于结构优化、社会公平的税收制度"。十八届三中全会《决定》在第五部分专门讲财政体制改革时,明确规定:"必须完善立法、明确事权、改革税制、稳定税负、透明预算、提高效率,建立现代财政制度,发挥中央和地方两个积极性。"接着,在第十七条又明确指出:"改进预算管理制度。实施全面规范、公开透明的预算制度。"第十九条则具体指出要在中央和地方"建立事权和支出责任相适应的制度。适度加强中央事权和支出责任,国防、外交、国家安全、关系全国统一市场规则和管理等作为中央事权;部分社会保障、跨区域重大项目建设维护等作为中央和地方共同事权,逐步理顺事权关系;区域性公共服务作为地方事权。中央和地方按照事权划分相应承担和分担支出责任。财政体制是强调了中央和地方的财权和事权之间的划分和调整。"后边这些具体规定,都体现了楼继伟和财政部的一些改革设想,实际上涉及未来中国经济与政治体制管理的一些根本性的问题。

值得注意的是,十八大报告有关政治体制改革第一条就是"支持和保证人民通过人民代表大会行使国家权力。……支持人大及其常委会充分发挥国家权力机关作用,依法行使立法、监督、决定、任免等职权,加强立法工作组织协调,加强对'一府两院'的监督,加强对政府全口径预算决算的审查和监督。"到了十八届三中全会《决定》,这一改革预设又进一步细化,规定:"健全'一府两院'由人大产生、对人大负责、受人大监督制度。健全人大讨论、决定重大事项制度,各级政府重大决策出台前向本级人大报告。加强人大预算决算审查监督、国有资产监督职能。落实税收法定原则。"十八大报告和《决定》所写下的这些条款,不但有一些重大的理论进步,实际上指明和预设了未来中国国家财政管理体制改革的方向。但进一步的问题是如何具体实施和具体落实。

"落实税收法定原则"被写进了《决定》,这无疑是个重大的理论突破。但是,落实税收法定原则,首先要弄清什么是税收法定原则。即使在政治学界和税法学界、财政学界和政治学界,对税收法定的含义大家也有不同理解。按照中国政法大学财税法研究中心主任施正文教授的说法,"税收法定主义在各国一般源于宪法规定或宪法原理,是一项宪法位阶的法律原则"。他还具体解释道,税收法定的基本含义是:"没有法律根据,国家就不能课赋和征收税收;纳税主体的纳税义务即各类税收的构成要件必须且只能以法律予以明确规定,否则国民也不得被要求纳税。有税必须有法,'未经立法不得征税',被认为是税收法定原则的经典表达。"在现代国家政治制度中，税收法定主义旨在对纳税人权利的保护和对国家征税权的限制。在现代民主制度的实践中，税收法定是指政府征税要经过纳税人代表的同意。在我们国家的人大制度下，应该是政府征税要经人大代表的投票批准。但是，目前学界对税收法定原则也有另一种理解，政府征收任何一个税种，必须有个法律，而每一个税法，必须是人大颁布的或批准的。理论上讲，在我国的人大制度中，应该是由人民通过其代表在最高国家权力机关的会议上自己决定要负担什么税收，并通过立法机关所制定的法律加以确定，这样的法律才是符合和体现人民的意愿；人民缴纳其自愿负担的税款，也才是合法的。基于这一考虑，税法学界和财政学界普遍认为，在我们的宪法中"税收法定原则"阙如。但是，我们也要看到，在2001年第九届人大常委会第二十一次会议通过的《中华人民共和国税收征收管理法（修正案）》中有这样的规定，"税收的开征、停征以及减税、免税、退税、补税，依照法律的规定执行"。照此来看，在《税收征管法》中在理论上已经有了"税收法定"的含义。但是，这个《税收征管法》第三条接着规定"法律授权国务院规定的（税种），依照国务院制定的行政法规的规定执行。任何机关、单位和个人不得违反法律、行政法规的规定，擅自作出税收开征、停征以及减税、免税、退税、补税和其他同税收法律、行政法规相抵触的决定。"

从《税收征管法》总则来看，在我们目前的体制下，税收法定原则是在一个税收法律中而不是在宪法上得到了初步的确立，而《税收征管法》第三条实际上把征税权授权给了国务院，因而国务院实际上又把征税权转授予财政部和国家税务总局。这样一来，国务院和国税总局就可以根据情况通过行政法规来征收一项新的税种和提高任何税种的税率，而不像发达国家尤其是美国，政府的任何征税、增税和减税都要经参议院和众议院两院投票通过批准才能征收。就此意义上来说，税收法定原则在我国的政治制度安排中实际上是欠缺的。正如李炜光教授在2004年的一篇《现代税收的宪政之维》的长文中所指出的那样："目前我国税收法律有80%以上是由国务院根据人大授权以条例、暂行规定等行政法规的形式颁布的，经全国人大立法的只有《中华人民共和国外商投资企业和外国企业所得税法》《中华人民共和国个人所得税法》《中华人民共和国税收征收管理法》三部，甚至一些实施细则之类的制定权还被下放给财政部、国家税务总局等更低层次的政府部门，事关绝大多数纳税主体权利义务的税收规范并非由代表全体纳税人的人民代表大会制定，行政机关成了规定税收要素的主要主体，这种状况无疑是与税收的宪法民主政制原则背道而驰的。"

目前我们国家有十八种税，只有三个税种有法律支持，其他十五个都没有法律支持，也就是十五种税都是"非法"征的税。如果按照"税收法定原则"来征税，税务部门征一个新税种，比如新征"车船税""环境税"，需要人大全体代表投票通过并由人大制定和颁布相应的税收法律才能进行，不能财政部和国税局以及地方政府说征什么税种就征什么税种，说征多少就征多少，这样是在根本上有违现代民主政治的"税收法定原则"。在2013年的全国两会上，山东的全国人大代表赵冬苓等人发起了《关于终止授权国务院制定税收暂行规定或条例的议案》，征集到了31位代表联署，提出了要把征税权收回给人大的提案。这一提案在我国的人大制度下正好触及到了"税收法定原则"的核心问题。十八届三中全会《决定》把"落实税收法定原则"写入了下一步改革的规划，是一个重大的理论突破和进步，但现在的关键问题是，在未来数年中乃至更长时间里如何具体落实，这才是现代国家制度基本建设和国家治理体系和治理能力现代化的最重要的改革。只有国家的财政管理体制改革达到了财政民主和预算民主，才能算是建立起来了现代化的国家制度。这实际上也牵涉到《预算法》到底如何修正的根本性问题，未来《预算法》的修订，最理想的是要以"落实税收法定原则"为主要的立法精神而把《预算法》真正修成国家财政预算的"控权法"，而不是像"二审稿"那样实际上是财政部的"预算管理法"。

《第一财经日报》：在财税体制改革方面，十八大三中全会报告里提到了"要改进预算管理制度，完善税收制度，建立事权和支出责任相适应的制度"，这是否意味着预算民主会有突破？

韦森：2013年上半年，人大常委会的高层领导来上海调研，我参加了。后来在一些场合，我也向有关领导谈了我们这些学者对修改《预算法》的看法。在我后来写的改革建议中，以及在今年一些公开发言中，我也谈了如何落实十八大报告中关于加强人大对各级政府全口径预算监督以及现代国家财政管理体制建设的一些个人看法。我个人觉得，除了修改《预算法》，尤其是要在新的《预算法》中写进强化人大对政府预算的监督和审查的相关条文外，更应该做的是在国家立法层面上建立对政府预算的监督和制衡制度，即不仅在法律条文中写下"加强人大对政府全口径预算决算的审查和监督",而且在人大制度和机构设置上进行改革,使人大对政府全口径预算的制衡和监督落在实处。这就需要从国家的基本制度安排和机构设置上进行改革,建立起政府预算的人大常委会内部的监督机构和相应的制度。

现在看来,首先可以做的就是做实全国人大预算工作委员会(人大预算工委)。第二步是各级人大普设人大预算工委,并使之成为一个常设机构。这里的关键还是要真正做实它,就像是美国两院预算委员会(House Committee on the Budget, Senate Committee on the Budget)以及参众两院的拨款委员会(Appropriations Committee)那样,真正对政府预算的制定、执行、实施和决算有全程的制衡和监督权。现在,很多地方的人大还没设预算工委,即使设立了,也是在人大财经委之中,一班人马,两套机构。现在,全国人大财经委据说才30多个编制,一到开两会了,30多个编制就划出了一个20多个人的预算工委,也就是说预算工委还没有专门的机构和人员。因此,我们建议,要在各级人大均建立起一个独立的预算工委,不但是开两会的时候看财政部门的预算报告,而是把它变成一个常设性的机构,全程监控政府全口径的预算编制、实施、执行和决算。最近以来,不断有学者建议,要人大预算工委给几百个编制,使它像美国设有1200多个编制的美国国会预算委员会一样,随时监督、制衡政府的预算制定、实施和决算的全过程。除了考虑在预算工委下设独立常设预算办公室一样,也可考虑像美国国会那样设拨款委员会,政府的财政预算编好之后,财政部花每一笔钱,都要参议院、众议院两院同时常设的拨款委员会签了字才能支出。

总之，第一条理想的改革是建立独立的人大预工委，再在其下设常设的预算办公室，且各级人大均做实人大预算工委，下设预算办公室，或者再理想一点，在人大常委内部能再设有一个拨款委员会。如果目前还做不到政府部门每笔款项都需人大相关机构签字才能支出，但至少能让人大预算工委及其相关机构到看到政府部门每一笔钱怎么花，全程审查监督预算制定、实施和决算过程。

第二，在目前国家经济和政治体制的基本架构下，应该坚持和完善央行经理国库制，完善和强化政府财政资金的"央行单一国库账户"制度，逐渐取消财政专户。近些年来，全国财政部门的财政专户超过了20多万个，财政专户的资金总量超过了1万亿元。1万多亿元的财政专户一旦被收回到"央行国库单一账户"，各地财政部门的"小金库"都没有了，绝大部分政府财政资金都放到央行国库里了，这不但可以规范和监督财政资金的规范使用，杜绝许多政府官员腐败寻租的渠道，整体上也有利于政府宏观政策（包括财政政策和货币政策）的制定和管理。具体说来，这不但使国务院和央行能制定及时合宜的货币政策（包括基础货币的投放于回收），也有利于政府财政政策和货币政策的协调，看来是目前比较适宜中国国情和现状的国家国库管理体制。由此看来，"央行经理国库制"只能完善和加强，而不能有任何改变和削弱。这是未来《预算法》修改和财政部、央行制定财政资金使用和管理细则时要进一步坚持和协调的。

另外，应该统筹预算。现在我们国家的基本制度安排中，有一个其他国家都没有的庞大的发改委系统，而在发改委的十五项主要职能中，其实质性职能是第一项和第五项，即"拟订并组织实施国民经济和社会发展战略、中长期规划和年度计划。""承担规划重大建设项目和生产力布局的责任，拟订全社会固定资产投资总规模和投资结构的调控目标、政策及措施，衔接平衡需要安排中央政府投资和涉及重大建设项目的专项规划。安排中央财政性建设资金。"这两项职能实际上意味着一个国家的预算的实际编制和宏观政策不是像现代市场经济国家那样，是由财政部（Treasury）在做，而由一个有计划经济之"遗产的"国家计划委员会（发改委）在做。这样一来，财政部的许多权力都被不适当地转移给了发改委，即批项目、批钱都是发改委在做，财政部只是在管账。这样也就可以理解楼继伟部长说财政部只是国家的"出纳"了。

但是既然有了一个发改委，它的主要功能和职能应该是"名副其实"地只研究和规划国家的长期经济社会发展战略和管体制改革，不应该具体管钱、管基建、管批项目。人们目前所批评较多的"跑部钱进"，在很大程度上是"跑发改委钱才进"。我觉得应该强化财政部的政府财权的统筹权力，真正像英国的"Treasury"和美国的"Treasury Department"那样把统筹国家财权的职能还给财政部。现在，除了发改委拥有最大的财权之外，教育部、科技部等每个部委都有自己的预算，而我觉得既然财政部是国家的"总账房"，就应该全口径将预算权都收归到财政部统一管理。尤其是随着十八届三中全会决定的落实，市场能做的，全还回市场，政府对市场的干预，会逐步减少，随之发改委的职能和功能也会逐渐减少和减弱。在这个大趋势下，应该强化财政部的财政统筹统管的权力，而不是减弱它的权力。

这些年，我们这些学者呼唤财政民主或预算民主，只是希望能加强人大对财政部门预算制定、实施和决算过程的全程监督，而不是要削弱财政部的权力。一个国家越现代化，财权和事权就越会往上集中。我们目前的税收是三七开，增值税等75%到中央，25%在地方，但实际上，通过转移支付，中央花的钱很少，80%以上花在地方。这就导致了钱收上来，又要再分下去。如何分下去，却又主要是发改委的事了，这就导致了腐败案件不断发生。因此，我总体是支持楼继伟部长的未来中国财政体制改革的思路，即支出责任继续上收，事权也上收，比如医保、社保、教育，都由中央来直接负担。这是下一步财政体制改革要具体做的和落实的。但是目前看来，这一改革思路阻力非常大。尽管十八大报告中，经济体制改革的第一条中就讲了财政体制改革，但是《决定》六十条中第十九条也只是讲"建立事权和支出责任相适应的制度"，"**适度**加强中央事权和支出责任"。这个问题说起来比较简单，但是具体实施起来，改革阻力将会非常大，将会牵涉到中央政府与地方政府的利益博弈，实际上也将在根本上牵动地方政府职能转变和我们整个国家的管理体制变革，因而也会对未来中国的长期经济与社会发展产生深远影响。

最近我也一直和学界的一些朋友在商讨，从国家制度的基本建设来看，预算的制定，即一个国家的应该收多少税，应该花多少钱，应该是国家主席和总理亲自负责和直接全盘考虑的大事，由此可以从长远考虑把预算的制定权收回到总理办公室甚至国家主席办公室下边。如果是这样的，甚至可以考虑把财政部的财权也进一步细化。按照美国的经验，可以把财政部的预算司直接独立出来，设置在国务院总理办公室下面的预算编制司。一个国家的预算，应该由总理或国家主席亲自管、亲自抓，而把预算的执行权留给财政部。财政部只有管账的权力。总理预算办公室与人大的预算工委一起管预算的编制，各部委把自己的每年的预算报给总理办公室下边的预算办公室，预算办公室提出每年的预算，在人大和政协两会期间通过后再交给财政部门去具体实施。这样实际上就把目前发改委和财政部预算司的一些功能合并起来了。

上面讲了预算的编制和执行，还有预算的审计制度改革也要综合考虑。在预算的审计监督方面，应该考虑审计部门独立出来，成为一个独立的国家机构。

按照目前中国的审计制度安排，审计署直接向总理负责。《审计法》的第十七条明确规定，"审计署在国务院总理领导下，对中央预算执行情况和其他财政收支情况进行审计监督，向国务院总理提出审计结果报告"。这实际上是不对的。国家审计机构对各级政府财政预算和决算的审计报告，包括对国务院本身财政资金的使用情况的报告，应该向人大报告，向国家主席报告，而不是向总理报告。总理办公室如何花钱，也应该被审计。

在国家的基本制度上进行这样的改革，可以认为是能够建立起长久的防腐、反腐、惩腐的制度保障机制，应该是保证我们国家长期繁荣、稳定、和谐的基本制度安排。

目前学界和政界关于未来中国审计制度改革的讨论，有几种意见。一种很现实的意见是，把审计署放到财政部下面，在实际上是最有权的，放到国务院就有点虚了，放到人大下边只会更虚。也有学者和官员由此提出了另外一种改革意见，建议未来在我们国家体制中建立两套审计系统：一是中央在财政部下设一个财政部内部的审计系统，二是在人大下面保留一个独立的审计署。我认为，中国政府官员如此大面积的腐败，已到了触目惊心、不可容忍的程度，更应该考虑在国家层面上建立一个独立的国家会计督察院，由国家主席任命，但由人大管理工作，来审计各级政府和财政部门的财政收入和支出情况，发现问题，要像吴晓灵副主任所主张的那样，进行行政问责，乃至进行行政和刑事处分。这才是符合未来中国的法治国建设和国家的长治久安的国家制度建设。

根据目前中国的国家制度的基本安排，我们觉得理想的改革方向应该是，财政部是具体管国家的总账房，央行管国库现金，人大预算工委管监督，再设一个独立的国家审计机构进行预算执行情况和决算的审计，这样一来，就可以在整个国家基本制度层面建立起来了一个在财政资金运作方面是现代国家的管理制度。十八届三中全会《决定》提出要"国家治理体系和治理能力现代化"，我认为这里所说的"国家治理体系的现代化"，实际上就是要在 21 世纪在中国建立起现代化的国家制度，或言国家制度的现代化，这其中首先是从整个国家财政管理制度上建立起一套系统的、完备的、规范的和国家权力机构相互制衡的国家管理制度。要管理好一个现代国家，就要有规范的现代化财政制度，这是现代国家基本制度的一项基本建设，这样的改革才是中国共产党作为执政党所率领全国人民所进行的一场伟大革命。

《第一财经日报》：您曾多次提到，只有政府体制和政治体制改革才能带来实质性的市场化改革，而改革的关键是制约政府的权力，那么，把"权力关进制度的笼子"的最大的困难和关键是什么？

韦森：我这两年悟出一点，光修《预算法》，修得再好，没有制度保障，有用，但作用不大。必须有国家层面的机构设置和制度建设方面的改革与建设，能使《预算法》落到实处，才是真正理想的改革。即制度和法律匹配了，才能真正做到预算民主。

2013年1月22日，习近平总书记在十八届中央纪委二次全会上的讲话中说："要加强对权力运行的制约和监督，把权力关进制度的笼子里。"我们认为，要把政府的权力关进制度的笼子里，首先是要把政府的财权关进"制度的笼子"里。由此我认为，在目前中国推进预算民主改革不应该有阻力。因为这是帮助政府管好财政收支，尽可能地杜绝贪污腐败的最重要的制度建设。十八大以来，中央已经加大了打击腐败官员的力度，已经有十几个中共中央委员和省部级干部落马了。但是从长期来看，从国家的长治久安来看，单靠"运动"来打老虎和苍蝇是没有多少用，打了"老虎"可能"狼"又出来了。所以，加强了人大对政府预算的监督和制衡，把预算工委建立起来，把《预算法》修好，把政府的财权真正关进制度的笼子里，建立国家的现代化财政管理制度，才是当为的改革。现在看来，这些都是可行的。应该借十八大报告和十八届三中全会《决定》的"东风"，研究和具体落实十八大报告和十八届三中全会的决定中关于经济体制改革和政治体制改革的基本规定，推进国家财政管理制度的改革。这实际上是中国国家治理体系现代化的一项最重要建设。

《第一财经日报》：今年下半年以来，三四线城市的房地产开始走下坡路。房地产面临怎样的危机，中国经济是否会硬着陆？

韦森：我认为中国经济还没有多大的风险。这主要是因为，中国经济在过去的高速增长中尽管有许多问题，但还有两个保险杠确保中国经济不会出大的问题。第一道保险杠是中国人的储蓄率很高，买房银行贷款比例比较低，所以房价跌大不了就不卖。房地产如果出了问题，最遭殃的还是开发商，因为开发商的负债率蛮高的，有将近二十万亿元的贷款，所以一旦房价下跌，可能一部分中小开发商会倒掉。现在大开发商其实都做了预警：不盲目开发，不盲目囤地，现金为王。但整个而言，中国的储蓄大于投资，高的储蓄率使得中国不会有大的经济风险，即使外贸不再增长了，消费就是现在这个样子，投资还在延续，短期内估计没有大的影响，因而我还不像一些悲观经济学家所预测的那样中国经济危机四伏，要出大问题。

另外一个事实是央行到目前为止一直把法定准备金维持在20.5%高位，中小银行是18.5%，这实际上给中国银行系统又加了第二道保险杠。比如今年6月21日出现了小的"金融风暴"，现在大量资金都贷出去了，商业银行的"备付金"已经很低了，但如果出现了挤兑，央行这边至少还有20万亿元在那里等着，还可以缓冲，来应急消除任何挤兑风险。

因此，这两道保险杠保证了中国的金融系统在短期不会出现大问题，金融系统不出大问题，实体部门即使增速下行，短期内中国经济所有大的问题还不至于发生。因此，我对中国经济不是那么悲观。这是我近来对整个中国宏观经济走势的一个判断。2013 年第二季度之后，欧美经济开始复苏，对中国的外贸出口多少有点刺激，所以未来中国外贸出口增长还不会太差，能维持一段时间。外贸出口如果不会大跌的话，中国大部分企业还能挣到钱，这样中国的就业也不会太差。这也是中国经济好的一方面。

《第一财经日报》：您如何看待全国住房信息联网工作和普征房产税的难度和可能带来的影响？

韦森：如果全国住房信息联网，再加上普征房产税，房地产不能说会大跌，但估计不能再继续贡献中国经济未来增长的主动力了。今年政府投资已经很高了，地方负债又那么大，地铁、高铁、高速公路、广场，最近几年都建完了，还能干什么？工业化不再加速的话，城镇化也只能渐渐慢下来。不能说建了城市，农民就都来，首先得有城市工作，农民才能来城里。如果外贸工厂运营不了，其他工厂又产能过剩严重，城镇化只会减速。

这也牵涉到一个问题，如果财权继续上收，加上土地制度的改革，地方政府卖地所获差价又很小了，老百姓不会再允许政府便宜买了再高价卖出了，地方政府依靠土地出让金来发展经济的路子越来越少，财源越来越枯竭了。所以，只能靠政府发债了。现在中组部考核地方政府官员，又不把 GDP 增速作为主要考核指标，反而把调离后的政府负债余额作为其考核指标，这样一来，地方政府官员靠银行贷款和举债来大兴土木，虚推 GDP 增速的动力会减小，这也会对中国未来的基建投资产生影响，最后对中国经济增长产生一定影响。

而公开官员财产则是牵涉到每个在职官员的利益。全国住房联网现在还处于摸底和登记阶段,原来是住建部,现在换成国土资源部进行了。为什么人口普查可以做到,但不动产登记就做不到呢?国家可以像做人口普查那样拨出一部分专门的钱来进行财产登记。政府不是要打虎打苍蝇吗?只要下了决心,拨出来比如50亿元专款,对全国不动产进行普查和登记,如果不登记的话,那些长期敲门没人应的房子就收归国有,看能不能做到?住房信息联网和财产登记都不是能否做到的问题,而是要不要做的问题。

除了个人的不动产普查登记,还有政府的大楼,政府部门所有资产,也应该进行普查登记。经过这么多年的快速发展和政府机构改革,再加上各级政府部门领导人调动离职和退休,各级和各地政府机构现在可能都不知道政府财产到底有多少了,如一些楼堂馆所大家现在都不知道是谁建的楼和谁的财产。据说马鞍山政府最近做了一个非常有益的工作,对全市政府资产进行普查登记。市政府先下文要求每个部门照实报自己的资产,如照实报了,现有的资产及其收益仍然还归你这个部门。如果瞒报,查出来那这些财产就归市政府所有。这个办法很有效。如果全国同时对家庭、企业和政府进行不动产进行登记,弄清了全国的家底和资产。对下一步实施和推进改革,对未来反腐倡廉制度的建设,都具有深远的和长久的意义。

房产税阻力很大,做起来很难。美国和澳大利亚的情况不太一样。美国的房地产税是按房屋现有的价值进行征税,所以穷人只能住小房子不能住大房,不然交不起房产税。澳大利亚的办法是征收地方政府的管理费，不是按房产的现值而是按房产的面积征收当地的公共服务费等。中国可以借鉴澳大利亚的模式，可以先征得低一些。这也是很有效的方式，看起来不多，但如果我有二十套房子空着都要交服务费的话，一些囤房的房哥、房姐和房叔肯定就要出手卖房了，二手房的价格就下来了，全国房地产价格的泡沫也不会再继续吹大了。采取澳大利亚的房产税的办法，应该是可行的。这样就不会因为房价难以评估而使得推出房产税改革措施搁浅了。

第三篇 从税收法定走向预算法定

■ 严密监督政府的每项工作,并对所见到的一切进行议论,乃是代议制机构的天职。

——托马斯·W. 威尔逊(第二十八任美国总统),《国会政体》

(中译本,商务印书馆 1982 年,第 164 页)

财权制衡与中国下一步当为改革[1]

首先祝贺天则经济研究所成立20年，也谢谢天则所的同仁安排我在这第二个单元中做一个主题发言。这一单元的话题是"制度、文化与治道变革"。本来，在来北京的高铁上，我准备了两套PPT，一套讲"文化与制度"，想从传统中国文化中缺乏"权利意识"讲一下当前中国经济社会转型的变迁张力；另一套则是讲现在这个话题："财权制衡与中国下一步当为改革"。最后之所以选择讲第二个话题，我的基本考虑是，目前中国社会正如吴敬琏老师所讲的，"现在正处于准备按十八大要求进行一场大改革的前夜，处于为即将进行的系统性改革做好准备工作的阶段"。现在在中国所面临的问题，已经不是要不要改革，也不是从方法论上空谈制度变迁的动力、

---

[1] 2013年7月26日，天则经济研究所成立二十周年庆典在北京举行，笔者在会上发言时指出，目前中国最重要的改革，不再是市场化的推进，而是政府内部权力制衡以及现代民主政治建设这些根本问题。在其中，预算民主建设当是改革的关键。笔者从做实人大对政府全口径预算的监督审查制度、建立健全国家的审计督察制度、以及强化财政部独立财权和完善央行单一国库账户制度这些国家制度建设层面上探讨了中国当为和可实施的改革措施。

张力、方式和路径问题，而是到了探讨具体如何改革的问题了。因而，我最后决定还是讲一点现实的东西，即从预算民主政治建设来谈一点自己对未来我国改革的看法。

听了吴敬琏老师所解释的习近平总书记最近在武汉会议上谈的中国下一步改革的六点意见，深受启发。习近平总书记在武汉会议讲话提出的6条改革措施，主要讲的还是下一步中国市场化改革的有关问题。不知道大家是否注意到，在这次座谈会上，习总书记还提出一条全新的判断："改革开放是我们党在新的历史条件下带领人民进行的新的伟大革命。"我觉得这一提法把中国的改革开放提到了一个新的认识高度。既然是一场"新的伟大革命"，就不是一些具体的政府管理方式和操作层面的改革了，而是一场深刻的社会变革。

实际上，在2012年的中共十八大报告里面，讲到中国下一步改革时，也有一些具体的规划。也许很多人并没有注意到，十八大报告第四部分讲到中国下一步经济体制改革时，第一条就是讲财政体制改革："加快改革财税体制，健全中央和地方财力与事权相匹配的体制，完善促进基本公共服务均等化和主体功能区建设的公共财政体系，构建地方税体系，形成有利于结构优化、社会公平的税收制度。"紧接着，在第五部分讲"推进政治体制改革"中，第一条也主要是讲财政体制与预算体制改革。这一条的原话是："支持和保证人民通过人民代表大会行使国家权力。人民代表大会制度是保证人民当家做主的根本政治制度。要善于使党的主张通过法定程序成为国家意志，支持人大及其常委会充分发挥国家权力机关作用，依法行使立法、监督、决定、任免等职权,加强立法工作组织协调,加强对'一府两院'的监督,加强对政府全口径预算决算的审查和监督。"

中共十八大报告关于未来中国经济体制和政治体制两条重要改革规划均充分说明,财政体制尤其是政府预算体制改革,是目前中国经济与政治体制改革的一个重要和核心部分。尤其是中共十八大报告讲到的政治体制改革的第一条已说明,中国最高决策层已经认识到,支持和保证人民通过人民代表大会行使国家权力,加强对政府全口径预算决算的审查和监督,是未来中国民主政治建设的一项重要任务,也是在整体上推进政治体制改革的一项迫切要求。

2012年以来,中国新一届领导人接掌国家的最高权力之后,习近平总书记曾谈了两点。在2012年12月4日在首都各界纪念现行宪法公布施行30周年大会上的讲话中,习近平总书记曾指出:"宪法的生命在于实施,宪法的权威也在于实施。"接着,于2013年1月22日在中国共产党第十八届中央纪律检查委员会第二次全体会议上的讲话中,习近平又指出:"要加强对权力运行的制约和监督,把权力关进制度的笼子里。"这两次讲话的精神均表明,新一届中国国家领导人已经充分认识到,维护宪法的尊严,政府守宪、行宪,加强政府内部的权力制衡,把权力关进宪法制度的笼子里,当是未来中国下一步改革的一个核心问题。实际上,中共十八大报告关于经济体制与政治体制改革的未来规划与设想的两个第一条均表明,把政府的"权力关进制度的笼子里",首先且主要是要把政府的财权关进制度的笼子里。

为什么把政府的财权关进"制度的笼子"中如此重要？具体来说，为什么加强人大对政府财权尤其是预算编制和实施的审查、监督和制衡如此重要？这显然与经过30年经济体制改革当下中国的基本社会格局有关，也是建立一个现代良序社会的必然要求。具体来说，在中国目前的社会体制下加强人大对政府财权的审查、监督，建立政府财权的约束和制衡制度，与在中国经济市场化条件下如何根治政府官员大面积腐败和屡治不果有关。

近些年来中国政府官员的腐败寻租有多严重？我们可以看一下中国最高法律监督机关所给出的"官方数字"。按照中国最高人民检察院前院长贾春旺在2009年向人大所做的最高人民检察院的报告中的数字，仅2003～2008年这五年间，全国共立案侦查贪污受贿十万元以上、挪用公款百万元以上案件就有35255件，涉嫌犯罪的县处级以上国家工作人员13929人，其中厅局级930人，省部级以上干部35人。另据2012年5月15日国家预防腐败局副局长的崔海容透漏的数字，从1982年至2011年这30年间，我国因违反党纪政纪受到处分的党政人员达420余万人，其中465人是省部级官员。这两年来，中共的各级纪律检查委员会和政府有关反腐机构加大了打击政府官员腐败的力度，相继曝光了薄熙来、刘铁男和刘志军等一些省部级以上高官的贪腐和违法事件，导致这两年被揪出来的政府官员腐败寻租的案件数量大幅度飙升，仅中共十八大后就有9位副部级以上的政府官员因腐败渎职问题而落马。

在认识和理解近些年来政府官员腐败寻租与职务犯罪愈演愈烈的事实与当前中国须进一步深化经济与政治体制改革的关系时，有一组数字特别值得注意。根据重庆大学法学院长陈忠林教授之前的一项研究，从 1999～2003 年最高检察院与最高法院报告等相关数据中，可以推算出：在这段时间里，中国普通民众犯罪率为 1/400；国家机关人员犯罪率为 1/200；而司法机关人员犯罪率为 1.5/100。

中国政府官员尤其是司法机关官员的犯罪率远远高于普通民众的犯罪率，这说明了什么问题？这充分说明，中国政府官员的腐败寻租和渎职犯罪问题，不只是一些政府官员的思想觉悟和道德品质问题，而是有着深层的制度原因的。这些制度问题不解决，或言制度不改，最后只会像习近平总书记所警告的那样"最终必然导致亡党亡国"。中国进一步改革的必然性和必要性也就在这里。

为什么这么多年来尽管中国执政党纪律检查委员会和政府有关部门不断加大反腐倡廉的力度，且不断发起一次又一次的专门运动打击政府官员腐败渎职的行为，但是政府官员腐败寻租和职务犯罪的案件却不断曝光而屡治不果？这其中的根本制度原因是什么？我们这几年的研究发现，这说到底与政府官员的权力不受任何实质性制衡尤其是与政府的财政收入和支出不透明、政府财权不受任何实质性的约束和制衡有关。简单说来，在政府的财政收支缺乏预算民主政制的情况下，政府官员的腐败渎职是一个必然的制度结果。2013 年 8 月 5 日由《京华时报》新近报道而曝光的财政部企业司综合处原处长陈柱兵利用手中掌管的国家专项资金管理权涉嫌收贿 2400 余万元的例子，更典型地说明了这一问题。

我们这里先看一些与中国政府财政收入有关的一些数字。在中国改革开放初始的 1978 年，中国政府的全部财政收入才大约有 1132 亿元，到 1994 年实行分税制改革时，也大约只有 5218 亿元。1994 年实行分税制改革以来，随着中国经济的高速增长，加上分税制实行后的政府税收的强大的"激励兼容"制度，政府的财政收入在近 20 年中超高速增长。到 2012 年，中国政府的财政收入已经高达 117209.75 亿元，再加上各地的土地出让金和各种预算外收入和制度外收入，政府的"全口径收入总量"会远远高于这个数字。中国十几万亿元的政府财政收入，在财政支出方面不甚透明，且在实际上不受任何实质性的监督、审议和制衡，一些政府官员在政府收支的各个环节上运用自己手中掌管的权力和资源进行个人和家庭的腐败寻租，还不是一个必然结果？单靠执政党的思想教育以及中纪委、审计署、防贪局的事后调查和司法机关的反腐运动，能从根本上解决一些政府官员的腐败寻租和徇私舞弊行为吗？

另外，从近些年各级政府的财政存款和国库"库底资金"不断攀高的事实来看，中国的财政和预算体制也问题很多，是到需要在政府财政体制和预算体制方面进行一些根本性的改革的时候了。从图 1 和图 2 中，可以看出，随着中国经济的高速增长和政府财政收入的高速增长，各级政府的财政存款这些年不断在攀高。根据中国央行的公开数据，2012 年我国国库存款余额高达 3.23 万亿元，各级政府的"财政专户"中的资金余额也达到 1.42 万亿元，总共财政存款达到 4.65 万亿元。这么大的财政存款余额，一方面说明了我们的财政体制存在一些根本性的体制和效率问题，另一方面也为一些官员以权谋私和腐败寻租提供了巨大的空间和可能。

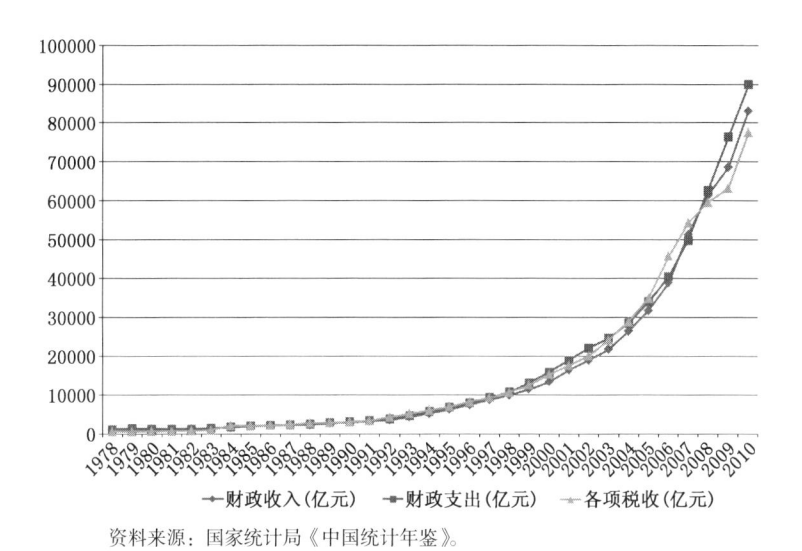

资料来源：国家统计局《中国统计年鉴》。

图1　1978～2010年中国财政收入与支出的增长

资料来源：中国人民银行月度数据。

图2　中国政府财政存款不断攀高

与多年来政府财政收入快速增加和财政存款不断攀高的实事相联系，近几年来，每年年底各级政府部门尤其是中央各部委的突击花钱也成了一个突出的和被诟病的经济、政治与社会问题（见图3）。

财政预算支出月度完成额（亿元）

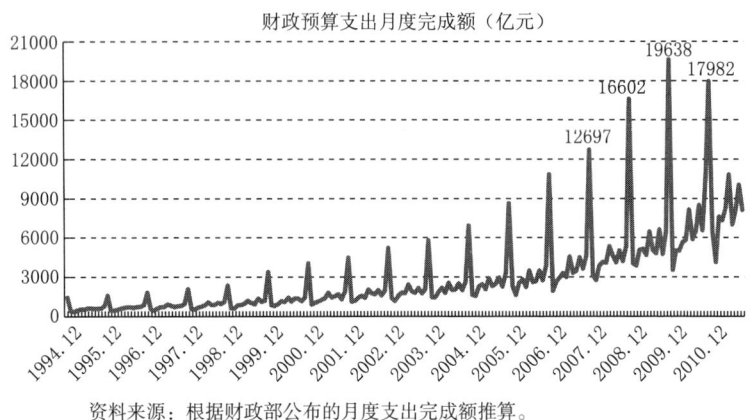

资料来源：根据财政部公布的月度支出完成额推算。
图3　1994年以来政府各部门年终突击花钱

根据财政部的月度财政收支报告中的数字，我们也可以推算出，2011年和2012年，各级政府部门年底突击花钱的数字还在不断攀高。在这两年的12月份，政府部门突击花钱的数额已经超过2万亿元，甚至接近3万亿元。这些图表和惊心动魄的数字表明，当前中国经济社会改革根本问题，已经主要不再是如何进一步深化市场化改革的问题了，而更重要的问题是政治体制改革问题了，即政府权力缺乏监督和制衡。政府权力之虎，还是在制度的笼子之外自由地徜徉，尤其是各级政府的财权，即各级政府财政收入和支出的权力，还缺乏纳税人代表的实质性的监督、审议和制衡。

当然，我们这样认为，并不是说在现在中国经济社会的发展阶段上，市场化改革不重要了，而是说，只有管住了政府的权力，我们才能真正建立起法治化、规范化和良序的市场经济体系。换句话说，只有政府的权力得到实质性的制衡和监督了，被关进了各种适当的"制度的笼子"里，我国才能形成一个良序的、公正的、法治的市场经济。因此，这些年来，我和一些财政学及法学界的同仁一再呼吁，**政府内部权力制衡这一现代民主政治建设的核心问题，首先是预算民主问题**。因此，我们一直坚持认为，并不断呼吁，预算民主政制的建设，当为中国下一步经济与政治体制改革的逻辑起点。现在看来，中共十八大报告第四部分经济体制改革的第一条和第五部分政治体制改革的第一条，至少都含有这样的意思。

能不能从预算民主政制建设上推进中国的政治体制改革，或者说，在目前中国的国体上能否建立起带有预算民主政治的现代政体，这才是问题争议的焦点。

这里，我们还是先来回顾一下预算民主的基本理念。预算民主（budgeting democracy），即国家立法机关对政府财政预算进行监督、审议、制衡和审计，是现代民主政治的一个重要或言核心组成部分。从某种程度上来说，是否有预算民主，这是衡量一个国家是否已经走向现代化国家的重要标识之一。从西方国家的社会发展史来看，议会之所以产生，很大程度上是围绕着监督和制衡王室及政府如何征税、如何花钱而产生的，从而各国议会的建立和完善，是与人类社会的现代化过程同时发生的，或者说是人类社会现代化——尤其是现代国家制度建设——的一个重要组成部分。这一制度沿革到当代，西方民主国家议会的一项主要功能仍然是监督和控制政府的财政预算。有研究发现，西方国家的立法机关（一般包括参议院和众议院）一般都将超过60%的时间用在审核和讨论政府的预算问题上，即政府如何收钱、如何花钱问题上。由此而论，制衡政府财权，才是立法机关实质性和主要的功能。

从理念上讲，全权政府，首先且主要表现为政府征税和政府花钱得不到实质性的制约，表现为政府对财税的无约束的征收和不受任何制衡的支配权。"预算民主"，也就意味着政府征收任何税种和花钱都要得到实质性的制衡。政府的财税征收权和财政支出权无实质性的制衡和约束，那么政府官员大面积的贪腐不断发生而屡治不果，与政府收支的财权相关联的种种经济与社会问题不断发生和积累，就无法从根本制度上加以解决。因此，要建立一个现代公平正义的和经济可持续增长的和谐社会，要构建一个法治民主的现代国家，要建立执政为民的廉洁政府，要从根本的国家制度上根治政府官员的贪污腐败，必须建立起预算民主的政府财政体系，即预算民主政制，也就是建立起使一些政府官员不敢腐败，从制度上保证他们不能腐败的制度。由此来看，建立起公开透明的政府预算体制，使各级政府的财政收支均能得到纳税人代表实质性的和制度性的审查、监督乃至制衡和约束，是现代国家制度的基本建设和当为的根本性体制改革。

尽管加强国家的立法机关对政府预算审查、监督和制衡是现代民主国家政治与经济运作的一项基本内容乃至最重要的组成部分，但是，到目前为止，当代西方各国的政府财政预算是如何制定出来，又是如何执行和实施的，各国的立法机关是如何监督、制衡、控制和审计政府预算的，在各国的立法机构对政府预算监督方面到底有哪些制度安排，又有哪些实际运作的对预算监督制衡的机构设置，以及各国政府的预算监督体制和审计模式又有什么异同，对于这些问题，除了一些财政学和政治学的少数专家外，国内其他学界、政府决策层乃至社会各界人士大都知之甚少。因而，对于我们这个刚从计划经济体制转型而来的年轻共和国来说，政府权力制衡和立法机构对政府预算的审查、监督、控制和制衡，对大多数人来说好像还是个新鲜事。总体而言，我们国家在立法机关政府财权监督和制衡方面，目前仍是建制缺环、制度缺失，甚至连一些预算民主政治的基本理念还远远没有树立起来。因而，加强国家立法机构对政府预算进行全口径的预算监督、制衡和审计，在此方面建立和健全相应的人大功能机构，并在立法上作出制度保障，当是目前中国财政体制改革乃至全部政治体制改革的首要任务、核心内容和最主要的构成部分。从这个意义上来说，尽管中国经济已经市场化了，但是由于作为国家立法机关的全国人大和政协对政府财政预算还没有真正做到实质性的审查、监督，实际上并没有全程参与政府预算的制定、实施、制衡乃至对预算执行情况和决算的审计，这是当代中国还没有完成现代国家制度建设的一个重要标志。这个问题不解决，政府官员大面积的贪腐不断发生而屡治不果，与政府收支财权相关联的种种社会问题不断发生和积累，就无法从根本制度上加以解决。由此看来，落实中共十八大报告关于政治体制改革的第一条，加强各级人大对"政府全口径预算"的审查和监督，应该是当下中国政治体制改革的一项基本的和重要的任务。

2013 年 8 月 3 日改定增补于上海

（本文首发于 FT 中文网 2013 年 8 月 7 日头条，见 http://www.ftchinese.com/story/001051832）

现代大国立国的财政与预算管理制度之根基[1]

一、下一轮中国政府财政体制改革基本问题

首先感谢中国企业研究所的支持，能使我们在座的这么多税法学家和财政学家坐在一起，再次讨论《预算法》修改问题。大家知道，2014年4月21日至24日，第12届人大常委会听取了全国人大法律委员会关于《中华人民共和国预算法修正案（草案）》修改情况的汇报，并在2014年4月23日上午9点进行《预算法（三审稿）》审议，预计在2014年4月24日下午进行表决。然而，到目前为止，这部蹉跎多年的《预算法修正案》还没有通过。并且这次三审稿，也没有在网上公开，也没有向社会公开征求意见。尽管如此，我们这些关注这个问题的财政学、法学和经济学的一些学者觉得，还是应该坐下来，再讨论一下这个三审稿。因为，一部法律一旦通过，

---

[1] 本文根据2014年4月28日笔者在武汉共识传媒"新一轮改革进程观测研讨会"，以及在2014年6月15日在北京《预算法》修法学术研讨会"上的发言录音整理，并进行了校改和增补。

可能又需要十几年甚至更长时间才能修改。不能不慎之又慎。因此，我们这些学者觉得还是有必要把我们的意见尽量表达出来。故我与几位专家合计了一下，召开今天这个小范围的研讨会。

这里首先说明，我个人多年来是研究制度经济学和比较制度分析的，既不懂财政学，在财政法学和税法学上也完全是外行。这些年来，我在中国《预算法》修订问题上谈了自己的一点看法，发了一些声音，但我自己心里很清楚，我自己这是嗓门大，不断地呼喊，而在座的刘剑文、李炜光、蒋洪、叶青、施正文、熊伟教授等才是真正的专家，而我自己只不过是这一改革的拉拉队队员，故以下的发言如果讲错的地方，请各位专家和媒体界的朋友多多批评。

首先，我要说的是，目前大家所讲的财政体制改革，实际上应该是两个话题：一个是财税体制改革，一个是政府预算管理制度的改革。中共十八大报告分别在经济体制改革和政治体制改革两个方案的第一条中分别讲了这两个方面的改革。十八届三中全会《决定》对这两个问题也是分开讲的：一个是放在第五部分"深化财政体制改革"；另一个是放在第八部分"加强社会主义民主政治制度建设"。在第八部分，《决定》讲："坚持人民主体地位，推进人民代表大会制度理论和实践创新，发挥人民代表大会制度的根本政治制度作用。……加强人大预算决算审查监督、国有资产监督职能。落实税收法定原则。"值得注意的是，《决定》第五部分财政体制改革确实也讲了预算体制改革。除了讲财政体制改革要"必须完善立法、明确事权、改革税制、稳定税负、透明预算、提高效率，建立现代财政制度，发挥中央和地方两个积极性"外，第五部分第十七条还专门讲了预算管理制度,包括:"改进预算管理制度。实施全面规范、公开透明的预算制度。审核预算的重点由平衡状态、赤字规模,向支出预算和政策拓展。清理规范重点支出同财政收支增幅或生产总值挂钩事项,一般不采取挂钩方式。建立跨年度预算平衡机制,建立权责发生制的政府综合财务报告制度,建立规范合理的中央和地方政府债务管理及风险预警机制。"

预算监督管理制度,到底是在财税体制改革,即财政部门所推动的经济体制改革中来进行,还是在政治体制改革,即社会主义民主政治制度建设中来进行?二者是否是一回事?如果是政治体制改革,二者又是如何配合和协调的?政府预算管理监督制度,是否已列入近期的改革日程?

一直到最近,我国政府领导人讲的预算管理制度改革,还是在财税体制改革意义上讲的,而不是放在政治体制改革即社会主义民主政治建设意义上来讲的。譬如,在 2014 年 2 月 19 日,张高丽副总理在省部级主要领导干部研讨班上讲"深化财税体制改革"问题,以及财政部目前所要报请"深化体制改革小组"审议的《深化财税体制改革总体方案》,都谈到预算管理制度改革,强调:"要切实改进预算管理制度,加快建立全面规范、公开透明的政府预算制度,使预算编制科学完整、预算执行规范有效、预算监督公开透明,三者有机衔接、相互制衡,真正把预算分配权关进制度的笼子,使政府预算在阳光下运行。"但是,很显然,这还不是在加强人大对政府预算管理的监督,即政治体制改革意义上讲的。

但是,我今天的发言,还是想在后一种意义上讲政府预算管理制度改革，讲人大对政府预算的监督制衡与我们的现代国家制度建设及国家治理体系现代化问题。而这一点，尽管在近期经济体制改革"首要任务"的"财税体制改革"的内容中部分提到，但到目前为止，显然还没有列入我们国家政治体制改革的议事日程。故我今天的发言，主要还是在理论上和理念上做些探讨，而不是讲什么具体的改革方案和可能性。

在具体探讨这个问题前，我先给大家读几段话。第一句话，就是约翰·洛克在《政府论》中所提出的一个核心观点："如果任何人凭着自己的权力，主张有权向人民征课赋税而无需征得人民的同意，他就侵犯了有关财产权的基本规定，破坏了政府的目的。"征税要经人民代表的同意，这一点是现代政治的核心问题，也是一条最根本的现代政治理念。第二句话，是法国哲学家孟德斯鸠的《论法的精神》里面说的："仅仅是分离的权力是无法保障政治自由的，只有相互制衡的分立的权力才不至于成为自由的枷锁。"这句话与政府内部权力制衡有关。第三句话，美国前总统威尔逊讲："严密监督政府的每项工作，并对所见到的一切进行议论，乃是代议制机构的天职。"我觉得，这三段话构筑了一个现代民主国家制度的核心。

《中共中央关于全面深化改革若干重大问题的决定》（《决定》）提出了全面深化改革的总目标是完善和发展中国特色社会主义制度，推进国家治理体系和治理能力现代化。但是一个现代化的国家治理体系是怎样的？

中共十八大报告中，关于政治体制改革，第一条明确表明："支持和保障人民通过人民代表大会行使国家权力，加强对一府两院监督，加强对政府全口径预算决算的审查和监督。"《决定》在这方面改革的规划又进了一步："健全'一府两院'由人大产生，对人大负责，受人大监督的制度。健全人大讨论、决定重大事项制度，各级政府重大决策出台前向本级人大报告。加强人大预算决算审查监督、国有资产监督职能。落实税收法定原则。"把"落实税收法定原则"写入十八届三中全会《决定》，这是一个重大的理论突破。这至少标明了我国政治体制改革一个前进方向。

上面我已经指出，政府预算管理制度建设与目前要实施和推进的财税体制改革应该是两个概念，它们有关联，也有区别。财税体制改革是针对经济体制改革来说的，主要是改革中央和地方的关系，以及改革税制结构。预算监督体制改革是从民主与法治建设角度来说的。它们是两个东西，尽管二者显然密切关联着。

先从财税体制改革来说，由于目前《深化财税体制改革总体方案》还没有公布，具体如何改，我们还无从确知，也很难加以进一步深入的讨论。但是从《决定》中"明确事权、改革税制、稳定税负、透明预算、提高效率，加快形成有利于转变经济发展方式、有利于建立公平统一市场、有利于推进基本公共服务均等化的现代财政制度，形成中央和地方财力与事权相匹配的财税体制，更好发挥中央和地方积极性"的提法来看，这一改革的大致原则已经确定了。由此，这两年乃至未来五年要推进的国家财税体制改革，至少要牵涉以下几个方面的问题：

第一，重新调整中央与地方的事权与财权（支出责任）关系。1993年国务院发布的《国务院关于实行分税制财政体制管理体制的决定》，对中央和地方的税收和财政收入的分成份额（即财权）做了明确划分，但对中央和地方的事权只是做了原则性的规定，中央和地方政府的支出范围和支出责任界定并不清楚，中央和地方政府的支出范围的决定也有很大任意性。自 1994 年分税制改革后，随着经济增长尤其是政府财政收入的超高速增长，中央政府的财政收入份额越来越大，而地方政府的支出责任则越来越重，随之地方政府的负债也越来越重。对于这种"支出责任在下，财力分配在上"，中央和地方乃至与市县基层政府间财权（楼继伟部长称作支出责任）与事权不相匹配，就成了近些年来所诟病的现有财政体制的一个主要问题。根据这种情况，如何改革各级政府间的财政收入权力、支出责任和事权的财政体制格局，就成了这次财税体制改革的核心问题。且不管叫它各级政府间的财权也好，支出责任也好，关键问题在于，政府税收和其他财政收入的份额在中央和地方政府之间如何分成，更牵涉到明确各级政府财政支出的事权问题。实际上，无论是中央政府财政收入在未来的财政体制份额中增加或是减少，都牵涉到中央和地方政府的利益博弈，也实际上改变着我们国家治理的基本制度结构，并牵涉到目前由地方政府所推动的中国经济增长方式的转变，因而可谓是一项极其艰巨复杂且牵涉到各方利益的重大国家制度和治理体系方面的改革工程。

第二，现行政府财政收入结构和税收结构不合理，亟须改革。据财政部门的有关统计，自 1994 年实行分税制改革以来，税收收入占全国各级政府全部收入的比重逐年下降，从 1994 年的 98.3% 下降到 2012 年的 54.1%，相应地，非税收入占全部政府性收入的比重已经上升到45.9%。在政府税收收入中，间接税的比重太高，占全部税收收入的59.2%，比发达国家的平均水平高出将近20%（见高强，2014）。而按照税收的基本原理，直接税的主要功能在于调节收入分配。中国的间接税在全部税收收入中占比偏高，而直接税则比发达国家平均低20个百分点，这显然对过去20多年中，我国收入分配差距不断拉大没有多少调节作用，实际上反而恶化了低收入家庭的福利。这次财税体制改革，显然一个改革方向是要减少间接税的比重，增加直接税的比重。这项改革，又会牵涉到社会各阶层的利益调整乃至中央和地方的利益博弈，无疑也是一项极其复杂的改革。大家只要想一下，2011年关于个税起征点的全国大讨论，就会知道这将是一项多么复杂和艰难的财税改革工程了。

第三，政府性收入规模缺乏规范性控制和制衡，我国政府的宽口径政府财政收入近20年来一直超高速增长，差不多每年都是GDP增速的1.5倍到2倍。在未来，中国政府的财政收入也还是如以前十几年一样的快速增长吗？这一点大家还有争议。去年的十八届三中全会《决定》所定的调子是"稳定税负"，但是到底如何稳定，"稳定"的意思又是什么，政府财政收入增长相对于GDP增长的弹性是否等于或小于1，还是仍然大于1，即是否仍然要保持政府财政收入的增长速度高于GDP的增长速度？这些实际上牵涉到一个现实中的问题：在目前中国经济增速下行的趋势下，政府是否能把总量减税作为财政体制改革的一个附带选项，现有税率是否能下调？这也是当下社会各界尤其是工商界所关注的一个基本性的大问题。

第四，改革目前中央对地方的转移支付制度。现在为社会各界所广为诟病的现有中国财政体制的一个主要问题是：尽管财税收入主要部分被中央政府拿去了，但中央政府又通过巨额的转移支付返还给了地方，即"收钱在中央，花钱在地方"。每年数万亿的转移支付资金，由发改委和中央各部门确定项目后下达到省级财政，再由省级部门下达到市县。这种现有的转移支付制度，管理成本甚高，且由于项目审批和资金分配不透明，导致地方政府"跑部（委员）钱进"。另外，目前国家财政体制下的转移支付制度中，专项转移支付规模过大，一般性转移支付相对较少，且一般性转移支付中也有大量特定支付。加上我们政府的财政支出没有人大方面任何实质性的监督和制衡，这就使国家巨额财政支出与一些政府官员自己自由裁量权相关。由中央部门确定项目后，转移支付资金又层层下达到地方，加上一些项目的审批和资金的分配不透明，不但成本高、效率低，也是目前政府官员腐败的一个重要原因。由此看来，目前这种财政制度中的转移支付制度，亟须改。但这么巨额的转移支付制度的任何改革，都会牵涉到中央和地方以及全国各地区之间的利益分配格局的调整和博弈，因而任何改革都将会非常困难。

  除了上述四点，目前讨论较多的还有地方政府缺乏自主稳定财源，地方政府债务风险加大，未来地方政府如何举债、还债，以及"正税清费"等等问题。

  从以上几点可以看出，尽管目前中央所谋划和推动的还只是一个财税体制改革的问题，但因为这一改革牵涉到政府与纳税人、中央和地方、企业利润和每个公民纳税人的实际收入及社会福利，实际上又牵涉到未来中国经济增长方式的转变，以及未来中国经济发展的长期前景，因而实际上是牵动我们国家的基本政治体制安排的一项重大改革。

一个国家的财政制度和税收制度，是一项关系到全社会各方利益、国家经济增长乃至长期生活发展的一项基本制度。从目前来看将要启动的这一轮财税体制改革，主要考虑的还是中央和地方政府的税收份额分成、事权和支出责任的调整，税收结构的优化，以及转移支付制度的调整。如果按中共十八届三中全会的《决定》所确立的原则进行这项改革，将会触动全社会方方面面的利益，实际上也会导致地方政府职能的转变，乃至中国经济增长方式的转变，也无疑将会对未来中国经济社会的发展产生重大的和长远影响，因而确实是一项巨大的系统工程。

二、政府财税体制改革与政府预算管理制度建设的关系

一个国家的财政制度和税收制度，是一项关系到全社会各方利益、国家经济增长乃至长期生活发展的一项基本制度。这一点，社会各界是都能认识到的。

面对这样的如此艰巨和重大的国家财税体制改革，到目前为止关于政府财税体制的讨论中，我们却实际上忽略了一些关键性的问题：在已经市场化的中国，现在和未来财政体制改革的合理性和合法性问题在哪里？难道一些部门和几个改革方案起草小组的改革方案，就一定是合理的，从经济学上来说就一定是帕累托最优的？为什么到今天还是由一些部门的领导人甚至一些改革方案起草小组的专家的想法和意志，就能决定未来一个国家的财税收支制度和财税

收入水平？如何免除由任何政府部门领导人个人的主观意志来决定全社会的各方利益关系调整和全社会福利调整？财税体制改革的总体规划和每一单项改革措施，是否在全社会公开讨论和广泛征求意见了？这一总体改革规划以及其中的每一项改革的利弊和对未来我们国家经济社会发展的长远影响，乃至对全社会公民的个人福利和社会福祉的影响，是否在全社会充分讨论、论证了？是否充分听取中央各部门、地方政府乃至社会各基层人士的意见？因此，我个人认为，像政府财税体制改革这样事关全社会各方面利益和福利，乃至将对未来我国经济增长和长期社会发展带来重大影响的改革，应该充分认真听取中央各部门、地方政府和学界乃至社会各界关于未来财政体制改革的讨论意见，应该经通过多方面的研究和论证，而不能听由几个专家和官员所提交的改革方案来决定，至少应该在社会上公开进行讨论。

正是在这种意义上来说，目前所要启动的政府财税体制改革，应该与人大对政府预算监督管理体制的建设，或者说经济体制改革与政治体制改革，放在一个"总盘子"中来考虑，应该着眼于已经市场化的中国社会的现代国家制度的建设，以及中国经济的长远发展，来综合考虑和推进这两项紧密关联着的改革。在基本改革方向、各种改革方案的利弊乃至对中国经济社会的长远发展的影响做综合评估之前，不宜匆匆忙忙地启动任何财税改革方案并强行将其付诸实施。

在西方国家，涉及一个国家的整个财税体制和税制结构的改革这类如此重大的改革，一定需要经过议会的多次辩论，最后由国会投票决定是否通过，也必定引起许多社团和媒体广泛辩论，乃至罢工和游行示威。在我国现有的人大制度下，现有这一类的重大改革，是由中共中央乃至深化体制改革小组在原则上决定的，人大和人民代表在此问题上好像并没有任何发言权，甚至连投票决定的机会和程序都没有。广大社会公众更不必说。在此改革的契机中，中共十八大报告和十八届三中全会《决定》都在政治体制改革部分反复强调"健全'一府两院'由人大产生、对人大负责、受人大监督制度。健全人大讨论、决定重大事项制度，各级政府重大决策出台前向本级人大报告。加强人大预算决算审查监督、国有资产监督职能。落实税收法定原则"。那么，在进行政府财税体制改革时，就应该把如此重大的制度改革，交由人大来讨论，并广泛征求社会各界的意见。具体到《决定》和《深化财税体制改革的总体方案》中，讲到"实施全面规范、公开透明的预算制度"，"落实税收法定原则"，那就应该同时在人大的功能和职能上做些改革，如全国人大常委会和各省地县人大，都能建立健全的和真正切实工作的预算委员会或相关机构，并逐步建立起"健全人大讨论、决定重大事项制度，各级政府重大决策出台前向本级人大报告"的制度。

中共十八届三中全会讲到了"落实税收法定原则"，讲到了人大对政府预算的审查和监督，但还没有讲到人大对政府预算的制衡问题。对于这一问题，周小川行长在今年全国政协中共界别小组上的一次发言中曾说，我们这届领导人，首次提出"国家治理"这一概念，治理不同于管理，从经济工作的角度来讲，治理主要包括对目标的管理和实现，以及一定的制衡。他说："我们国家在建立现代治理结构的过程中，从预算角度来讲，预算的制定、批准、执行以及事后监督，是否建立好了制衡关系？我们的提法是预算监督，但没有提到制衡的问题，预算的制定者和执行者一般是分开的。"这里，他特别讲到对政府预算的制衡问题。2014年4月，"共识传媒"在武汉召开的一次会议上，我在评论翁永熙先生的发言时，曾指出，未来中国的改革，不再是市场化改革的问题，不再主要是政府要放出市场的问题，而当是政治体制改革，需建立国家内部的权力制衡机制问题。而我们今天所讨论的政治体制改革，即十八届三中全会《决定》第八部分所讲的"加强社会主义民主政治制度建设"，首先且主要从加强人大对政府预算决算审查、监督、制衡，建立、健全人大对政府预算制定、实施，乃至预算执行情况和效率的全程审查、监督和制衡的制度和机构。只有这样，才能真正"落实税收法定原则"，建立起现代国家制度，实现国家治理体系和治理能力的现代化。

由于这个问题到目前为止还只是在原则上提出，还没有具体的改革计划和时间表，我在下面的时间里，先介绍一下美国政府的预算监督制度是如何演变的，以期能为未来中国这方面的改革做些参考。

三、美国预算制度的演变

今年2月底，我随共识网的周志兴先生所组织的一个团访问了美国。在大家去美国国会参观期间，我特别请共识网在美国的联络员张娟女士替我联系了美国纽约州的一个华裔议员，请她帮我联系国会预算委员会（Congress Budget Office，简称CBO），在几位教授参观美国国会期间，我独自去了美国国会预算办公室。接待我的是两位在 CBO 工作超过 20 多年的预算分析师爱德华·布劳（Edward C. Blau）先生和弗吉尼亚·迈耶斯（Virginia L. Myers）女士。据他们自己介绍说，差不多自 1974 年成立 CBO 时，他们就在，从事行政管理和预算分析工作多年，对 CBO 的运作和历史都非常熟悉，讲起来如数家珍。因为我还是自该机构成立以来，来自中国大陆的第一个参观访问的学者，他们对我的来访非常热情，我们谈了将近三个小时。很可惜，就我一个人过去，其他人也没有跟着，我也没带录音设备，他们讲了美国政府预算的制订和实施过程，他们国会预算办公室的工作历史、工作流程，以及与美国总统行政管理与预算办公室（Office of Management and Budget，简称 OMB）和美国参众两院的预算委员会及拨款委员会之间关系。讲得非常细，我本来想整理一下，但最近特别忙，没时间写点东西，只能借今天这个机会先讲讲，与大家口头分享一下。他们讲的，跟我之前从书本上读到的是有些差异的。

首先，稍了解一点美国历史，我们就会知道，1776 年北美 13 块殖民地的宣告独立，成立美利坚合众国，缘起于英国殖民者向殖民地人民的随意征税。在 18 世纪后半叶，英国政府在北美殖民地欲开征印花税和糖税，以转嫁它在战争中的巨额财政亏空。之前，英国政府在殖民地只征收关税。当时，北美殖民地的民众担心，此例一开，英国政府以后会进一步征收其他税收，于是，便以 13 块殖民地在英国下院（平民院）无代表参加为由，宣称英国政府无权向殖民地人民征印花税和糖税，从此便开始了北美殖民地的反英独立战争。美国独立后，在 1787 年制定并颁布了《美利坚合众国宪法》，宪法第一条第七款、第八款、第十款便是有关税收（宪）法定的规定及其具体的实施程序。美国宪法第一条第九款实际上还规定了政府财政收支必须公开透明，同时规定了现代宪政的几项基本原则，如权力分立、权力制衡，等等。在制定宪法的同时，美国还在参议院、众议院建立财经委员会、筹款委员会（因为当时刚成立一个国家，政府要先筹钱）。然后，在 1865 年和 1867 年从参众两院的经委员会分出了拨款委员会，每一笔钱不是财政部拨，是拨款委员会拨，故美国政府的财政收支权从一开始就掌握在参议院和众议院手中。

值得注意的是，尽管美国宪法对政府的征税权做了严格的规定，但是美国政府的征税和花钱还是没有得到实际上的约束和制衡。到托马斯·杰弗逊（Thomas Jefferson，1743～1826）任美国第三任总统后，在美国的政治制度中确立了"议会至上"的原则，相应地美国国会在预算监督方面，制定了一些法规来试图规范各地政府的征税和花钱。但是，直到 19 世纪的前半叶，美国联邦预算体制允许政府的行政机构直接向国会委员会申请财政拨款。这些行政机构不受总统的控制，甚至无需遵循总统的政策纲领。这种状态一直持续到了 20 世纪早期。另外，直到美国进步主义改革（1890～1917）时代之前，美国各级政府都没有完整的公共预算制度，而那时美国政府的预算也实际上不过是一堆杂乱无章的事后报销单。就税收和政府财政收入来说，美国各级政府的税种种类很多，政府用想象得出来的名目向民众任意征税。从政府财政支出来说，每一个政府部门都可以自己争取资金，自己掌控开支，美国民众和国会实际上都无法对政府及其各部门的财政支出进行有效的监督和制衡。在这样的情况下，由美国的知识精英威廉·艾伦（William Allen）、亨利·布鲁埃尔（Henry Bruere）和弗里德里克·克利夫兰（Frederick Cleveland）所组成的"ABC 三人小组"和他们所在的"纽约市政研究所"，引领了美国纽约市的预算改革运动。根据美国学者乔纳森·卡恩（Jonathan D. Kahn）在其著作《预算民主：美国的国家建设和公民权（1890~1928）》（1997）一书中的研究，按照"ABC 三人小组"和"纽约市政研究所"（布鲁金斯研究所的前身）的看法，政府预算问题，是关系到是否真有民主制度的大问题。他们认为，没有预算的政府，就是"看不见的政府"，而"看不见的政府"，必然是"不负责任的政府"。"不负责任的政府"，就不能是民主的政府。他们主张，预算制度改革之目的，就是把"看不见的政府"改变为"看得见的政府"。只有"看得见的政府"，人民才有可能对其进行监督。在纽约市政研究所的推动下，纽约市政府在 1908 年推出了美国历史上的第一份现代公共预算。随后，在 1911 年到 1919 年间，美国 44 个州通过了《预算法》（见卡恩《预算民主：美国的国家建设和公民权（1890~1928）》，第 2、3 章）。

与此同时，在 1916 年到 1919 年间，第一次世界大战时的巨额战争支出，使美国名义国债增加了 230 亿美元以上。此时，国会议员们觉得也必须加强对联邦支出的控制。在此情况下，美国国会通过了一个针对预算过程进行立法的里程碑式的法律，即《1921 年预算与会计法案》（The Budget and Accounting Act of 1921）。

在《1921 年预算与会计法案》通过之前，联邦政府并没有一个正式的制定预算和向议会提出预算审议的程序。在美国建国后的漫长岁月里，联邦的财政收支权基本上在国会手中。"国会自行通过、修订各种法律，拨付联邦资金，总统在整个预算过程中几乎没有发挥作用的空间。"《1921年预算与会计法案》要求总统每年向国会提出年度预算案，这样实际上就把相当大一部分联邦预算控制权从立法机构转移到了行政机构。此外，根据这一法案，当总统向国会提交一个全面的预算案之后，国会方面仍然掌握着预算资金的收支权力，具体由12个拨款委员会来实施执行（见克莱默《联邦预算：美国政府如何花钱》，第三章）。

1921年制定和颁布的《预算和会计法》的一项最重要的改革是，该法案规定在联邦政府财政部成立预算局（Bureau of Budget Office，简称BOB）。在财政部成立预算局的同时，1921年的《预算与会计法案》又在参众两院则分别设立了两个"预算委员会"（House Committee on the Budget, Senate Committee on the Budget），加上原有"拨款委员会"（即现在的Appropriation Committees，简称ACs）。两院总共有议员535人，但12个ACs共有1000多人，以及审计总署（General Auditing Office，简称GAO，后来改为"问责总署"（General Accountability Office）。该法案要求，总统代表整个行政部门向国会提交每年的预算，并为其配备了工作机构——预算局（BOB）来行使这些职责。与这一法案相关联的美国国家体制改革的结果是，各个政府行政机构不再像以前那样绕过总统直接向国会提交预算申请了。该法案主要要求总统代表整个行政部门向国会提交预算，而由预算局来行使这项职责。这项改革实际上确定了总统的统辖政府的预算权，以便制定和执行政策，同时协调各方的行动，极大地提高了行政部门的财政收支的使用效率。

到1970年,美国国会制定了《1970年立法重新组织法》,该法案重组了总统的行政办公室,并把原财政部所属的预算局(BOB)改名后移交交给了总统,在1971年成立了总统的行政管理与预算办公室(Office of Management and Budget,简称OMB),不再隶属财政部,而直接向总统负责。美国行政管理与预算办公室的职责是,指导各联邦机构制定自己的战略规划与预算,汇总后再制定美国总统每年向国会提交的政府预算请求(budget request)。行政管理与预算办公室(OMB)同时也是总统的会计室。美国总统通过行政管理与预算办公室(OMB)来审查各联邦政府机构的预算请求,也能对联邦机构的预算请求加以修改。

OMB每年制定出来向国会提交的政府年度预算案之后,由总统在每年2月向国会提交一个"预算请求",交由国会辩论通过。接下来联邦政府官员出席国会关于预算的听证会,提供支持总统预算案的证词,国会则接着审议总统的预算案,并最后由国会通过拨款法案。同时当且仅当总统签署了这些拨款法案后,美国才会有一个联邦的新财政年度的预算。每年美国政府《预算法》案通过后,每个联邦政府机构、每一联邦项目能够得到多少资金,都由国会通过12个拨款委员会的拨款法案(appropriation bills)来决定。每年美国政府的预算变成一个"法案"后,再把这个钱交给财政部。这样一来,美国财政部实际上就是一个"国库",而美国财政部的英文就叫"Department of the Treasury",而英文的"Treasury",本身就有"国库""金库"的含义。概言之,在美国,编制预算是总统的权力,是

OMB的事,财政部自1971年后就不再管预算的事。(现在美国预算的制定和审议过程,详见图1。)

如果看美国历史,我们会发现,在美国进步运动之前,美国政府官员腐败得一塌糊涂。尤其是在美国进步时代初期,美国经历了严重的社会动荡与政治腐败。金钱操纵政治,"政府多次被人利用来牟取私利",政治腐败使美国的州和地方的代议制徒有虚名,民主制度被严重扭曲。像州和地方政府一样,到进步时代,美国联邦政府的财政管理也是非常不规范和十分混乱的,既没有正式的预算制度,也没有国会的规范的监督和制衡机构,财政收入与财政支出也非常不协调。在1921年制定和颁布了《预算与会计法案》之后,联邦政府的预算才开始规范起来,政府官员的腐败案件开始大幅度减少。到了罗斯福新政之后,尤其是在1946年制定了《联邦行政程序法》(APA),政府官员腐败问题得到了进一步的控制。到美国国会1976年通过了《阳光下的政府法》,美国政府官员的贪腐才最后得到了控制。从美国预算管理制度史和美国反贪历史来看,美国逐步建立起规范的对政府预算的监督和制衡制度,与美国政府反腐机制的完善,是同步进行和同时发生的,并且均是在美国建国一百多年之后的事情。由此看来,我们国家今天起步还不晚。我们的共和国,到目前也才有60多年的历史,现在看来进行国家预算管理制度的建设,还是一个时机。问题的关键在于,是否把政府预算的监督和制衡制度的建设,列入整个改革和国家治理体系现代化的改革日程。

在美国政府预算监督和制衡制度建设的历史上,1974年《国会预算和截留控制法案》(Congressional Budget and Impoundment

图 1 美国年度联邦预算流程图

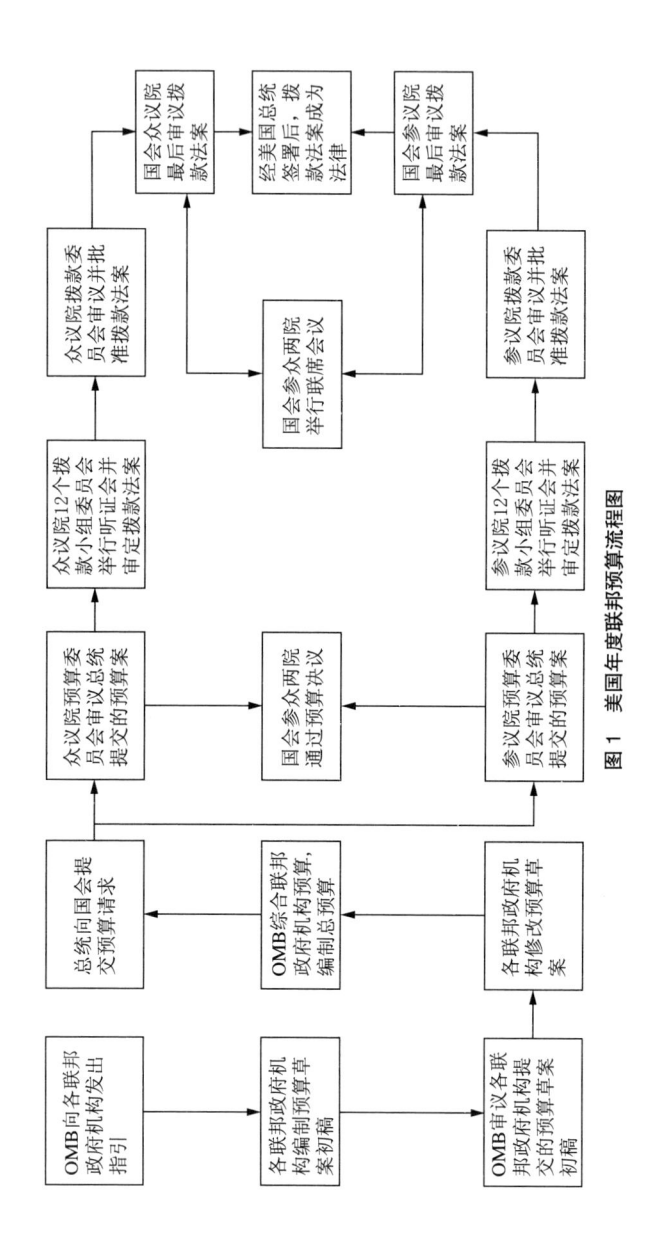

Control Act）占据了一个十分重要的地位。1974年，强势的尼克松总统上台执政，主张增强总统在政府预算收入和支出上的权力，强势干预国会按每年的拨款法案来支付财政资金的制度。在实际做法上，尼克松总统则试图阻挠国会在预算资金的授权，并试图改变国会在拨款资金方面权力过大的格局。结果，尼克松政府与美国参众两院发生了激烈的冲突。在双方激烈争吵和讨价还价后，美国国会通过这一《国会预算和截留控制法案》，结果反而增强了国会在预算过程中的权力和职能，使其作用更加强化。这一法案要求白宫与参议院预算委员会在国会预算问题上联合行动，同时也要求成立美国"国会预算办公室"（Congressional Budget Office，简称CBO），由这个机构专门来提供关于预算问题和经济问题的无党派偏见的分析报告和其他信息。因此，CBO是一个完全超越党派的（nonpartisan）、专为国会和社会公众服务的咨询机构，它没有实际的预算制定和制衡权力，但专门研究美国的经济增长与政府预算的变化趋势，并作出预测。CBO成立后，也与白宫方面的OMB保持沟通和联系，共同为美国总统和国会每年的预算提供信息和研究报告，以服务国会和联邦政府以确定税收总收入（包括联邦基金、信托基金等）和财政支出的总体水平。

四、国家财税体制改革与政府预算管理制度建设当是相互关联着的一项现代国家制度建设的巨大系统工程

通过上述对美国联邦预算收支制度的历史回顾，我们发现，预算民主（budgeting democracy），即国家立法机关对政府财政预算进

行监督、审议、制衡和审计,是现代民主政治的一个重要或核心组成部分。我个人觉得,这次我们国家的财税体制改革,与国家预算管理制度的建设,应该像 1921 年美国预算管理制度建设一样,在社会转型的一个重大契机中构成我国现代国家制度建设的一项综合配套改革工程。

首先,从理念上说,建立一个现代国家的预算管理制度,应该走一条从税收法定,到财政法定,再到预算法定的逐步推进过程。是否已经达到"预算法定",应该是衡量一个国家是否已经走向现代化国家的重要标志之一。从西方议会的发展史来看,议会之所以产生,很大程度上是围绕着监督和制衡政府如何征税、如何花钱而产生的,而这一制度沿革到当代,西方民主国家议会的一项主要功能就是监督和控制的政府预算。当然,即使在现代西方国家,每个国家的财税体制和政府的预算管理制度都有很大差别。尽管英国、法国、德国、北欧国家、日本等各国具体的预算制度都有很大差异,与美国相比更有显著的差别,但是它们之间也有共同之处。而实质性的共同之处在于,虽然这些国家不像美国那样税收和国家的财政支出权实际上控制在国会手中,但各国议会对政府税收和财政支出,均具有实质性的批准、制衡、审议、监督和问责的权力。由此我们认为,一个国家的预算管理制度,是一个国家制度现代化建设的一个基本方面。

中共十八大报告和十八届三中全会《决定》均讲到中国国家治理体系和治理能力的现代化问题,我觉得这实际上涉及我们国家的现代国家基本制度建设问题,而国家制度现代化建设问题的一个核心的问题,就是国家的预算管理制度的现代化问题。由此我认为,是否达到了由"税收法定""财政法定""预算法定"的"预算民主",应该是判别我们国家是否已经完成了一个现代化国家建设的基本标准。

21世纪的今天,回顾一下我们共和国的历史,可以认为,我们从一个以农业为主的自然经济社会,直接走向了一个计划经济社会,又在1978年后快速引入了一个市场经济体制,并引致了经济的快速增长。经过30多年的高速增长,我们国家突然富起来,成为一个中等收入国家,政府的财政收入和财政总支出近些年则增长更快,已超过20万亿元,差不多已接近美国联邦政府的财政收支总规模。尽管我们的社会已经市场化了,国富了,政府财政收入迅速增大了,但我们国家从整体上来说,还不知道怎么规范性地控制政府预算,不知道怎么按现代社会的法治原理来征税和花钱。这说明我们还没有完成一个现代化国家制度的建设,也是到目前为止政府官员大面积地腐败而屡治不果的一个根本性的制度原因。从这个意义上讲,我们建立一个现代化国家,要实现国家现代治理体系的现代化,关键就是要建立人民代表大会和政府之间的财政预算的管理、制衡、约束和监督机制。

从现代民主政治的运作来看,西方民主国家议会的一项主要功能就是监督和控制政府预算。有研究发现,西方国家立法机关(包括参议院和众议院)每年开会时间都超过150天以上(英国则达到170天),而一般都将超过60%的时间用在审核和讨论政府的各种预算上。不像我们国家,"两会"一年就开一次,全国人大常委会也只是两个月才开一次。全国人大一年一次开7天左右的会,全国人大常委每两月开一次会,这怎么能讨论、争辩、制约、批准和监督政府如何花钱,又怎么能实际控制和制衡监督政府的财政收支?

作为国家立法机关的全国人大对政府财政预算还没有真正做到实质性的监督,实际上并没有全程参与政府预算的制定、实施、制衡,乃至对预算执行情况的审计,这是中国还没有完成现代国家制度建设的一个重要标志。更进一步的问题是,尽管政府预算监督是现代民主国家政治与经济运作的一项基本内容和最重要构成部分,但是,西方各国政府的财政预算是如何制定出来,又是如何执行和实施的,立法机关是如何监督、制衡、控制和审计政府预算的,在立法机构对政府预算监督方面到底有哪些制度安排,在各国立法机构中又有哪些实际运作的机构设置,以及各国政府的预算监督体制又有什么异同,对于这些问题,除了一些财政学和政治学的少数专家外,国内其他学界、政府决策层乃至社会各界人士,大都知之甚少。甚至财政学界、法学界和政治学界对这一类问题研究和比较也很少。这说明,我们国家的预算管理制度的建设,到目前仍然在理论上准备不足。

从理念上讲,"全权政府"(totalitarian government),或者是"威权政治"(authoritarian politics),首先且主要表现为政府征税和政府花钱得不到实质性的制约,表现为政府对财税的无约束的征收和支配权。"预算民主",也就意味着政府征收任何税种和花钱都要得到实质性的制衡。政府的财税权和预算支出权得不到实质性的制衡和约束,政府官员大面积的贪腐不断发生而屡治不果,与政府收支的财权相关联的种种社会问题不断发生和积累，就无法从根本制度上加以解决。由此看来，落实中共十八大报告关于政治体制改革的第一条，加强各级人大对政府全口径预算的审查和监督，建立健全人大体制下对政府预算的管理和制衡制度，应该是当下中国政治体制改革的一项重要任务。中共十八大报告把这项改革列为下一步政治体制改革第一条，是有深远意义的。

五、从国家预算管理制度的建设看未来中国改革的长期愿景

最后，我想从国家预算制度建设的思路看未来中国改革的长期愿景。这里首先要指出的是，要加强人大"对一府两院的监督，加强对政府全口径预算决算的审查和监督"，必须在人大和政府制度上和建制上进行真正的改革，并重新起草和制定与之相匹配的带有现代预算民主精神的《预算法》。经与财政学界和法学界的专家讨论，且与一些省级人大财经委的领导和预算工委的领导多次交流意见，我觉得，至少在国家的政治制度建设上有以下几点可以考虑：

第一，在中国市场经济体制已经基本形成、人均 GDP 超过 6000 美元、政府财政收入达到二十几万亿元的经济社会发展阶段上，目前我们首先要做且可以做的，就是要研究落实中共十八大报告提出的政治体制改革第一条的具体目标，加强人大"对'一府两院'的监督，加强对政府全口径预算决算的审查和监督"。要做到这一点，必须在人大和政府制度上和建制上进行真正的改革，并重新起草和制订与之相匹配的带有现代预算民主精神的《预算法》。做不到以上两点，单凭国务院和财政部的一些文件和行政命令规定

"各级政府的预算要公开、透明",会有一定的作用,但实际效果是不会太大的。即使在党的纲领性文件中写上要人大"加强对政府全口径预算决算的审查和监督",如果不进行一些根本性的国家制度建设,也不会有多大实质性的进展。这里问题的关键是要在国家建制上予以保证。我们觉得,目前可以考虑做的,是在全国乃至各级人大均增设一个预算委员会,并把现有的人大常委的"预算工作委员会"(简称"预算工委")移到这个"预算委员会"下,增加其编制,强化其功能,使其成为常设性的机构。甚至可考虑在人大预算委员会下,设置像美国参议院和众议院有近千人员编制的"拨款委员会"一样的实体机构,做到所有政府部门的财政支出要经由"预算工委"或相应的"拨款委员会"笔笔审核,符合年初制定的财政预算计划而批准后,才能支出。同时,使中国人大预算委员会能像美国参众两院预算委员会(House Committee on the Budget, Senate Committee on the Budget),或像英国下议院的"公共账目委员会"(the Public Accounts Committee)那样,全程参与政府预算的编制、实施、调整和决算审查。只有这样,才能从制度上和建制上落实中共十八大报告关于政治体制改革的第一条,加强人大"对政府全口径预算决算的审查和监督"。很显然,这里最关键的问题还在于,如何加强和"做实"全国人大作为国家立法机构的功能和作用。

第二,尽管自 1981 年以来我国设在国务院下审计署的审计制度已经定型多年,要进行任何改革目前看来都比较困难。但是,随着人大对政府预算管理功能的加强,仍可以考虑同时升格"国家审计署",即从国家建制上把国家审计署从国务院中独立出来,建立起独立的和超越的"国家审计督察院",以强化对政府财政和其他政府部门乃至所有国有企业和部门的预算、决算的事后审计、督察和问责。建立一个独立的国家层面的审计督察院的好处是,它不但对财政部和政府各部门的预算资金使用情况能进行审计,而且对人大机构、政协机构、国务院本身乃至总理办公室、司法机构、宣传媒体机构、军队、维稳机构等的预算资金的使用情况也能进行审计。这无疑有利于建立我国全面的反腐倡廉制度,实属国家发展的百年大计。在升格和构建独立的国家审计督察机构的同时,也可考虑在人大设立一个监督审查委员会(可简称"监审委"),甚至可以考虑把国家反贪局甚至国家统计局设在人大"监审委"下。

从目前世界上160多个国家和地区审计制度模式来看,世界各国现在有立法型、司法型、独立型和行政型等四种审计模式。从我国改革开放后审计制度的演变史来看,1981年,根据当时中共中央、国务院领导关于建立审计机构的指示,财政部研究后曾提出了建立审计机构的三种设想方案:一是在全国人大常委会领导下设立国家审计院或审计委员会,二是在国务院领导下设立国家审计部或审计总局,三是在财政部领导下设立审计总局。当时经过反复考虑,在1982年我国修改宪法时,最终确定了实行现行的"行政型审计模式",即在国务院下设立一个国家审计署,并在各省市自治区和县设立作为国家审计署派出机构的审计厅和审计局,依法独立行使审计监督权。根据目前中国财政体制出现的种种问题,以及近些年政府官员腐败渎职的现象大面积发生而屡治不果的现行国情,我们建议改革国家的审计制度,重新考虑从现在的"行政型审计模式"

向"立法型、独立型或二者混合型审计模式"过渡。可考虑像英国的国家审计署（National Audit Office，简称 NAO）、美国的问责总署（General Accountability Office，简称 GAO）或日本的国家"会计检察院"那样，建立一个完全独立的"中华人民共和国审计督察院"（同时可考虑在财政部内部也保留或设置一个"审计局"或"审计司"），而审计督察院院长则由国家主席提名，人大和政协大会投票通过而较长时间任职。加强对各级政府预算决算的审计、督察和问责，独立的审计督察院和在人大立法机关中设置一个独立的和功能化的监审委这样的常设委员会，目前看来应该是一项重要的和切实可行的改革。

在国家的基本制度上进行这样的改革，可以认为是能够建立起长久的反腐、惩腐的制度机制，是保证我们国家长期繁荣、稳定、和谐的国家制度安排方面基本建设。

第三，在人大内部构设一些预算管理机构的同时，进行政府内部财政预算制度的改革，可考虑像美国的 OMB 模式一样，强化财政部在政府各部门间"全口径"预算的编制和统筹权力，使财政部及其预算司有汇总编制各部门预算的权力，对全部政府性收入实行统一、完整、全面、规范的预决算管理，尽量消除各级和各地政府部门及其所属机构的"预算外收入"和"制度外收入"，把政府性全部预算收入分类编入公共预算、政府基金预算、国有资本经营预算和社保基金预算，建立起政府"全口径预算收支体系"。

第四，财政部要与央行一起，健全和完善央行国库的"单一国库账户"制度。这要牵涉到三个方面的政府管理体制的改革：

（1）强化而不是削弱财政部的对政府部门的财政资金收支的统筹权力。政府预算一旦通过，即为"法定"，这就是我们今天所说的"财政法定"和"预算法定"的意思。一旦达到"预算法定"，各级党政主要领导和其他部门领导不得干预财政部门按照年初预算进行财政收支的财权，即使国家有较大经济波动和重大自然灾害及突发事件等情况，需要进行政府预算调整，也要经人大及其相关职能机构讨论通过后才能修改。党政领导除了在自己职权内所特设的一些专用基金外，不得随便和任意干预各级财政部门的独立财权，且应该杜绝主要党政领导人"靠拍脑袋"而任意动用政府预算资金的做法。另外，进行相应的财政体制改革，使中央和地方的财权与事权相匹配。（2）政府的全部财政资金应当及时缴存开设于央行的国库单一账户，任何部门、单位和个人不得截留、占用、挪用或者拖欠。法律有明确规定或者经全国人大常委会批准的特定专用资金，可以设立财政专户，但现有财政存款账户（国库单一账户和财政专户）的资金流入、流出及余额情况应当每月向本级人大常委会报告。（3）国家实行国库集中收缴和集中支付制度，对县级以上各级政府全部收入和支出实行国库集中收付管理。税收和财政资金缴存"直达"国库单一账户；资金拨付从国库单一账户"直达"政府采购的供应商账户。如果做到上述三点，不但可以建立起我们国家的政府预算管理制度，在国家治理体系的现代化上有了根本性进步，而且有望从国家的根本制度上堵住许多政府官员贪污腐败的漏洞，建立起完备的和切实有效的防腐、反腐和惩腐的制度保障机制。

概言之，在国家的基本制度构架的改革和建设上，要做到政府预算制度的"民主化"和"现代化",从而逐步实现从"税收法定"、"财政法定"到"预算法定"。一方面,要加强财政部对政府所有财政收支编制全面预算的统筹和支配权力;另一方面,在人大内部建制上,建立起真正实体化和常设化的预算委员和常设机构,全程参与国务院和财政部的预算编制、执行、实施和审查监督。在国家的审计和督察制度方面,升格国家审计署,在人大内部或在国家的最高权力层面上设置一个独立的"国家审计督察院",并相应健全和完善央行经理国库的"单一国库账户"体制,基本做到把政府所有财政资金入出央行的"单一国库账户"。这样一来,在政府的财政预算编制、执行、实施和决算的整个过程中,事前,在制定预算时有人大预算委员会的参与制定和审议;中间有预算工委或拨款委员会的审查、批准、监督和制衡,且有央行国库所提供的预算收支和库底资金使用情况的精准数字;事后又有独立的国家审查机关来审计财政部门和各政府其他部门的财政收支情况、支出用途和效率以及是否使用的得当、是否符合年初预算。这样就可以从各个环节上随时堵住现在政府官员腐败渎职的主要渠道,从制度上建立起一套完整的国家反腐保廉的制度机制。

上述这些改革措施,不但看来是必需的,在目前我国的现行体制下,至少是可行的和可操作的。这既符合中共十八大报告所提出的下一步改革设想,实际上也能不断提高中国共产党的执政能力。更为重要的是,这实际上是一场中国现代国家制度的基本建设和创新,是中国走向一个现代国家、建立一个良序的市场经济社会当为的改革。当然这样的改革,会牵涉到中国现行政府体制的方方面面，将是一套综合的政治体制改革。这样的改革，才是中国执政党在新的历史条件下带领人民进行的一场"新的伟大革命"。

2014年6月15日于北京"《预算法》修法学术研讨会"上的发言

参考文献：

乔纳森·卡恩:《预算民主：美国的国家建设和公民权（1890～1928）》，叶娟丽等译，格致出版社2008年。

高强:《关于深化财税体制改革的几点思考》,《上海财经大学学报》,2014年第1期，第4～10页。

麦蒂亚·克莱默:《联邦预算：美国政府如何花钱》，上海金融与法律研究院译，生活·读书·新知三联书店2013年。

马骏、刘亚平（主编）:《美国进步时代的政府改革及其对中国的启示》，格致出版社2010年。

CBO, *An Introduction to the Congressional Budget Office*, Washington DC, CBO, 2012.

韦森、蒋洪、朱为群谈《预算法》的修订

2014年8月下旬,第十二届全国人民代表大会常务委员会第十次会议召开专门会议,讨论《预算法修正案》四审稿,并于8月31日下午对《预算法修正案》进行投票。四审稿最终获高票表决通过。曾参与推动《预算法》修订的上海财经大学教授蒋洪、朱为群与笔者一起,回顾了过往十年《预算法》的艰难修订过程,交流了对新《预算法》通过的感想。中山大学教授王则柯主持了讨论。

十多年来,在人大立法机构的努力下,在社会各界的广泛参与和讨论下,经过政府部门之间的修法博弈,《预算法修正案》四审稿已经取得很大进步。新《预算法》已经接近现有制度下修法的"天花板",这次修订理应被载入史册。

《预算法》条款的修订

王则柯:几位老师的著作很丰富。蒋老师在电视上的两会发言也是讲《预算法》。《预算法》是非常要紧的。我自己对财税不太懂,

说我是著名经济学教师可以,说著名经济学家是不行的。对实际情况我不太懂。"预算"听上去是中性的,不跟意识形态相关,但真的推行下去,是很要命的东西。(在我国,目前)只有三个税种是人大通过的,其他税,说收就收。国外的国会吵来吵去就是"税",讨论该不该收、该怎么用。现在,讨论预算,是一个很好的切入口。《预算法》有一点"前进",仍有很多不足的地方,但是这一点前进已经很不容易,很多部门的命根子、钱袋子就在这个地方。这次座谈,对我来说也是一个学习机会。

关于《预算法》的修订,蒋老师曾经参与其中,应该是有很多话要说的。

蒋洪:这个说来话长。我也说不上是直接参与,只是在修订过程,我比较关注。我是学财政的,预算是财政的一个核心问题。另外,我恰好是全国政协委员,要参政议政,民主监督。《预算法》的修订当然是件大事,从 2003 年开始,就有修订法律的计划,之后陆陆续续有几个草稿,实际上影响很小,是内部的文件。我真正看到比较正式的文件,是 2010 年 3 月 15 日。当时是财政部、人大财经委小范围地向专家学者征求意见。我看了之后,两会期间针对这个版本提过一系列的提案,后来这个版本又做了一些修改。2012 年二审稿与社会大众见面,并在学界引起了广泛的讨论,这一过程韦森老师起的作用非常大。

朱为群:韦森老师 2012 年 7 月 20 日在 FT 中文网上发表的《〈预算法〉修订为何"静悄悄"?》这篇文章,一石激起千层浪。

蒋洪:针对二审稿,我们提过很多意见。二审稿向公众公开后,收到了33万条意见,但是到底集中在哪些地方,不清楚,各种意见是否有过对话和讨论,在媒体上见到不多;赞成或者反对的理由是什么,仍然缺乏广泛的交流和沟通。三审稿基本上处于保密状态,我没有从正式、公开的途径看到过三审稿,媒体可能通过各类途径能够看到,但都是从"后门"出来的。二审稿到三审稿确实有了一些变化,这次是四审稿得到了通过,但是这次的情况,多少票赞成,多少票反对,我还不太清楚。

韦森:171人参加投票,2票反对,7票弃权。这个是在十二届人大十次会议上通过的。

蒋洪:这次《预算法》的修订,我其实只是作为政协委员、相关学者,提了一些看法,在媒体上发表过一些文章。2009年,我在人大大会,做过一次发言,强调要预算公开,当时并不是针对《预算法》的。2010年以后,我的各项提案很多就是直接针对《预算法》的,对哪些条款需要修改、应该怎么修改提出了建议。总的感觉,《预算法》修订取得了一些进步,但进步有限。

王则柯:您前面说的33万多条意见,具体内容不知道,但是我觉得微博这个意见平台还是起作用的。

《预算法》修订相较以前的突破

蒋洪:《预算法》修订的突破,是要一条条来谈的。这里面涉及很多法律条款的问题:关于预算的宗旨性条款问题,预算的完整性条款问题,预算的透明度问题,预算的编制问题,关于行政部门在审批之前的自主权问题,还有预算调整的问题,国库的资金管理问题,地方发债问题。这里面涉及很多具体环节,只能够一个个说。

关于宗旨性条款。这个钱从性质上来说是公众的,怎么花,应该按照公众的意愿。公众和人大在这个过程中到底发挥什么样的作用,有哪些权利,应该体现在宗旨性条款里面,当然,也要落实在下面的各个具体环节中。宗旨性条款原先的中心意思是实现国家的宏观调控,加强国家对预算的管理。当时我就提了意见,说这个宗旨描述得不到位,或者说不准确,感觉是要按政府的意愿来使用资金,没有强调社会通过人大对政府的制约和监督,没说清楚国家到底是什么概念。在宗旨性条款里必须要说清楚钱是按照谁的意志在使用。这个条款学界提过不少意见,二审稿没有改,当时我估计这是最难改的。到了三审稿,我觉得有进步,开头一句就是"为了规范政府收支行为",然后是"建立健全公开透明的预算制度"。以前把政府作为管理者,现在把它作为规范对象,这是一个很大的进步。四审稿又加进了"强化预算约束"。但进步还不够,还有很大的局限性,说了要规范政府行为,但没有说谁去规范,如何去规范。是政府自我规范呢,还是通过社会公众及其代表机构来规范呢?现代国家治理体系与旧体系的区别不在于是否要规范政府,而是由谁来规范,如何规范,自我规范代表着旧体制,通过民主法治来规范,才是新体制的特征。所以我提出在宗旨性条款中加上"为了维护预算过程中公民的基本权利,加强人大的监督,规范政府行为"。这样才能体现宪法精神,在宗旨性条款中体现"一切权力属于人民",人民通过人大来管理政府,政府执行人大决定这样一种基本政治构架。我当时写了这个提案以后,国务院某个机构和我联系,反馈意见说,我提的意见是对的,但是这些话宪法上已经说过了,这里就不重复了。我答复说:宪法是一个基本精神,下位法应该把基本精神明确化而不是笼统化,现在的表述是朝笼统化发展。

《预算法》的基本精神

朱为群:在2012年二审稿出来之后,我也关注了《预算法》的条款。我当时写过一篇文章,题目就叫"必须修改《预算法》的立法宗旨",里面提出了二审稿关于立法宗旨条款的不足。现在正式发布的《预算法》对立法宗旨进行了较大的修改,做了新的表述,我同意蒋老师的意见,就是有比较明显的进步。但还是有一些不足的地方可以进一步讨论。

有一个问题就是蒋老师前面提到的,《预算法》立法宗旨条款中关于加强对预算的管理和监督的主体没有突出出来,也就是说,没有明确讲是社会公众以及人民代表大会。另外,后面有一句"建立健全全面规范公开透明的制度",应该是放在原则里去讲,它似乎不是一个宗旨。因为宗旨是要说明达到的目的,而"全面规范公开透明"是说做好这件事情的一个原则,把这两个糅在一起不是太合适。其实,这条既讲立法宗旨,又讲立法依据。关于立法依据,除了《宪法》以外是不是还有另外的法,比如《立法法》。《预算法》是一部法律,立法法是对所有法律的制定的约束,所以关于立法依据应该加上根据《宪法》和《立法法》的规定。

《预算法》的进步

韦森:从整个《预算法》的修订过程来看,最高决策层和人大法工委还是充分听取了我们学者的意见的。先不说内容，仅举个简单的例子，连三审稿和四审稿人大公布的版本都是我们在收到二审稿后，二十一位学者提出修改意见时所提供的格式。2012年7月5日的二审稿在人大网上公布时，有关方面打了个马虎眼，根本就没有说明老的条款是什么、新的修正案的条款是什么，叫人们根本无法判断修改了什么。2012年7月26日，我们二十多位学者在上海召开"《预算法修正案（草案二次审议稿）》专门理论讨论会"之前，我先让上海法律与金融研究院的会务工作人员把老的《预算法》、新的《预算法》拼出来，把条款都对起来，把有哪些变化突出出来，一目了然。然后再空出一个栏目，填我们专家学者会议的修改意见。今年的三审稿和四审稿，都是采取我们这种格式。

  当然，在内容上，我们几次会议的建议和全国各地学者的建议都显然被吸收进去了。正如蒋洪老师所说的，这次《预算法》的最大进步，就是立法宗旨都变了。实际上原来的二审稿中，财政部门对政府其他部门和下级财政部门的财政资金收支的"管理法"，在一定程度上变成了"控权法"。这充分体现在在第一条的修改上。1994年的《预算法》的第一条原来条款是："为了强化预算的分配和监督职能，健全国家对预算的管理，加强国家宏观调控，保障经济和社会的健康发展，根据宪法，制定本法。"2014年8月31日第十二届全国人大常委会第十次所通过的新的《预算法修正案》，第一条则变成了："为了规范政府收支行为，强化预算约束，加强对预算的管理和监督，建立健全全面规范、公开透明的预算制度，保障经济社会的健康发展，根据宪法，制定本法。"请注意，这第一条，从原来的"健全国家对预算的管理"和"强化预算的分配和监督职能",改为现在的"为了规范政府收支行为,强化预算约束,加强对预算的管理和监督……",这本身就意味着立法宗旨变了,这是一个重大进步。新通过的《预算法修正案》接着还加了一条,即现在的第二条:"预算、决算的编制、审查、批准、监督,以及预算的执行和调整,依照本法规定执行。"这又进一步显示了《预算法》已经具备了对财政部门预算收支行为的控权法的性质。

朱为群:《预算法》实际上是一个利益调整法,是一个关于公共利益的非常主要的调整法。所以,立法宗旨应该非常明确地提到调整利益的基本原则。实际上刚才蒋老师的提法,我觉得可以理解为维护全体人民的基本利益,或者说维护利益分配的公平正义,这个立意更高。现在立法宗旨里表述的是"促进经济社会的健康发展"。但是,"健康发展"有点泛,如果把它定位成从公平正义的角度去进行利益的调整,可能会更好。

蒋洪:整个《预算法》对公民在预算过程中的权利提到的很少,或者说基本上没有。预算实际上与社会中的每一个人都有关。我在宗旨性条款当中提了一句,之后我也没再多提,我想改革需要过程,首先需要在原则上确认这一条。从现代国家治理机制这个层面来说,保障公民的基本权利是基础,有了这一条才有现代国家治理,才有能够发挥作用的人民代表大会。概括一下我刚才说的,把政府作为规范对象,这是进步,但是它没有强调谁来规范,如何规范,宗旨性条款之后的具体条款中,社会公众、人大的权力仍在某种程度上有软化的倾向,这是本次修法留给未来的任务。

《预算法》的制度"天花板"

韦森：新的《预算法修正案》在 2014 年 8 月 31 日由人大常委会讨论通过后，《北京青年报》立即给我做了一个访谈，题目叫"从'税收法定'走向'预算法定'"，后来全文发表在凤凰网上了。在那篇访谈中，乃至到现在，我对新通过的《预算法修正案》的评价总的来说还是比较高的，基本上是赞赏的。为什么评价高？我觉得这次《预算法》的修订，已经碰到了单一法律修改的"天花板"，其他许多预算监督和制衡的问题，已经不是《预算法》本身的问题了，而与未来我国的国家治理体系的现代化建设和国家基本制度建设有关了。原来的《预算法》以及 2012 年的"二审稿"，基本上还是财政部管理其他部门和下属部门的法律。这几年来，财政学、税法学和经济学界的许多学者，包括我们所组织的两次《预算法》修订讨论会的学者，在各种场合和媒体上发表了关于税收法定和预算法定文章，不断传播税收法定和预算民主的理念，逐渐为社会所接受。在这次《预算法》的十年漫长修订过程中，实际上许多人大代表和人大常委会的领导，以及在各省市的人大预工委的领导，也在推进《预算法》的修订、加强人大对政府财政预算监督方面做了许多实际工作，许多人大代表都提出了许多意见。最后的结果是，这次实际上已经修订出来一个形式上"规范政府收支行为，强化预算约束，加强对（政府的）预算的管理和监督"的控权法。至少从立法宗旨上来看是这样的。并且，在新的将要实施的《预算法》的第十三条，又明确规定："经人民代表大会批准的预算，非经法定程序，不得调整。各级政府、各部门、各单位的支出必须以经批准的预算为依据，未列入预算的不得支出。"这里就内含着"预算法定"的精神了。其后的许多条款，还规定了预算的编制、审议、批准、实施和监督的许多细节。这些细节都很重要。实际上，要批准预算，就要由人大来批准，批准了以后，财政部门才能进行财政资金的收支。这是个很大的进步，但是怎么落实，能否真正做到，还是另一回事。说要人大来规范，怎么规范？我和北京大学的刘剑文教授，以及许多参加两次会议的大多数学者一致主张，要建立人大预算委员会，作为一个专门的常设机构来参与政府预算的编制，预审每年政府的预算案，向全国人大提供每年预算案的审议报告，乃至在预算批准后日常监督和制衡每年政府预算的实际执行和实施。

美国的预算体制

韦森：2014年2月底，我去过华盛顿，访问了美国的国会预算办公室（CBO），具体了解了美国政府的预算编制、审议、批准和实施乃至审计过程。比较了美国复杂、严密的政府预算的机构设置和程序，我深深感到，要是没有一个专门的预算委员会的话，仅靠现有的人大常委会下面预算工作委员会（人大预算工委）这么二三十人的编制，是审查、监督和约束不了我们国家这九十多个中央部委和职能部门、三十二个省市自治区以及近二十万亿元规模的政府财政收支预算的。没有常设和足够编制的预算监督机构，就不能落实《预算法》。但是，话说回来，至少新的《预算法》立法的宗旨体现了这一点，也是非常重要的。我觉得这是《预算法》的有限进步，关键还在于后面的国家制度和国家治理体系的建设。

新《预算法》通过后,有人说这是又一次"甲午立法"。这个说法实际上强调了这次《预算法》修改的重要性。这次《预算法》的修订和通过,其重要性不止在于立法宗旨和一些具体的立法条文的增改,还在于这次《预算法》修订的过程本身。这次预算修法,前前后后,长达十年。学界、政界和社会各界关于《预算法》的讨论、评论和所提出的修改意见,乃至人大有关机构和政府部门,以及在政府部门之间的内部博弈,过程之曲折、参与讨论之广、讨论之深入、修法历时之长、过程之反复,在中国当代法制史上,均是空前的。前几年,刑诉法的制订和通过,也备受社会各界关注,但最后也只是征得了八万多条的修改意见,远没有这一次规模这么大,讨论这么深入,修法过程这么曲折,官员、学者、媒体、社会各界以及人大代表和人大常委参与讨论和议论这么广泛和这么深入。我们都知道,仅"二审稿"放到全国人大网站上公开征求意见后,一个月的时间里就得到了33万多条的社会各界的修改意见。从启动人大讨论二审稿的修法过程来看,原定人大常委会于2012年8月31日初审二审稿,在社会各界的关注和批评下,那天没有进入议程讨论。到了2012年10月23日,十一届人大常委会第二十九次会议开始讨论审议《预算法(二审稿)》,最后的结论是,学界和社会各界的意见太大,把它搁下了。搁下了的意思是说,这次不予以通过。12月24日至28日,十一届人大常委会第三十次会议再次讨论"二审稿",最后的结论是,《预算法》修订的争议太大,本届人大不再审议《预算法》。然后,就到了十二届人大。今年4月21日全国人大常委会再次启动审议三审稿的议程,结果几天讨论下来还是没有通过。最后到 8 月底,十二届人大第十次会议再次启动审议"四审稿",经过人大常委会数天的讨论,到 8 月 31 日才最后通过。所以,就像我前面说过的,这个法律的修订时间之长、讨论之深入和细致、社会各界参与之广、过程之曲折,在当代中国立法史上均是空前的。这本身就说明,全国人民和人大代表的民主参与意识和法治意识都在提高。最后,从立法的宗旨、适用的范围来看,《预算法》从一个财政部门的管理法变成了一个控权法,也就是说,从财政部来管其他部门,变成了人大来管政府预算的法律,并不是政府立法来管老百姓,这个变化在当代中国的立法史上也是前所未有的。

2014 年 9 月 6 日,一个叫苏小张的作者在《投资时报》上发表了一篇报道,题目就叫"甲午变法:一部经济宪法修订历程"。这位作者也高度称赞"甲午修法":"2014 年 8 月 31 日获得通过的《预算法》,是自中共十八届三中全会之后全国人大常委会通过的法案里,第一部对推动改革进程具有全局性影响的法律。"故不管新《预算法》具体条文怎样,还有许多不满意的地方——在这方面,作为专家的蒋洪老师、中央财经大学的王雍君教授和天津财经大学的李炜光教授,都有许多深入和专业的评论。他们三位专家既是 2012 年 6 月上海《预算法》修改研讨会二十一位专家中的"主力队员",也是 2014 年 6 月北京《预算法》修改讨论会的参与者中的主力专家。多年来,我们的观点、见解和主张也比较一致。但是我个人认为,这次《预算法》修订,还是有很大进步,有些地方超出了我个人的预期。多年来的经验证明,中国的改革之所以成功,很大程度上就在于它的渐进性。许多改革方案，不能也不可能一步到位，要慢慢来。在未来中国，从税收法定到预算法定，再到预算民主，还将是一个漫长的社会发展过程。现在，新的《预算法》的通过，本身就证明我们这方面的改革符合人类社会现代化的大潮流、大方向是对的。所以我认为这次预算修法至少目前起到一个方向指示牌的作用。

《预算法》修订的亮点

蒋洪："完整性"是这次《预算法》的修订过程当中，非常要强调的一个亮点。什么叫完整性？也就是说，把该拿出来让大家监督、讨论、审议的钱都放出来。以前是不完全的，只是拿出一小块，这就意味着，还有很多东西都不在法治的范围里面。所以这次首先是要保证完整性，都应该纳入《预算法》的范围里面来。我注意到，从二审稿到三审稿，相对于原有的法律也有很大进步。原有法律的范围方面有很大缺陷，我们现在说"四本预算"，原有的法律实际上只针对其中一本预算。概括起来，这次修法在完整性方面有两点进步非常突出，第一点是政府的全部收支纳入预算，这一点很具有革命性。还有一点，就是把一般公共预算、政府性基金预算、社会保险基金预算，还有国有资本经营预算，都纳入了预算管理的体系。原来是一本账，现在是四本账全都拿出来，这是一个明显的进步。所以在完整性方面，我个人感到进步真的不小，至少从提法上来讲，进步不小。在二审稿的基础上，我又提了意见，这样提很好，但是这个提法不足以保证（所有账）全部都在（监管）里面，实际上有很多还会在（监管）外面。我们这几年也不断地观察，后来发现，四本账之外还有一本账，有一种收入叫做"单位自收自支"，它是纳入财政专户存储的，这部分收入，据我们了解，是根据财政部颁发的报表（填写的），它要求各个省都要填报表，我们才发现，除了四块以外还有第五块，为什么不包含进去呢？

另外，我们上次开研讨会，我印象非常深刻的是，张曙光教授说，政府性基金在我们国家有五百多项，有的学者还说不只这些项。但是我们现在纳入政府性基金的不到几十项。换句话说，还有很多基金不在这四本账里面。又比如说国有资本经营预算，应该体现国有资本挣到的钱以及它的使用情况，实际上纳入这个预算的不到国企利润的百分之十，百分之九十以上的利润不在这四本账里面。那么我就问了，从收支的角度来看，这个预算不就还很不完整吗？或者有人会回答，我们说的是政府的全部收入，那些收入不是政府的，而是单位的、机构的、企业的。但问题在于，这些单位、这些机构、这些企业都是政府的，所以法律上"政府"这个词就变得很含糊了。换句话，只要收到的钱不是交给财政部、放在国库里，而是放在政府所属的单位、机构或企业的账上，在法律上就可以把它放在四本账之外。这是法律的漏洞，这种意义上的完整实际上很不完整。我们尽管斩钉截铁地说了前面的法律条文，它如果想把那些钱放在账外的话，法律上无法阻挡。换句话说，法律没有规定清楚。它说法律规定得很清楚，这个钱不是政府的，这是企业的，这是单位的，是基金的，那就无话可说了。所以在这个问题上面，我们感觉法律的严密性不够，还留出了可操作空间，而且这种空间并不是凭空想象的，而是现实当中就存在的。那么，法律上准备怎么对待？是让它继续在账外,还是把它纳进来?如果要纳进来的话,法律就得说清楚,有关这个条款,我提出过修改意见,但是显然在这方面,官方有自己的考虑。

《预算法》的修订不仅仅是预算法的问题

韦森:这不仅仅是一个法律条文的问题,其实是一个政府体制和国家制度安排的问题。我们这个体制的问题主要是什么?就是财政部好像还不是我们国家的"总账房"。许多政府部门花钱和财政支出,还不是财政部门能全部管得了的。我们政府的钱,不是来自一个地方,也不是从财政部一个口子出。比方说社保金的预算,财政部实际上是没权力对它做预算的。社保掌握那么多钱,四五万亿元,财政部怎么对它做预算?我们又不像美国的体制。美国是什么体制?是总统制,总统统领所有行政部门,每年各政府部门的预算,全由白宫下面的一个"行政管理与预算办公室"(Office of Management and Budget,OMB)来做。按照1921年的《会计与预算法案》,联邦预算办公室(局)是设在美国财政部下边的。但是,到了1939年,行政管理与预算办公室就移至总统行政办公室,直接对总统负责。到了1974年通过《国会预算和截留控制法案》之后,预算办公室被更名为"行政管理与预算办公室"。美国联邦政府每年在制定政府预算前,各个政府部门先把自己的预算需求报给OMB,由OMB汇总,经过反复协调、沟通和计算制定出预算案后,由总统本人向国会报告,发出预算请求(预算案),然后经国会多轮讨论通过,每年的政府预算都有一个法案。由此看来,OMB是管着政府所有部门的，也包括财政部。现在，我们的预算司是设在财政部下边的，不可能有管着所有政府部门预算制定的权力。实际上，说得直白一点，我们现在财政部的地位是很尴尬和憋屈的。财政部在我们的体制下实际上是被"两面夹击"，收税的是税务部门和财政部门，但是批项目和牵涉到大部分财政支出权力的，却主要不是财政部，而是发改委。监督财政部门资金入出的后面还有央行的国库局，所以"前后夹击"。人们目前所说的"跑部钱进"，主要不是跑财政部，钱就进来了，而是"跑发改委钱进"。我们这种独特的预算体制，既不同于美国的体制，也不同于英国、澳大利亚和其他英联邦国家的体制。拿美国体制来说，发改委在整个预算当中的作用，就相当于总统办公室下面的OMB，但权力和人员编制要比它强大得多。而在美国的国家体制中，财政部（Department of the Treasury）的职能在很大程度就相当于我们的国库，而"treasury"一词在英语中原来的意思就是"国库"与"金库"。而美国的财政部（Department of the Treasury），尽管大楼很雄伟，就在白宫右边，但严格说来不应该翻译成"财政部"，而应该被翻译为"国库部"。但在英国、澳大利亚、南非乃至所有的英联邦国家体制里，"财政部"的权力就很大，一般财长就是副首相，财政部的权力大得不得了。其他政府部门收支都由"财政部"来管，"财政部"为各政府部门制定预算，也向各政府部门支出财政资金，等于说把我们的发改委和美国OMB的职能都内含在其中了。但是我们的财政部可没有这个权力。

至于十八大报告、十八届三中全会《决定》乃至新《预算法》所提到的"四本预算"和"政府全口径"的问题，理论上都可以列入预算,但是财政部的预算司有这个权力和能力来做政府性基金预算、国有资本经营预算、社会保障预算吗？这里实际上就牵涉到国家行政机制问题。由此我认为,《预算法》的修订不仅仅是《预算法》的问题了,已经是到了改变整个基本行政架构的设置和建制问题了,这就是我一直说《预算法》修改碰到了"天花板"的原因。这些问题,尤其是全国人大如何监督、控制和制衡政府花钱问题,不是仅仅靠着修改《预算法》的条文就能够解决的。

政府收入不在"四本账"里

朱为群：蒋老师刚刚提的政府收入不在"四本账"里这个问题,实际上在我们国家比较严重,因为我国广泛存在着国有企业。不单是国企——只要带国字头的单位都包括在内,也就是说,还有很多事业单位。国外是没有事业单位这个名称的,他们就是NGO或者NPO。NGO和NPO的财务跟政府是独立的,等于是自己运转的一个组织,相等于私营体一样。虽然它叫非营利组织,其实跟政府资金往来是隔断的。有的非营利组织还公开宣传不要政府一分钱,因为它的宗旨就是要减税,所以不需要任何政府的资助,当然也有一些NGO接受政府资助。再来说企业的问题。国外的国有企业很少,我国的国有企业非常多。政府想收钱的时候,如果自己不方便收,就由它所属的国有单位去收；政府想用钱的时候,如果自己不方便用,就可以由所属的国有单位买单。这样,政府的收支行为就规避了法律的限制,这个问题在中国特别严重。如果不把国企和事业单位纳入预算监督范围,实际上就是留了一个通道,而这个通道很难揭露出来,因为普通老百姓无从了解这些实际情况。政府的财务报表里面也反映不出来,它是内部进行的,有时候只要打个招呼就好了。据我所知,这种情况应该说是比较普遍的。如果这个漏洞不堵上的话,是有很大问题的。所以,这个问题提出来具有较大的现实意义。当然,我也理解韦森老师说的那些难处。

蒋洪:应该说肯定会有难度。但是就目前来说,财政部实际上编报的也就是一般公共预算和政府性基金预算。社保基金预算实际上由社保部门在编制,国资部门负责编报国资。只要把这几块统起来,再向人大报告,应该是没有问题的,但是我们现在法律上面的空档太大。我们之前跟上海市政协和有关部门会面,听到一些国资管理方面的情况,发现非常复杂。国资部门说他们现在管的还不是所有的企业,他们有十几个托管部门,换句话说,这些托管部门有的是宣传口的,有的是公安口的,有的又是什么什么投资的,都是别人管,他们管不着。他们现在交的钱仅仅是他们管的这一块。所以可想而知国有资本经营预算这个缺口有多大,有很多东西还不在他们管的范围之内。这里面如果要真正落实完整性,真的还要好好做一番工作。

中国模式与财政收入

韦森:这就要和中国特殊的模式联系在一起了。这个模式的本质特征是什么?是一个超强的政府。1978年的改革之后,我们是放开了市场。但是如果说有一个"中国模式"的话,最核心的一个特征是政府不但监管市场、从市场中取得财政收入,而且经营市场、参与市场,几乎所有的国有部门下边都有资产管理公司。人大这边弄个什么培训中心,那边弄个什么小公司,证监会下边也有资产公司,银监会下边又有投资公司。财政部和央行下边也都有,中金、汇金、中投等等,更不用说其他部门了。

还有一件事情,就是政府实际上是社会的最大和最庞杂的资产所有者。我们国有资产到底有多少?大家都不清楚。先不说国有企业和国有金融机构有多少资产,各地政府和各个政府职能机构有多少资产,能说清楚吗?在过去市场化改革中,各级和各地政府机构的资产迅速膨胀起来,有些多得都不知道有多少了。比如:一个人以前是某市某局的一个局长,在位时提议建了一座楼。这座楼后来局里管不过来,找个"老表"或者关系户给承包了。但是这个局长被提拔或调任到其他地方去,几经换人换任,这个楼最初的所有权都被大家遗忘,到底是谁所有,就没人知道了。现在就全国来看,政府到底有多少资产,哪些是政府的资产,哪些资产还在产生现实的收益,哪些是个人或私人公司的收益?都不清楚了。去年,听说安徽马鞍山市政府搞了个创新,他们想了一个办法,进行政府所有资产盘查摸底。市政府先是下一个文件,让各个局把所有的资产都如实报上来。举一个例子,一栋楼是某个局盖的,后来承包出去经营了,但仍是局里收益来源之一,或者尽管没收益,但知道仍是政府所有的。如果这个局如实报上来,过去是谁经营还是照旧经营,交不交管理费那是另外一回事;如果没有如实上报,查出来是政府所有的,那就是归市政府管,不归局管了。据说这个摸底措施非常有效,一下子盘查出来许多政府所有的资产。在目前中国政府的大规模的反腐运动中，为什么不在全国对所有的政府资产摸一次底？这样可以清理出许多政府的资产，堵住政府官员和亲属通过侵吞或占国有资产进行腐败寻租的渠道和机会呀！各个部下边在全国各地到底有多少各种资产，什么投资公司，什么培训中心、会所。这些独立经营的机构是用政府的财政的钱建的，但是收的钱是谁的，怎么进入预算？还有目前二十多万个财政专户，在还没有被清理掉之前，财政专户赚的利息，产生的收益，又是谁的？怎么用的？改革开放以来，市场组织在创新，金融机构在创新，政府的机构也在创新，政府参与和干预市场的办法也在创新。这是空前的，没有一个国家像我们的政府这样，不但监管市场，而且深深卷入市场运作和经营。这种格局，也给全口径预算和新《预算法》的实施带来了很大的问题。这"全口径预算"说起来很简单，但具体实施起来，还有很多问题。新《预算法》规定，所有政府的收入都应该纳入预算，但是政府的范围在什么地方？政府财政全口径收支的边界又在哪里？如各种政府基金负债、盈利和资本增值，新的投资是否应该管？这些具体问题，都是很麻烦的。还有各级党委和党校的预算要不要管？军队和国家安全、维稳的支出要不要在预算监管之下？这些都是《预算法》具体实施的问题。这是中国特色的过渡体制所留下来的遗产，也是我们的新《预算法》所不能承受之重。换句话说，在我们中国的这个独特体制下，《预算法》如何管，如何落实，如何实施，还有许多问题。

蒋洪：这个问题我们在北京讨论，学术界也有不同的看法。照我的说法，凡是属于公的，凡是政府管的，全部纳进去，你的收入，你的支出,你的资产,你的负债全部包括。那么熊伟马上提出问题了,说这不行吧,企业自主权怎么办呢?全部纳入预算了,企业上市了会有各种各样的问题。我说管理上有各种层面,最广泛的公共预算管理的层面就是,企业的情况要让政府知道,让政府了解。有的单位(情况),让政府知道就行了,企业自己去做决策。有的单位,还不能自己做决策,要政府说了算,要定规矩,比如社保基金。怎么样花钱,要定好规矩,具体使用就不再审批了。还有的单位,每一笔费用都要审,就像行政单位,这是要一个一个项目、一笔一笔地审。属于公这一块,一个最基本的管理层面,就是必须向政府报告,必须在政府的监督之下。当时我是这么跟熊伟教授解释的。我并没有说,所有的都要纳入预算,然后一举一动都要人大来审批,这个显然做不到。在决策权上面我们可以有各种各样的类别来处理,但是在一个基本层面上,必须纳入公共监管体系,要报告,要让主管部门知道,这样才能够保证完整性。很可怕的一点就是,如果我们的法律方面完整性不能坚持住的话,漏洞太大了随时可以接机避开法律监管,而又无法监管,因为这就是法律的规定。

韦森老师的意思其实是,不像西方,我们的政府管的事太多,到底有多少钱不是很清楚,这个是中国的特殊性。弄不清楚有两个原因。一个是管理不善,该有账的地方没账,但这不是主要原因。我相信,政府如果下决心要弄清楚自己到底有多少资金、资产,那还是弄得清楚的。还有一个原因,也许是更重要的原因,就是它不想让你知道,因为知道了之后权力就会受到某种程度的制约。

所以,这是《预算法》方面较为关键的一个问题。首先要都纳入这个范围,纳入的范围比以前有进步,但是留存的弹性太大。这是我的基本印象。

《预算法》的独立性问题

朱为群:其实里面还有一句话,就是关于四本账,相当于四个钱袋子。第一个是说完整的,还有一个是独立。"独立"是什么意思,在法律里面没有解释,但是按照一般字面的理解,"独立"就是说这里的钱,不能挪到那里,因为四个钱袋子嘛,袋子与袋子之间的钱不能挪,否则利益格局就发生变化了,它们之所以分开来,是有不同的利益关系在里面。一般公共预算涉及的利益关系,跟其他的预算不同。政府性基金预算、社会保障预算和国有资本经营预算这三本账相当于特殊预算,所以要保持独立。但是,后面还有一句话说:"政府性基金预算、国有资本基金预算、社保基金预算应当与一般公共预算相衔接。"这句话就有点不清楚。什么叫"相衔接"?就是口袋与口袋之间还要连起来,连起来就必然会有资金的相互流动。将前面说的独立性对照起来看,就让人有些费解。我不是说不同预算之间一定要完全割裂,因为有一些资金是可以流动的,比如说国有资本经营预算的资金和一般公共预算资金,从受益的主体来讲都是全民,两者相互间一定程度的流动并未改变利益的对应关系。可是,社保基金预算的受益主体恐怕不是全体民众了,因为有些人并未纳入社保范围内。所以,如果不分情况,将不同预算的资金随意改变用途的话,利益关系就越搞越乱了。

蒋洪:实际上,像国有资本的原始资本都是从公共预算支出的。

又比如说社保基金这块，说起来是大家缴款，实际上在某种程度上，是在帮政府还以前的债。如果这个缴款目前不够用的话，公共资金还要投进去的。所以各基金账上面不可能做到独立性，但是法律上面至少应该得弄清楚，独立性是什么含义。

《预算法》的修订口号

蒋洪：现在看来，这次《预算法》修订口号提的最多的就是公开透明。这次修订，从法律条款来说也是有进步的。这个进步表现在什么地方，我们原来的《预算法》当中对"公开"只字未提。我翻过保密法和根据保密法制定的一些条例，上面把预算收支都作为国家机密。以前在我们的管理术语上面只有秘密，没有"公开"两字的。保密条例是什么时候制定的？上世纪五十年代初。现在叫保密法了。1950年制定了一个保密条例，上世纪八十年代变成保密法。这次《预算法》的法律条文上面说，预算、执行和决算要及时公开，然后又规定了财政部门负责政府预算的公开，各部门负责部门预算的公开。

朱为群：这个应该有记载的。预算公开的主体要清楚，公开的时间要清楚。现在看来还有一些不足。公开的内容有说明，预算调整、决算这些计划，现在还不细化。另外，预算公开的方式在《预算法》中还规定得不太明确。

蒋洪："及时性"是三审稿的进步。及时性这几个字是在二审稿就提出来了，但是什么叫"及时"，没说。三审稿这一点明确了，二十天之内。但是三审稿对什么叫公开、公开到什么程度，没加以任何规定。我注意到这次四审稿吹风会的时候，人大常委会有人说，我们在这方面有很大进步，公开是包括了全过程的公开，在内容上包括报告和有关报表的公开。但是什么样的报告、什么样的报表，这里面的描述都不清晰。我们以往也有报告的公开，也有报表的公开，那么，这些叫不叫透明呢？所以，问题不在于有没有报表公开，而在于是什么样的报表公开，有多少报表公开，报表公开了什么样的内容，这些都是没有法律规定的。我也在反复问自己，有了该法以后，是否能够以法律为武器，保证我们在预算方面的知情权？我的感觉是它还不能作为武器，因为它还太软，弹性太大。

所以在有关条款讨论的时候，我们是在建议版上写了的。我们要求收入公开到什么程度，支出公开到什么程度，都明确提了出来，其实这些不特别费法律文字的，但是最后没有被采纳。显然，信息公开实际上是涉及利益调整，一旦公开的话，权力就马上会受到制约，因为都在众目睽睽之下。利益也会因此而变化，所以改革必然会有阻力。

朱为群：信息公开是保证制度公平正义的一个最重要且最有效的手段。不公开，我们就有理由怀疑；公开了，即使有问题我们也看得出来，这样就会防止一些问题的发生和发展。

哪些政府部门最在意《预算法》？

蒋洪：所有花钱的部门都会在意《预算法》。关于公开这个问题，不同层次的人想法各有不同。我们现在进行调查，有些感性认识。对操作人员来说，是否公开没什么大关系，他需要考虑的只是领导的态度,能否公开,得请示一下。上级如果说能公开,马上就公开,所以我们的透明度是跳跃性很大的,碰到一个开明一点的领导说可以,马上材料全部交出来了。当然,对权力部门来说,公开了还是会受到制约的。这方面设身处地来想,公开和不公开,有时候对一个管理者来说是双刃剑。公开也有公开的好处,公开了以后,很多矛盾、问题就可能通过制度来解决。否则的话,这个人来一张条子,那个人来说情,这怎么对付啊?所以,管理者有时候也希望用一种公开透明的方式来处理这些矛盾。但如果管理者试图用权力来牟取个人利益的话,那公开对他来讲就是制造障碍了。在当下中国的限制条件下,有的时候,管理者也需要利用制度的模糊性来获取一些灵活性,拓宽自己的权限,不公开是扩大自己权力的一种办法。目前的《预算法》,大部分实质性条款实际上留存的空间都很大,比如说公开条款、完整性条款,目前都还没有完善到成为社会制约政府的"法律武器"的程度。

关于公开的方式,我一直还是存有疑问的。世界各国比较惯常的做法是财政部门统一公开,广州市财政局以前也是这样做的。换句话说,在财政部门的网站上面可以看到所有部门的预算。我们国家现在用法律的形式规定,涉及部门层面的话,财政部门就不负责公开,那就要到各个部门去一个一个地了解,增加了很多麻烦。这条规定是2010年以后新出的,以前没有这条规定。

韦森:2014年1月我受广州市人大常委会的邀请,去做了一次讲演。他们说,《预算法》的核心问题不是预算公开和透明,公开是原则问题,更主要的是预算实施的审查、监督和制衡问题。公开对普通纳税人来讲有什么意义呢？大多数纳税人平时为了赚钱忙得要死，交完该缴的税，其他根本就懒得管了。公开的意义在于，有人感兴趣可以去查。这只是现代民主政治的一个方面。另一个方面，也是更重要的方面，是有立法机关的专门机构来审查、来辩论、来制衡。目前像我们八个教授提出来的，也有不少学者在其他地方建议提出，要在有预算的地方均建立人大预算委员会，专门审查、监督和制衡政府预算。目前，在全国人大还做不到，地方人大也同样做不到。于是，广州市人大就想了一个好主意，他们把人大常委会委员分成若干个组，再把每一个局的预算实施和执行情况都承包到这一组人大常委身上，专门审议和监督他们所分管局的预算资金的运用。另一组则分管另一个局的预算。广州市人大常委会的一位副主任专门向我介绍了他们的改革试验，我觉得很有意义，这是实际进行着的改革实验。如果能像我们八位教授向中央提交的建议那样，以后在各级人大均设立专门的"预算委员会"，给这个机构足够的编制以及监督和制衡政府财政预算资金出入的权力，那就不用像广州市人大那样，安排人大常委会委员"业余地"去监督各局的预算资金的实际使用了，这会使我们国家的治理体系和国家制度向现代化前进一大步。通过规范政府财政资金的收支来源和渠道，从制度上也堵死了一些官员腐败寻租的可能。

对各级人大代表来说，他们本来就是要保卫他们所代表的人民的利益。从人类社会近代史来看，议会之所以出现，就是为了看管好纳税人的钱袋子。西方的议会吵来吵去，百分之六十以上的时间都是在吵钱的问题。现在我们的人大的职能还没有发展到这个程度。广州市人大进行了制度创新,人大代表分组承包监管各个局来进行预算审查。这里面可能会有人过来送礼、打招呼、说好话,这是另一回事。但是有了这个制度,至少就可以保证有人来监督和审查政府部门如何花纳税人的钱了。这至少也是一个进步。

朱为群:人大代表的构成结构,首先是保证党政人员,然后是企业界的,接着是各个行业协会,企业界在这里并不是很多,普通职工和农民的代表特别少。

韦森:现在我们不像美国,在美国国会有预算委员会,除了原来的财政经济委员会,1921年《预算与会计法案》实施后,还建立了十二个拨款委员会。光拨款委员会,就有1000多人,专门管着政府的财政资金如何用。除了审计署之外,他们制定预算的时候是直接参与的。而我们国家的人大预算工委编制只有17个人,我们国家二十万元亿的全口径预算收支,十几个人连看都看不过来,又怎么监管?

朱为群:刚才谈的是第二十二条。其实第二十条是比较好的、可以体现民众参与预算的一个环节,因为它是初步审查。初步审查的时候有民众的介入,我注意到这是新增加的,内容很多。我看了一下,有这样几个层次,一个是全国层次,有财经委;省级有关专门委员会,没说是什么专门委员会;社区的地市级以上政府,叫"有关专门委员会";可是到了县级政府,就没有这个有关专门委员会,直接就奔县人大常委去了,而且后面还有一句话说,自治州以上各级人大也就是地市级以上的人大常委会有关工作机构在讨论预算的时候,应该邀请本级人大代表参加。这多少还有一点参与,但是县一级这个层次，人大代表是完全没有任何参与的，也就是说，常委会定了就定了。县人大为什么不可以被邀请来讨论？我觉得没有必要这样限制县一级的人大。

值得参考的美国经验

韦森：北京的《预算法》讨论会后，我们八位学者向有关部门写了五条意见，其中一条就是建议设立人大预算委员会。这次新的《预算法修正案》，虽然没有采纳我们这一条建议，因为实际上设立人大专门的预算委员会已经超越《预算法》本身的功能了，以后要通过启动人大的组织法或其他法律来决定。但是值得注意的是，这个新的《预算法》第二十二条还是留了一个口子，原话是："省、自治区、直辖市人民代表大会有关专门委员会对本级预算草案初步方案及上一年预算执行情况、本级预算调整初步方案和本级决算草案进行初步审查，提出初步审查意见。""设区的市、自治州人民代表大会有关专门委员会对本级预算草案初步方案及上一年预算执行情况、本级预算调整初步方案和本级决算草案进行初步审查，提出初步审查意见，未设立专门委员会的，由本级人民代表大会常务委员会有关工作机构研究提出意见。"这里所说的"专门委员会"，可以是目前各级省人大的"预算工作委员会"，即"预工委"，当然也可以是之后设立的"人大预算委员会"。做到这一点，"税收法定原则"和"预算法定原则"就能落到实处了。到那个时候，我们才能说我们国家的预算民主建设才真的有了起步。正是在这种意义上，我个人觉得，目前的《预算法》修改，还是阶段性的进步。将来还得再修。再修的时候，就是国家治理体系和国家制度现代化的建设的臻于完成之日。

当然，参考美国的国家制度演变史和预算制度史来看，这次《预算法》的修改，若能配套人大功能制度的改革，当然是个最好的时机。如果看美国历史，我们会发现，在美国进步运动之前，美国政府官员腐败得一塌糊涂。尤其是在美国进步时代初期，美国经历了严重的社会动荡与政治腐败。金钱操纵政治，"政府多次被人利用来牟取私利"，政治腐败使美国的州和地方的代议制徒有虚名，民主制度被严重扭曲。像州和地方政府一样，到进步时代，美国联邦政府的财政管理也是非常不规范和十分混乱的，既没有正式的预算制度，也没有国会的规范的监督和制衡机构，财政收入与财政支出也非常不协调。在1921年制定和颁布了《预算与会计法案》之后，联邦政府的预算也开始规范起来，政府官员的腐败案件开始大幅度减少。到了罗斯福新政之后，尤其是在1946年制定了《联邦行政程序法》（APA），政府官员腐败问题得到了进一步的控制。到美国国会1976年通过了《阳光下的政府法》，美国政府官员的贪腐才最终得到控制。从美国预算管理制度史和美国反贪历史来看，美国逐步建立起规范的对政府预算的监督和制衡制度，与美国政府反腐机制的完善，是同步进行和同时发生的，并且都是在美国建国一百多年之后的事情。由此看来，我们国家今天起步还不算晚。我们的共和国到目前也才有六十多年的历史，现在还是建设国家预算管理制度的一个时机。问题的关键在于是否把政府预算的监督和制衡制度的建设列入整个改革和国家治理体系现代化的改革日程。

从美国的经验来看，实际上《预算法》的修订是要伴随着专门机构的设立和国家治理体系的现代化建设联系在一起。现在，我们还仅仅只是修法而已。我以前也和别人讲过，现在，我们只是把预算制度的"笼子"造起来了，但是实际上没有看笼子的人，或者说没有足够的专门看管制度的笼子的人和机构。现在，或者通过人大组织法把人大预算工委改成真正功能化和常设的预算委员会，就可以落实人大对"一府两院"的监督了。中共十八大报告中关于政治体制改革提的一条设想是："支持和保证人民通过人民代表大会行使国家权力。……加强对'一府两院'的监督，加强对政府全口径预算决算的审查和监督。"目前看来，还需要努力，还只能是个遥远的理想和长期的改革目标，就此而论，预算民主现在真的还只是停留在理念层面上。新的《预算法》尽管在目前的阶段上已经修得很好了，但仍然还主要是理念性的和阶段性的进步，将来总有一天还要修改。

预算编制必须是铁笼

蒋洪：这次《预算法》修订当中也有预算编制的有关条款。预算编制的意义是非常大的，编得越细，用钱的规定就越明确，如果粗的话，那就是只给个大数字，用钱的人很大程度上可以自作主张。这次修订，在基本精神方面强调了细化，用钱要管得细一些。这上面，我感觉二审稿比原来有进步，原来没有规定细化到什么程度，"二审稿"明确提出细化，功能分类至少"编制到款"。"三审稿"在"二审稿"的基础上又进步了，"三审稿"提出，功能分类"编制到项",又跨进了一步。"三审稿"还进步在什么地方呢？"二审稿"没提经济分类，"三审稿"提了，说经济分类基本支出应该编制到款。相较于"二审稿"来说，这上面的进步还是蛮明显的。但是在法律上面有什么样的缺陷呢？又留出了一个很大的软档，这个软档如果不是行内的人还不太容易发现。这句话本身就是非常内行的人写的：基本支出应当编制到款。开始我还没看到"三审稿"的时候有个记者打电话来，说功能分类编制到项，经济分类编制到款。我说，这在目前的管理水平上来说已经到顶了，这是一个很大的进步。后来我拿到"三审稿"的文件，一看实际上里面有一个空档，它说的是基本支出。基本支出是什么概念？也就是每个单位用钱的比较固定、没有什么调节余地的部分，是根据基本的定额、定员、开支标准算出来的——这部分本来就是死的。比如说工资，一个单位有多少个员工，平均工资是多少，乘一下就出来了。一个单位的办公经费，每个人定额比如说是五十块钱，也是一算就出来了。而且基本支出在总数中占的比率是三分之一。换句话说，三分之二的钱怎么用，在预算当中没有明确规定。三分之二是项目支出。人大要审的最重要的部分就是项目支出，因为这里面弹性很大，项目支出它不按经济分类编报的话，等于只是报一个总数，只是说某个项目要花多少钱。凭这个数字，能保证这个数是合适的吗？实际上也就是说，有三分之二的钱，人大是没有审查能力的。在项目这个层面上，要花多少钱，没办法审。而且现在项目支出越来越大。本来基本支出蛮大的，保持基本运转就可以了，现在钱越来越多了，就可以上五花八门的项目了。用钱的弹性太大。

行政长官是要有一定的自主说话的权利,但是范围有限。现在的问题是,省长有一大笔行政支出,省长有了县长也要有,每一个分管的行政长官都要有。这种情况很容易出问题。我提了建议,但是没有被采纳。

人大常委会开吹风会的时候,提到这个条款时做了一番解释,解释大致两个要点:一个要点是,在我们现有的情况下,要对项目的钱具体如何使用作出预算的安排,技术上有困难。另外一个解释是,虽然预算不变了,但是决算要报进去,要编进去。也就是说,决算时项目支出要按经济性质分类编列到款。实际上这两点都不太站得住脚。上次上海市财政局来政协座谈的时候,我就问起这个问题:如果现在下面说要有一个什么项目,你们是否要求编列这个项目到底花什么钱?他们说要编列的。有的单位编列得很细,有的单位编列得很粗。但是理论上肯定是要编列的,怎么能够凭一个数字就拨钱呢?要干什么事情,这件事情要花多少钱,总归要说清楚的,不管怎么样,总是要有一个详细的说法。不可能报一个数字我就给你拨款,肯定要有这个项目的具体情况。所以用"技术上达不到"作为理由,我觉得不成立。

当然,体制是有问题的,现在领导一句话就是一个项目了。但《预算法》要改变的正是这个情况。如果这个情况不改的话,《预算法》还有什么用?决算的编制不能代替预算的编制,决算只是把现成的结果呈现出来,但是评价它要根据预算事先作出规定,如果事先没有规定的话,决算充其量就是一个统计报表,意义会丧失很多。事前一定要有规定,否则的话,用钱就没有约束。这方面留出的弹性我觉得太大,每一条都有弹性。要把权力关进制度的笼子,制度必须是铁的,不能只是个橡皮笼子。

这个条款好像社会上关注的人不多,因为有技术含量,写这个条款的人本身就是行家,这个问题不仔细看即使是专家也会一眼带过了,一般人更不可能注意到这些法律细节。

人大预算工委的制度设计

王则柯:韦森老师前面讲过的人大代表的事情,广东的人大代表特别有热情,总想找点事情做,其分组的办法现在看来也是进步。

韦森:不光是广州,还有江西、黑龙江、福建、山东、河南、湖北等省,许多省的人大代表、人大常委,尤其是人大预算工委的领导,实际上都在推动我们国家的税收法定和预算法定的建设。2013年7月,中山大学的马骏教授、天津财经大学的李炜光教授还有中央财大和其他高校的财政学教授在江西南昌与江西和其他几个省的人大预算工委主任开了一个理论讨论会。在那个会上我们才知道,许多省市的人大预工委的领导同志都在实际推动预算监督制度的改革,他们对税收法定和预算法定的理念和追求,比我们这些学者还积极和先进,且都是在扎扎实实地实验、一步步实打实地推进。开过那次会后,我们这些学者就更加有信心了。与会的人都是各地人大预工委的主任,他们不只是讲理念,而是讲他们已经做了什么和计划下一步做什么。特别是黑龙江的人大预算工委的领导和同志,他们多年来比较主动推进预算监督,并且他们清楚地知道他们通过预算监督在推动中国社会的进步。故自他们成立预算工委之后,每一次开会他们都做了记录,用精装的本子装订起来,就像《联邦党人文集》一样。这一次开会推进什么问题,下一次开会在预算监督方面做了什么,都有记录。我看了他们装订成几十卷的回忆和实施流程记录,真的让人很感动。大家的刻板印象都认为人大是花瓶,现实其实不是这样。许多人大代表和人大的领导同志都在实实在在地推进我们的税收法定和预算法定的制度建设。

蒋洪:所以编制这方面法律条款的时候,我就提出建议,收入要编制到目,支出按功能分类要编制到项,按经济分类所有的支出都编制到款,还有就是项目分别编制项目预算,这在编制方面是一个框架性的提法。实际上因为现在大量的是项目支出,要审就审项目,有了项目预算才能够知道到底要做什么事情,要花多少钱。

这些在我看来,都是人大进行审批的基本条件,离开了这些就根本就没办法进行负责的审批。

韦森:还有一个问题就是,央行国库这次恢复,背后的争论是第四十八条第二款,"二审稿"、"三审稿"都没有,为什么这么重要?第一,如果把央行国库拿掉,会导致政府官员运用手中所掌管的财政存款资金进行腐败寻租的普遍化和合法化;第二,会导致央行的货币政策根本无法做。所以这些年来我一直认为,这是在现行中国的政府体制下无论如何不能动的条款,是超越任何部门利益的。

按照央行国库局所提供的数字,到2012年,全国各级政府有26万个财政专户,县级政府财政结余目前百分之八十以上不在国库,而是在财政专户里。这几年,由于我们国家政府财政收入的超常增长，加上现行财政资金配置体制的不合理，有数万亿各级政府的财政资金结余，要么缴存在央行国库中，要么存在各级政府部门在商业银行开设的财政专户中。譬如，到2013年一季度，中国各级政府财政存款的情况是：央行国库里的资金是32000亿元，各级和各地"财政专户"里的存款是14000亿元，加起来总共是46000亿元。32000亿元的央行国库库底资金放在那里不动，照财政部门的观点来看，确实是"没效率的"，"钱不能生钱"。

于是，在2013年4月下旬，财政部又提出了在央行国库中的库底资金现金管理问题，要求盘活数万亿"趴在"央行国库不动的"库底资金"。2013年5月后，李克强总理也在几次场合中讲到要盘活财政库底资金，并于7月3日主持了国务院常务会议，会议的主要议题就是"盘活库底资金"，号召各级政府"把闲置、沉淀的财政资金用好，集中有限的资金用于稳增长、调结构、惠民生的重点领域和关键环节"上。7月15日，财政部预算司又发布了"关于加强地方预算执行管理　激活财政存量资金的通知"，这实际上是在敦促大家快点花钱。但是我后来所追踪的数据是，由于我们的财政体制问题，到2013年第三季度末，各级政府的财政存款余额又攀升到4万亿以上。

这么大的政府存款，是放在央行国库中，还是放在商业银行的各种财政专户中？这可是一块大肥肉，也是财政部在"二审稿"中取消央行国库的主要考虑：把原来1994年《预算法》第四十八条第二款"中央国库业务由中国人民银行经理，地方国库业务依照国务院的有关规定办理"的条款整个去掉，随即把各级政府存在商业银行的财政专户合法化。但这显然与1985年《中华人民共和国国家金库条例》、1994年的《预算法》、1995年的《银行法》以及2002年由财政部和中国人民银行联合颁发的《中央单位财政国库管理制度改革试点资金支付管理办法》第四条中确立的"国库单一账户"制度（TSA）的有关规定相矛盾。因为有巨大的部门利益在里面，财政部门一直坚持要改变目前的央行经理国库制和央行的"国库单一账户"制，以致到三审稿仍然坚持去掉了原来《预算法》第四十八条第二款。并且在2013年4月12日，财政部还发布了一个《财政专户管理办法》（财库2013年46号文），在第六条第三款明确说"国库单一账户不能满足资金管理核算要求，需要开立财政专户"，并在同一条第一款明确规定财政部门可以根据"法律、行政法规或国务院、财政部文件规定开立财政专户"。财政部的这个"46号文"，实际上已经抢先把现存的几十万个财政专户给"合法化"了，这实际上也改变了1985年的《金库条例》和2002年的《国库支付管理办法》中的央行"国库单一账户"的制度，抢在新《预算法》通过之前，先一步来保卫"二审稿"取消央行国库制度的努力。在"二审稿"2012年放在网上征求意见以后，这一旨在取消央行国库制的做法遭到许多税法学家、财政学家和社会各界的批评，我自己也发表了大量文章，提出央行国库制度在目前的国家体制安排下实在取消不得，这一方面会导致一些政府官员运用自己所掌握的财政存款资金进行个人寻租的普遍化，撑开一些政府官员腐败寻租的制度保护之伞；另一方面也会导致央行无法控制基础货币的正投放，实施有效的宏观货币政策。

基于上述考虑，我们 2014 年 6 月在北京参加《预算法》修改的八位教授在写给中央的《预算法》修改的五条建议书中，最后一条强烈建议"明确央行国库的职能，从严格限制财政专户制度的设立到逐步取消财政专户"。在这一条的具体建议中，我们还建议在《预算法》新的修正案中，恢复原来的第四十八条第二款，也就是保留央行经理国库的条款。最后，我们这个建议得到上边的肯定答复，接纳了这一条修改意见。最后，在"四审稿"和新通过的《预算法》第五十九条第二款，恢复了这一规定。这应该是一次真正实质性的进步。

当然，新《预算法》第五十六条也把财政部的《财政专户管理办法》（财库 2013 年 46 号文）既成事实的做法写了进去，明确说："对于法律有明确规定或者经国务院批准的特定专用资金，可以依照国务院的规定设立财政专户。"尽管有这项规定，但是最新的进展是，在 2014 年 10 月 8 日印发《国务院关于深化预算管理制度改革的决定》中，明确规定："全面清理整顿财政专户，各地一律不得新设专项支出财政专户，除财政部审核并报国务院批准予以保留的专户外，其余专户在两年内逐步取消。"这应该是国务院一项实质性的改革措施，是全国人民应该举杯庆贺的重大实质性进步！

关于减税问题

蒋洪：十八届三中全会《决定》上面说是稳定税负，但实际上税负可能还处于上升的趋势，财政收入增长幅度高于 GDP 的增长幅度就表明了这一点。

朱为群：环保税、资源税有增税的迹象，2008年金融危机时，采取了结构性减税政策，应该说税负是有所下降的，但减的大都是地方税。同时也有增税的举措。例如，2009年5月1日，针对卷烟批发征收了百分之五的消费税。原来，卷烟的消费税是在卷烟厂出厂的时候征的，这样就纯粹是加税了。这百分之五意味着什么呢？我专门到国家烟草公司官方网站上看一年的批发收入有多少，按照2010年前半年的批发收入推算，一年可以增加五百亿的税收收入。这应该是一个保守的估计，因为下半年的销售收入会高于上半年。

《预算法（二审稿）》的一个基本特征是，把很多分散在各个地方的权力集中到财政部。《预算法》的立法原则第一条就应该是分权制衡，还有就是全面规范、公开透明、完整独立。这次《预算法》修订有一个条款专门讲原则，但是我感觉不太给力，因为这些原则的表述是统筹兼顾、勤俭节约、量力而行。这些当然都没什么问题，但是真正的原则不是这样讲的。我认为，真正的、最重要的原则就是分权制衡，现在没有凸显出来。我写过一篇文章，叫《分权制衡——〈预算法〉修订的基石》，就是要特别强调这个原则。

韦炜道来：万税无缰的焦虑[1]

葛雪松：谢谢大家来到"凤凰财经·智友会"活动现场，我是来自凤凰财经·智友会的主持人葛雪松。今天我们智友会选择的讨论主题和大家的生活密切相关，就是"税收"，同时我们请来了业界非常知名的学者给我们带来深度的解读和思考。

首先介绍一下韦森老师，复旦大学经济学教授，经济思想与经济史研究所的所长。韦森老师的主要研究有三个阶段，第一个阶段对新制度经济学有很深的研究。我们知道在中国改革开放的过程当中，新制度经济学关于产权与合约的思想，推动了中国社会的进步。韦森老师的第二个研究阶段是探讨哈耶克的思想对于自由市场的推进。最近几年，也就是韦森老师的第三个研究阶段，主要的研究方向就是中国《预算法》的改革，他敏锐地观察到在财政税收、预算支出方面，中国目前有很多不到位的地方，这些又的确和普通民众息息相关的。从韦森老师研究的三个阶段，我们可以看到一个学者持

---

[1] 本文根据笔者与李炜光教授同"凤凰财经·智友会"网友座谈记录整理。

续的对公众社会的关怀。

接下来介绍一下李炜光老师，天津财经大学财政学的首席教授，多年来致力于财政思想史的研究，他的很多文章很有影响力。李炜光老师从财政学的视角，研究世界各国宪法民主政制转型的过程。近些年，李炜光老师很注重对一些中国古代的思想人物的挖掘，他曾经在"百家讲坛"上讲过包公，也解读过梁启超这样一些曾经在中国近代史上产生了很多进步影响的历史人物，把他们的思想挖掘出来。李炜光老师和韦森老师一样，多年致力于《预算法》的修订和改革，他们的意见在中国最近修订的《预算法》当中都所体现，我们也感谢李炜光老师在这方面为中国社会做的贡献。

两位老师通过财政税收方面大家关注的问题和背后体现的理念对话的形式，给大家提供一些交流和思考的方向，鼓励大家营造一种面对面的交流，大家如果对于财政和税收的问题有什么疑问，甚至包括对中国社会的未来转型有什么疑问，都可以畅所欲言。

接下来首先请两位老师先谈一谈目前很多税收方面，包括成品油消费税、房地产税，都在提出要征收，你们有一些什么感受，给大家做一个普及性的分析。

李炜光：先说成品油消费税。关于目前财税在国家的改革或者说社会转型过程当中，究竟处于一个什么样的地位，对我们的生活有什么样的影响，这是一个很大的问题。关于这个问题，我有这么几个感触，说出来大家一起讨论。

第一个感触，是我国社会转型的过程中，政治和经济文化共同发展的问题，这是一个非常复杂的问题。眼前刚发生的就是燃油税，我们叫成品油消费税，连续三次调整，据说第四次调整马上就要开始了。在我国，有六种税的立法马上要开始，特别是大家关注的房产税，2016年就要制定出来，施行、推开。按照计划来说，2016年财政税制改革的重点工作要到位，像房产税要推开，到2020年，中国的现代财政制度就要建成，就这几年的时间。所以这几年财政税收问题肯定是我们生活当中一个核心的问题。这是背景。

我想起来一句话，就是一个现代国家的政治制度是由三个要素组成的，第一个就是一个强大的国家。第二个就是法治，第三个就是问责制。"强大的国家"中国已经实现了，中国古代就是一个相对强大的国家，而社会是比较弱小的，但是古代的中国，国家并不特别强大，要注意这一点，古代的中国并不是真正意义上特别强大的国家。真正的强大的国家正在形成，或者说现在已经出现了，强大在什么地方？体现在对社会的控制力上，一个是价值理念，再有一个就是有非常好的现代科学技术作为支撑，古代皇帝没有技术可以把每个家庭、每个人乃至整个社会牢牢控制住。财政税收在这其中将是非常核心的一个问题。我们可以看到，国家存在的基础就是税收、财政、预算这些问题。现在发生的事情就是背景的表现，一个强大的国家在中国正在形成，而财政、预算、税收这些正在支持着这个强大的国家形成。但是还有两个问题，就是这样一个强大的国家，必须要通过法治和问责制，把它限制住。现在中国的问题是：已经成长为一个强大的国家，但"法治和问责制"不健全。所以中国还不是一个完整意义上的现代国家，我们的社会转型没有完成，而且我们的经济增长已经出了问题。后面两个要素，法治和问责制，主要也是通过财政、税收、预算这些基本的制度来实现。就像西方国家的议会，主要是财政，原来就叫财政议会。所以财政税收在国家转型过程当中，起着一个非常核心的作用。像美国、法国、英国，这些国家转型的起点，都是财政税收在起作用。中国现在面临的也是这样的问题，透过燃油税，或者成品油消费税、房产税、《预算法》这些表面问题，我们看背后是什么东西。

第二个感触，就是税收法定主义原则。我们曾经兴奋了一阵，说十八届三中全会把税收法定原则写进了文件，中国往法治的方向迈进了一大步，我们充满了期望。但是大家要注意，成品油消费税的三次调整，都没有在法治的程序上做任何事情，这个大家都知道的。而且这个现象背后有什么呢？这在中国历史上是一个很不好的现象，这种现象在明朝出现过，顾炎武曾经用四个字形容这种现象："权移于法。"在立法上我们国家历史上没有像西方国家那样有一个议会，决定一些基本法律的设定，很有可能就是皇帝本人或者少数的利益集团的某种意愿就变成了法律，权力以法律的面目出现，变成了法律。

第三个感触就是，整个税制脱离了税收的基本原则。比如说税制的设置，亚当·斯密提出来四原则，第一个是平等原则，第二个是确定原则，第三个是便利原则，第四个最小征税原则。最重要的就是亚当·斯密特别强调的"确定原则"。税收的征收一定要确定，税怎么征，必须要通过立法的程序确定下来，让纳税者非常明了，不能今天这么征收，明天又变一个征收方法。那就不确定了，一旦税收不确定，在所有的恶当中是最恶的，会导致原来不坏的人变成坏人。

　　第四个感触，在政策层面上，缺少一个原则。比如说现在经济下行的趋势很明显，我们应该更多地看到政府的税收政策是想方设法要减税，这个时候要实行一些轻税负的政策，使我们的居民可支配收入增加，企业有更多的资金的积累，用于投资、用于扩大再生产，只有企业好了，民营经济得到发展，大家都愿意到市场买东西了，那我们一直不太振作的内需才能发展起来，我们的经济才能真正增加活力。现在政策是反过来的，这个时候反而增加税收，特别是燃油这种税收，是一种流转税，这种税直接抬高物价，加大了企业的成本，增加了居民的税负，既不利于投资，也不利于消费，只有利于政府增加财政收入。这一点就不合理，现在的经济形势不应该有这样的政策，但是这样的政策就出来了。这个问题的背后是什么呢？我们希望政府要减税，政府也一直在说减税，但是作出来的却是增税，我们要问一句，以后如果增税，是否考虑过怎么减税，如果不会减税，那就不要增税，这个事情大家要达成一个共识，到了"说不"的时候了，可能大家一起"说不"，会产生一些作用。现在共识没有形成，不能说政府增税大家就忍了，但是忍了今天还有明天，居民的可支配收入减少，消费能力就减弱，我们的民营企业已经很困难了。

　　第五个感触，人大在整个过程当中发挥不了实质性作用。政府调整税收，依据的是1985年的一次授权（大家注意，这里头有一个问题，1984年废止的是两部"立改税"和工商税改革，现在只能依据1985年的授权），1985年的授权依据是什么呢，经济体制改革和对外开放。什么情况下才能调整税目呢？就是关系到体制改革。成品油消费税和体制改革有什么关系？如果没有关系，这种税收调整就是一种非法的行为，不是法律依据足不足的问题。三十年一个授权期限，但是到现在还发挥作用，这本来就不正常。关键是税收调整的依据必须是有经济改革的原因才能成为理由，可是没有任何一个官员说这次燃油税的调整是为了体制改革，可能为地方政府寻求新的税负，目前这个税还属于中央税，营改增之后，地方的主体税种没了，主导权归中央了，地方失去主导。地方的主要财政收入来源于哪里？有可能把燃油消费税从生产批发环节转移到批发零售环节，然后归到地方政府。然后，在地方上开征房产税。再加上一个车辆购置税，这几种税可能构成未来地方政府收入的主要来源，我们姑且认为这是与体制改革是有关系的，但这是我们解读的，可能是这样的原因。

政府在这个过程当中是"一家在唱戏"，人大完全不发挥作用。《预算法》要改革，《预算法》要实施，我们的人民代表大会要发挥非常重要的作用。但是，人大现在承担不起来，我们目前没看到人大在做什么。现在有一种说法，征收权要收归人大，可是大家想想现在人大的状况，征收权收归人大，人大能担当起来吗，有专业能力吗？那么，人大自身的改革可能未来就要提上议程了。人大代表有不被追究责任的一些特权等，这些权利可能都属于未来要呼吁人大进行改革的，否则的话，人大承担不起来重要的事情。

刚才讲的五点，是我对目前的形势和财政税收有关系的一些基本感触，然后大家听一下韦森老师的说法。

葛雪松：刚才听下来，您大概总结了五点担忧，可以归纳为两个方面，一个就是合法性。当我们去讲一个国家税收的时候，我们就要回顾一下，我们目前要推出一项税收的时候有什么法律依据，是不是要经过人大的批准，如果没有按照足够的正当程序来，可能这样的征收是值得每个民众思考，甚至发出自己的声音的。

另外一个方向就是合理性。当一个社会经济下行的时候，为了让经济更加快的复苏起来，根据一些现代的经济学理念，减税的制度安排对民营经济更有利，把经济带动起来。最近推出的一些税种，已经让我们设身处地感觉到自身的消费能力受到了影响。这个过程当中，韦森老师又提出了新的观点，普通民众要建立一种宪法民主政制的思维意识，国家通过税收提供公共服务的同时，民众其实有理由发出自己的声音，提出应有的要求，这也是中央强调的，"把权力关在笼子里"的题中之意。接下来看看韦森教授有什么补充性的意见。

韦森：首先谢谢雪松对我的介绍，在制度经济学和哈耶克的思想研究方面，我确实前几年做了一些工作。但财税方面，我是一个外行，关注预算问题和《预算法》的修改也很晚。这些年来我之所以关注财税问题，乃至《预算法》的修订，是因为有一个事情刺激了我，就是股市"5·30事件"。大家知道，2007年5月30日夜里12点，国税局把证券交易印花税从千分之一提到千分之三，仅这一项措施，2007年下半年7月1日到12月31日，财税部门就多征了2050亿元，相当于次年减免的全国农业税的近两倍。从那时候开始，我才关注财税问题。尤其是在网上查到李炜光教授的文章《无声的中国纳税人》,对我震动很大。从那时开始,我才意识到现代民主政治的核心和实质,是如何管住政府征税和政府预算,随即在国内外网络和平面媒体上发表许多文章。这些年来,我和李炜光教授,以及财政学界、税法学界的一些教授一起,在推动我们预算民主建设方面做了一些工作,自 2010 年开始,就一直关注并实际上参与了《预算法》的修改。并在 2012 年的《预算法修正案(二审稿)》之后,我们自己组织专家直接参与了提出修改意见。《预算法修正案(三审稿)》出来后,我们几位财政学和税法学的专家也专门召开了讨论会,提出了我们的修改意见,并把我们的意见上报给人大法工委和中办法制局。到了《预算法修正案(四审稿)》的时候,我们发现,我们的一些意见被最后通过稿接受了很多,故可以认为我们的许多意见大都最后进入了新修订的《预算法》。另外,中共十八届三中全会《决定》第二十七条,"落实税收法定原则",应该说是我和炜光教授,以及财政学界、税法学界、法学界和经济学界及一些全国人大代表、政协委员大家共同呼吁的结果。前些年,我们讲税收法定原则,讲从预算民主方面推动中国的政治体制改革,国内的平面媒体还不敢发表我们的文章,我们自己讲,也背后总觉得冒凉汗。最后到"落实税收法定原则"写进了十八届三中全会《中共中央关于全面深化改革若干重大问题的决定》,并把这一点列入未来中国政治体制改革的方向,之后,我们才感觉能直起腰杆来讲问题了。在未来的我国的改革方向上,确定了"落实税收法定原则",这应该说是一项很大的进步。这实际上说明我们这些年的呼吁和推动,总算没有白费力气。当然,从原则上提出"落实法定原则"到实际上达到"税收法定",还有很长的路要走。但能在执政党的改革纲领上写下这一点,应该是很进步了。最近我在北京大学做了一个讲座,专门回顾了这一过程,也提出未来要从"税收法定"走向"预算法定",进一步从国家的预算管理制度上推进我们的现代国家制度建设。

去年3月,我在随一个学者访问团访问美国期间,我单独去拜访了美国国会预算办公室(CBO),全面了解一下美国预算的制定和实施过程,以及美国国会和政府方面与政府预算有关的机构设置和相互协调及制衡的机制。后来我初步写了一个专门报告,也在一些场合讲演过。我现在总的认识是,只是在条文上提"落实税收法定原则"是远远不够的,制定了约束和规范政府预算行为的详细的"预算法",也是不够的。关键要在国家层面建立起真正的政府预算和财政收支的约束和监督制衡制度。这是一个现代化国家制度建设的一个重要方面,即使今天做不到,总有一天还要做到。能否控制和制衡政府的财政收入和财政支出,这是一个现代国家是否走向现代化国家的一个重要标志。

从今年1月开始,新通过的《预算法修正案》就开始实施了。新《预算法》总纲第一条就明确规定:"为了规范政府收支行为,强化预算约束,加强对预算的管理和监督,建立健全全面规范、公开透明的预算制度,保障经济社会的健康发展,根据宪法,制定本法。"这一总纲的精神,就表明《预算法》是规范和约束政府财政收支行为的一个法律,可以说为约束政府收支行为造了一个"制度笼子"。但是怎么约束?谁来约束?谁来给你看管这个制度的笼子?目前看来还不是很清楚。从理论上来说,是人民代表大会作为纳税人的代表机构来约束和规范政府的财政收支行为,但是目前我们人大制度实际有这个功能么?一个13亿人口的大国,每年政府预算资金也差不多到了20万亿元了,而在我们的全国人大内部,只有一个十几个人的预算工作委员会,怎么能真正规范和约束政府的预算收支行为?全国人大每年三月开一个星期乃至十几天的会,但人大代表讨论政府的财政预算报告,只有半天到一天,人多嘴杂,加上人大代表又不专业,又是怎么实质性地批准政府的预算报告,怎么在全年的时间里规范和约束政府日常的财政收支行为?故现在我们只能说,中共十八届三中全会《决定》和新的《预算法修正案》,只能是在理论上画了规范和约束政府财政预算收支行为的一个制度的"纸笼子"。现在的问题是:如何落实?如何实施?这都需要在我们的人大功能和建制上,乃至我们国家的基本制度上做些改革,做些新的"基本建设"。

我们的《预算法》的"纸笼子"才刚画好,结果出现了最近财政部在45天内接连三次上调燃油税的这个事情。45天连提三次同一个税种,这在历史上可能没有先例。从理论上讲,连楼继伟部长也承认,要推进预算公开和预算透明,要落实税收法定。但是新《预算法》刚实施,刚说要落实税收法定,说要把政府预算关进制度的笼子里,就出来了45天三次上调燃油税这个事情。这如何落实税收法定法?所以,最近发生的这些事情,说明在我们国家要真正推行一项实质性的改革,还很难。更为令人不可理解的是,上调燃油税税率,牵涉到中国几千万家庭和企业的直接切身利益,拿了一两千亿纳税人的钱,还不让纳税人公开讨论,这不是一个21世纪的现代国家当为的事情。

  本来我们认为，以这次《预算法》的修改为契机，建立起完备的现代国家预算管理制度，是个很好的时机和当为的改革。这是从根本上治理我国政府官员大面积腐败的一项根本性的现代国家制度建设。去年以来，我在许多讲座中都讲，中华人民共和国建国才六十多年，我们现在开始，建立起良序的国家预算管理制度，说起来还不算晚。从目前中国的社会发展阶段来看，我们非常像19世纪末20世纪初美国进步主义改革（1890～1917）时期的情形。大家知道，尽管美国宪法第一条第七款明确规定征税权一直控制在国会手里，但是，直到20世纪初，美国进步运动时期，还没有真正的国家预算这回事，美国各级政府都没有完整的公共预算制度，而那时美国政府的预算也不过是一堆杂乱无章的事后报销单。就税收和政府财政收入来说，美国各级政府的税收种类很多，政府用各种名目向民众任意征税。从政府财政支出来说，每一个政府部门都可以自己争取资金，自己掌控开支，美国民众和国会都无法对政府及其各部门的财政支出进行有效的监督和制衡。在美国的国家预算制度没有建立起来之前，美国政府的官员也是腐败得一塌糊涂，不比现在中国政府官员腐败的普遍程度差多少。在这样的情况下，由美国的知识精英威廉·艾伦（William Allen）、亨利·布鲁埃尔（Henry Bruere）和弗里德里克·克利夫兰（Frederick Cleveland）所组成的"ABC三人小组"以及和他们所在的纽约市政研究所（布鲁金斯研究所的前身），引领了美国纽约市的预算改革运动。在纽约市政研究所的推动下，纽约市政府在1908年推出了美国历史上的第一份现代政府公共预算。随后，在1911年到1919年间，美国44个州通过了《预算法》。到了1921年，美国国会通过了一个针对预算过程进行立法的里程碑式法律，即《1921年预算与会计法案》(the Budget and Accounting Act of 1921)。有了规范的国家管理预算，美国政府官员的腐败问题到20世纪40年代后基本上得到了根治。

到目前为止，中华人民共和国才建政六十多年，所以，现在以修改《预算法》为契机，建立起完备的国家预算管理制度，一个很好的时机，还不算晚。理想一点讲，可以通过《预算法》的修改，推动中国的现代民主政制建设。本来，前边的道路应该是明确的，关键是要不要往这条正路走。但是最近发生的这些事情，好像还没有沿着这条改革的道路走下去。关键在理念上还是没有弄清要建立一个现代化国家，用现在的话来说，要达到"国家治理体系的现代化"，到底哪些制度要件要改，还是不清楚，还没有走税收法定、预算法定和预算民主的整体想法。这次连续三次上调燃油税，再一次说明：五年内"落实税收法定"原则，还需拭目以待。这种情况下，我们呼吁通过一个个小小的窗口，大家不断传播现代国家体制的理念。这里，我还是向大家推荐李炜光教授几年前的那篇文章《无声的中国纳税人》。今天，我们要清楚，是纳税人缴税，供养了政府，不是相反。我们要通过各种渠道来普及这种理念，来推进法治国家的建设。我们有信心，未来不管多少年，纳税人的代表要管住政府的预算收支行为，早晚会要变成现实。到那时候我们可以和后人说，我们总算完成了现代化国家制度的建设。希望通过今天的对话会，我们的这些想法也能够传播出去，让每个人了解，慢慢让我们纳税人的权利意识苏醒过来，推动着我们这个国家慢慢往前走。

李炜光： 这个社会必须有一些多元的声音，有一些不同的权力的配置。最近奈斯比特说了一句话："你们太过顺从。"经过了30年的改革开放，全国人大、地方人大该说话的时候，必须要说，就是这样一个道理。

葛雪松： 谢谢两位老师。

刚才韦森老师作为一个经济学家从数字的角度让我们理解了税收的意义，比如说在2007年财政部半夜提高股票交易印花税。无论是多征收上来的钱，还有钱究竟会怎么用，我们能不能做到预算的足够透明。从近几年反腐败当中，我们大概摸清了财政究竟用到何处的走向，也面临着这样一个问题，即使"纸做的笼子"已经画出来的时候，我们怎么样按照这个规则去传达一些民众的诉求和声音，可能有两个方面是促使我们自己不能够发出足够声音的原因。

第一个原因，就是我们多年来的教育体系，对我们财税知识的教育是不足的，对于普通民众信息是不对称的。比如两位老师介绍的税收法定原则，需要什么细节性的制度安排，把它实践出来，这些基本的常识性的问题，我们不了解。

第二个原因，对于税收历史上的重要性的认识（如其他国家的王权与议会权力的争夺，包括美国进步主义改革等）。为了能够使我们的国家现代转型做得更好，无论是在背后支持的财政税收这样的理念，还有李炜光老师提到的，在进行现代化的转型过程当中，我们需要如何完善制度安排，还有公务员自身的能力的提升，我觉得可能需要很多细节性的东西，需要两位嘉宾进一步解读一下。税收法定原则要有什么制度来实现。

李炜光：其实刚才已经提到了很多这方面的问题，首先要有很好的财政基本法。我们国家现在有十八种税，只有三种税立法了。要加快立法的进程，税收的立法是分阶段的。最近最紧张的立法就是房产税，我们国家这方面的税是空白的。按照官方的说法就是 2016 年要实行，没说是全面推行还是试点推行，应该不是试点，2016 年到 2017 年应该是推行。房产税涉及更多的就是技术问题，真正把一个房产税制定出来，在 2017 年推行出来，可能性是很大的，但是这里面是不是能体现税收法定，大家还是要密切关注。税收法定，未来的立法，要经过人民代表大会的充分讨论、听政，甚至要博弈，要有那样一个过程。因为这里面涉及大家的利益，每个人交房产税，这里面争论多了，第一套住房征税不征税，有的人说征、有的人说不征，大家讨论了很多次。还有税率定多少，将来会占到个人收入大致的比例是多少，这个都要经过严格的测算。为什么大家要关注，因为和每个人的利益关系密切。这种税要相当谨慎，房产税如果征收的话，对大家的影响将是非常大的。我们知道，税制的出台是法治的第一步。我们现在不能说法律很少，关键就是中国的税收法律普遍没有得到很好的落实。在执法的过程当中，执法的人自由裁量度太大。在各种法律，在实行上都有严重的问题，原来有老《预算法》，但是，突破预算去追加几年，突破预算去征税，这种事情多次发生。比如说我们现在的燃油税的调整、消费税的调整，没有按规定来执行。大家要解读消费税条例的话，第一条，什么是消费税的纳税人。按消费税的规定，这种税的纳税者是生产批发环节，税不应该直接转移到消费者头上，但是就是这样推行出来了，大家都缴税。所以，未来的税都面临着这样的问题，自己就突破了自己的规定。《预算法》现在已经到了实行期了，现在应该已经落实了，但是消费税条例还没出来，怎么落实、怎么执行？所以，突破原来我们千辛万苦制定出来的法律，新的一套在行政运作当中，变成其他的规则在起作用。法律是法律，现实是现实，大家无可奈何。很多的事情都是这样，法律怎么规定不重要，关键看现在怎么做了。这两个方面，都是财政税收法治化遇到的难题，换句话说，我们期待中国的体制走在法治的轨道上。我们的很多官员不是没有意识到这个问题，他也认为我们现在有法律但是不认真落实，可是怎么走出这个困境呢？我们不知道，这可能是我们能不能变成税收法定主义，一个最大的难题。

韦森：税收法定的核心在于征税要经纳税人代表的同意。我给大家讲两个例子。

第一个例子是美国国会对政府预算的控制。美国每年的预算都是一个法案。每年2月，美国总统向国会提交一个预算请求，为本年度10月1日开始的财政收支年度政府的财政收支，作出详细规划。实际上在总统的预算请求提出和公布之前，美国总统府下属的行政管理与预算办公室（OMB）大半年前就开始准备预算。每年新预算一开始，OMB就开始向各政府部门就下年度的预算开始征求意见，政府各个部门把意见汇总到行政管理与预算办公室，行政管理与预算办公室把意见送给总统。总统再于2月向国会提交预算请求。每年的预算案，都要经过国会参众两院漫长的争吵和批准过程。一旦批准了，就形成了一个年度预算法案，其中包括12个子法案。在美国，按照《1921年预算与会计法案》及1974年《国会预算和截留控制法案》等的要求，任何全权预算支出（discretionary spending）必须通过相应的年度政府算出预算案（appropriation bill）的支持方有效。在算出预算案因故延迟的情况下，政府可通过持续决议案（continuing resolution）对预算进行授权。若两者皆未能按时颁布，即称作出现资金缺口（funding gap），即政府没钱支出了。政府没钱支出了，就停摆关门。据统计，从自美国国会预算程序于1976年正式执行以来，美国政府一共停摆过18次。最近这次发生在2013年。在2013年9月20日开始至30日晚，在共和党内"茶党"等保守势力的强烈要求下，国会众议院议长博纳至少三次提出不同版本的临时拨款议案，这些议案都与阻挠奥巴马力推的美国医疗保险改革实施内容相捆绑，但都没有得到民主党掌握的参议院的通过，最终导致联邦政府预算支出没着落，结果奥巴马政府关门了15天。在美国的制度下，政府的收税花钱，都由美国国会来实质性掌控和制衡，一旦政府的每年的预算法案定下来之后，财政支出的支配权在美国参众两院的12个拨款委员会手中，而不是在政府的行政机构，也不是在美国财政部。没有拨款委员会的授权，预算内的钱一分钱都支出不出去。这就是预算法定的美国的制度。

反过来看我们国家，财政部征多少税，发改委批多少项目和多少钱，有人大的实际批准、制衡和制约吗？财政部在45天内连提三次燃油消费税，在美国和西方国家的任何一个国家制度中，不能想象。由此看来，仅就政府预算权的管理和制衡来说，我们国家离建立起一个现代化的国家制度，还相差很远。

第二例子是我亲身经历和观察的例子。当我 80 年代末到 2000 年在澳大利亚留学和生活的时候，澳大利亚人大都是消费信贷，买房子是按揭，买车也是贷款，结果到 1989 年的时候，整个澳大利亚是负储蓄，大约相当于每个澳大利亚人欠日本人 2 万澳币。这个时候，在野的自由党提出开征消费税（general service tax），以鼓励储蓄，抑制消费。从经济学上来讲，显然是一条正确的措施。因为当时澳大利亚经济一团糟，做民调的时候发现，工党支持率落后，自由党支持率在前面，但是自由党上来，要推出税收政策来鼓励大家储蓄，不能借钱花，要征消费税。但是大家知道消费税对谁有好处，对谁没有好处。因为富人挣得多，消费得少，故征消费税显然对富人有好处，对穷人福利损失大一些。于是，澳大利亚的工党联合工会，甚至教会，到处做广告，告诉选民中的穷人无论如何不能选自由党。结果是霍华德领导的自由党选举第一次失败了。又过了三年，霍华德又率领自由党竞选。这次自由党说现在消费税不征那么多了，只征 7.5%，结果还是没通过，没有选上。到了第三次选举，霍华德领导的自由党发现两次都是因为提议征消费税而败选，于是他们的竞选纲领提出仍然要征消费税，但是征了以后回给低收入家庭进行补贴，结果大家还是不信它，三次选举三次都失败了，就因为自由党提议征消费税。到了最后，我都回国到复旦大学了，我又回去再看澳大利亚选举，发现因为霍华德所领导的自由党因要开征消费税，三次民调支持率在前，但结果都竞选失败，第四次他向选民保证说我这一辈子再也不提消费税了，最后选上去了，选上去之后半年，自由党又提出要征消费税，因为在澳大利亚议会里自由党占绝对多数，立法于1999年6月由澳大利亚联邦议会通过，于2000年7月1日开征10%的消费税。从这个事例看，在西方国家开征一个新税是多么难。

再回到我们最近发生的燃油消费税问题。请大家回忆一下2009年刚开始，我们是怎么征的燃油消费税的？当时是因为提出二级公路不收费了，把这个钱征在燃油消费税里面，于是就开征了。尽管全国人大在1994年就提出过开征燃油消费税的议案，但是到2009年开始征燃油消费税的时候，却根本没有经人大立法和批准。征了燃油消费税，养路费是取消了，也取消了二级公路的门票，但高速公路仍然收费。本来是为了替代养路费和二级公路门票钱放到燃油消费税中来征，但最近征燃油消费税却成了扩大政府财政收入的一项措施，甚至出现了45天提高三次燃油消费税的情况。这说明，税收法定可不是一个简单的原则，要牵涉亿万家庭和全体纳税人的利益，也牵涉一个现代国家运行的基本制度，目前看来还是一个很难达到的改革方案。

李炜光：韦森老师说的非常重要，税收有这样的复杂性、专业性。刚才说的政治家就是因为没弄清楚税收，导致了这样的后果，很多政治家弄不清楚税收财政，只看表面，比如说要征税要减税，可能和当初的想法是完全相反的，这是非常复杂的。刚才韦森教授谈到了我的一篇文章《无声的中国纳税人》，这篇文章是2002年写的，很早了，现在拿出来，其实不是完全过时，而且其实对我自己也是一个非常好的启示。十年的时间，中国的纳税人已经进步了。原来这些问题根本不是问题，没有人关注，我写的这篇文章也没有什么人呼应，现在不一样了。这是一个好现象。可是一个纳税者想成为一个纳税人，还有一个观念转化的问题。毕竟经过几千年的皇权社会，大家认为缴税是天经地义的。我在那篇文章里面提到，税收都是强制性征收，因为税收的基本原则有三性：强制性、无偿性、固定性，教材里就是这么写的。问题是强制性，跟强盗抢劫有什么区别？强盗拦路抢劫也是强制的，抢走了钱肯定是无偿的。固定性也是这样，原来认为理论上做区分，强盗拦路抢劫和国家征税有什么区别？有人说至少拦路抢劫是偶然的，不是固定的，历史上拦路抢劫也是固定的。征税要经由纳税者同意，区别是在这，没有人同意被抢劫，可是纳税者同意是一个规则行为的话，就会出现积极的纳税人，就会理解国家的政策，每个人都不要逃税，因为逃税是要处罚去做公共服务的，所以就会出现积极的纳税人。反过来就不成立，区别就在这儿。税收的这些理念，需要更多的媒体宣传，把这个弯转过来，把它作为纳税人应该有的行为，让中国纳税人的群体慢慢形成，这是一个早晚的事情，特别是未来的税收，未来要开征的新税就是房产税，躲都躲不开，房产税后面要开征的就是遗产税，只要开征了遗产税第四种税就来了，有这个就那那个，兄弟税。还有个人所得税，现在的个人所得税有很多的问题，未来的个人所得税要进行大改，综合税制取代分类税制，所有的这些税都和原来不一样。原来和大家关系不是直接的，韦森刚才说的到商场买东西，购物小票里面打出来消费税是多少，我们国家的税收里面有70%是流转税，就是消费税、增值税、营业税这些税。直接税的比重是比较小的，特别是个人所得税，又是和大家关系不密切。未来可不是，房产税必须亲自交，而且自己直接从每个月过日子钱里面拿出来交给政府，不关心也不行，躲都躲不开。

葛雪松：谢谢两位老师。刚才讲到税收法定的原则，也说了目前只有三种税真正意义上实现了税收法定，而其余的都还是以行政条例的方式执行的。对照期间很多宪法民主政制国家，对于征收税种的程度，可能现在行政征收的任意性的弊端就很凸显，要解决这些任意性的弊端，我们要进行很多政府权力自身的规范。但是无论如何，两位老师给我们打开了很多分析这个问题的维度，既有现实受到的影响，也是历史维度上其他国家的经验借鉴，甚至有税收基本理念的普及，这都是大家可以思考的维度，大家有什么税收方面的疑惑和问题，都可以说出来，我们进行交流。

问：非常感谢。平时我也有一些思考，包括税收征收的对象，以及哪些人比较关注税收。我感觉对税收比较关心的往往是一些中产阶级，而所谓的精英阶层，底层根本没有多少税被收，高层的精英阶层有很多办法规避税收，所以关注税收的一般是中产阶级，中产阶级有车有房有好的工作和事业。但是中产阶级往往由于阶级的特别性，一般形成不了力量，中产阶级往往没有革命性，不会为了一个崇高的理想，抛弃所得，更多的是关注自己的生活。当一个政府要在社会上征税支撑政府开支的时候，税收就落在中产阶级身上，但是中产阶级没有发出声音，我们的中产阶级要用什么途径发出自己的声音，可能底层社会的人是社会的基石，是稳定的基础。政府更关注稳定，但是中产阶级不一样，每天给你加一点税们只要努力一下，还是能承受这些税。精英阶层有更多的社会资源，这是我的一个想法。

葛雪松：我觉得您刚才说的这个问题，中国文化比较强调一些实用主义，在这样的思维下，面对一个相对强势的政府，可能公民的动力不会很足，相关的改革很难推进，这是您的主要忧虑。几年前有人说，社会变革的时候，真正有力量的就是中产阶级，其余的阶层没有力量，有可能西方文化和中国不同，我就抛出这一个结论，想两位老师表达一下自己这方面的看法。

李炜光：这是非常有意思的话题，真正具有"税痛感"的纳税人才会关注自己的利益，从关注自己的权益来问责于政府，应该推行什么样的政策和制度。但是我对这个问题没想好，各个国家不一样，在英国是贵族阶级起主导作用，1215年《大宪章》就是因英国贵族限制过往的征税权（而产生的）。在这之后，一直到18世纪，预算基本成熟，甚至上议院几乎都虚化了，其实还是贵族们在起非常大的作用，该让步的时候让步，并没有一条道走到黑，这个时候是王权作出牺牲，下议院做税收指导，一直到现在，制度基本成熟。

在法国，其实街头暴动没有起到很大的作用，"八月会议"的贵族算第二等级，当天晚上开了一夜的会，在一些关键利益上面作出了非常重要的让步。

最关键的时候，经常是贵族在起作用，可能美国有点特殊，美国本身就是由十三个殖民地形成的，贵族没有在社会上发挥核心作用。

　　现在看中国，中国没有什么贵族阶级，但是还是分出了高收入阶层、中产阶层，中产阶层是社会稳定的力量，不是社会变革往前冲的阶层，因为能过得去就不会起来造反。像美国社会，是一个枣核型的结构，这种社会是比较稳定的，如果没有到过不了日子的时候，大家都不想改变现状。中国现在尚未形成一个稳定的中产阶层，这么多年的政策，不利于中产阶层的形成，如果有一些自维能力的阶层出现了，那就大不一样了，中产阶层可以发出呼声。但是现在中产阶层对社会变革基本没有起到核心作用。反倒是一些高收入阶层，却非常具有责任感。有些著名的企业家，非常具有正义感，有精力关注社会问题，这些人恰恰在推动着这个社会的进步。你刚才说得很好，这个社会中，中产阶层有力量保护自己，交税已经不是他的问题了，而且中国非常粗犷的税制征收模式，使得这些企业家完全可以把税负转移到别的地方，如果按照规定交税的话，还真就够呛，我们最高的税率是45%，所以大家其实都没按照那个税率去交税。据说45%的那个税种没征上过税，没人去交。不是说没人交得起，而是大家都避开它。富人确实有保护自己的权利（的倾向），但是是针对个人来说，他本人就是社会精英，对社会问题是很有想法的，随着企业的成功，独立性就增强。中产阶层恰恰没有独立性，怎么能够承担变革的责任呢，特别是从税收这个角度推动，税负重到什么程度上才奋而保护自己的利益，推动社会的变革。反倒是社会共同的力量，三个阶层比较之下，恰恰这些富有者起的作用超过中等收入。推进变革的力量可能起的作用更大一点，其他那两个（阶层我）没有做具体的区分。

韦森：你提这个问题，也是中国进一步改革，走向一个现代国家遇到的一个巨大的困境。中国人能吃上饭，谁愿意惹事？一个中产阶层，反正日子还好过，政府多征点税就多征点吧，多交点买个平安，无所谓。这就导致一个结果：尽管目前中国社会的贫富差距很大，尽管许多政府官员很腐败，一些问题确实到了不改不行的时候了。但要看到，"80后""90后"不像我们这样思考问题了，随着市场经济的到来，他们的权利意识越来越强，再过十年二十年之后，政府再这样征税，这样任意花钱，这样贪腐，下一代人就会不答应。这几年我一直讲，关键还是在于观念的转变，在于现代社会的基本理念的确立，是我们纳税人供养了政府，政府必须为纳税人服务。我们不希望中国三十年经济增长毁于一旦。但是我们希望现代社会运行的基本构架、基本的理念，能够随着我们国家的发展，慢慢地发展，在十年二十年时间里能够被全社会的人所认识，所接受，那时，政府官员也不是愿意做什么就能做什么，而是拿了纳税人的钱，必须为纳税人服务。我希望这些基本观念能够慢慢转过来，尽管在短期内推进似乎很难，更难实施和改革，但我想十年二十年后，最终还是会走到这一点上。

葛雪松：刚才提的问题，就是在一个利益机制分析的框架下，可能已经生活得很好的普通人，对于推进变革，动力是不足的。决定人的行动，利益是很重要的一方面，目前推动中国改革的阶层，每个阶层中都有一些主导力量，刚才也提到了很多企业家，即便我们今天认为他们是一个既得利益者集团，当中也分化出了很多推进现代化转型的比较积极的观念，如果把这些声音能够和各阶层的声音结合，形成一个良好的互动，我们未来还是有很大希望的，接下来看看还有什么问题。

问：提两个问题：你们访谈的标题，"万税无缰的焦虑"，这个命题的限定是出于什么初衷？第二个问题，改革将来可能还是来自于民间和外部的力量，来触动内部的变革，两位老师都研究过历史，包括美国工业革命时期，任何政治结构，核心的政治结构的变化从来都不是主动变的，一个就是内部力量到了已经不能控制的时候，会要变。像"文革"的时候，到了极端的时候，我们内部力量觉得要变。还有一个就是外部的压力逼着不得不变的时候才会变，所以我们研究外部动力的时候，是不是也要更多地思考外部的力量可能怎么给内部的力量更多的压力。我觉得，我们要更理性地看到这种变化的难度，所以我们会说危机倒逼，现在是不是到了这个程度我们也要研究。怎么样使外部的力量触动内部动的问题我们也要研究。

关于税的问题，在美国工业革命时期收税并不是很多，比例不是很高。后来工业革命时期，在资本积累的那段时期，对富人的收税是很高的，那个时候美国富人的收税率达到 70% 以上，然后再平衡二次分配。今天到这个阶段，我们现在老是和国外比，他们怎么样，我们要跟国际接轨。但是并没有把各种税负放在一个综合的框架思考，我们老百姓能不能承受，这是我们特别关注的问题，请两位老师解答一下。

韦森：首先说"万税无缰"的话题。现在我国企业的税负已经相当重了，无论国有企业还是民营企业，几乎所有的税收都比利润高,现在银行贷款还不了,并且每一次税务局来巡查之后都要交税。中国社会已经到了非减税不能刺激经济增长的时候了。现在政府显然还没有总量减税的意思,包括总理和财政部,都没有实际减税的计划和议案。这几年我们一直在说结构性减税,从来没敢说总量减税。税收弹性仍然大于一,意味着政府征税的增速比GDP增速要高,怎么叫减税?目前我国经济下行压力这么大,大量企业面临倒闭破产的情况下,最好的政策莫过于减税。一看到经济下行,首先考虑的是政府如何刺激(经济发展),如何花钱,却没有考虑为企业减负。现在减税我们已经反复讲了多年了,但是没有效果。非得到了危机发生,我们才改,才减税?我们真不喜欢看到那一步。非得经济大萧条才改,那代价就太大了。虽然我们对政府提出了批评,我们真是希望不要出大事。现在说还要靠投资刺激经济发展,谁都知道投资可以促进经济增长,但是钱从哪里来,从企业那里征来税,政府有钱花了,企业没钱投资了,谁的投资更有效呢?企业关门了,倒闭了,光靠政府投资和政府推动的投资,就能保未来经济增长?我觉得问题的关键还在于治国理念问题,还是要听听不同意见。

李炜光:刚才韦森教授对税收没有约束感到担忧,制税权只能来自于外部,政府征税如果没有权力的控制就是野马,因为权力本身就有恶的本性,权力就是恶,要对外扩张,要多征税,如果没有外界限制的话,永远要这样扩张下去。孟德斯鸠不是说过这句话吗,征税权是政治权力之一,而且是非常核心的政治权利。我们国家这三十多年改革取得了很大的成就,确实经济增长很快,也确实出现了很多问题,但是核心权力这部分几乎没动,三十年以前的授权到现在还拿出来用。而且消费税条例说得很清楚,权力是有期限的,到时候成熟了就立法。可是我们看到,真正运作起来,却完全不顾及这些,刚才韦森说了,45天之内3次调整税率,考虑过纳税人的感受吗?完全不考虑。这样调整涉及亿万纳税人的利益,通过人大了吗?这么做至少在制度运作上不够正常。

李炜光: 第二个问题也挺好。比如说关于《预算法修正案》,从我们旁侧呼吁,到最后变成制度改革,我和韦森老师从《预算法修正案(二审稿)》开始介入讨论,最后《预算法》修改成功,我们的意见真的起了一些作用。从这个例子来说,我觉得是一个成功的经验,只不过尚做不到以后都可以这样参与,机制没有形成。但是好的经验就是,里应外合,有些话必须由我们说,有些话是必须由他们来说的,我们说不管用。但是有些话我们说了才能真正产生效应,他们拿这些话做文章,把我们的话带上去,里应外合,这个事就可以做成。(关于)这个事《南方周末》写了一个长篇报道,就算一个总结,只不过我们这样做不能成为一个正儿八经的经验,但是我们希望,今后涉及燃油税、房产税的改革,这些都是关系到每个人的钱袋子,每个人的财产收入,关于这方面的税制调整,必须要全民参与,希望要一致同意。

问: 政治学家从民主的角度比较意识形态化,但是如果用另外一个概念,怎么样让决策更加科学?现在涉及和老百姓相关的公共政策的内容,由于政治学是民主的概念,但是我们可以用其他的概念。问题是,决策的主体严重缺失。

李炜光: 决策的主体还是单一的最高领导,最近有一本书《独裁者手册》，这本书分析的角度要多元化一点，做决策的时候不得不考虑其他的主体。你提到决策主体，我们的决策体制，书中说了一句话就是，官僚体制决策，如果真是精英决策还好，官僚里面有精英，精英可以决策也行。问题是，体制内的精英是发挥不了作用的，可能作出错误的决策大家一块错，而且很难纠错，决策主体就是一个了。

葛雪松：谢谢两位老师，通过对《预算法》修订的介绍，让我们了解了政治运作过程当中的一个缩影，接下来还有什么问题。

问：我是来自澳大利亚国立大学，我是主修金融的，这个讲座前面都在讲征收制度的问题，我特别想知道，我们国家的税，税本身是财富再分配，我们国家在财富再分配的过程当中是否公平合理，是否有效率？国家有时候也蛮不容易，只有"三驾马车"，收税、发债、印货币，税收分配是否合理？除了法治以外，使分配更进一步合理。

韦森：你提的问题，税收是否合理是否有效，这就回到税收的征收成本问题上来了。中国的税收征收成本差不多是世界最高的吧！有学者估计，征收成本占整个税收的6%～8%的水平，甚至更高。其他国家，比如整个澳大利亚的税务局，没多少人，哪像我们国税、地税和各级财政部门这样庞大的三套一体的系统。我们有一个庞大的征税系统，这只是问题的一个方面。还有，各省各市的财政局和税务局的大楼，比谁家的都漂亮，也无疑增加了征税成本。什么叫征税公平合理？你看看哪个市哪个区的税务大楼盖的不漂亮，就知道是否公平合理了？还有，我国各地的政府大楼，从网上可以查到很多，一个比一个漂亮。各级和各地政府这些年又建了多少漂亮的大楼？全世界哪一个国家的政府，像我们这么大手大脚花钱的么？到 2014 年 4 月，李克强总理开了专门的国务院常务会议，提出要盘活库底资金，实际上催促大家快点花钱，鼓励大家花钱，到上个月，还是要国务院开常务会议，催促各级政府"盘活国库库底资金"，说白了还是在催促大家快点花钱，一些政府的财政存款还是花不掉。这说明了什么问题？我们现在每年都有 4 万亿元以上的财政存款，大家知道我们的政府及其事业单位存款多少？已经超过了 18 万亿元了！政府机关和事业单位存款在攀升，城乡居民家庭的存款下降，企业的存款下降，这种情况合理不合理？我们国家的财税问题，不仅仅在于税收没有法定，即财政部和国税局说征多少就征多少，想征什么税就征什么税，而且更大问题在于，政府如何花钱的问题上。花在哪？多少花在老百姓身上，花在纳税人身上？故目前中国的经济与社会问题，一个很重要的方面就是政府征税和花钱问题。

李炜光：公平问题，在中国的税制上还提不到，为什么提不到？针对财富存量的税几乎是没有的，个人所得税有严重的缺陷，起不到调节作用。这两年提高了个人所得税免征额度之后稍微好了一点，原来经过个人所得税调节之后，税后的基尼系数和税前的差不多，几乎一样。广州甚至反过来了，调节完了还不如不调节。我们国家针对收入的存量和财富的存量，税制上有严重的缺陷，所以不可能达到公平的效率。

还有一个就是韦森老师说的，这个公平不完全是纳税人之间横向的公平，或者是不同收入者之间的纵向公平。还有一条就是不被浪费。政府征完了税之后，给纳税人做了什么，这是大家不关注的，比如说征税之后，财政资源必须要保证安全。不要错配，但是错配经常可以看到，真正需要钱的地方没有钱，不需要钱的地方钱堆积如山，花都花不出去。浪费的情况这些年非常常见，形象工程浪费的钱太多了，没有人认真算过，浪费不是最大的犯罪吗，这种犯罪行为究竟给财政造成了多大损失？

第三条就是不被盗窃。钱征上去以后，是公款。公款不能被人家偷走啊，腐败不就是盗窃国库吗？如果我们说很多地方官员腐败的钱不完全是来自于国库，比如说军费，那可就是纯粹是国库的钱，因为没有其他来钱的道，我们军队的贪官还少吗？地方官员也出现很多"大小老虎"，国库其实有很多漏洞。出现很多案子。现在纳税人交了税以后，不能问政府钱是怎么花的。在类似美国、加拿大这些国家，是可以问钱究竟用在什么地方了，用在什么公用事业上可以查到。可是我们连过问都不可以，这公平吗？这是一个真实问题，下一步我们就要问，凭什么这样征税，拿征来的税干嘛用了？"公平"马上成为未来中国税制的真实问题，所以你提的问题很重要。

问：我们要知道税花在哪里，怎么花的问题，但是目前不知道。我就想知道，目前有没有存在这样一种时间表，有计划或者说有这么一个打算，有可能会制定这样一种相对公开的税务的查询监督体系，还是根本没有打算。

第二个问题，我们大家都是抱着这样的心态，未来是光明的，道路是曲折的。但是我意识到民众是会用脚投票的,而且一些数据表明,现在投资移民也好,或者怎么样移民也好,数据不断攀升,换句话说,有能力者对未来有无力感,远远大于使命感,留下的人都是没有太大力量,这意味着未来不是很理想的。我想问一下,我们这个国家的未来是不是真的还是比较有希望的,还是只是一种自我安慰,尽人事听天命。

韦森:对于《预算法》的修改,我们确实具体做了一点事情,但是说到底,能把"落实税收法定原则"写进十八届三中全会《决定》中,已经相当不容易了。但现在的问题是具体怎么落实,还不知道。因为对我们国家和政府领导人来说,这还是一个全新的概念,以前几十年根本没有想过这个问题,还从来没有过这个理念。全社会一直认为,政府征税是财政部门和税收部门的事,他们愿意征多少,就征多少,怎么还要有约束?很显然,只是提出国家治理的现代化,只提"落实法定原则",那只是条文规定。财政部门任意征税,却是实实在在的。至于有没有这方面的改革时间表,我们实在不知道。因为目前中央政治局通过的下一步的财政体制改革方案,并没有真正涉及如何建立起能落实税收法定原则的国家预算管理制度这些根本性的改革。

另一个就是,回答你最后的问题,说用脚投票,大量移民出去。是啊,现在有钱的人,一些成功的企业家,觉得在中国实在有太多的不确定性,只有一点是确定的,政府的财政部门要征什么税,税率要提高多少,完全是财政部门自己的事,谁也干涉不了。这样一些企业家伤心了,移民国外,或先把子女送到国外。在这样的实际格局和制度安排中,我们实在是乐观不起来。尽管我们无法乐观,但我们这些知识分子,觉得对的理念,还是要讲,讲了没人听还是要讲。我有时候做一个比喻,我们这些读书人,对于改革和社会进步,有时候真觉得是"精卫填海"。发一通议论,讲一些理念,就像一个小石子到波涛汹涌的大海中,连点浪花都没有。扔下一粒石子,有什么用?但是作为一介书生,我们还是不断丢小石子,目前我们所能做的,也就是这些。但是如果全社会都明白了,大家都来丢石子,是否将来有一天会改观?

李炜光: 我刚才提到了一个很重要的1985年授权的依据就是要体制改革,应该把成品油消费税在将来做一个解释。现在可以不理,将来就有人问,为什么45天3次调整税率,为什么这样做?客观地说,1985年授权是体制改革(的需要),现在我们认为燃油税的改革基本上就是增加收入,拿这个说服未来的质问者是不行的,说不过去,所以要想逃脱责任的话有一个办法,就是:1985年授权是经济体制改革,而提高消费税是因为税收划归地方,将来个人所得税有可能划归地方,未来能够靠得住的税就是这些。(征收)房产税社会的抵触很大,房产税的征收有一个前提,因为它是直接税是不能转嫁的,个人所得税是代缴的,税痛感不是那么强。房产税需要民众非常配合。肯定要进行房产的估值,不估值的话,房产税将来不管用什么办法来计算,都需要纳税人的高度认可,不认可也需要有救急手段,价值估高了,不被认可,可以申诉,申诉完了以后还不认可,还有地方申诉,这才可以。但是我们没有这个制度安排,这是非常蛮横的一件事情。将来这个是否能够成为地方可以依靠的税种？但是消费税可以靠得住，这是有可能做说辞的一个地方。

预算公开还有税收法定原则，写在了中央文件里面，这些东西都是非常先进的，但是落实的话，我觉得路很长，谈不上时间表，能在价值理念上让官僚体系接受这个理念，就要非常长的时间。

你说的乐观和悲观的问题，我和韦森的感觉是一样的，我经常在外面讲座的时候被人家问，我几年以前的说法和现在都没变过，我是"谨慎的悲观"，找不到乐观的理由，但没有完全失望，我觉得这个社会在变，这就是希望，更多的人关注权力问题，关注政府做的事情是不是合理合法的问题，而且以后推进的直接税的改革，恰恰逼你不得不问，这倒是看到了松动的可能性，谨慎的悲观，别把话说太绝。

问：两位老师刚才提到了连续三次提高燃油消费税，提到了税收法定，把这个权力从国务院给全国人大，在我们现行体制下，韦森老师讲财政部是不是违抗税收法定，我觉得不是。因为从上调燃油税的过程来看，我觉得是一体的，发改委下调油价，这过程当中，财政部表面上可能有一部分代表的是部门利益，如果我们不触及这个利益，有一天人大会不会变成中央政府呢？有没有可能中央政府做的事情人大在做呢？这是我们特别担忧的，我也不相信人大在那种格局下，内部想做这个事情非常难。

韦森：先不说现在就能做到税收法定，那还是我们的改革设想。我只是说财政部好像在故意挑战"税收法定原则"。不能用未来的理想改革状态，来判定现在是否违背税收法定。因为我们实际上还没有达到"税收法定"，怎么判定财政部是否违背了呢。至于说未来如何"落实税收法定原则",那首先是要向炜光教授刚才提到的那样,要把税收立法权收回到人大。不能再授权给国务院,国务院再转授权给财政部了。

在未来要真正"落实税收法定原则",我们一直认为还必须在人大设立一个专门机构,监督、制衡、约束和规范政府的财政预算收支行为。但在目前显然这还做不到。我们都知道做不到,但是我们还是说了,包括我们最后写的五条意见,两千多字,有三条接受了,但是有一条是建议在人大设立人大预算委员会,这一条目前看还做不到。政府的征税权和预算权受到实质性的制衡和约束,是世界各国现代化国家制度的建设的一部分。各国的制度都在这么实行。现在税收法定原则已经写进了中国的改革纲领,新的《预算法》总则第一条就明确规定:"为了规范政府收支行为,强化预算约束,加强对预算的管理和监督,建立健全全面规范、公开透明的预算制度,保障经济社会的健康发展,根据《宪法》,制定本法。"目前理念乃至法律框架都在那里了,如何规范政府的收支行为?谁来强化预算约束?关键还是在目前我们国家的人大制度上做文章,如果在人大内部没有一个专门机构来监督、约束和规范政府的财政收支行为,这样的法律条文还不是一句空话?如果我们认定"税收法定"即政府征税要经纳税人代表的同意是一个现代国家制度里面必须具备的一条,就应该在人大设立这样一个委员会,这样应该能做到,关键还是愿意不愿意做。最近接连三次提高燃油税,实际上是对"落实税收法定原则"的改革理念的一个挑战,也是对《预算法》总则所规定的要"规范和约束政府的财政收支行为"的一个莫大的挑战。当然,要真正落实税收法定原则,要真正做到人大作为国家的最高权力机构来规范和约束政府的财政收支行为,还要在人大制度和我们的国家基本制度建设上做些根本性的改革,在人大设立预算委员会,实际上只能是这种根本性的国家制度建设上的一个重要环节。现在看来还没有真正进入我们国家改革的议事日程。这又牵涉到中国现代国家制度的改革和基本建设的问题了。

李炜光:立法权和行政权是应该分开了。立法权包括法律的制定还有实施的全程监督,以及施政结果的检测,这个权力是归属于全国人大的,政府只管执行。现在我们是把权力在某些领域混在一块了。为什么很多人大代表提出来有些权力要回归到人大,就是从这个角度(考虑),权力要分开,权力要有边界,这一点是对的。但是就人大的现状看,把权力交给人大,有的时候还不如不给,因为人大还完全承担不起来履行这个权力的责任。

葛雪松:谢谢两位老师,今天从多个维度,帮大家解读了"万税无缰的焦虑",感谢两位老师。

2015 年 1 月 25 日于上海虹桥万科中心

从"税收法定"走向"预算法定"[1]

2014年8月下旬,第十二届全国人民代表大会常务委员会第十次会议召开专门会议,专门讨论《预算法修正案(四审稿)》,并于8月31日下午对《预算法修正案》进行投票,结果为:170人参加投票,161票赞成、2票反对、7票弃权,高票表决通过。

回溯十年《预算法》的修法蹉跎过程,笔者参与并推动了《预算法》修改,并向媒体记者谈了自己对新《预算法》通过的感想。这次《预算法》修订,经过十年多的修订历程,在人大立法机构的努力下,经过社会各界的广泛参与和讨论,乃至政府部门之间的修法博弈,已经取得很大进步。新《预算法》已经接近现有制度下修法的"天花板",这次《预算法》修改,应该记入中国历史。

---

[1] 本文根据笔者就第十二届全国人大常委会第十次会议通过新《预算法修正案》答记者问整理。

记者：从 2010 年开始，您一直关注预算，从最开始呼吁预算民主，到关注《预算法》修订的细节，到今天《预算法》即将通过，这期间中国预算民主发生了怎样的变化？这种变化对《预算法》的通过产生了什么影响？

韦森：事实上，我是在 2007 年 股市"5·30事件"后，开始关注税收及其在现代国家运行中的作用问题的。2010 年，我参加了一次在上海举行的《预算法》修改的理论讨论会，开始进一步关注这个问题。之后，我一直与财政学界和税法学界的学者和朋友们一起呼吁从"税收法定"到"预算法定"方面，来推动中国政治体制改革或言中国的现代国家制度建设，但只是原则上讲。应该说，在2012年7月《预算法修正案（二审稿）》被人大放在网上公开征求意见之前，学界大都还是在原则上呼吁，具体条款还没法讨论。但是自二审稿放到网上征求意见，我们 20 多位来自全国的财政学、税法学与经济学的教授和学者在上海开会，进入了细节讨论，最后向人大法工委提出我们的修改意见，一些意见也显然为立法机关所吸纳了。8月31日，《预算法修正案（四审稿）》终于通过了，这是应该值得庆贺的事。

这次《预算法》的修订，历时十多年，全国各界参与人员之广，讨论问题之深，全国人大和政协代表发言之多，在中国立法史上都是创纪录的。我认为这次《预算法》修订是应该写入中国历史的。

总体而言，《预算法修正案（四审稿）》在目前中国现有的国家制度安排中有这么大进步，已经是相当不容易了。当然，按照一些专家如天津财经大学的李炜光教授、中央财经大学的王雍君教授、上海财经大学的蒋洪教授,以及中国政法大学的施政文教授(这些专家都是2012年《预算法修正案(二审稿)》上海会议的几位核心专家,也是6月北京《预算法》讨论会上最主要的专家)的看法,可能认为四审稿还有许多不完善和不尽如人意的地方。作为一个外行,比较其他国家的预算法,我自己觉得新的《预算法》许多条款仍然都是原则规定,不像其他国家的预算法那样,条条都告诉财政部门和政府部门如何做。尽管如此,我个人觉得,新的《预算法》无论是在立法宗旨、保留央行国库的原来条款,还是在人大对政府预算的监督方面,以及在允许地方政府发债,但发债要经人大批准方面,都有很大进步,已经接近在目前我们国家的基本政治制度格局中的修预算法的"天花板"。因此,在这个问题上我比较赞同武汉大学熊伟教授的一个说法,不能把中国未来的政治体制改革的全部寄托于一部《预算法》的修改上,那是《预算法》修改的"不能承受之重"。

　　具体说到近几年来围绕着《预算法》修改而逐渐发生中国预算民主理念的变化,我觉得最重要的事件还是在中共十八大报告和十八届三中全会关于《全面深化改革若干重大问题的决定》中,都把加强人大对政府全口径预算监督列入政治体制改革第一条,以及十八届三中全会《决定》把"落实税收法定原则"写入其中第二十七条这两点。这应该是一个重大的理论突破。新的《预算法》,经过十多年社会各界广泛关注、热烈讨论和政府部门之间,以及与人大立法机关的博弈而最后通过了,尽管还不尽满意,但是这将引导中国国家预算管理制度从"税收法定"慢慢向"预算法定"的方向走。譬如,新的《预算法》将第九条改为第十三条,内容修改为:"经人民代表大会批准的预算，非经法定程序，不得调整。各级政府、各部门、各单位的支出必须以经批准的预算为依据，未列入预算的不得支出。"又新增了第十四条："经本级人民代表大会或者本级人民代表大会常务委员会批准的预算、预算调整、决算、预算执行情况的报告及报表，应当在批准后二十日内由本级政府财政部门向社会公开，并对本级政府财政转移支付安排、执行的情况以及举借债务的情况等重要事项作出说明。"这些都应该说是很大的阶段性进步了。因为，要做到"预算法定"，可能还有很长的路要走，要改革我们的人大制度，要进行深层次的政治体制改革，这都是现阶段单凭《预算法》的修改所做不到的。

　　至于说中国的预算民主政治建设有什么实质性的进步，这方面我个人还不是太过于乐观。主要是的问题是：新的《预算法》是这样修订了，但如何实施，具体的实施细则和条例又如何制定，尤其是如何真正做到"预算法定"？这已经超越了新通过的《预算法》了，而有赖于中国现代国家制度方面的深层次改革和基本建设，或者具体说人大制度和功能的方面的基本建设。用我们现在的话语说，这要等到中国国家治理体系的现代化整个完成了，才有可能最终达到这一点。可能无人怀疑，在这方面我们国家还有很长的路要走，只有到那时候，如果再修《预算法》，那才是预算民主建设的真正组成部分。

　　记者： 2011年，《预算法》修改期间，你曾接受媒体采访，提出中国首先需要预算民主，有读者投匿名信，称预算民主是一个"美丽的花环"，认为绝对没有可行性，这三年的紧张讨论《预算法》，是不是会给普通民众多一点信心?

韦森：这些年我和李炜光教授、蒋洪教授、叶青教授等财政学界和税法学界的学者在呼吁从《预算法》修订方面推动中国的政治体制改革，建立现代预算民主的政府预算管理体制，总是有社会各界的朋友提出一些不同意见，认为做不到。但是，一个现代化国家，首先要有一个现代的国家预算管理制度，这个问题是绕不过去的。正如我在2010年的一篇访谈中所讲的那样，修订《预算法》，开启中国的预算民主政治建设，应该是中国政治体制改革和现代国家制度建设的逻辑起点。尽管当时讲觉得很难，讲预算民主理念自己感觉后背还有丝丝凉意，但这些年下来，特别是在2012年围绕着《预算法修正案（二审稿）》所发生的全国社会各界的大讨论，我感觉预算民主是一个现代化国家制度的基本要件这一点，已经开始在全社会深入人心，为各界人士所接受，尤其是被我们的许多人大代表和政府官员所接受。这些年来，我也和财政学界、政治学界的学者也参加了与一些省市人大预算工委主任在一起召开的学界和人大有关机构共同参加参与的学术讨论会，我也多次给一些省市厅级以上的领导干部做讲座，讲解预算民主与我们国家的现代化国家制度建设，得到的反馈全是正面的，得到的几乎全是支持和赞同。这说明这些年预算民主和预算法治的理念正在全社会普及。十八大报告把加强人大对政府全口径预算的监督列入下一步政治体制改革设想的第一条，乃至中共十八届三中全会把"落实税收法定原则"写入《决定》的第二十七条，都说明了这一点，都表明我们国家正在进步，人们的预算民主、预算法定的理念在觉醒。只有理解这一点，才能理解为什么 2012 年《预算法修正案（二审稿）》上会，最后没有通过，乃至今年 4 月三审稿上会讨论，人大常委会也没有启动表决通过程序。这次四审稿最后经中共中央政治局会议敲定，又在立法宗旨、人大监督、允许地方政府发债，乃至恢复保留央行国库条款等方面做了重大修改，才终于通过了，这本身就说明，我们国家的预算民主理念在进步和觉醒。

另外，在人大常委会审议《预算法修正案（四审稿）》时，无论是大会讨论，还是分组议论，全国许多人大常委会委员都热烈发言并提出自己的修改意见，这些事实，不都说明我们国家的进步，不正表明"税收法定"、"预算民主"和"预算法定"的理念正在不断深入人心。从这一点来说，我自己觉得，应该对未来中国的现代国家制度建设充满信心。我们相信，在 21 世纪，我们国家会慢慢建成一个与现代市场经济体制相匹配的现代化国家制度的，这其中包括国家的预算管理制度、人大制度、政府体制和整个社会的法律制度。在这一点上，我们应该充满信心，也充满期盼。当然，我们也深知任何进一步的改革都会更难。故虽然新的《预算法》通过了，但这并不是万事大吉了，还要慢慢推进。这才是我们国家治理体系现代化建设的开始，我们才刚刚起步。我们国家的"现代化国家制度建设"——或言"现代国家治理体系的现代化建设"，路还很长、很远，还需要我们不断地探讨，更需要我们学界不断深入地传播现代化国家制度尤其是现代国家的预算管理制度的理念。

记者： 就您个人来看，您从 2007 年开始了解预算至今，您对预算民主的信心有没有变化？在 2012 年《预算法修正案》一度搁浅的时候,是否有过动摇?

韦森: 就个人来说,我从来没有感到失去信心。因为,我从 2007 年开始关注税收法定在人类诸社会现代化过程中的作用开始,我慢慢意识到这是一个现代化国家必须具备的基本制度要件。不管文化传统如何,不管是否是从中央计划经济转型而来的国家,还是一个市场经济国家,只要具备现代市场经济,政府征税和花钱就应当有一套章法,政府不能随便征税,任意花钱,且征税和花钱都要公开透明,要让纳税人知晓,且最后需征得纳税人代表同意。这些都是现代社会和现代国家制度运行的必须具备的。现代国家预算管理制度,也自然意味着政府花钱,要有制约和制衡机制,没有制约和制衡,就会导致政府腐败寻租的普遍化。这么简单的道理,应该是现代化国家制度建设的常识,没有什么神秘、难懂和敏感的。就此而论,我个人没有什么信心变化的问题,自己一直相信这些基本理念,并在一切可能的场合和机会,向媒体与财政学界及税法学界的朋友们不断宣讲这一理念,而不管是否现在能做得到,但相信我们国家迟早要走到这一步,就此而论,自己在这些年在宣讲和传播预算民主的理念方面从来没有动摇过。

当然,从 2007 年开始,我就深知,一个国家的财政管理制度的任何改革在任何时候都是极其困难的任务,因为这牵涉到钱、权和利益的问题。从我们国家来说,我们有一个数千年的皇权专制统治的传统,又从一个低度发展的计划经济转型过来,人们一开始没有任何"预算民主"的理念,还是过去长期遗留下来的"皇粮国赋"的理念和为革命建设"贡献力量"的理念,要突然转变为建立现代国家制度，现代国家治理体系，要开始考虑管好"纳税人的钱袋子"的问题，这确实不是一朝一夕完成的。因为一开始我们期望不高，只不过是传播理念，相信这将是一个长期的过程，所以也就没有所谓的信心问题。现在，这些理念开始在国家的新《预算法》上部分落实下来了，我觉得这确实是个很大的进步。

2012年《预算法修正案（二审稿）》被人大搁浅，第十一届全国人大常委会决定不再审议《预算法》修订问题，我们20多位教授在"上海会议"上的提议与全国各界人士提出的33万多条意见，是起了一定的作用。《预算法》修订从2012年8月之后一直停止审议，直到2014年4月开始三审，一直到上周四审，到2014年8月31日人大通过，尽管目前看还有许多不尽满意的地方，但我个人觉得是件好事，这是现阶段的最好结果。

全国人大和社会各界之所以这么关注《预算法》修订问题，一是因为这个法律本身就很重要（也有把它称作"经济宪法"），二是觉得目前要从"预算法定"上进行现代国家制度建设，还是一条值得考虑的改革思路。就我个人而言，之前我觉得《预算法》修订通过越迟越好，因为人们的预算民主意识在觉醒，包括我们的人大代表也越来越觉得有责任管好"人民的钱袋子"，故修得越迟，可能越接近预算民主的理念。然而，既然现在中国最高决策层决定要通过了，并大量吸收了学界的意见和建议，且在目前中国的政治经济格局中已经差不多修到目前能达到的高度，我们这些教授和学者还是绝大部分支持的。

记者：作为"经济宪法"制定过程的重要参与者，您坚持参与的动力是什么？您为什么要关注预算？在很多人大代表不关心预算的情况下，如何让普通民众去理解这部法律对他们生活的重要作用？

韦森：了解我的朋友和学生都知道，我个人多年来是一个学术为业的学者，但在推进我们国家改革开放和各种社会进步方面，我是一个无私无我的人。多年来，尤其是从 2001 年回国执教复旦大学以来，我一方面在纯思辨的经济学理论上做了一点研究，也在自2006 年后，开始关注中国改革的一些现实问题，以及中国的宏观经济动态。在关注中国的现实问题上，我自己作为一介书生，一个知识分子，多年来坚持一点：不能说的话可以不说，但说出来的话肯定觉得对国家和社会的进步有益，说自己真心相信的东西，绝不说违心的话。这是我自己这些年做学问、关注现实问题的一条要努力坚持的基本准则。作为多年来《预算法》修订的一个关注者，一个外行的"拉拉队队员"，我和其他财政学者和税法学者一样，没有任何个人喜好和利益在其中，我们只是认为，能推动我们国家和社会的点滴进步，就不错了。这是我们当代中国知识分子"当为"的工作和职业的"召唤"，我们根本没有考虑个人的利益、动机和动力问题。

至于说为什么关注《预算法》，我这些年的文章中已经讲了很多了。现在再简单归纳一下，因为"税收法定"、"预算民主"和"预算法定"，应该是一个现代国家制度的基本要件，也是达到一个良序运行的市场经济社会的必须具备的东西，这些年来，我逐渐认清和认定了这一点，通过一些媒体不断宣讲，并把这些相关文章和访谈收在了我在 2008 年出版的《市场、法治与民主》和 2012 年出版的《大转型：中国改革下一步》的论文集中。要初步实现"税收法定"，再进一步达致"预算法定"，既然是一个现代化国家制度所必须具备的要件，是早晚要达到的，那么，修订《预算法》的重要性就不言而喻了。尤其是在这些年开始关注《预算法》的修订过程中，通过对《预算法》的一些具体条文的增设和修订的讨论，财政学界、法学界、政治学界和经济学界的学者一直相信，推动《预算法》的修订，并尽可能地把它修好，尽可能地具备预算民主精神，既是我们这些知识分子义不容辞的责任，也是目前我们当做和所能做的工作。

至于说"很多人大代表不关心预算"，这一判断不是很准确。你们应该知道，近几年来，在每年的"两会"上，人民代表对财政部的预算报告和预算案的投反对票和弃权票的比例一直很高，每年都在600～700票上下。看看上周人大常委会开会审议《预算法修正案（四审稿）》，有多少人大代表在热烈发言呀！再说，这些年来，各级和各省人大、市人大乃至县人大开会时，大家对政府的预算报告乃至政府如何征税花钱问题的讨论、议论是最多的，在这方面每年都有许多提案。还有些省市的人大机构，自己组建人大预算工委，主动参与监督政府财政部门的预算规定的制定和实施，有些地方如广州市人大还制定了自己的地方的"小预算法"，即"广州市人民代表大会审查批准监督预算办法"。这诸多现象说明，很多人大代表越来越关注政府预算，关注政府如何征税、如何花钱，且关注政府预算和政府如何征税和花钱的人民代表越来越多，发言和有关提案也越来越多。这本身就说明中国的预算民主建设在进步，中国人的纳税人的意识在觉醒，中国人的预算民主和预算法治的观念在提高。

至于如何让普通民众理解这部法律的对他们生活的重要性,这一点学界,尤其是财政学界、法学界、政治学界,乃至宣传媒体,都要借这次《预算法》修订并成功通过的东风,进一步加强讨论并不断宣讲,让更多人的知道其中的道理,只有这样,21世纪在我们国家建立起一些现代国家治理制度,乃至现代预算管理制度才会更有希望。

记者: 就将要通过的《预算法》来看,新《预算法》,是否能够让人大代表看懂政府预算,让公众明白巨额的政府财政收入到底是如何花出去的?如果不能够看懂全部,那至少能看懂多少?是否政府财政收入中最重要的部分可以看懂?

韦森: 对于这个问题,我觉得应该是这样看,不是要所有人大代表都能看懂预算,而是政府每年的预算报告要公开、透明和细化。这牵涉到两方面的问题,第一,预算公开和预算报告要细化到什么程度,我们曾提议要"预算收入公开细化到目级科目"。但是从现实来看,对一个国家来说,这么大的预算收支,各级政府的预算报告要细化到目,可能不是每位人大代表有时间全看的,这就牵涉到第二个问题,即在人大设立专门委员会和具体的功能机构来审查政府每年的预算草案。这些人是专家,他们能看懂,知道每年预算的核心和关键问题在哪里,然后在全国人大会议提出这些问题来审议。现在按新的《预算法》第二十二条规定,"全国人民代表大会财政经济委员会对中央预算草案初步方案及上一年预算执行情况、中央预算调整初步方案和中央决算草案进行初步审查,提出初步审查意见"。在2014年6月中旬,我们8位税法学、财政学和经济学的教授在北京召开的《预算法》修改讨论会上，曾建议在人大设立一个专门的机构，叫"人大预算委员会"。我们的具体意见是：在县级以上人民代表大会设立"预算委员会"，专司财税立法和每年预算的审查、监督和制衡。同时，强化人大常委会预算工作委员会的职能，扩大编制，增加人员，便于其协助"预算委员会"的工作。特别是可以将预算审计的职能赋予预工委，使其与政府预算、公共单位内部审计并列，大大提升人大对政府预算的审查、监督和制衡能力。

这次新的《预算法修正案》，虽然没有采纳我们的建议，因为实际上设立人大专门的预算委委员会已经超越《预算法》本身的功能了，以后要通过启动人大的组织法或其他法律来决定，但是值得注意的是，这个新的《预算法》第二十二条还是留了一个口子，原话是："省、自治区、直辖市人民代表大会**有关专门委员会**对本级预算草案初步方案及上一年预算执行情况、本级预算调整初步方案和本级决算草案进行初步审查，提出初步审查意见。""设区的市、自治州人民代表大会有关专门委员会对本级预算草案初步方案及上一年预算执行情况、本级预算调整初步方案和本级决算草案进行初步审查，提出初步审查意见，未设立专门委员会的，由本级人民代表大会常务委员会有关工作机构研究提出意见。"这里所说的"专门委员会"，可以是目前各级省人大的"预算工作委员会"，即"预工委"，当然也可以之后设立的"人大预算委员会"。能做到这一点，落实"税收法定原则"和"预算法定原则"就能做到实处了。到那时，我们才能说我们国家的预算民主建设才真的有了起步。

记者：您此前提过，过去地方政府是中国经济增长的动力，但是地方政府靠卖地还债会有清算的时刻,需要提前准备。从目前《预算法》首次适度允许地方发债来看,算不算在提前做准备?

韦森:这次新修订的《预算法》,允许地方政府发债,是一大进步。新的《预算法》还设了"防火墙",即在第三十五条规定:"经国务院批准的省、自治区、直辖市的预算中必需的建设投资的部分资金,可以在国务院确定的限额内,通过发行地方政府债券举借债务的方式筹措。举借债务的规模,由国务院报全国人民代表大会或者全国人民代表大会常务委员会批准。省、自治区、直辖市依照国务院下达的限额举借的债务,列入本级预算调整方案,报本级人民代表大会常务委员会批准。举借的债务应当有偿还计划和稳定的偿还资金来源,只能用于公益性资本支出,不得用于经常性支出。"至于人们所担心的地方债会给未来中国经济所带来的风险问题,我自己多年来一直并不是很担心这个问题,因为中国各级政府的债务目前占 GDP 的比重,与其他国家相比还不是很高,还在可控范围之内。这两三年来,我一直在讲,中国经济最大的隐患,是企业负债率过高,而不是政府负债的问题。并且这次新的《预算法》修订,还特别设立另一道防火墙,即规定:"国务院建立地方政府债务风险评估和预警机制、应急处置机制以及责任追究制度。国务院财政部门对地方政府债务实施监督。"就此而论,这一次《预算法》修订也有很大的进步。

第四篇　法治的基本理念与未来中国社会的发展道路

> 我认为,在法律服从其他权威、且缺乏自身的权威的地方,政府很快就会崩溃;但是,如果法律成为政府的主人,政府成为法律的仆人,然后政府就会履行自己的承诺,人类才会享受到诸神给国家的全部祝福。
>
> ——柏拉图(《法律篇》,§715)

法治的基本理念

2015年是英国《大宪章》签署800周年。从人类社会发展史来看,1215年6月15日在英国兰尼米德草地上由英国约翰王和25位男爵签署的英国《大宪章》,既是一份法律文件,也是一份政治契约。它奠定了英国宪政民主政治的基础,也是后来世界各国法治的开端。英国《大宪章》最主要的意义在于,它确立了"王在法下"、"正当法律程序"和"契约政府",一方面为13世纪后英国普通法的发展奠定了基础,也为之后的英国乃至西方各国的宪法民主政制建设拉开了序幕。大宪章的签署,在英国宪政史上,乃至在人类社会政治文明史上,均具有里程碑式的意义。

从大范围的人类社会历史发展进程来看,法治并不仅仅是一种法律原则和一种政治原则,而是指一种社会状态,一种现代国家的基本制度。法治,实际上已成为人类诸社会现代化的最主要的组成部分,即一个现代国家,都必须且必定实行法治,而不是在实行"君治"、"官治"和"人治"。

法治，英语为"the rule of law"，是指一个法律原则，也是指这样一种社会状态：在一个社会中，法律是社会最高的规则，具有凌驾一切之上的地位。所谓高于一切、凌驾一切，指的是任何人，包括政府机构，包括法律的制订者、法律的执行者，都必须遵守。法律是至高的，没有任何人和机构可以凌驾于法律之上，政府特别是行政机构的行为，必须是法律许可的，这就叫依法行政、法治政府。法治本身也意味着法律本身是经过特定的立法程序产生的，用于确保法律符合人民的集体愿望。

法治，实际上也有另外一个含义，即它不是政府以法律来治理社会，而是政府本身是受法律所制约的。用哈耶克在1945年出版的《通往奴役之路》中的话来说，"撇开所有的细节不论，法治的意思就是指政府在一切行动中都受到事前规定并宣布的规则约束——这种规则使得一切个人均有可能十分确定地预见到在某一情况中会怎样运用其强制权力，并根据这个预期来规划自己的事务"。实际上，法治也是对政府而言的，就是说，法律应该统治整个国家，用以反对政府官员个人的专断意志和行政自由裁量权。在大陆法系里，相应的概念是"法治国"（德语为：rechtsstaat），我们目前看到的这个词，应该是从康德那里开始的。

1959年国际法学家在印度召开一次会议，会议产生了一个《德里宣言》。这个宣言对法治提出了三条基本原则：第一条法治原则，根据"法治"原则，立法机关的职能在于创设和维护得以使每个人保持"人类尊严"的各种条件，即保持人类的尊严。第二条法治原则是，不仅要对制止行政的滥用提供法律保护，而且要使政府能有效地维护法律秩序，借以保证人们具有充分的社会与经济条件。法治就是要制止政府滥用行政权，要为维护法律提供保护，这句话实际上道出了法治不是政府治理社会时用法律，而主要是用法律限制了政府的行政权力，使它的权力不是任意的，这是法治的核心概念。第三条原则是，司法独立与律师自由是实施法治原则的必不可少的条件。

法治这个概念，在《牛津法律大辞典》中是这么定义的："法治"（the rule of law）被看成是"一个无比重要的、但未曾被定义、也不能被随便定义的概念，它意指所有的权威机构、立法、行政、司法及其其他机构都要服从某些原则。……在任何法律制度中，法治的内容包括：对立法权的限制；对反对滥用行政权力的保护措施；对个人权利和团体各种权利和自由的正当保护；以及法律面前人人平等。……法治不是强调政府要实施法律和维护秩序，而是说政府本身要服从法律制度，而不能不顾法律，或重新制定适应本身利益的法律。"这里是说，我们讲到法治，过去往往强调政府的权力要限制，其实，在法治社会中，包括立法机构的权力也要限制，包括西方的议会，包括我们的人大，这些机构的权力也要受到限制。

《牛津法律大辞典》还指出，法治是"对反对滥用行政权力的保护措施"，获得法律的救济，对个人权利和团体各种权利和自由给予正当的保护，以及在法律面前人人平等。严格来说，人们所说的"法律面前人人平等"，在西方称为"法律之下人人平等"，即"Equal justice under law"，而不是"Equal justice before law"。

《牛津法律大辞典》最后特别讲到，法治"不是强调政府要维护和实施法律秩序，而是说政府本身要服从法律制度，而不能不顾法律和重新制订适应本身利益的法律"。这就是说，政府本身要服从法律，也不能随便制定法律来维持秩序。严格来说，制定法律是人民的事情，是人民在宪法下的事情，这是一个非常重要的原则。在明朝朱元璋统治时期，皇帝可以事后制定法律来惩戒之前的行为。这显然就是法律完全变成统治者维护其意志的一个工具了，这不叫"法治"。

一般来说，法治不承认任何专断的权力，无论这权力是作为立法权，还是作为行政权，或司法权。从法治的理念上来说，立法权和行政权都是由宪法所授予的，因而受公民和宪法的双重约束。首先，从立法权上来说，立法权应受宪法的约束和公民的监督，以保证法律符合全社会的价值和目标。其次，从行政权来看，法治一方面使法律具有最高权威，使政府依法行政，政府的权力是受约束的；另一方面，也使行政权力能够有效地维护所形成的法律秩序。最后，从司法权来说，法治排除了立法机关和行政权力的不当干预，保障司法的独立地位。法治不承认任何专断的权力。法治本身在统治者与被统治者之间设计的一道屏障，既能保证整个社会的合法状态，也能保护社会公民不受政府不当行为的侵害，到了这个状态，才叫法治。在法治社会中，只要公民的行为在法律之内，每个人就能做自己当做的工作，政府机构就不能任意干预个人的行为，不能依照自己的意志和判断去判定一个公民有罪。实际上，法治保护了公民的权利，限制了政府的权力，也划定了自由的边界，这是法律与自由的基本关系,这是法治的一个基本理念。

下面我们再看一下"the rule of law"和"the rule by law"的区别,这都是老话了。2005年,我曾做过一场"市场深化过程与中国社会法治化的道路"的讲演,那篇讲演稿曾收入我的《市场、法治与民主》一书中,在那篇讲演稿中,我曾详细解释了这两个概念。要理解"法治"(the rule by law),它只能翻译为"依法而治"和"用法律来治理社会"。我们现在讲依宪治国、依法治国,都还是"the rule by law"这个概念。"The rule by law",即"通过法律的统治""依法而治""用法律来治理",而不是真正意义上的法治,只有"the rule of law",基于法律的统治和法律之下的人人平等,这才是我们理解的法治和法治社会。

所以说,尽管"the rule of law"和"the rule by law"中文都翻译为"法治",但是有重大区别,这个区别就在于,"the rule by law"即用法律进行统治,内含着法律仅仅是主权者控制和掌管天下的一个工具,法律是政府进行社会统治和控制的一个工具,因而也潜含了一个意思,即主权者永远"the rule by law",即用法律来治理社会。主权者,英文为"the sovereign",在古代社会一般指王室和政府。在现代社会,也有一种理论认为法律都是主权者的意志。如英国实证法学家约翰·奥斯丁(John Austin,1790～1859)就提出,任何法律都是主权者的命令。依据该命题,奥斯丁推导出一系列的命题,主权者的地位至高无上,主权者不受法律的限制等等。后来,虽然一些实证法学家如边沁(Jeremy Bentham,1748～1832)、凯尔森(Hans Kelsen,1881～1973)、哈特(H. L. A. Hart,1907～1992)、乃至波斯纳（Richard A. Posner, 1939～　）的看法，任何法律都是主权者的意志，但这个主权者已经不再是国王、国家和政府，而是人民，人民作为政治的主权者推选出法律的主权者进行立法，民主推举的集团式的立法机关。

中国社会几千年来一直延续的理念，即皇帝的话就是法律。孔子的一个最有哲学头脑的孙子叫子思，他在《中庸》里说了一句话叫做"非天子不议礼，不制度，不考文"。意思是什么呢？不是皇帝，就不要议订礼仪，不要制定法律，不要考订文字规范。这就是说，在古代社会，所有法律都应该是皇帝制定出来的。在古代中国社会，法律实际上历来都是皇帝治理天下的一个工具。用我们今天的话来讲，几千年来我们的法律实质上都是政府维护稳定的一个工具，它跟西方的保护个人权利，人民制定法律来约束国王等等，有根本性的差别。严格来说，西方社会的"法"（law），跟我们中国的这个"律"和"刑"是有根本性差别的。所以，尽管在春秋时期就有了"法治"一词连起来使用，但中国实际上几千年来有的也只是"the rule by law"，即"依法而治"和"用法（律）来治（理社会）"，因而还不是真正意义上的"法治"。到现在也是如此。

我们看一下戴雪对法治的研究。戴雪（Albert V. Dicey, 1835～1922）是近代西方一个重要的宪法学家，他在《英宪精义》（Introduction to the Study of the Law of the Constitution）里，指出了法治的三元素。这个三元素的表述非常经典。

第一个元素是"不溯及既往原则"，就是没人因为违反尚不存在的法律而受到惩罚，或者在肉体或财物上有损失，即是说，当权者不能有专断权力（arbitrary power），也不能在行为发生后制定有回溯性（retrospective）的法律而惩罚该人，比如明朝的朱元璋就是这么做的，但是在西方不能说我制定法律来惩戒你，那不行，没有法律就不能定罪，这是第一个元素。

第二个元素是，"没有人来凌驾于法律之上，包括所有男女，且不论其社会地位或其状况"。实际上，这个"没有人"的人的法律地位在法学上有争论，国王算不算？这个问题，严格来说，从亚里士多德跟柏拉图的争论就开始了。

第三个元素就是"法庭的决定是维护人权的最后防线"，即一个人的所有的罪都是由法定的，不能由行政机关和任何强力组织来定一个人的罪。这就是戴雪的"法治三元素"。

我们再看一下，当代一个非常著名的法学家和政治学家约瑟夫·拉兹（Joseph Raz）的理论。大约在1977年，拉兹提出了"法治"的八个元素。让我们一条一条地往下看。

第一条，"新制定的法律不应该有回溯性"，这个很重要，几乎所有法学家讨论法治时都会提到这一点，这也是现代社会法律制度的通则。

第二条，"法律应该是稳定的，不应该是过于变动频繁，不然民众就因缺乏了解新法而无从适应"。法律本身应该是一把尺子，一把钢尺子。如果这个尺子像个弹簧，像个橡皮筋，整天修、整天变，那就坏了。整天修法那就完了，修得就没有权威了。大家知道，从法国大革命后1791年宪法，即雅各宾派的宪法，是第一部宪法，然后是拿破仑宪法。在法国大革命后，法国不断改朝换代，共和、帝国，再是王朝，再共和，换来换去，每换一次就修个宪法，到1958年第五共和国宪法，法国宪法大修已经是17次了，这还是大修，而不是小修，连1958年宪法，也修改多次了。宪法修来修去，修得宪法就没权威了。英国是一个没有宪法的宪政国家，但一些宪法性的法律却很多，每一部都有其法律效力。从1215年的英国《大宪章》开始，到1689年的《权利法案》，到现在仍然说有它的法律效应。《美国宪法》1787年制定后，截止到1992年有27个修正案，但宪法本身的架构没变，到现在还是有着完全的法律效力。这说明，法律不能像橡皮筋一样，一拉就长，一松就短，随便修就没法律效力了。

第三条，"制定法律应该有明确的规则和程序"。制定法律要有一定的立法规则，如《立法法》。

第四条，"司法机构的独立性必须得到保证"。这一条专门谈到司法独立，司法不独立，就没法治，或者说就根本谈不上法治。

第五条，"天赋公正原则应该得到遵守，特别是公正庭审的这个权利"。这一点非常非常重要。

第六条，"法院有违宪审查的终审权"。大家知道，我们讲到要依法治国，要对违宪行为进行司法审查、追究。对于法学我是外行，不是研究法学的，但这些年来，我一直支持在人大成立宪法审查委员会、违宪审查机构。无论是国务院或地方政府，制定每一个条例，如果跟宪法有冲突，是违宪的话，宪法审查委员会就可以说这条违宪，这个法律不能通过。韩国1996年成立了宪法法院，就专门接受违宪诉讼和违宪审查。在西方可以诉讼总统，说总统这个行为是违宪的，这就是违宪诉讼。《宪法》的司法化，是未来法治建设的一个关键。我们一些财税学家、法学家和经济学界的同仁,这几年一直呼吁要在人大成立预算委员会,来实施《预算法》,实际监督和制衡财政部门的预算权力。对于这一点,之前听说人大也曾在各地调研过,最近好像又不怎么提了。如果能做到这两点,预算审查委员会再加上一个宪法审查委员会,希望能够真正在中国的法治建设上有所推进,在我们现有宪法架构下,一步步走向法治社会。政府征税,有预算委员会监管,政府制定规则和法律,有最高立法机构宪法委员会进行审议,这样就可以在现有的宪法下推进法治进程。所以,法院应有违宪诉讼权,这是拉兹讲的第六点。

第七条,"每个人都可以使用法院,没有人使用法院的权利可以被拒绝"。在一个社会里,只要是一个公民,他使用法院就不能被拒绝。

第八条,"执法和预防犯罪的机构不应允许枉法"。

以上这些是拉兹讲的"法治"的几个原则。有了这几个原则,大致可以说一个社会基本达到法治。

与"法治"相联系,在德文中还有一个"法治国"(Rechtsstaat)概念。就我自己看到的文献,最早是德国伟大的哲学家伊曼纽尔·康德(Immanuel Kant,1724～1804)使用过这个概念,后来到哈耶克经常使用这个概念。而我国著名法制史学家,华东政法大学校长何勤华教授不久前发表在人民论坛的一篇文章则认为,德国法学家斯塔尔(F. J. Stahl,1802～1861)和迈耶(Otto Mayer,1846～1924),在吸收英、法等国法治思想的基础上,不仅明确提出了"法治国家"(rechtsstaat)的概念("法治国家"是在德语中最先使用的一个术语），而且对其内涵进行了详细的阐述。

据何勤华教授讲，斯塔尔和迈耶认为，法治国家包含三个要素：一是法律的法规创造权；二是法律优位，即法律至上；三是法律的保留，即涉及限制人身自由的事项，只能由法律来规范，而行政机关无权作出规定。之后，经过后世学者，尤其是第二次世界大战以后的学者的发展，法治的内涵进一步成熟，确立了如下四个基本要件和标准：首先，通过法律保障人权（公民的各项基本权利），限制政府公共权力的滥用；其次，良法的治理，这种良法最基本的要素就是必须尊重人的平等、自由、良心和尊严；再次，通过宪法确立分权与权力制衡的国家权力关系；最后，确立普遍的司法原则，如司法独立、无罪推定等。其形式标志为拥有完备统一的法律体系、普遍有效的法律规则、严格公正的执法制度和专门化的法律职业。

事实上，在《布罗克豪斯百科全书》第15卷里，对"法治国"有一个定义，这个定义，与前边所提到的戴雪和拉兹对"法治"界定的几条有重合，但从几个方面，大家就可知道国际法学界，全球乃至全球知识界是怎么看待法治的。

在这部百科全书中，界定"法治国"第一条标准就是：一个法治国家要"颁布在法律上限制国家权力的成文宪法"。这一条明确说明，宪法是限制国家权力的宪法，不是宪法把权利赋予公民，而是公民签订的限制国家权力的宪法这个契约，这才是宪法的实质，这一点我们一定要弄清楚。从《大宪章》开始到美国宪法，实质上是公民约束国王、总统和政府权力的一个文件，一个契约。第二条，"用基本法律来保障各种不容侵犯的公民权利"。在法治国中，公民的权利要得到充分的保障，政府不能在法律之外任意侵犯和践踏公民的权利。第三条，"法院从法律上保护公民公共及其私人权利不受到国家权利的干涉"。这一条又充分肯定了前面一条，讲得更明确。第四条，"因征用、为公献身及渎职而造成的损失的情况下，国家有赔偿的义务"。西方保护产权的核心，包括美国宪法，不是私人产权神圣不可侵犯，而是公民财产被征用和由于政府过错所造成的损失，政府要进行补偿。第五条，"法院独立，保证法官的法律地位"。这里也说明，司法独立是法治的一个必不可少的要件。第六条，"禁止刑法追溯效力"。第七条，"行政机关依法办事原则"。

另外值得注意的是，当代英国最著名大法官汤姆·宾汉姆（Tom Bingham，1933～2010）在2006年出版的《法治》一书中，将法治的构成要素分解为"八项具体原则"：

（1）法律必须是可以获知的并且尽可能地易懂、可预测；

（2）法律权利义务的问题，一般应通过适用法律而解决，而非通过行使自由裁量权；

（3）国家法律应平等地适用于所有人，除非客观差别证明区别对待的合理性；

（4）政府官员行使被赋予的权力，必须诚信、公正，并且只为赋权之目的，不能不当行使，不能超越权力的界限；

（5）法律必须提供充分的基本人权保护；

（6）必须为当事人自身不能解决的民事争议提供解决机制，且不存在昂贵的，以至于支付不起的费用，或者过度迟延；

（7）国家提供的裁判程序是公正的；

（8）法治要求国家遵守其在国际法中的义务，如同遵守国内法一样。

以上我把国际上法学家对法治的定义罗列一下，是想说明，在现代社会，世界各国对"法治"的理解大致都差不多，这应该是现代社会的一项共识，从而我们也可以知道，法治是人类社会现代化的一个组成部分。即没有法治，就不能说是一个国家已经达到了一个现代国家的标准。从这个意义上，《中华人民共和国宪法》第五条明确规定："中华人民共和国实行依法治国，建设社会主义法治国家。任何组织或者个人都不得有超越宪法和法律的特权。"这也恰恰说明，法治是未来中国现代化建设的一个重要组成部分。

（本文系笔者专栏文章，发表于《腾讯·大家》）

法治理念的产生与沿革:从古代到近代早期

在人类社会历史上,法治理念的产生与演变,说来也有几千年的历史了。在这里,我们将主要讨论在西方社会历史上,法治理念的产生与演变。

限于篇幅,我们先在概念上追溯一下"法治"即"the rule of law"从古希腊到英国光荣革命时期在西方社会中的产生与演变。现在我们已经知道,"法治"作为现代政治制度的一种基本架构,是近代的事。从西方社会历史上来看,尽管在古希腊城邦制中就有了今天我们所理解"宪政国家"和"法治国家"政治制度,但是,从 1215 年的《大宪章》开始萌生,到光荣革命后的英国君主立宪制的确立,法治作为一种现代政治制度的一种基本构建才开始确立下来。

但是,从概念上来说,从英国宪法学家戴雪(Albert V. Dicey,1835～1922)开始,作为"the rule of law"的"法治"的理念才开始在全世界普遍开来的。戴雪在《英宪精义》(中国法制出版社 2001 年)一书里曾指出,"the rule of law"这个词汇的渊源,可以追溯到 16 世纪的英格兰,更早把它追溯到亚里士多德甚至柏拉图那里。"法

"治"作为一个概念，其发展形成可以追溯到许多古代文明，包括古希腊、古代中国。中国古代典籍中也有"法治"这个词，但是还不是西方的为"the Rule of Law"的法治的概念。

但是，这些古代文明社会中的"法治"，都还不是后来西方社会中作为"the rule of law"的法治的概念。

从人类文明史来看，在古希腊人那里，就产生了类似于法治和民主的国家制度，也自然产生了法治的基本理念。在古希腊社会中，法律是被视为神圣的、应该绝对遵守的至上秩序。譬如，雅典城邦在梭伦（Solon，约前640～前558）立法之后，就"进入'法律'的统治，亦即希腊语所称谓的欧诺弥亚（Eunomia）时代。……希腊城邦制度中的法治传统，遂于此奠定"。[1]古希腊人的法治观和希腊城邦国的宪法民主政制，在古希腊的一些伟大哲学家的著作中反映并记载下来。

这里，我们先从柏拉图（Plato，Πλτων，约前427～前347）讲起。柏拉图一生撰写了许多著作，王晓朝翻译的《柏拉图全集》就有4大卷。柏拉图的政治理想和法律思想，主要反映在他的《理想国》《政治家篇》和《法律篇》中。柏拉图在其一生中，早期和晚期的政治与法律思想发生了很大变化。在早期的《理想国》中，柏拉图主张贤人政治，主张依靠哲学家的智慧而不是靠法律来治理国家。但是到了《政治家篇》和《法律篇》中，柏拉图则主张"法治"。在他的《法律篇》里面，柏拉图希望成立一个法治国，在这个法治国

---

[1] 顾准：《希腊城邦制度》，中国社会科学出版社1982年，第125页。

中，有一个奉法律至上的政府，统治者和臣民都要服从法律，从而整个国家都受到法律的统治，而不是强权的统治。柏拉图还特别指出："我认为，在法律服从其他权威、且缺乏自身的权威的地方，政府很快就会崩溃；但是，如果法律成为政府的主人，政府成为法律的仆人，然后政府就会履行自己的承诺，人类才会享受到诸神给国家的全部祝福。"(《法律篇》，§715)

柏拉图在后来他写的一个信札里面还有这么一句话："绝对的权力对行使这种权力和服从整个权力的人，对他们自己和他们的后裔都是不好的，这种企图无论是在任何方式下，都会充满灾难。"(《第七信札》，334C-D)所以，到晚年，柏拉图主张每一个城邦都不应该服从君主、僭主，都应该服从法律制度。柏拉图晚年的这一思想转变，在西方政治与法律思想史上产生了重要影响。

比柏拉图更进一步，亚里士多德(Aristotle, Αριστοτλη, 前384～前322)断然拒绝将最高统治者置于超出法律之上，捍卫法律服务的位置。

亚里士多德认为，用法律进行统治，要比任何单独的公民进行统治更加合适。在《政治学》一书中，亚里士多德明确提出了"法治"概念，并给出了其经典的定义："法治应包含两重含义：已制定的法律得到普遍的服从，而大家所服从的法律本身又应该是制定得很好的法律。"(《政治学》，§1294a)在这本著作中，亚里士多德还提出了有权力制衡的国家政治权力分配的理想模式，即把国家政治权力划分为议事权力、行政权力和审判权力。这种国家权力分配体制，被认为是近代法治学说和三权分立学说的历史基础。

亚里士多德还对法律与自由的关系进行了论证:"法律不应该被看作(与自由相对的)奴役,而应该被看作拯救。"(《政治学》,§1310a)在亚里士多德那里,已经有了后来才在洛克、伏尔泰、康德、哈耶克那里所表述的法治与自由的思想,即法律不是要强制约束人,而是法律之下人民才有自由。法律不是奴役,而是拯救,这是亚里士多德在西方社会历史上影响后世两千年的重要政治与法律思想之一。

西塞罗(Marcus Tullius Cicero,前106~前43)是古罗马伟大的法学家,也是一个演说家。他支持古罗马的宪政制度,亦曾被称为"三权分立"政治学说的古代先驱之一。我们都知道,"三权分立"说在近代是由孟德斯鸠首先提出的,实际上西塞罗就有了这个思想。如上所说,再往前可以追溯到亚里士多德。从法律思想史上来看,谈自然法,我们会想到阿奎那、格劳秀斯,再往前推,也可以推到西塞罗。西塞罗被视为自然法法学思想的一个源头,先于圣奥古斯丁(Aurelius Augustinus,354~430)。早在罗马帝国初期法学家兴起以前,西塞罗就系统地论证了自然法和实在法之间的关系,认为自然法代表理性、正义和神的意志,是普遍适用、永恒不变的,它在国家产生以前早已存在;实在法必须符合自然法,否则根本不配称为法律。

西塞罗实际上从自然理性和自然法推出了人人平等的概念。在人人平等和自然法的观念的基础上,西塞罗得出了他的"法律至上"的法治观念:"既然法律统治官员,官员统治人民,因而官员是能言的法律,法律是沉默的官员。"(《论法律》第3卷,第1、2章)由此,西塞罗认为政府权力受制于法律,实行法治而不是人治,即法律是高于一切权威的权威,人人都是法律的仆人,他说"我们是法律的仆人,以便我们可以获得自由"。

从这里我们已经知道,在古希腊、罗马的这些哲学家和法学家的思想里,已经包含有了法治与自由关系的基本思想和理念。现代法治和民主政治的思想,在古希腊哲学家、罗马法学那里,基本上已经形成了。

之后,罗马帝国前期的另一位伟大法学家盖尤斯(Gaius,约130~180)也曾对法治有许多精彩论述。在四卷本的《法学阶梯》(*Institutes*)里,盖尤斯认为,国家在本质上是一个法律的联合体,是一种法律的建制。在这种法律联合体中,"一切权力都是从人民来的。皇帝的命令何以有法律的效力呢?因为皇帝的地位是由人民给他的。官员为什么有权力呢?因为官员是由人民选举出来的"。"皇帝的意旨具有法律效力,因为人民通过《国王法》(*Lex regia*)中的一段话把他们自己全部权力授予了他。"这就是说,国王有权力,是人民把权力给了国王。这就包含了现代宪政民主制度和现代宪政制度的一些基本的思想和理念。

以上是古希腊和罗马时期的思想家论"法治"的思想。我们必须看到,法治的理念,从来不是这些古代思想家本人的杜撰和臆想,而实际上是与古希腊城邦国、罗马时期的法律与政治制度联系在一起,在很大程度是现实政治制度和法律制度在哲学家和法学家思想中的反映。

在公元4世纪,罗马帝国皇帝君士坦丁一世(Constantinus I

Magnus，272～337年）和李锡尼（拉丁语：Gaius Valerius Licinianus Licinius，263～325年，罗马帝国东部的皇帝，在位时间为308～324年）共同颁布了《米兰赦令》，宣布基督教信仰合法。

之后，罗马帝国皇帝狄奥多西一世（Theodusius Ⅰ，约346～395年）把基督教定为国家宗教，基督教随后成为了欧洲中世纪最大的宗教。西方社会进入了中古时期后，基督教在整个欧洲各国占据了思想统治地位。

在中古欧洲，"王权神授"是基督教神权政治的核心观念，其思想渊源可追溯到基督教的《圣经》。在《旧约·申命记》第十七章，就记载了摩西告诫以色列人，要让耶和华为其选立国王。在《新约·罗马书》第十三章，记载了耶稣对信徒的告诫：任何世俗的权柄皆系神所命定，基督徒要对世俗权威要恭顺服从，要"纳粮缴税"，否则就是抗拒神命而要受到惩罚。到了公元4～5世纪，基督教会中的"王权神授"的思想萌芽逐渐形成了一种较为完整的政治思想观念。

到了近代，西方社会中法治的理念，在"王权神授"的观念下，逐渐蕴生而成，欧洲社会的法治化本身，逐渐成为人类社会现代化过程的一个组成部分。

谈到法治的理念，大家马上就会想到英国。英国在近代以来，在社会的法治化进程方面一直领世界之先。在人类社会的法治化进程上，《大宪章》是影响英国乃至全人类社会发展进程的一个重要事件。

1215年《大宪章》的签署，直接起因是1215年约翰王和法国人打仗，战败后，他要征税，引发了贵族的不满，发起了内战。1215年6月15日，朗登大主教（Stephen Langton）与英格兰的贵族们一起，强迫将当时的国王约翰置于法治之下，与约翰王签署了《大宪章》，一起来捍卫古老的自由，并以税收作为对国王的报答。《大宪章》体现了"法律至上，王在法下，王权有限"的原则。《大宪章》的这一基本法治精神，后来被融汇到17世纪英国的《权利请愿书》、《人身保护法》、英国光荣革命后的《权利法案》乃至后来《美利坚合众国宪法》中。

有研究认为，英语中"法治"（the rule of law）在公元1500年前后被首次使用。另一个早期的例子，出现在1610年英国下院给英格兰国王詹姆斯一世的《权利请愿书》中："在王国的列祖列宗，以及陛下和王后的恩泽下，臣民们享有许多幸福和自由，其中尤以通过特定的法治被引导和来统治。"这里，《权利请愿书》中就用了法治这个概念。

从英国《大宪章》，到1688年英国光荣革命后所制定的《权利法案》，英国的一系列宪章性的法律，限制了国王和政府的权力，确立了法律至上的原则，保障了人民的自由，英国的宪政制度也基本上确立下来。

在这数百年之间，有许多的法学家、神学家、哲学家和思想家对法治的理念进行了理论化的解释，这一时期实际上也同时是英国人民争取自由与限制王权的数百年的斗争过程。例如，在英国历史上，早在12世纪，就有一个基督教神学家索尔兹伯里的约翰（John of Salisbury，1115～1180年）在他的《政府原理》（*Policraticus*）中较详细论证了"王权神授"和"王在法下"的法治思想。这部《政府原理》

曾被认为是12世纪之前中古欧洲唯一的一部重要政治学论著。

美国政治思想史名家萨拜因（George H. Sabine，1880～1961年）在其名著《政治学说史》中，曾称誉这部《政府原理》为"中世纪首次试图广泛而系统地论述政治哲学的……唯一的一部作品"[1]。在《政府原理》中，索尔兹伯里的约翰提出了"王道"与"暴君"论。他认为，"王道"就是贤明君主治理国家的善道，而国王行此善道，首先要尊重法律，以法治国。约翰明确指出，"在暴君和国王之间有这样一个唯一的主要区别，是后者服从法律并按法律的命令来统治人民"(《索尔兹伯里的约翰政治家之书》，第33页)，"暴君就是依持武力来压迫民众的人"，是"使法律化为乌有并将人民沦为奴隶的人"(同上，364页)。约翰还接着提出了"诛暴君"这一重大政治命题。他认为，暴君无道，践踏法律，滥施苛政，给国家和人民带来灾难，因而诛灭暴君，就是正义的合法之举。

从基督教信仰来看，在16世纪的苏格兰，与加尔文主义的"上帝是所有权力存在的合法性源头"的理念在精神上相一致，伟大的宗教改革家约翰·诺克斯（John Knox，约1505～1572年）基于上帝圣约的观念，否定了加尔文对世俗君王消极服从的教义，更明确提出了上帝同人民的圣约，直接赋予了人民反抗一切世俗非正义暴政权力的伟大思想。

除诺克斯外，在17世纪，苏格兰另一位神学家思想和政治家萨缪尔·卢瑟福（Samuel Rutherford，1600?～1661年）的基督教宪政

---

[1] 萨拜因：《政治学说史》，商务印书馆1990年，上册，第294页。

思想，曾对英国光荣革命前后整个苏格兰和英格兰社会的变迁过程产生了直接的影响。譬如，在1644年，作为威斯敏斯特会议的苏格兰委员，卢瑟福出版了他的最重要的著作《法律与君王》(Lex, Rex)。

在人类历史上这部极其重要的宪法民主政制理论的经典文献中，卢瑟福曾明确提出，英国国王也要服从上帝的律法，并对人民这一权力的源头负责："人民赋予国王的权力是有限的，而人民保留的权力则是无限的，并以此约束和限制着国王的权力。因此，与人民的权力相比，国王的权力更小。"正是有了加尔文、诺克斯、卢瑟福以及胡克等这些基督新教思想家的影响，"主权在民"、政府的"有限权力"、"法律为王"以及君主永远在上帝的律法和人民的契约双重约束之下的思想，才在苏格兰、英格兰、法国、荷兰等西欧诸国得以广泛传播和深入人心。

卢瑟福的"法律为王"思想，颠覆了传统的"国王就是法律"的规则。后来洛克在《政府论》上下篇中系统地和理论化地论述了这个问题，其思想应该是从《大宪章》以来英格兰和苏格兰社会中广为流传的"法治"的理念，而直接思想渊源则源自清教徒思想家的"法律为王"的思想。

除了基督教的思想家"王在法下"、"法律为王"的"宪政思想"这一渊源之外，在与卢瑟福差不多的时期，一个杰出的哲学家詹姆斯·哈林顿（James Harrington，1611～1677年，《大洋国》的作者），也论述过"法治"的理念。哈林顿很年轻时就过世了，《大洋国》翻译成中文也很早了。他提出了"法治共和国"的概念，他主要研究古希腊哲学、研究亚里士多德。

哈林顿从国外游历回来后，曾做过斯图亚特王朝的查理一世的宫廷大臣。两人有很深的私人友谊，但是思想上哈林顿是反对君主制的。哈林顿认为，治国之道，不外乎法治和人治，他提出，"要建立一个以自由为最高价值，以法律为绝对统治的国家体制"。哈林顿认为，法治存在于雅典和罗马共和国之中，在这种共和国之中，人类在共同的权利和共同的利益基础上组织起国家。这个共和国是法律的王国。一方面，"一个共和国的自由存在于法律的王国之中，缺乏法律它便变成了暴政"；另一方面"具有法律的共和国才允许法治之下的自由"[1]。

詹姆斯·哈林顿还认为，在人类社会中，政府与法律的关系乃是一个核心的问题，良好的政府有赖于良好的法律的塑造，而良好的法律有赖于良好的政府执行。故关键是建立法治之下的共和政体。他说，"除非政府首先是健康的，否则说得头头是道的法律改革也是危险的。一个健康的政府就好比是一株健康的树，用不着怎样操心也不会结出坏果实来。要是树本身有病，果实就没法改造了。如果树没有根而又外表结出很好的果实来，那就特别要注意，因为这可能是极毒的果实"。（同上，第45页）

到这里，我们可以进一步讨论洛克的政治与法律思想了。当哈林顿1656年出版《大洋国》的时候，约翰·洛克才24岁，受哈林顿尤其是卢瑟福的影响，在1689年（英国光荣革命后第一年），洛克出版了《政府论》，他也成了在人类历史上的现代政治制度和产权理论

---

[1] 哈林顿：《大洋国》，商务印书馆1963年，第20页。

方面最具影响的政治哲学家。

洛克认为,法治的核心在于限制政府权力,以求达到善治的这个目的。他的原话是,"政府的所有一切权力是社会谋福利,既然是为社会谋福利,因而不应该是专断的和凭一时高兴的,而应该根据既定的和公布的法律来行使,一方面人民可以知道他们责任并在法律的范围内得到安全和保障;另一方面也是统治者被限制他们适当的范围之内不至于为他说永远的权利所诱惑,利用他本来不熟悉和不愿承认的手段来行使权力以达到上述目的"(《政府论》下篇,第86页)。

洛克最伟大的贡献在于,他阐述清楚了法治与自由的关系以及现代产权理论,他在《政府论》中是这样讲述法治与自由的关系:"法律的目的不是废除和限制自由,而是保护和扩大自由。这是因为,在一切能够接受法律支配的人类的状态中,哪里没有法律,哪里就没有自由。这是因为自由意味着不受他人的束缚和强暴,而这种自由在不存在法律的地方是不可能存在的:一如我们所被告知的那样,这种自由并不是每个人为所欲为的自由(因为当其他人一直支配某人的时候,该人又怎能自由呢),而是在他所受约束的法律许可范围内,随心所欲地处置或安排他的人身、行动、财富和他的全部财产的那种自由,在这个范围内他不受另一个人专断意志的支配,而是可以自由地遵循他自己的意志。"(《政府论》下篇,第35～36页)

这里,洛克讲得很清楚,自由意味着不受他人专断意志而产生的强制和束缚,故没有法律就没有自由,自由是法律之下的"群己权界",法治和自由是一枚硬币的两面。这即是说,法治之下才有自由，有自由就必定有法治。

这里要特别指出，英国的法治的理念，与其说是洛克这些思想家的理论阐述出来的，更多的是英国的法律与政治制度的演进的结果，而英国历史上的许多重要的法学家更是作出了实质性的贡献。譬如，13世纪伟大的英格兰法学家亨利·布莱克顿（Henry de Bracton，1210～1268年，著有《论英格兰的法律与习惯》）长期担任王国巡回法院和王座法院的大法官，在维护大宪章的权威、普通法的系统发展，乃至人类法治化进程的进步方面，是一个极其重要的人物。他被丹宁勋爵称作为"第一个使法律成为科学的人"。布莱克顿是一个伟大的法学家，同时也是一个著名的政治思想家。在13世纪，布莱克顿就提出了一个著名命题："国王不受制于任何人，但却受制于上帝和法律。"布莱克顿曾指出："国王有一个上级，就是上帝；另外还有一个上级，就是法律。是法律造就国王。他的臣民，也就是伯爵和贵族们，是国王的有伴。如果国王没有马勒，也就是没有法律，他们就应该给他戴上一个。"

从13世纪到17世纪，"王在法下"和"法律为王"的理念在英国不断演进，并在英国政治制度的演变中不断确立下来。1607年，英格兰首席大法官爱德华·库克爵士（Sir Edward Coke，1552～1634年）在《禁令实例》（Case of Prohibitions）中说："对于特定事业而言，法律是黄金魔杖和手段；……国王应该位于，且仅位于上帝和法律之下。"

到了都铎王朝尤其是斯图亚特王朝时期，英国的现代政治制度不断演进，英国的普通法法律制度也发展和完善起来。

按照西方一位论者埃利斯·桑多兹（Ellis Sandosz）的观点，这一时期"法治的必要性是与服从已经确立的权威联系在一起，一些法学家和女王政府的大臣都开始强调，维护法治本身就是一个臣民必须服从国王的充分基础"。"法治"（the rule of law）的理念和政治制度，到光荣革命时期，已经在英国社会中根深蒂固地确立下来。

（本文发表于《腾讯·大家》，2015年6月9日）

《大宪章》在人类社会法治化进程中的深远影响

今天,是英国《大宪章》签署 800 周年。800 年前的今天,1215 年 6 月 15 日,在几十名世俗贵族和主教在苏格兰及威尔士王的见证下,约翰在写满条款的羊皮纸下面系着的蜡块上盖印,签署了《大宪章》。

从今天我们所能见到的文本来看,《大宪章》既不是一群具有伟大社会理想者欲为未来英国乃至人类未来社会立法,也不是为要建立一个宪政民主国家而起草一个流芳百世的宪章性文件,而是在刀光剑影之下,针对当时实际存在且亟须解决的一些社会现实问题,经过讨价还价而签署的一份停战协议、一份政治契约。并且在签署后,它没能调解国王和贵族之间的矛盾,还引发了战争,在之后的 200 多年的金雀花王朝时期被修改了十几次,又在都铎王朝时期沉寂了 200 多年。它又怎么成了英国人的自由、普通法和议会的源头?且从人类社会现代化的历史来看,《大宪章》的签署,不但影响了之后 800 年英国的政治制度、法律制度和整个英国社会的发展进程,而且影响了美国建国之路以及美国宪政制度的设计和建设,从而影响了近现代世界各国法治化的进程。

另外，从法国《人权宣言》(1789年8月26日颁布)和法国历次宪法的序言部分来看，也充满英国《大宪章》中所基本确立下来的"法治精神"。德国一位学者耶利内克(Georg Jellinek)曾认为，法国1789年的《人权宣言》是以美国的各州宪法的《权利法案》为蓝本，甚至"基本上是抄袭北美各州权利法案而来的"。而法国一位学者布特米(Emile Boutmy)则认为，《人权宣言》是法国原创的，与北美的权利法案都源于欧陆的"18世纪精神"。不管从哪一种意义上来说，《大宪章》中所确立下来的法治一些基本原则和精神，均影响了后来法国大革命后所制定的《人权宣言》、后来历次《法国宪法》以及后来《魏玛宪法》和各国当代活着的《宪法》，并明显地影响了1948年12月10日联合国大会通过并颁布《世界人权宣言》。由此我们有充分理由认为，《大宪章》的签署，是人类社会法治化道路上的一个里程碑式的事件。

尽管在远古时代，从哲学家柏拉图、亚里士多德，到古罗马时期的法学家西塞罗、盖尤斯等，都对"法治"和人类社会理想的政治制度做了许多论述，在中古欧洲，"王权神授"是基督教神权政治的一个核心观念，且在领土和疆域、乃至国王和王朝变动英格兰王国中，实际上存在着制衡王权的一些制度和习俗，但是，直到在1215年6月15日，在兰尼米德(Runnymede)的泰晤士河岸边，在一片刀光剑影之下，数十位贵族用一种政治契约的形式把王权约束在法律之下，这应该在人类社会历史上还是第一次。2015年3月，伦敦"国王学院"中世纪历史学教授大卫·卡彭特(David Carpenter)出版了一本研究11～13世纪英国史的专著，题目叫"*The Struggle for Mastery*: *The Penguin History*

359

of Britain 1066～1284"。在这本以《大宪章》为轴心的英国历史研究专著中,彭特教授认为,《大宪章》是一条分水岭,英国历史由此划分为大宪章前、后两个阶段。

为什么《大宪章》在英国历史乃至人类社会法治化进程中占有一个如此重要的地位？这首先是因为,《大宪章》在人类社会历史上第一次公开以法律契约的形式,确立了国王不能凌驾于法律之上的原则。《大宪章》中一个关键条款是第六十一条,规定由二十五名贵族组成的委员会可联合全国人民,共同使用权力,来否决国王的命令；并且可以使用武力,占据国王的城堡和财产。据史学家研究,尽管在欧洲中古时期有这种惯例,但是通过政治契约形式加之于一国国王,在人类历史上却是史无前例的。"王在法下",实际上蕴含着现代社会法治中的一条最根本性的原则,即没有任何人,包括国王、政府、政党、组织和个人能超越法律。人类社会中"the Rule of Law"的制度,从此开始萌生。

其次,《大宪章》不仅明确规定"未经本王国一致同意"国王不可以任意征税,而且还具体阐述了达成"一致同意"的具体措施。实际上,1215年签署的最初版本的《大宪章》,三分之二以上的条款均涉及国王不能任意征税、乱征费、乱摊派、乱收钱。这样一来,《大宪章》的签署,在世界历史上间接导致了一种新型国家体制的诞生,这种国家体制到1688年英国光荣革命后才真正建立起来。这种宪政民主的国家体制的一个基本要件是,政府的财政收入,需要来自经过议会批准的法定税收,以此防止国王和政府随心所欲地征税。

第三,《大宪章》另一项对现代社会构成性影响的是,在英国以及人类社会历史上较早确立了今天我们所说的"自由"原则。《大宪章》第一条就承诺,"英国教会当享有自由,其权利将不受干扰,其自由将不受侵犯。"第十三条又承认伦敦等城市的"拥有自由与自由习惯"。第六十三条不但重申"教会应享有自由",也承诺"英国臣民及其子孙后代","充分而全然享受《大宪章》所述各项自由、权利与特权"。实际上意含"我们交税,你给我们自由",且交税须经我们同意。正是因为这一点,《大宪章》也被广称为"自由大宪章"。

第四,《大宪章》对现代社会的法律制度的影响是,在英国以及人类历史上较早确立了今天我们所说的法律"程序正义"原则。在《大宪章》的63个条款中,到今天最为普遍引用和赞誉的是第三十九条:"任何自由人,如未经其同级贵族之依法裁判,或经国法审判,皆不得被逮捕,监禁,没收其财产,剥夺法律保护权,流放,或加以任何其他损害。"这一条款被世人称誉为英国乃至人类社会上国家法治和宪法民主政制衍生的"基因性条款",因而有人将之称为"一切暴政和司法不公的天敌"。

今天看来,《大宪章》在人类社会历史上,初步确立了"法治"与"自由"的基本原则。因而可以认为,英国《大宪章》的签署是人类社会历史上法治化进程的一个重要转折点。

然而,回顾历史,我们会发现,法治、自由、民主的政治制度,既不是在古代社会自然形成的,更不是古代君王所自愿赐予的,而是人民所争取得来的。从英国历史来看,最终确立下来君主立宪的宪政民主制度,是在1215年签订《大宪章》之后,到1688年光荣革命完成后，英国社会各方力量经历了数百年的战争、谈判和各种斗争的社会博弈而不断演进的结果。

下面我们就简要回顾一下英国的国家制度演变史。

在1215年6月15日（一说6月19日）《大宪章》签署后，约翰立刻就反悔了，接着又发起了内战。他在第二年在战争中因痢疾（一说中毒）而死去，接着，他9岁的儿子亨利三世（Henry Ⅲ）即位。1216年11月16日，为了能够重新得到男爵们的支持，在摄政王威廉·马歇尔（William Marshal, 1st Earl of Pembroke, 1146～1219年）的主政下，修改本的《大宪章》以亨利三世的名义颁发，并正式命名"Magna Charta"。1215年原版的《大宪章》第六十一条，有成立25人委员会监督国王履约的条款，这项条款被认为是建立议会的最原始的法律依据。但是，在1216年、1217年、1225年重申《大宪章》时，这项条款被取消了，因而议会并没有顺应初版的《大宪章》签订之势建立起来。亨利三世亲政后，对内施政作恶多端，对外征战屡遭失败，他还总想违背《大宪章》额外征税。于是，英格兰的贵族们又被迫拿起刀剑，来像制服约翰王那样制服亨利三世。挑头的是国王的妹夫，来自法国的贵族西门·蒙特福德（Simon de Montfort, 1208～1265年）。英格兰贵族于1258年迫使亨利三世签署了《牛津条例》。之后，亨利三世拒绝遵守《牛津条例》，导致他于1263年与诸侯开战。1264年，由贵族首领西蒙·蒙特福特率领的义勇队（包括骑士、市民和农民）在刘易斯战役中击溃了亨利三世，亨利三世被迫交出权力，且以其子爱德华为人质。1265年，蒙特福德主持召开了英国历史上第一次有选举代表参加的议会。除支持蒙特福德的 23 名贵族外，每个郡选出两个骑士代表、每个城市选出了两个市民代表参加议会。这次议会在宪政史上具有里程碑意义。蒙特福德也被称作"议会之父"。

1265 年 8 月，亨利三世的儿子爱德华自己成功出逃了，独自率军与蒙特福德在伊夫哈姆交锋获胜，杀死并肢解了其姑父蒙特福德。亨利三世恢复了权力，则把实权交给了爱德华。爱德华参加法国的"十字军东征"失败后回国，在贵族的拥戴下于 1274 年 8 月加冕，即爱德华一世（Edward Ⅰ，1239～1307）。尽管蒙特福德死了，但他发动的政治改革深得民心，从贵族到教士，从知识阶层到市民，都是改革的支持者。亨利三世和爱德华一世父子在清洗和清算蒙特福德的追随者时遭到了激烈的社会反抗，迫使他们有所收敛，故不敢违背民意而大搞倒退。由此，蒙特福德创建的议会得以继续存在。

爱德华一世本来是议会政治的反对者，但执政后却成为议会发展的推动者。爱德华一世从蒙特福德那里看到了顺应民意所获得的力量，也亲身体验了违背民意所遭遇的激烈反抗，深知获得民众授权的重要。他在位 35 年，召开了 52 次议会。其中 1295 年召开的"模范议会"，被称为后世议会的楷模。1297 年，《大宪章》再次颁布，正式成为英格兰王国成文法典的一部，从而确立了它作为英国法律之法的地位。而"模范议会"制度的确立和一系列的立法，是英国近千年宪法民主政制演变之路上的坚实一步，而且向世界传播了议会制度和法治精神。爱德华一世也成了影响了英国和世界历史的一位重要帝王。

之后，在 14 世纪的爱德华三世（Edward Ⅲ the Confessor，1312～1377 年）期间，制定了六个法案对《大宪章》进行确认。这一时期，英国的普通法制度蓬勃发展。《大宪章》在亨利五世（Henry Ⅴ，1387～1422 年）被最后得到确认（随着印刷术的广泛传播，到 1508 年，第一部印制而成的《大宪章》才面世）。

在 14 世纪的英格兰，人们目睹了英国贵族势力的削弱。在 1337 年至 1453 年，英法之间发生历时 116 年的"百年战争"。百年战争的结果是法国获得了最后的胜利，英国几乎失去了在欧洲大陆的所有疆土。战争胜利使法国完成了民族统一，也为其日后在欧洲大陆扩张打下基础。英法百年战争后，英国内部各封建贵族利用自己手中握有的武力企图掌握国家的最高统治权。经过一番分化组合，贵族分为两个集团：以兰开斯特家族为一方，以红玫瑰为标志；以约克家族为另一方，以白玫瑰为标志。这两个封建集团之间为争夺王位继承权进行了长达 30 多年的自相残杀。经过玫瑰战争，兰开斯特家族和约克家族几乎同归于尽，大批封建旧贵族在互相残杀中或阵亡或被处决，英国贵族几乎丧失殆尽，再也无力与王权抗衡了。

在法国布列塔尼流亡长大的亨利·都铎（Henry Tudor, 1457～1508 年）在法国国王查理八世的资助下率军队登陆英格兰，并于 1485 年 8 月在波斯沃斯战役中打败安茹王朝的最后一个国王理查三世（Richard Ⅲ, 1452～1485），夺取了英国王位，建立了都铎王朝，史称亨利七世（Henry Ⅶ）。在随后都铎王朝（Tudor Dynasty, 1485～1603 年）的 200 多年时间里，《大宪章》几乎被搁置乃至被人们忘记了。但是，这一时期，英国法律制度蓬勃发展，成了法律职业化的黄金时代。法律在都铎王朝时期的英国变成了一门学问,并在科学的序列中成为"诸学科之冠"。按照西方一位论者 Ellis Sandoz 的观点,这一时期"法治的必要性是与服从已经确立的权威联系在一起,一些法学家和女王政府的大臣都开始强调维护法治本身就是一个臣民必须服从国王的充分基础"。尽管《大宪章》这一时期没有被人们再提,但"法治"(the rule of law)的精神确在英国实际上已经根深蒂固地确立了下来。

在都铎王朝最后的一位女王伊丽莎白一世(Elizabeth Ⅰ,1533～1603年)统治英国和苏格兰45年期间,都铎王朝达至了鼎盛时期。然而,虽然这一时期英国国力强盛,经济发展、海外贸易扩张,且取得了与西班牙战争的胜利,但也产生和积累了很多经济与社会问题。因为伊丽莎白一世终身未婚,1603年,苏格兰女王玛丽·斯图亚特的儿子詹姆士六世继任了英国国王的王位,史称"詹姆士一世"(James Ⅰ,1566～1625年),开始了斯图亚特王朝。

都铎王朝时期君主专制的确立,斯图亚特王朝君主专制的进一步强化,必然导致素有法治与自由之精神的英国社会各界人民的强烈反抗。尤其是随着14世纪爱德华一世后英国普通法制度的蓬勃发展,一个成熟的法院、法官和律师体系在英国已经形成,法律界人士的"维权"与王权之间也开始发生了冲突。这时,宗教冲突激烈(清教、英国国教与天主教的复杂冲突)、普通法与罗马法的冲突,议会与国王的冲突,乃至王权与律界各自"维权"之间的冲突都发生了。

在詹姆士一世时期,已经爆发了王室的财政危机和通货膨胀,詹姆士也因强征税收而解散过国会。1625年，查理一世（Charles I，1600～1649年）继位。因卷入与法国的战争和财政枯竭，国王已是债台高筑。资产阶级和贵族也不愿再借钱给国王了。最后，国王不得不求助于另一项收入的来源，即议会补助金（这是一种为了应付特殊需要，由议会通过决议所征收的特殊捐税）。在这个问题上爆发了国王和议会之间的冲突。英国1624～1630年同西班牙、1626～1629年同法国发生战争，国王无足够的财力和物力来支付战争费用，使这个矛盾更趋尖锐。由于国王未能通过议会征收补助金，查理一世只好行使国王的特权，强迫各地人民交纳强制性的捐税，结果又引起中央同地方的敌对情绪。

查理一世在1628年召开议会，但遭到了议会的抵抗，27位议员因抵制国王强行征税而被捕。议会也不甘示弱，于1628年在下议院议员爱德华·库克（Sir Edward Coke，1552～1634年，曾任詹姆士一世时期的王座法院首席法官枢密院顾问）的率领下通过了《权利请愿书》。《权利请愿书》全文共有8条，直接承传了《大宪章》的"法治"精神，指出人民的权利是自古就有的；重申了过去限制国王征税权利的法律；强调非经议会同意，国王不得强行征税和借债；重申了《大宪章》中有关保护公民自由和权利的内容，规定非经同级贵族的依法审判，任何人不得被逮捕、监禁、流放和剥夺财产及受到其他损害；规定海陆军队不得驻扎在居民住宅区，不得根据戒严令任意逮捕自由人，等等。查理一世为了获得议会拨款，还是不很情愿地签署了《权利请愿书》。

《权利请愿书》是议会争取自由和权利的胜利果实。但查理一世接受《权利请愿书》只是权宜之计,并无意真正执行它。在理念上,查理一世坚持其父詹姆士一世的"君权神授"的观念,坚持国王的权力高于议会。但议会则认为英国人民享有与生俱来的自由权利,并从1215年的《大宪章》开始,英国人民就在不断保卫这样权利,而由不得查理一世的任意践踏。

当议会批准补助金后,查理一世却对议会抗议他征收"吨税"和"磅税"。吨税和磅税都属关税,从兰开斯特王朝的亨利六世(Henry Ⅵ,1421～1471)以来每个国王都可终生征收恼羞成怒,在1629年11月下令解散议会,还逮捕了9名议员。英国随即进入了十几年无国会的查理一世专制统治时期,《权利请愿书》也被完全摈弃了。

1635年为了筹措海军军饷,查理一世向全英格兰征收"船税"。这就带来了一个宪政问题:如果国王不经议会批准就能开征年度税收,那么1215年的《大宪章》和经由几个世纪斗争所建立起来的议会还有何用?"王在法下"的这一基本法治原则和人民的自由权利这时均受到了侵害。查理一世任意征税的行为,随即遭到了全国各阶层的抵抗。同时,查理一世对清教徒的大肆迫害又激化了当时英国的社会矛盾。到1637年,查理一世的统治已经非常不得人心,一颗火星都可能引发英格兰全国的燎原大火。结果,查理一世强行征税和迫害清教徒,引发了农民起义和内战。农民起义先是在英格兰各地特别是东部和南部各郡如火如荼地蔓延开来,而东部和西南部的议会的军事力量多为清教徒。故这一时期的内战也被称作为"清教革命"。议会用自由来号召人民,后来改组军队,成立新军,与王党军内战。内战开始后,作为清教徒和长期议会议员奥利弗·克伦威尔（Oliver Cromwell，1599～1658年）在战争中崛起了，整合了议会军，组成"铁军"，到1646年与自耕农和手工业者组成的"新模范军"击败了查理一世的王党军，之后以"叛国罪、挑起内战罪、破坏法律罪和破坏人民自由罪"将查理一世送上了断头台。克伦威尔取得全国的政权后，实行军事独裁，驱散议会，自任"护国公"，在英国历史上出现了一段时期的共和制。

1658年9月3日奥利弗·克伦威尔逝世后，理查·克伦威尔（Richard Cromwell，1626～1712年）继任护国公。但查理·克伦威尔软弱无能，无力镇压反叛的贵族与军官，英国政坛此时大乱，国会遂声明君主制复辟，查理二世（Charles Ⅱ，1630～1685年）因此得以机会返回英国。流亡国外的查理二世于1660年在多佛登陆，并于1661年4月正式加冕为不列颠国王。即位之初，他就与强势的议会妥协，谨慎地行使其有限王权。1679年，查理二世签署国会制定的《人身保护法》（Habeas corpus Act）。《人身保护法》的20个条款，进一步肯定了《大宪章》的法治精神，尤其是原来第三十九条关于程序正义精神，即不经审判不得监禁，不经出示法庭拘捕证不可被逮捕任何人，已依法逮捕者应视里程远近在一定期限内移送法院审理；经被捕人或其代理人申请，法院可签发人身保护状，着令逮捕机关或人员申述逮捕理由，解送、保释或释放被捕人。这些条款对世界各国影响深远，已经成了当代各国司法制度的基本原则。

《人身保护法》颁行后，与之前的《大宪章》和《权力请愿书》以及后面的《权利法案》一起，构成了英国宪法民主政制的宪章性的制度框架。这些宪章性的法律互相支撑、互相支援、最终融合在一起,成了人民对抗专制和保证、维护人的自由和权利的最强有力的制度机制。这些宪章性的法律,对后来的美国的《独立宣言》(1776)、《美国宪法》(1789)和《权利法案》(1789)等法律制定,对法国大革命后的《人权宣言》(1789)以及法国的历次宪法,乃自联合国《世界人权宣言》(1948)制定和颁布,都产生了深远的影响。

1685年2月6日,查理二世去世,他的弟弟詹姆斯二世(James Ⅱ,1633～1701年)继位。詹姆斯二世上台,全然不顾国内外的普遍反对,违背以前政府制定的关于禁止天主教徒担任公职的"宣誓条例",委任天主教徒到军队里任职,引起了英国国教会主教们的普遍反对。同时詹姆斯二世仍残酷迫害清教徒,还向英国工商业主要竞争对手——法国靠拢,严重危害了英国资产阶级和新贵族的利益。1688年6月20日,詹姆斯得子,其信仰英国国教的女儿玛丽没有希望继承王位了。为防止天主教徒承袭王位,英国资产阶级和新贵族决定推翻詹姆斯二世的统治。由辉格党和托利党的7位名人出面邀请詹姆斯二世的女婿、荷兰执政奥兰治亲王威廉来英国。1688年11月1日,威廉率领1.5万人在托尔湾登陆。詹姆斯二世出逃国外。1688年12月威廉的军队兵不血刃进入了伦敦。1689年1月在伦敦召开的议会全体会议上,宣布詹姆斯二世逊位,由威廉和玛丽共主英国,称威廉三世(William Ⅲ,1650～1702年)和玛丽二世(Mary Ⅱ,1662～1694年)。同时议会向威廉提出一个《权利宣言》。《权利宣言》谴责詹姆斯二世破坏法律的行为;指出以后国王未经议会同意不能停止任何法律效力;不经议会同意不能征收赋税;天主教徒不能担任国王,国王不能与天主教徒结婚,等等。新继位的国王威廉三世和玛丽二世接受《权利宣言》中提出的要求。《权利宣言》于当年 10 月经议会正式批准定为法律，即《权利法案》。

1689 年的《权利法案》(the Bill of Rights)，只有短短的十三条，但是却在以下四个方面最终确立了议会高于国王，司法权独立于王权和政府的原则：第一，为限制国王的权力提供的法律保障。第二，确立了议会的权力和议会议员自由选举的制度。第三，国王不经议会批准，征税和收费即为"非法"。第四，英国从此确立了君主立宪的宪政制度，英国国王自此处于"统而不治"的地位。这也标志着"法治"在英国取得了最终的胜利。《权利法案》最重大的意义在于：以法律权利代替君主权力，法治在人类社会中终于取得了决定性的胜利，从在英国建立人类社会历史上建立了第一个宪政民主的国家制度。之后，1701 年的《王位继承法》等英国宪章性的法律文件，不仅宣布和标志着人类历史上第一个宪政民主国家的建立，也标志着在人类历史中的"法治"终于在一个国家形成和出现了。这是英国大宪章所包含的"法治"思想萌芽在人类社会法治化进程中的初始胜利。

最后要指出的是，尽管到 1688 年的光荣革命时期，英国的宪政制度基本上就建成了，但到了 19 世纪初，在英国大约只有占人口比例 2.5% 的贵族有选举权。经过 19 世纪 30～50 年代的三次宪章运动，到 1884 年，在英国才有三分之二的男子有选举权。到 1928 年，21 岁以上的妇女才和男人一样有投票权。到 1966 年，英国才有 18 岁以上的所有公民普选内阁首相的制度。就此而论，英国的宪法民主政制到 20 世纪 50 年代才最终稳定地确立下来。但是，在这 800

多年的历史长河中，1215年《大宪章》所最初确立的一些"法治"条款，一直是现代英国国家制度建设的轴心。从《大宪章》签署后800年的英国漫长的社会历史中，我们也可以看出来人类社会法治化道路的艰难行程。

今天，《大宪章》留给人们的教训是：法治，作为人类社会迄今所能发现一种良治的基本制度，最早是英国人民与国王斗争和博弈的结果，是无数人（包括贵族、教士、哲学家、大法官和各阶层人民）争取权利和自由而斗争的结果。尽管纵观人类社会发展史，对国王和掌权者而言，如柏拉图所说的那样"绝对的权力对行使这种权力和服从整个权力的人，对他们自己和他们的后裔都是不好的，这种企图无论是在任何方式下，都会充满灾难"（《第七信札》），但是没有哪个掌权者会把自己所掌握的权力自愿和主动地交出来，自己臣服于法律之下，自愿被关在"制度的笼子"之内。人类诸社会的法治之难，难在这里。尽管如此，英国《大宪章》以来世界各国的历史表明，法治作为人类社会现代化过程的一个基本构成部分，已是一个改变不了的人类社会发展的大趋势。

2015年6月15日英国《大宪章》签署
800周年纪念日谨志于复旦
（本文发表于《腾讯·大家》）

人民才是推动预算民主建设的最根本的力量[1]

> 你,以及所有美国人,都应该更好地了解预算过程,并在觉得它不能满足你们的要求时大声地说出来。说到底,你们的呼声,你们的投票,才是推动联邦预算制定程序变革的最根本的力量。
>
> ——克莱默《联邦预算:美国政府如何花钱》

预算民主(budgeting democracy),即国家立法机关对政府财政预算进行监督、审议、制衡和审计,是现代民主政治的一个重要组成部分。从某种程度上来说,这也是衡量一个国家是否已经走向现代化的重要标识。从西方议会的发展史来看,议会之所以产生,很大程度上是围绕着监督和制衡政府如何征税、如何花钱而产生的,而这一制度沿革到当代,西方民主国家议会的一项主要功能,就是

---

[1] 本文根据笔者为克莱默《联邦预算:美国政府如何花钱》中译本所做序言整理。

监督和控制政府预算。有研究发现，西方国家的立法机关（一般包括参议院和众议院）将超过60%的时间均用在审核和讨论政府的各种预算上。

尽管政府预算监督是现代民主国家政治与经济运作的一项基本内容和最重要的组成部分，但是西方各国政府的财政预算是如何制定出来，又是如何执行和实施的，立法机关是如何监督、制衡、控制和审计政府预算的，在立法机构对政府预算监督方面到底有哪些制度安排，在各国立法机构中又有哪些实际运作的机构设置，以及各国政府的预算监督体制又有什么异同，对于这些问题，除了一些财政学和政治学的少数专家外，国内其他学界、政府决策层乃至社会各界人士大都知之甚少。《联邦预算：美国政府如何花钱》一书，以通俗和简洁的语言，并用了尽可能小的篇幅，介绍了美国政府预算制定、执行、实施和审计的基本过程，对美国国会对政府预算监督和控制的机构和制度安排作了较清晰的解说，还简要介绍了美国联邦政府预算制度史。更难能可贵的是，这本英文原版小册子，本身就是为美国普通民众和纳税人写的。为了让普通民众能知晓并看懂美国联邦政府预算及其实施过程和监督机制，这本小册子提供了简明的术语解释，作了一些简单的图说，同时还对2011年美国政府的财政收入的构成，财政支出的去向，美国联邦政府的债务问题，乃至对奥巴马政府2013年的财政预算，作了简要的介绍。概言之，虽然这本小册子只有十几万字，但却对美国政府预算制定和实施过程及其监督制度，对美国政府如何收税，如何花钱，作了通俗、全面和最新近的介绍。对了解美国政治和政府体制的运作而言，是一本非常难得的参考书，而且对目前中国的政治体制改革，也有着非常切实的参考意义。

当下，中国正处在深化改革和社会转型的关键时期。中国的政治体制改革，首先应当是政府体制的改革和现代民主法治制度的建设。随着中国改革开放以来市场经济的引入和经济的发展，目前中国政府的财政收支已经达到十几万亿元。在此格局下，加强我国立法机关对政府预算的监督、制衡、控制和审计，已经变成了我国政治体制改革和现代民主法治政治建设的一项最重要的改革议程。中共十七大报告在谈到未来中国政治体制改革设想时，第一条就是"支持和保证人民通过人民代表大会行使国家权力"。这一条还明确提出，"人民代表大会制度是保证人民当家做主的根本政治制度。要善于使党的主张通过法定程序成为国家意志，支持人大及其常委会充分发挥国家权力机关作用，依法行使立法、监督、决定、任免等职权，加强立法工作组织协调，加强对'一府两院'的监督，加强对政府全口径预算决算的审查和监督"。

中国经济与政治体制改革中最重要的部分，当是财政体制改革，而加强国家立法机构对政府预算进行全口径的预算监督、制衡和审计，在此方面建立和健全人大的功能机构设置，并在立法上作出制度保障，当是财政体制改革乃至全部政治体制改革的最核心内容和组成部分。从这个意义上来说，尽管中国经济已经市场化了，但是由于作为国家立法机关的全国人大对政府财政预算还没有真正做到实质性的监督，实际上并没有全程参与政府预算的制定、实施、制衡乃至对预算执行情况的审计，这是中国还没有完成现代国家制度建设的一个重要标志。这个问题不解决，政府官员大面积的贪腐不断发生而屡治不果，与政府收支的财权相关联的种种社会问题不断发生和积累，就无法从根本制度上加以解决。由此看来，落实中共十八大报告关于政治体制改革的第一条，加强各级人大对政府全口径预算的审查和监督，应该是当下中国政治体制改革的一项重要任务。

在当下中国这样的社会格局中，认真阅读这本《联邦预算》，了解美国联邦预算制度以及立法机关对政府预算的监督制度，国家立法、司法和行政中围绕预算制定的实施和监督机构设置，以及国会对政府预算的批准、审议、制衡和审计程序，对未来中国的国家制度建设，无疑具有十分重要的参考意义，而对中国社会各界人士来说，或者对作为纳税人的每个中国人来说，这也是一部难得的"启蒙书"。

最后，请允许笔者模仿这一中译本序开始所引该书作者克莱默的话来做这样吁求："你，以及所有中国人，都应该更认真地了解政府预算过程，并在觉得它不能满足你们的要求时大声地说出来。说到底，你们的呼声，你们的行动，才是推动中国政治体制改革的最根本的力量。"

韦森于 2013 年 6 月 26 日谨识于复旦

（本文发表于《解放日报》2013 年 11 月 22 日第 16 版）

探寻未来预算民主政治的税理学[1]

李炜光教授新书的出版,适逢我们国家经济社会发展历程的一个重大历史转折关头。2015年,我们的共和国庆祝自己的66华诞,1978年启动的中国经济与社会改革,也大致走过了30多年的历程。不管如何评价前30年中国计划经济的试验以及后30多年改革开放的成就与问题,但站在2015年的岁末,对于每个中国人来说,一个更为重要的问题应该是:未来30年中国将如何走?30年后的中国将是个什么样子?

1978年以来,市场机制在中国社会内部的逐渐生成。尤其是自2001年加入世界贸易组织(WTO)后,中国快速地融入了国际社会,国际上通行的一些商业、贸易、法律、外交、军事等方面的规则和惯例,也逐渐被引入到了中国。21世纪初以来中国的进一步对外开放,反过来引致了社会内部市场化进程的加速。中国社会的迅速市场化,为近30年的高速经济增长提供了原动力。目前,我国的综

---

[1] 本文根据笔者为李炜光教授《大家的财税学》一书所做序言整理。

合国力已稳居世界前二。改革开放 30 年来所取得的成就是辉煌的和毋庸置疑的。然而，也毋庸讳言，在近些年中国经济高速增长的同时，一些经济与社会问题正在社会内部不断积聚。尤其是自 2007 年以来，全球金融风暴此起彼伏，世界经济整体在 2008 年下半年陷入了 1929 ~ 1933 年大萧条以来最严重的一次衰退。这场世界性的经济危机，直接造成了中国外贸出口的大幅度下降，从而导致了外贸依存度已经很高的中国经济增速下滑。随之，中国也进入了一个重要的经济结构和政府发展战略的调整时期。2008 年下半年，中国宏观经济增速的放缓，使得在过去 30 年经济高速增长时期在社会内部所积累并被暂时遮蔽起来的一些社会问题，更加鲜明地暴露了出来。其中，政府的财政预算以及政府在经济社会发展中的作用，变成了一个核心和焦点问题。

单从政府的财政收入与 GDP 增长的关系来看，自 1994 年实行分税制改革以来，政府税收和其他财政收入已经连续 20 多年超高速增长，几乎每年中国政府的财政收入都双倍于甚至三倍于 GDP 的年增速。这些年政府财税收入迅猛增长的一个直接经济后果是，到 2008 年，以人均来计算的政府实际财政收入（包括所谓的"第一财政"和"第二财政"）已经接近每个中国人的实际可支配收入。2009 年以来，就在政府推出所谓"4 万亿的刺激经济的计划"的同时，又发生了较为普遍的"国进民退"现象。近些年来，国有部门凭借在资源占有上的优势以及价格垄断，在占取垄断租金的优越地位上实现了自身的快速增长，而同时民营部门在中国经济体内部的比重却相对萎缩。随着政府掌控的国民收入的份额的迅速增长，以及国有部门的自我强势增长，各级政府官员和国企高管凭借自己手中的权力和所掌控的资源，进行层层寻租，一个特殊的经济、政治和社会体制正在当代中国内部逐步成型，并在不断自我强化。这种模式似乎可以被称为一种"独具中国特色的，政府运用、参与、经营、控制和统御市场的经济体制模式"。在这个正在成型的中国模式中，从形式看，我们有一个"发展主义"的政府，且地方政府之间的竞争推动着近些年中国经济的增长。但从实质上来看，当今中国社会的基本格局是，各级政府官员以及国有企事业单位的高管，在一个巨大行政科层制中，不断运用自己所掌控的权力和资源进行层层寻租。这种权力寻租，构成了目前中国经济增长的内在动能，因而从某种程度上来说，它是有一定的经济效益的；另一方面，它又给当代中国社会带来一系列问题，并且这些问题不断积累。政府的财政收入占国民收入中的份额不断增大，政府官员腐败大面积地发生又屡治不果，社会财富占有和收入分配上的差距不断拉大，整个社会的经济增长，越来越依靠政府的项目投资和高投资率来维系，居民家庭收入和居民家庭的消费占国民收入的份额持续下降，等等问题，都是这种独特的中国模式成型和强化的自然和必然结果。在这一常常不为人们所察觉的基本社会格局及其演变趋势中，我们这个拥有 13 亿多人口且拥有 70 多万亿元年 GDP 总量的大国，正像一艘巨轮，驶入了一片人类社会从来没有到过的陌生海域。中国这艘巨轮目前正在驶向何方？可能今天没有人能给出一个确定的回答。在这艘巨轮的航速渐慢乃至最后停滞下来之前，好像还没有多少人愿意要超前地思考未来中国社会的发展道路问题。在世界经济大危机的背景下，中国仍有所谓的

8%以上的 GDP 年增速，谈论中国社会的未来走向和进一步的改革问题，在许多人看来，是"杞人忧天"。

一个非常鲜明的例子：在 2008 年后世界经济整体衰退、中国外贸出口大幅度下滑、中国企业面临未曾遇的困难环境中，中国政府的财政收入却在 2009 年全年逐月攀高。这一事实也从一个侧面说明，尽管在中国的经济和社会已经渐渐走向了一个重大的历史转折关口，尽管一种政府统御和支配市场的经济社会模式正在中国社会内部逐渐成形，许多人——包括一些经济学家们——却似乎对之浑然不觉，甚至还在乐观地大谈所谓的"北京共识"和"中国模式"。中国经济社会的这样一种现状，应该越来越迫使人们去认识和反思我们当下经济社会体制的实质，去认识和把握一个现代市场经济良序运作的制度基础和基本条件。只有对当下中国社会的性质有些清醒的认识和理解，在东西方社会以及传统与现代社会的比较中，对一个现代市场经济良序运作的制度基础和必要条件有些基本的理解，我们才能超前地把握和认识未来中国社会的走向，才能避免我们的国家、民族和社会再走弯路。

探寻中华民族的振兴富强之路，说来已经不是一个新问题。自晚清以降，建设一个繁荣富强的民主和法治国家，实际上已成为无数中国知识分子和社会有识之士长期追寻的一个梦想，亦有无数志士仁人为之付出过艰苦卓绝的努力。然而，经历了晚清君主立宪、辛亥革命、1949 年中华人民共和国的建政，以及经历了近 30 年整个社会努力构建一种"计划经济"的实验，以及 30 余年的"改革开放"，构建一个具有民主、法治、公正、和谐且经济可持续增长与长期繁荣的良序社会，虽然已经写进我们的宪法，但目前看来，仍然是今天整个民族的梦想。就在我们的共和国 66 岁的这当下，一些重大的理论和现实问题在今天看来仍亟待探讨：一个良序的现代市场经济的制度基础和政制条件是什么？民主、法治与市场经济运行的关系到底是什么？宪法民主政制是否是一个现代市场经济良序运作的必要条件？当今中国社会正在走向何方？应该走向何方？对于这些问题，当代中国社会演变发展的历史经验，已似乎阶段性地给出了一些明确答案，2004 年修订的《中华人民共和国宪法》也曾在第五条明确地把建设一个"法治国家"确定为中国的基本国策，2007 年，中国共产党的十七大报告，也已经明确把构建民主政治确定为中国执政党长期的发展目标。然而，现在的问题是，建设一个"法治国家"的宏伟社会目标将如何实现？未来民主政制的建设又将从如何处启动？在数千年的历史长河中，经历了无数次战乱和王朝更替后，中华民族如何才能在 21 世纪形构出一个确保经济可持续增长、国家长治久安、人民康乐幸福，社会公正和谐的民主与法治的基本社会制度架构？

面对这些亟须回答的重大理论和现实问题，李炜光教授从 21 世纪初就独具慧眼地认识到，现代民主政制问题，说到底是个预算民主问题，即纳税人通过自己选出的代表，来保护自己的财产和财富不被政府任意占取，以及自己缴纳的税金能被政府确当地使用的问题。应该说，在中国，李炜光教授是较早地从对税的本质认识来理解政府性质、职能和作用及现代宪法民主政制实质和运作原理的学者。正如他在《写给中国的纳税人》一文中所指出的那样："现代法治社会的重要特征在于对于'公权力'的制约。政府拥有权力、资源，但这权力和资源来自于人民的授权，而且这些权力也只是它履行公共服务职能的必要条件，即在人民授权的范围之内行使。政府征税，不是为了供养和侍奉权力，不是为了养活自己，更不能为所欲为。除了提供公共产品和公共服务，国家和政府没有其他存在的理由。"根据对税的本质以及对政府职能和性质的这种理解，李炜光教授还更深刻指出，"现代法治国家是建立在对私有财产权保护的基础上的。国家征税，就意味着国家对私有财产权的承认。一个非常浅显的道理是，既然产权是确定的，在对私有财产进行征收之前，就必须取得公民的理解和同意。……承认国家征税的'纳税人事先同意'原则，才有可能建立一种能够制约政府征税这个权力之手的制度，宪法民主对政府的限制首先就体现在对政府征税和用税的限制上。"

只有正确地认识到了税收的本质，才能理解一个现代国家运作的基本原理，才能理解现代宪法民主政治的核心内容和基础构架。也正是基于对税收的本质、纳税人权利和现代宪法民主政制的上述深刻到位的理解，李炜光教授曾呼吁要在中国建构一门"税理学"。这里，我觉有一点需要要补充的是，"税理学"，应该不是财政学的一个分支，也不是税法学的一个门类，而应该是解释一个现代市场经济社会良序运作基础的"政治经济学"，是对一个法治社会或宪法民主政制架构进行理论说明的"解释学"。从这个意义上来说，我认为李炜光教授这些年所做的"税理学"的探究的理论努力，是为未来中国法治国建设所做的一些理论准备。李炜光教授的工作和努力，将会载入未来的中国思想史。

李炜光教授的思想和理论见解，能广泛地在中国的知识界、社会各界乃至政府公务员中得以传播，以增益人们对传统中国社会的运作机理、当下社会制度安排及其未来走向的认识和理解。只有我们社会的大多数人在对一个现代良序市场经济的基本运作原理和必要的制度条件的认识上逐渐达成了"重叠共识"，我们才能期望中国的民主政制和法治国的建设能真正起步。

最后要指出的是，既然未来中国社会的现代性转型基本问题（或言"轴心问题"），是政府职能本身的转变，或言是政治体制改革和政制转型，而政治制度的核心和基本问题，则是政府的财政体制和财政预算问题，那么，要实现未来中国政制的转型，看来要把财政体制改革作为政治体制改革的首要目标。当下中国社会经济体制安排的现实问题和已经出现且不断积累的种种经济社会问题，使我们越来越坚定地相信，未来中国的宪法民主政制建设可能要从限制政府的征税权开始，亦从构建公开、透明的政府财政预算制度着手。要做到这一点，首先就需要考虑修改我们的《预算法》，以及宪法中有关政府征税权的条款，明确把政府征税必须征得纳税人的同意及纳税人的代表批准这类保护纳税人权利的条款写进《预算法》和《宪法》。从这个意义上来说，我们似可期望，构建税收（宪）法定的预算民主制度，以及政府财税收入的具体征收和用途要经纳税人选出的代议制机构审定批准的政治安排，应该成为未来中国新政治体制建设的一个逻辑起点。

2009 年 12 月 21 日谨识于沪上，

2015 年 12 月 27 日修改于复旦大学

观念决定了制度变迁的路径与方向
——悼念道格拉斯·诺思教授

2015年11月23日,美国制度经济学家和经济史学家道格拉斯·诺思先生于密歇根州本佐尼亚小镇家中逝世,享年95岁。诺思先生走了,留给世人的思想遗产是他的十几种著作和数十篇论文。诺思一生提出了诸多理论,包括经济增长理论、制度变迁理论、产权理论、交易费用理论、国家理论、意识形态理论,以及晚年与他人一起所共同提出的暴力与社会秩序理论。这些理论组合起来,可被称作诺思的制度与制度变迁理论。

要理解诺思教授本人的理论贡献与思想价值,还要从他一生理论研究的轨迹来对其制度和制度变迁理论做一整体的把握。诺思在大学期间是一个公认的马克思主义者。在加州大学伯克利分校获得博士学位并开始在大学执教后,诺思最早开始的是新经济史的研究,即从制度变迁、经济增长和人民福利增进的多维视角所撰写的两部美国经济史。到了20世纪70年代后,诺思与托马斯合作,研究了西方世界近代兴起的原因,提出为私有产权所界定的"有效率的经济组织,是经济增长的关键;一个有效率的经济组织在西欧的发展，正是西方兴起的原因之所在"。接着，在 20 世纪 80 年代之后，诺思开启了他自己的制度和制度变迁的理论研究。到了晚年，诺思与瓦利斯和温加斯特一起，把他的制度变迁的理论研究，从产权制度、经济组织和市场扩展延伸到了研究国家理论，从而到晚年提出了解释了有文字记载的人类社会历史变迁的一个概念性的新框架。诺思与其合作者提出，在有文字记载的人类历史上，曾存在三种社会秩序：原始社会秩序（the primitive social order）、受限进入秩序（limited access social orders）和开放进入秩序（open access social orders）。"原始社会秩序"是指人类以狩猎捕鱼和采集野生食物为生阶段的早期社会；而"受限进入的社会秩序"在人类历史上已经存在了已经 1 万多年，并且目前世界上大多数国家仍然处于这个社会发展阶段。他们认为，与"受限进入的社会秩序"相匹配的政治体制是一种"自然国"（natural states）。他们还认为，迄今为止，世界上只有一些少数国家发展到了"开放进入的社会秩序"，而与这种"开放进入的社会秩序"相匹配的政制形式则是一种稳定的宪政民主政体。诺思及其合作者还认为，在这种开放进入的社会秩序中，"政治竞争实际上要求众多大的、复杂的和良好组织的利益群体的存在，以至于不论在任何政治制度存在的条件下，他们均能有效地相互竞争"。最后，诺思、瓦里斯和温加斯特得出了如下一个尤其重要的结论："只有在经济竞争存在且复杂的经济组织出现的前提条件下，可持续的竞争民主才有可能。"

到了晚年，诺思及其合作者的研究，已经完全超出了传统的经济学的解释范围，而是为人类历史上存在着的各种社会制度的运作，提供了一个大范围、长时段的历史的和理论的解释。因此，要理解诺思的制度变迁理论的理论意义和思想贡献，还需要把他的整个理论思考和解释放在人类社会数千年的文明史、人类存在的意义和尤其是人类社会的现代化的整体过程的大背景中，我们才能有个清楚的认识和理解。

近代以来，尤其是在当代社会，世界各国的哲学、经济学、政治学、社会学、法学、人类学、伦理学、历史学、语言学等等领域，均存在着诸多流派和观点，也存在着激烈的争论乃至理论冲突。这些流派、观点和争论，若追根溯源，最后都可追问到人类如何组织社会、如何生活，乃至最后都隐含地涉及人类生活和生命的意义和价值是什么。根据现代考古学的发现，尽管作为一种"智人"（home sapiens）的宇宙存在物种，人类已经有了上百万年的历史，但是作为一个有着自由意志、自由思想、自由选择并有语言交流能力和社会组织能力的人类，也只有几千年最多上万年的历史。一个人来到这个世界上，不管是国王、总统、主席、总理、官员、企业家和普通人，也不管是白种人、黄种人、黑种人和棕种人，也不管生活在任何一个大陆还是在一个岛屿之上，每个人的生命周期也只有百年上下。每个人为了维持自己的生存、且要生存得更好，就需要从自然中获取自己的食物、住所和其他生存所需的器物。为了达到这一点，人类需要组织社会，构建国家、政府和经济组织，进行经济交易和社会交往，以从自然中获取足够的食物、居所、工具和器物，来维持自己生存。每一个人作为一个有着自由意志、独立思想、理性思考、进行着有意识地自我选择且有着一定自己生命周期的人，从生下来之后，都应有着平等的生存、生活和追求幸福和快乐的权利。反过来任何人也没有权力剥夺他人的生存权，压制和阻碍他人追求自己的幸福与快乐，也更没有人有权来强迫任何一个人接受某种他自己所不想相信的信念和观念。这正是近代以来英国《大宪章》、美国《独立宣言》和《美国宪法》、法国《人权宣言》，以及联合国《世界人权宣言》所表述出来的人人生而自由，在尊严和权利上一律平等的基本理念。正是因为人人生而自由且在尊严和权利上一律平等，人类的任何社会组织和政治结合的目的，都在于保护每个人人的自由、财产、安全和生存的平等的权利。

然而，在过去数千年的各种人类文明的社会历史中，尽管人人都在各种社会制度、文化传统和自然条件中生存，追求着个人的幸福和快乐，但是，无论在东方还是在西方，无论是南半球，还是在北半球，无论是在大陆，还是在岛国，绝大多数人类社会均是在各种酋长制和君主制下，过着一种统治和被统治、压制和被压制的生活。在人类社会几千年的历史中，也充满战争、杀戮、暴力、压迫、政变、夺权、篡位、谋杀、饥荒、瘟疫、疾病和各种自然灾害，各人类社会中人们的人均寿命也很短。只是自英国1215年的《大宪章》开始，人类诸社会开始理性地探索并逐渐地摸索如何组织社会、如何构建国家、政府和经济组织，如何组织市场交易和国际贸易，如何通过发展科学技术来利用自然创造出人们维持和改善生存的条件的食品和器物，从而在之后的几百年中相继开启了人类社会的现代化过程。

经过数百年人类社会多种路径的现代化过程，到了今天，大多数国家和社会中的人们都趋于明白这样一个道理：自由、法治、民主、公正，乃是人类社会演进出来超越国界和种族的共同价值，而保障这些基本人类生存价值的民主与法治的现代政治制度，以及与之相联系在一起的保护私有产权的法律制度，乃是这些人类文明共同价值的制度保障和外在表现。诺思数十年的历史的和理论研究的价值，就在于他解释了保障这些人类共同的价值和社会制度和私有产权制度是合理的，而且是被近代以来的大范围人类社会历史所证明是最有效率的，是人类社会进步、经济发展、科技发展、人民生活提高和福祉增进的最有效率的制度安排。诺思留给世人的思想遗产，也恰恰在这里。

如果说持续数百年的人类社会现代化过程已经证明，民主与法治的国家制度以及与之相关联的保护私有产权的法律制度和市场交易制度是确能促进人类经济增长和增进人类福祉的社会制度安排，那么，如何才能建设一个民主与法治的国家？如何才能做到有限政府的和构建出具有政治竞争的现代政治制度？换句话说，制度变迁的动力最终在哪里？20世纪另一位伟大思想家哈耶克在《通往奴役之路》中曾经说过这样一句话："观念和意志的力量，塑造了今天的世界。"到了晚年，诺思也几乎达至了与哈耶克同样的认识：制度变迁的最终源泉和动力，取决于人们信念和观念。为了说明这一点，诺思晚年曾发现并创造了许多新的术语，来解释这一道理。譬如，在1990年出版的《制度、制度变迁与经济绩效》一书中，诺思就提出：制度变迁的动力（亦可能是阻力和张力——这一点是诺可能没有意识到的）和最终源泉，乃在于人们的"先存的心智构念"(preexisting mental constructs),从而诺思最终强调人们的信念(beliefs)、认知(cognition)、心智构念(mental constructs)和意向性(intentionality)在人类社会制度变迁中的作用。在2005年出版的《理解经济变迁过程》一书的"前言"中,诺思也明确指出:"人类演化变迁的关键在于参与者的意向性(the intentionality of the players)。……人类演化是由参与者的感知(perceptions)所支配的;选择(决策)是根据一些旨在追求政治、经济和社会组织的目标的过程中的不确定性的感知中作出的。因而,经济变迁在很大程度上是一个为行为人对自身行动结果的感知所型塑的一个刻意过程(a deliberate process)"。在其后的分析中,诺思又一再指出,"理解变迁过程的关键在于促动制度变迁的参与者的意向性以及他们对问题的理解";"人们所持的信念决定了他们的选择,而这些选择反过来又构造(structure)了人类处境(human landscape)的变化"。

到今天,哈耶克和诺思这些思想家才使我们慢慢明白,人类采取一种什么样方式来组织社会,构建一个什么样的国家制度和政府管理形式,国家如何管理和治理社会,乃至人们到底如何生活,以及人们选择、接受、顺从按照一种什么样的生活方式进行实际生活,完全取决于人们在信什么,取决于人们的认知、理念和信念。进一步的问题是,一些观念和理念是如何产生的?诺思本人也思考过这个问题。在20世纪90年代所撰写的写一本书中,诺思曾指出,在古代和传统社会中乃在近代和当代的社会中,一些原创性的哲学家如苏格拉底、柏拉图、亚里士多德、老子、孔子、马克思等,以及像耶稣基督、穆罕默德、释迦牟尼这样的宗教创立者,像列宁、斯大林、霍梅尼等这样的国家领袖和思想家，会原创性地提出某些思想和学说。这些哲学家、宗教的创立者、国家的首领，在原创性地提出某种思想和观念之后，通过国家的政府科层、宗教组织、政党、信仰，以及社会团体中官员、神职人员、信徒，在社会中进行传播，并不断被他人进行新的解说，就在这种传播和解释中形成了某种观念和信念。这些信念又通过一定人类社会生活过程中的文化濡化、文化播化机制，把某种信念理解为当然正确的，而这种被信以为当然正确的信念，又反过来支持并构建了某种国家制度和社会组织形式。

只是到了近代，人类自由和天然平等的信念在欧洲中世纪后半期，在古希腊城邦制国家和罗马共和国及帝国时期就存在的民主与法治的原初理念，从遗传文化基因中逐渐萌生出来后，才使人们要求冲破古代和中世纪长期存在的君主独裁制的国家制度，慢慢演化出了现代民主与法治的国家制度，开启了人类社会的现代化过程。而这种人类社会的现代化过程，实质是君主乃至政府权力得到制约，人的权利得到平等地保障，所伴随的制度变迁过程则是保护私人产权的现代法律制度的生成。近现代以来的经济增长、现代科技革命、人类生活水平的巨大提高，以及人类生存环境的改善，等等，只不过是人类社会这一现代化过程的一个自然结果。

到这里，我们就能理解诺思教授一生理论探讨的学术价值和理论意义了。诺思一生著述所留给全人类的思想遗产，只不过用历史实事和理论分析告诉人们，这种政府权力得到限制和制衡的现代法治民主制度，以及与这种现代政治制度结合在一起，且构成这种现代国家制度之基础的产权和法律制度,及其所构成的"开放进入社会秩序",相比较人类历史上存在过和现存的各种"原始社会秩序"、各种"自然国"和"受限进入社会秩序",是被世界人类社会现代化过程所证明的更有效率和更有活力、更能促进市场交易,因而也更能产生经济增长的制度安排。当然,诺思本人作为一个经济学家,还没有像政治哲学家罗尔斯乃至哈耶克那样,论述现代民主与法治的国家制度的正当性,而是用世界范围的历史史实追溯和理论解说,道出了现代自由民主的国家制度,以及保护私有产权的法律制度,才是第一次工业革命以来西方世界兴起和后来一些国家经济增长的原因。

诺思先生走了,世界大多数国家还在走向他所理解的"开放进入社会秩序"的半路上。尤其是经过三十多年的改革和开放,中国还正在探索着自己未来的现代化道路。未来中国将向何处走,我们究竟要建设一个什么的现代化国家,中国的政治体制、经济体制、法律和司法制度到底如何改,乃至中国的高速经济增长能否延续?这些问题最后都归结为我们有什么样的理论信念,取决于我们到底信什么。

2015年11月26日谨识于复旦

2015年11月27日凌晨改定于浙江余杭

(本文发表于《财经》杂志2015年12月"十七年纪念专刊")

附 录

> 期望有一手好牌的人同意重新发牌是对人类的道德寄予了太大的希望。不论是政治游戏还是其他游戏的规则,都必须在游戏开始之前确定。而且,随着游戏的进行,可以改变规则,但改变后的规则只适用于以后各轮比赛。

——詹姆斯·M. 布坎南,《民主财政论》

(中译本,商务印书馆2015年,第350页)

自2004年启动1994年通过的《中华人民共和国预算法》的修改议程，到2015年8月31日最后通过新修订的《预算法》，整个修法过程历时差不多11年。中间经过几轮起草修正案，到中华人民共和国第十一届全国人大常委会第二十七次会议审议了《中华人民共和国预算法修正案（草案二次审议稿）》，于2012年7月6日将《中华人民共和国预算法修正案（草案二次审议稿）》在中国人大网站上公布，并向社会公开征集意见。随后，我和天津财经大学的李炜光教授、上海财经大学的蒋洪教授，湖北财经大学的叶青教授等，共同发起，并约请中国10所高校和研究机构的长期从事《预算法》研究的20余位教授及专家，在上海法律与金融研究院的支持下，于2012年7月25日在上海召开了"《预算法修正案》征求意见"的闭门专题研讨会，会后，我们对《预算法修正案（草案二次审议稿）》提出了具体的修改意见，并向全国人大常委会法律工作委员会提出了五点总的修改意见。全国人大代表内部对《预算法修正案（二审稿）》的不同意见、我们的修改意见，以及全国社会各界所提交的33

万余条修改意见，最终导致了《预算法修正案（二审稿）》被搁浅，第十一届全国人大两次常委会最后否定了二审稿，决定十一届人大不再审议《预算法修正案（二审稿）》。这在中华人民共和国立法史上还是史无前例的。2013年，有关部门又曾提出重新修订《预算法》的动议。2014年2月，我和李炜光教授一起，在中国企业研究所的支持下，在北京召开了十几位专家参与的关于《预算法》修改的一个专题研讨会，进一步回顾了2012年《预算法修正案（二审稿）》搁浅后的修法历程和进一步修改的可能方向。2014年4月21日，十二届全国人大常委会第八次会议在北京召开会议，对《预算法修正案（三审稿）》进行审议。经过两三天的激烈争论，"三审稿"仍然没有通过。2014年6月15日，在中国企业研究所的支持下，我们又在北京召开了8位税法学、财政学和经济学教授参与的《预算法修正案（草案三次审议稿）》的专题闭门研讨会，会后向全国人大法工委和中央书记处法制办提交了我们的修改意见。在2014年7月30日的中共中央政治局会议之后，到2014年8月31日，第十二届全国人大常委会第十次会议上，以161票赞成、2票反对、7票弃权，表决通过了全国人大常委会关于修改《预算法》的决定，新的《预算法修正案》于2015年1月1日施行。

到2015年6月24日，国务院法制办又在网上公布了新的《预算法实施条例（修订草案征求意见稿）》（以下简称《征求意见稿》），公开征求意见，于7月23日截止。7月7日，中国财税法学研究会在广州举行"《预算法实施条例（修订草案征求意见稿）》专题研讨会"，刘剑文、蒋洪、欧阳知、韦森、李炜光、叶青、王则柯、张富强、熊伟、苗连营、华国庆、王世涛、王金秀、吴君亮、梁桂青等 20 位财税法学界、经济学界著名专家、学者与会。中央财经大学财经研究院院长王雍君在书面意见中指出,《征求意见稿》"玄机条款"多,此举会导致把尽可能多的、重要的和实质性的公款管理权力纳入行政部门的自由裁量权清单,彻底脱离法定授权这一底线。

接着,我们又在上海法律与金融研究院组织了 18 位专家教授参与的《预算法实施条例》的专题闭门研讨会,会后,又向国务院法制办提交了我们的具体修改意见,并在《东方早报》上公开发表,至此,《预算法实施条例(修正草案征求意见稿)》又被搁浅。

以下几篇附录,是这几次研讨会上,向全国人大、中共中央书记处法工委及国务院法制办提出的我们这些专家教授的修改意见。通过对照新旧《中华人民共和国预算法》(旧《预算法》于 1994 年通过,1995 年 1 月 1 日实施;新《预算法》于 2014 年 8 月 31 日通过,2015 年 1 月 1 日开始实施),读者可以具体看出我们这些专家学者在这场历时 10 余年的《预算法》修订过程中所做的点滴努力。

附录一

《中华人民共和国预算法》（新旧版对照）

（旧《预算法》1994年3月22日颁布，1995年1月1日施行
新《预算法》2014年8月31日通过，2015年1月1日施行）

现行《预算法》	修改后的《预算法》
第一章 总 则	第一章 总 则
第一条 为了强化预算的分配和监督职能，健全国家对预算的管理，加强国家宏观调控，保障经济和社会的健康发展，根据宪法，制定本法。	第一条 为了规范政府收支行为，强化预算约束，加强对预算的管理和监督，建立健全全面规范、公开透明的预算制度，保障经济社会的健康发展，根据宪法，制定本法。
	第二条 预算、决算的编制、审查、批准、监督，以及预算的执行和调整，依照本法规定执行。
第二条 国家实行一级政府一级预算，设立中央，省、自治区、直辖市，设区的市、自治州，县、自治县、不设区的市、市辖区，乡、民族乡、镇五级预算。不具备设立预算条件的乡、民族乡、镇，经省、自治区、直辖市政府确定，可以暂不设立预算。	第三条 国家实行一级政府一级预算，设立中央，省、自治区、直辖市，设区的市、自治州，县、自治县、不设区的市、市辖区，乡、民族乡、镇五级预算。全国预算由中央预算和地方预算组成。地方预算由各省、自治区、直辖市总预算组成。地方各级总预算由本级预算和汇总的下一级总预算组成；下一级只有本级预算的，下一级总预算即指本级预算。没有下一级预算的，总预算即指本级预算。

（续表）

现行《预算法》	修改后的《预算法》
	第四条　预算由预算收入和预算支出组成。政府的全部收入和支出都应当纳入预算。
	第五条　预算包括一般公共预算、政府性基金预算、国有资本经营预算、社会保险基金预算。一般公共预算、政府性基金预算、国有资本经营预算、社会保险基金预算应当保持完整、独立。政府性基金预算、国有资本经营预算、社会保险基金预算应当与一般公共预算相衔接。
	第六条　一般公共预算是对以税收为主体的财政收入，安排用于保障和改善民生，推动经济社会发展，维护国家安全，维持国家机构正常运转等方面的收支预算。中央一般公共预算包括中央各部门（含直属单位，下同）的预算和中央对地方的税收返还、转移支付预算。中央一般公共预算收入包括中央本级收入和地方向中央的上解收入。中央一般公共预算支出包括中央本级支出、中央对地方的税收返还和转移支付。
第四条　中央政府预算（以下简称中央预算）由中央各部门（含直属单位，下同）的预算组成。中央预算包括中央本级收入和中央对地方返还或者给予补助的数额。	第七条　地方各级一般公共预算包括本级各部门（含直属单位，下同）的预算和税收返还、转移支付预算。地方各级一般公共预算收入包括地方本级收入、上级政府对本级政府的税收返还和转移支付、下级政府的上解收入。地方各级一般公共预算支出包括地方本级支出、对上级政府的上解支出、对下级政府的税收返还和转移支付。
第五条　地方预算由各省、自治区、直辖市总预算组成。地方各级总预算由本级政府预算（以下简称本级预算）和汇总的下一级政府预算（以下简称下级预算）组成。没有下一级预算的，总预算即指本级预算。一级预算的，总预算即指本级预算。地方各级政府预算由本级各部门（含直属单位，下同）的预算组成。地方各级政府预算包括下级政府向上级政府上解的收入数额和上级政府返还或者给予补助的数额。	

397

续表

现行《预算法》	修改后的《预算法》
第六条 各部门预算由本部门所属各单位预算组成。 第七条 单位预算是指列入部门预算的国家机关、社会团体和其他单位的收支预算。	第八条 各部门预算由本部门及其所属各单位预算组成。
	第九条 政府性基金预算是对依照法律、行政法规的规定在一定期限内向特定对象征收、收取或者以其他方式筹集的资金，专项用于特定公共事业发展支出需要，按基金项目编制，做到以收定支。政府性基金预算应当根据基金项目收入情况和实际支出需要，按基金项目编制，做到以收定支。
	第十条 国有资本经营预算是对国有资本收益作出支出安排的收支预算。国有资本经营预算应当按照收支平衡的原则编制，不列赤字，并安排资金调入一般公共预算。
	第十一条 社会保险基金预算是对社会保险缴款、一般公共预算安排和其他方式筹集的资金，专项用于社会保险的收支预算。社会保险基金预算应当按照统筹层次和社会保险项目分别编制，做到收支平衡。
第三条 各级预算应当做到收支平衡。	第十二条 各级预算应当遵循统筹兼顾、勤俭节约、量力而行、讲求绩效和收支平衡的原则。各级政府应当建立跨年度预算平衡机制。
第九条 经本级人民代表大会批准的预算，非经法定程序，不得改变。	第十三条 经人民代表大会批准的预算，非经法定程序，不得调整。各级政府、各部门、各单位的支出必须以经批准的预算为依据，未列入预算的不得支出。

（续表）

现行《预算法》	修改后的《预算法》
	第十四条 经本级人民代表大会或者本级人民代表大会常务委员会批准的预算、预算调整、决算，预算执行情况的报告及报表，应当在批准后二十日内由本级政府财政部门向社会公开，并对本级政府财政转移支付安排、执行的情况以及举借债务的情况等重要事项作出说明。 经本级政府财政部门批复的部门预算、决算及报表，应当在批复后二十日内由各部门向社会公开，并对部门预算、决算中机关运行经费的安排、使用的情况以及政府采购的情况等重要事项作出说明。 各级政府、各部门、各单位应当将政府采购的情况及时向社会公开。 本条前三款规定的公开事项中，涉及国家秘密的除外。
第八条 国家实行中央和地方分税制。	第十五条 国家实行中央和地方分税制。
	第十六条 国家实行财政转移支付制度。财政转移支付应当规范、公平、公开，以推进地区间基本公共服务均等化为主要目标。 财政转移支付包括中央对地方和地方上级政府对下级政府的转移支付，以均衡地区间基本财力，由下级政府统筹安排使用的一般性转移支付为主体。 按照法律、行政法规和国务院的规定可以设立专项转移支付，用于办理特定事项。建立健全专项转移支付定期评估和退出机制。市场竞争机制能够有效调节的事项不得设立专项转移支付。 上级政府在安排专项转移支付时，不得要求下级政府承担配套资金。但是，按照国务院的规定应当由上下级政府共同承担的事项除外。
	第十七条 各级预算的编制、执行应当建立健全相互制约、相互协调的机制。
第十条 预算年度自公历一月一日起，至十二月三十一日止。	第十八条 预算年度自公历一月一日起，至十二月三十一日止。

（续表）

现行《预算法》	修改后的《预算法》
第十一条　预算收入和预算支出以人民币元为计算单位。	第十九条　预算收入和预算支出以人民币元为计算单位。
第二章　预算管理职权	第二章　预算管理职权
第十二条　全国人民代表大会审查中央和地方预算草案及中央和地方预算执行情况的报告；批准中央预算和中央预算执行情况的报告；改变或者撤销全国人民代表大会常务委员会关于预算、决算的不适当的决议。 全国人民代表大会常务委员会监督中央和地方预算的执行；审查和批准中央预算的调整方案；审查和批准中央决算；撤销国务院制定的同宪法、法律相抵触的行政法规、决定和命令；撤销省、自治区、直辖市人民代表大会及其常务委员会制定的同宪法、法律和行政法规相抵触的关于预算、决算的地方性法规和决议。	第二十条　全国人民代表大会审查中央和地方预算草案及中央和地方预算执行情况的报告；批准中央预算和中央预算执行情况的报告；改变或者撤销全国人民代表大会常务委员会关于预算、决算的不适当的决议。 全国人民代表大会常务委员会监督中央和地方预算的执行；审查和批准中央预算的调整方案；审查和批准中央决算；撤销国务院制定的同宪法、法律相抵触的行政法规、决定和命令；撤销省、自治区、直辖市人民代表大会及其常务委员会制定的同宪法、法律和行政法规相抵触的关于预算、决算的地方性法规和决议。

(续表)

现行《预算法》	修改后的《预算法》
第十三条 县级以上地方各级人民代表大会审查本级总预算草案及本级总预算执行情况的报告；批准本级预算和本级预算执行情况的报告；改变或者撤销本级人民代表大会常务委员会关于预算、决算的不适当的决议；撤销本级政府关于预算、决算的不适当的决定和命令。 县级以上地方各级人民代表大会常务委员会监督本级总预算的执行；审查和批准本级预算的调整方案；审查和批准本级政府决算（以下简称本级决算）；审查本级预算执行情况的报告；撤销本级政府和下一级人民代表大会及其常务委员会关于预算、决算的不适当的决定和决议。 设立预算的乡、民族乡、镇的人民代表大会审查和批准本级预算和本级预算执行情况的报告；监督本级预算的执行；审查和批准本级预算的调整方案；审查和批准本级决算；撤销本级政府关于预算、决算的不适当的决定和命令。	第二十一条 县级以上地方各级人民代表大会审查本级总预算草案及本级总预算执行情况的报告；批准本级预算和本级预算执行情况的报告；改变或者撤销本级人民代表大会常务委员会关于预算、决算的不适当的决议；撤销本级政府关于预算、决算的不适当的决定和命令。 县级以上地方各级人民代表大会常务委员会监督本级总预算和本级预算的执行；审查和批准本级预算的调整方案；审查和批准本级决算；审查本级预算执行情况的报告；撤销本级政府和下一级人民代表大会及其常务委员会关于预算、决算的不适当的决议。 乡、民族乡、镇的人民代表大会审查和批准本级预算和本级预算执行情况的报告；监督本级预算的执行；审查和批准本级预算的调整方案；审查和批准本级决算；撤销本级政府关于预算、决算的不适当的决定和命令。

（续表）

现行《预算法》	修改后的《预算法》
	第二十二条 全国人民代表大会财政经济委员会对中央预算草案初步方案及上一年预算执行情况、中央预算调整初步方案和中央决算草案进行初步审查，提出初步审查意见。 省、自治区、直辖市人民代表大会有关专门委员会对本级预算草案初步方案及上一年预算执行情况、本级预算调整初步方案和本级决算草案进行初步审查，提出初步审查意见。 设区的市、自治州人民代表大会有关专门委员会对本级预算草案初步方案及上一年预算执行情况、本级预算调整初步方案和本级决算草案进行初步审查，提出初步审查意见，未设立专门委员会的，由本级人民代表大会常务委员会有关工作机构研究提出意见。 县、自治县、不设区的市、市辖区人民代表大会常务委员会对本级预算草案初步方案及上一年预算执行情况进行初步审查，提出初步审查意见。 设区的市、自治州以上各级人民代表大会有关专门委员会进行初步审查、常务委员会有关工作机构研究提出意见时，应当邀请本级人民代表大会代表参加。 对依照本条第一款至第四款规定提出的意见，本级政府财政部门应当将处理情况及时反馈。 依照本条第一款至第四款规定提出的意见以及本级政府财政部门反馈的处理情况报告，应当印发本级人民代表大会代表。 全国人民代表大会常务委员会和省、自治区、直辖市，设区的市、自治州人民代表大会常务委员会，依照本级人民代表大会常务委员会的决定，协助本级人民代表大会有关专门委员会或者有关工作机构，承担审查预算草案、预算调整方案、决算草案和监督预算执行等方面的具体工作。

(续表)

现行《预算法》	修改后的《预算法》
第十四条 国务院编制中央预算、决算草案;向全国人民代表大会作关于中央和地方预算草案的报告;将省、自治区、直辖市政府报送备案的预算汇总后报全国人民代表大会常务委员会备案;组织中央和地方预算的执行;决定中央预算预备费的动用;编制中央预算调整方案;监督中央各部门和地方政府的预算执行;改变或者撤销中央各部门和地方政府关于预算、决算的不适当的决定、命令;决算草案,决算草案;向全国人民代表大会常务委员会报告中央和地方预算的执行情况。	第二十三条 国务院编制中央预算、决算草案;向全国人民代表大会作关于中央和地方预算草案的报告;将省、自治区、直辖市政府报送备案的预算汇总后报全国人民代表大会常务委员会备案;组织中央和地方预算的执行;决定中央预算预备费的动用;编制中央预算调整方案;监督中央各部门和地方政府的预算执行;改变或者撤销中央各部门和地方政府关于预算、决算的不适当的决定、命令;向全国人民代表大会、全国人民代表大会常务委员会报告中央和地方预算的执行情况。
第十五条 县级以上地方各级政府编制本级预算、决算草案;向本级人民代表大会作关于本级总预算草案的报告;将下一级政府报送备案的预算汇总后报本级人民代表大会常务委员会备案;组织本级总预算的执行;决定本级预算预备费的动用;编制本级预算的调整方案;监督本级各部门和下级政府的预算执行;改变或者撤销本级各部门和下级政府关于预算执行的不适当的决定、命令;编制本级预算的调整方案;向本级人民代表大会、本级人民代表大会常务委员会报告本级总预算的执行情况。	第二十四条 县级以上地方各级政府编制本级预算、决算草案;向本级人民代表大会作关于本级总预算草案的报告;将下一级政府报送备案的预算汇总后报本级人民代表大会常务委员会备案;组织本级总预算的执行;决定本级预算预备费的动用;编制本级预算的调整方案;监督本级各部门和下级政府的预算执行;改变或者撤销本级各部门和下级政府关于预算执行的不适当的决定、命令;向本级人民代表大会、本级人民代表大会常务委员会报告本级总预算的执行情况。乡、民族乡、镇政府编制本级预算、决算草案,预算调整方案、决算草案;组织本级预算的执行;决定本级预算预备费的动用;向本级人民代表大会报告本级预算的执行情况。乡、民族乡、镇本级预算草案,预算调整方案、决算草案,乡、民族乡、镇的人民代表大会的规定报乡、民族乡、镇人民代表大会审查和批准。经省、自治区、直辖市政府批准,并依照本法第二十一条的规定由上一级政府代编,可以由上一级政府代编,并依照本法第二十一条的规定报乡、民族乡、镇的人民代表大会审查和批准。

403

(续表)

现行《预算法》	修改后的《预算法》
乡、民族乡、镇政府编制本级预算、决算草案；向本级人民代表大会作关于本级预算草案的报告；组织本级预算的执行；决定本级预算预备费的动用；编制本级预算的调整方案；向本级人民代表大会报告本级预算的执行情况。	
第十六条 国务院财政部门具体编制中央预算、决算草案；具体组织中央和地方预算的执行；提出中央预算预备费动用方案；具体编制中央预算的调整方案；定期向国务院报告中央和地方预算的执行情况。 地方各级政府财政部门具体编制本级总预算、决算草案；具体组织本级总预算的执行；提出本级预算预备费动用方案；具体编制本级预算的调整方案；定期向本级政府和上一级政府财政部门报告本级总预算的执行情况。	第二十五条 国务院财政部门具体编制中央预算、决算草案；具体组织中央和地方预算的执行；提出中央预算预备费动用方案；具体编制中央预算的调整方案；定期向国务院报告中央和地方预算的执行情况。 地方各级政府财政部门具体编制本级总预算、决算草案；具体组织本级总预算的执行；提出本级预算预备费动用方案；具体编制本级预算的调整方案；定期向本级政府和上一级政府财政部门报告本级总预算的执行情况。
第十七条 各部门编制本部门预算、决算草案；组织和监督本部门预算的执行；定期向本级政府财政部门报告预算的执行情况。 第十八条 各单位编制本单位预算、决算草案；按照国家规定上缴预算收入，安排预算支出，并接受国家有关部门的监督。	第二十六条 各部门编制本部门预算、决算草案；组织和监督本部门预算的执行；定期向本级政府财政部门报告预算的执行情况。 各单位编制本单位预算、决算草案；按照国家规定上缴预算收入，安排预算支出，并接受国家有关部门的监督。

(续表)

现行《预算法》	修改后的《预算法》
第三章 预算收支范围 第十九条 预算由预算收入和预算支出组成。 预算收入包括： （一）税收收入； （二）依照规定应当上缴的国有资产收益； （三）专项收入； （四）其他收入。 预算支出包括： （一）经济建设支出； （二）教育、科学、文化、卫生、体育等事业发展支出； （三）国家管理费用支出； （四）国防支出； （五）各项补贴支出； （六）其他支出。	第三章 预算收支范围 第二十七条 一般公共预算收入包括各项税收收入、行政事业性收费收入、国有资源（资产）有偿使用收入、转移性收入和其他收入。 一般公共预算支出按照其功能分类，包括一般公共服务支出、外交、公共安全、国防支出、农业、环境保护支出，教育、科技、文化、卫生、体育支出，社会保障及就业支出和其他支出。 一般公共预算支出按照其经济性质分类，包括工资福利支出，商品和服务支出、资本性支出和其他支出。
第二十条 预算收入划分为中央预算收入、地方预算收入、中央和地方预算共享收入。 预算支出划分为中央预算支出和地方预算支出。	第二十八条 政府性基金预算、国有资本经营预算和社会保险基金预算的收支范围，按照法律、行政法规和国务院的规定执行。

405

（续表）

现行《预算法》	修改后的《预算法》
第二十一条 中央预算与地方预算有关收入和支出项目的划分、地方向中央上解收入、中央对地方返还或者给予补助的具体办法，由国务院规定，报全国人民代表大会常务委员会备案。	第二十九条 中央预算与地方预算有关收入和支出项目的划分、地方向中央上解收入、中央对地方税收返还或者转移支付的具体办法，由国务院规定，报全国人民代表大会常务委员会备案。
第二十二条 预算收入应当统筹安排使用；确需设立专用基金项目的，须经国务院批准。	
第二十三条 上级政府预算不得在预算之外调用下级政府预算的资金。下级政府不得挤占或者截留属于上级政府预算的资金。	第三十条 上级政府不得在预算之外调用下级政府预算的资金。下级政府不得挤占或者截留属于上级政府预算的资金。
第四章 预算编制	第四章 预算编制
第二十五条 国务院应当及时下达关于编制下一年预算草案的指示。编制预算草案的具体事项，由国务院财政部门部署。 第二十四条 各级政府、各部门、各单位应当按照国务院规定的时间编制预算草案。	第三十一条 国务院应当及时下达下编制下一年预算草案的通知。编制预算草案的具体事项由国务院财政部门部署。各级政府、各部门、各单位应当按照国务院规定的时间编制预算草案。

（续表）

现行《预算法》	修改后的《预算法》
第二十五条 中央预算和地方各级政府预算，应当参考上一年预算执行情况和本年度收支预测进行编制。	第三十二条 各级预算应当根据年度经济社会发展目标、国家宏观调控总体要求和跨年度预算平衡的需要，参考上一年预算执行情况、有关支出绩效评价结果和本年度收支预测，按照规定程序征求有关方面意见后，进行编制。 各级政府依据法定权限作出决定或者制定行政措施，凡涉及增加或者减少财政收入或者支出的，应当在预算批准前提出并在预算草案中作出相应安排。 各单位应当按照国务院财政部门制定的政府收支分类科目，以及绩效目标管理等预算编制规定，根据其依法履行职能和事业发展的需要以及存量资产情况，编制本部门、本单位预算草案。 前款所称政府收支分类科目，收入分为类、款、项、目；支出按其功能分类分为类、款、项，按其经济性质分类分为类、款。
第二十六条 省、自治区、直辖市政府应按照国务院规定的时间，将本级总预算草案报国务院审核汇总。	第三十三条 省、自治区、直辖市政府应当按照国务院规定的时间，将本级总预算草案报国务院汇总。
第二十七条 中央预算按复式预算编制，复式预算的编制办法和实施步骤，由国务院制定。	
第二十七条 中央政府公共预算不列赤字。中央预算中必需的建设投资的部分资金，可以通过举借国内和国外债务等方式筹借，但是借债应当有合理的规模和结构。中央预算中对已经举借的债务还本付息所需的资金，依照前款规定办理。	第三十四条 中央一般公共预算中必需的部分资金，可以通过举借国内和国外债务等方式筹措，保持合理的结构。对中央一般公共预算中举借债务实行余额管理，余额的规模不得超过全国人民代表大会批准的限额。 国务院财政部门具体负责对中央政府债务的统一管理。

407

（续表）

现行《预算法》	修改后的《预算法》
第二十八条　地方各级预算按照量入为出、收支平衡的原则编制，不列赤字。除法律和国务院另有规定外，地方政府不得发行地方政府债券。	第三十五条　地方各级预算按照量入为出、收支平衡的原则编制，除本法另有规定外，不列赤字。 经国务院批准的省、自治区、直辖市的预算中必需的建设投资的部分资金，可以在国务院确定的限额内，通过发行地方政府债券举借债务的方式筹措。举借债务的规模，由国务院报全国人民代表大会或者全国人民代表大会常务委员会批准。省、自治区、直辖市依照国务院下达的限额举借的债务，列入本级预算调整方案，报本级人民代表大会常务委员会批准。举借的债务应当有偿还计划和稳定的偿还资金来源，只能用于公益性资本支出，不得用于经常性支出。 除前款规定外，地方政府及其所属部门不得为任何单位和个人的债务以任何方式提供担保。 国务院建立地方政府债务风险评估和预警机制、应急处置机制以及责任追究制度。国务院财政部门对地方政府债务实施监督。
第二十九条　各级预算收入的编制，应当与国民生产总值的增长率相适应。 按照规定必须列入预算的收入，不得隐瞒、少列，也不得将上年的非正常收入作为编制本级预算收入的依据。	第三十六条　各级预算收入的编制，应当与经济社会发展水平相适应，与财政政策相衔接。 各级政府、各部门、各单位应当依照本法规定，将所有政府收入全部列入预算，不得隐瞒、少列。
第三十条　各级预算支出的编制，应当贯彻厉行节约、勤俭建国的方针。 各级预算支出的编制，应当统筹兼顾、确保重点，在保证政府公共支出合理需要的前提下，妥善安排其他各类预算支出。	第三十七条　各级预算支出的编制，应当贯彻统筹兼顾、勤俭节约的原则，按其功能和经济性质分类编制。 各级预算支出应当依照本法规定，按其功能和经济性质分类编制，严格控制各部门、各单位的运行经费和楼堂馆所等基本建设支出。 各级一般公共预算支出的编制，在保证基本公共服务合理需要的前提下，优先安排国家确定的重点支出。

408

（续表）

现行《预算法》	修改后的《预算法》
	第三十八条 一般性转移支付应当按照国务院规定的基本标准和计算方法编制。专项转移支付应当分地区、分项目编制。县级以上各级政府应当将对下级政府的转移支付预计数提前下达下级政府。地方各级政府应当将上级政府提前下达的转移支付预计数编入本级预算。
第三十一条 中央预算和有关地方政府预算中安排必要的资金，用于扶助经济不发达的民族自治地方、革命老根据地、边远、贫困地区发展经济文化建设事业。	第三十九条 中央预算和有关地方政府预算中应当安排必要的资金，用于扶助革命老区、民族地区、边疆地区、贫困地区发展经济社会建设事业。
第三十二条 各级政府预算应当按照本级政府预算支出额的百分之一至百分之三设置预备费，用于当年预算执行中的自然灾害等突发开支及其他难以预见的特殊开支。	第四十条 各级一般公共预算应当按照本级一般公共预算支出额的百分之一至百分之三设置预备费，用于当年预算执行中自然灾害等突发事件处理增加的支出及其他难以预见的开支。
第三十三条 各级政府预算应当按照国务院的规定设置预算周转金。	第四十一条 各级一般公共预算按照国务院的规定可以设置预算周转金，用于本级政府调剂预算年度内季节性收支差额。各级一般公共预算按照国务院的规定可以设置预算稳定调节基金，用于弥补以后年度预算资金的不足。
第三十四条 各级政府预算的上年结余，可以在下年度用于上年结转项目的支出；有余额的，可以补充预算周转金；再有余额的，可以用于下年度必需的预算支出。	第四十二条 各级政府预算上一年预算的结转资金，应当在下一年用于结转项目的支出；连续两年未完的结转资金，结余资金作为结余资金管理。各部门、各单位上一年预算的结转、结余资金按照国务院财政部门的规定办理。

409

（续表）

现行《预算法》	修改后的《预算法》
第五章　预算审查和批准	第五章　预算审查和批准
第三十九条　中央预算由全国人民代表大会审查和批准。地方各级政府预算由本级人民代表大会审查和批准。	第四十三条　中央预算由全国人民代表大会审查和批准。地方各级政府预算由本级人民代表大会审查和批准。
第三十七条　国务院财政部门应当在每年全国人民代表大会会议举行的一个月前，将中央预算草案的主要内容提交全国人民代表大会财政经济委员会进行初步审查。省、自治区、直辖市，设区的市、自治州政府财政部门应当在本级人民代表大会会议举行的一个月前，将本级预算草案的主要内容提交本级人民代表大会有关的专门委员会或者根据本级人民代表大会常务委员会主任会议的决定交有关的工作委员会进行初步审查。县、自治县，不设区的市、市辖区政府财政部门应当在本级人民代表大会会议举行的一个月前，将本级预算草案的主要内容提交本级人民代表大会常务委员会进行初步审查。	第四十四条　国务院财政部门应当在每年全国人民代表大会会议举行的四十五日前，将中央预算草案的初步方案提交全国人民代表大会财政经济委员会进行初步审查。省、自治区、直辖市政府财政部门应当在本级人民代表大会会议举行的三十日前，将本级预算草案的初步方案提交本级人民代表大会有关专门委员会进行初步审查。设区的市、自治州政府财政部门应当在本级人民代表大会会议举行的三十日前，将本级预算草案的初步方案提交本级人民代表大会有关专门委员会进行初步审查，或者送交本级人民代表大会常务委员会有关工作机构征求意见。县、自治县，不设区的市、市辖区政府应当在本级人民代表大会会议举行的三十日前，将本级预算草案的初步方案提交本级人民代表大会常务委员会进行初步审查。

（续表）

现行《预算法》	修改后的《预算法》
	第四十五条 县、自治县、不设区的市、市辖区、乡、民族乡、镇的人民政府，应当采用多种形式，组织本级人民代表大会代表，听取选民和社会各界的意见，在会议审查预算草案前，报送各级人民代表大会审查和批准的预算草案应当细化。本级一般公共预算支出，按其功能分类应当编列到项，按其经济性质分类，基本支出应当编列到款；本级政府性基金预算、国有资本经营预算、社会保险基金预算，按其功能分类应当编列到项。
第三十八条 国务院在全国人民代表大会举行会议时，向大会作关于中央和地方预算草案的报告。地方各级政府在本级人民代表大会举行会议时，向大会作关于本级总预算草案的报告。	第四十六条 国务院在全国人民代表大会举行会议时，向大会作关于中央和地方预算草案和预算执行情况的报告；地方各级政府在本级人民代表大会举行会议时，向大会作关于总预算草案和预算执行情况的报告。第四十七条 全国人民代表大会和地方各级人民代表大会对预算草案及其报告、预算执行情况的报告重点审查下列内容： （一）上一年预算执行情况是否符合本法规定； （二）预算安排是否符合本法规定； （三）预算安排是否贯彻国民经济和社会发展的方针政策，收支政策是否切实可行； （四）重点支出和重大投资项目的预算安排是否适当； （五）预算的编制是否完整，是否符合本法第四十六条的规定； （六）对下级政府的转移性支出是否规范、适当； （七）预算安排举借的债务是否合法、合理，是否有偿还计划和稳定的偿还资金来源； （八）与预算有关重要事项的说明是否清晰。

411

（续表）

现行《预算法》	修改后的《预算法》
	第四十九条　全国人民代表大会财政经济委员会向全国人民代表大会主席团提出关于中央和地方预算草案及中央预算执行情况的审查结果报告。 省、自治区、直辖市、设区的市、自治州的人民代表大会有关专门委员会，县、自治县、不设区的市、市辖区人民代表大会常务委员会，向本级人民代表大会主席团提出关于总预算草案及上一年总预算执行情况的审查结果报告。 审查结果报告应当包括下列内容： （一）对上一年预算执行和落实本级人民代表大会预算决议的情况作出评价； （二）对本年度预算草案是否符合本法的规定，是否可行作出评价； （三）对本级人民代表大会批准预算草案和预算报告提出建议； （四）对执行年度预算、改进预算管理、提高预算绩效、加强预算监督等提出意见和建议。
第四十条　乡、民族乡、镇政府应当及时将经本级人民代表大会批准的本级预算报上一级政府备案。县级以上地方各级政府应当及时将经本级人民代表大会批准的本级预算及下一级政府报送备案的预算汇总，报上一级政府备案。 县级以上地方各级政府将下一级政府依照前款规定报送备案的预算汇总后，报本级人民代表大会常务委员会备案。国务院将省、自治区、直辖市政府依照前款规定报送备案的预算汇总后，报全国人民代表大会常务委员会备案。	第五十条　乡、民族乡、镇政府应当及时将经本级人民代表大会批准的本级预算报上一级政府备案。县级以上地方各级政府应当及时将经本级人民代表大会批准的本级预算及下一级政府报送备案的预算汇总，报上一级政府备案。 县级以上地方各级政府将下一级政府依照前款规定报送备案的预算汇总后，报本级人民代表大会常务委员会备案。国务院将省、自治区、直辖市政府依照前款规定报送备案的预算汇总后，报全国人民代表大会常务委员会备案。

(续表)

现行《预算法》	修改后的《预算法》
第四十一条 国务院和县级以上地方各级政府对下一级政府报送备案的预算，依照本法第四十条规定报送备案的预算，行政法规相抵触或者有其他不适当之处，需要撤销批准预算的决定的，应当提请本级人民代表大会常务委员会审议决定。	第五十一条 国务院和县级以上地方各级政府对下一级政府依照本法第五十条规定报送备案的预算，认为有同法律、行政法规相抵触或者有其他不适当之处，需要撤销批准预算的决议的，应当提请本级人民代表大会常务委员会审议决定。
第四十二条 各级政府预算经本级人民代表大会批准后，本级政府财政部门应当及时向本级各部门批复预算，各部门应当及时向所属单位批复预算。	第五十二条 各级预算经本级人民代表大会批准后，本级政府财政部门应当在二十日内向本级各部门批复预算。各部门应当在接到本部门预算后十五日内向所属各单位批复预算。 中央对地方的一般性转移支付应当在全国人民代表大会批准预算后三十日内正式下达。中央对地方的专项转移支付应当在全国人民代表大会批准预算后九十日内正式下达。 省、自治区、直辖市政府接到中央一般性转移支付和专项转移支付后，应当在三十日内正式下达到本行政区域县级以上各级政府。 县级以上地方各级政府预算安排对下级政府的一般性转移支付和专项转移支付，应当分别在本级人民代表大会批准预算后的三十日和六十日内正式下达。 对自然灾害等突发事件处理的预算，或者先预付后结算。 县级以上各级政府财政部门应当将批复本级各部门的预算和批复下级政府的转移支付，抄送本级人民代表大会财政经济委员会、有关专门委员会和常务委员会有关工作机构。

413

(续表)

现行《预算法》	修改后的《预算法》
第六章 预算执行	第六章 预算执行
第四十三条 各级预算由本级政府组织执行，具体工作由本级政府财政部门负责。	第五十三条 各级预算由本级政府组织执行，具体工作由本级政府财政部门负责。各部门、各单位是本部门、本单位的预算执行主体，负责本部门、本单位的预算执行，并对执行结果负责。
第四十四条 预算年度开始后，各级政府预算草案在本级人民代表大会批准前，本级政府支出数额可以按照上一年同期的预算支出安排，预算经本级人民代表大会批准后，按照批准的预算执行。	第五十四条 预算年度开始后，各级预算草案在本级人民代表大会批准前，各级预算草案在本级人民代表大会批准前，可以安排下列支出： （一）上一年度结转的支出； （二）参照上一年同期的预算支出数额安排必须支付的本年度部门基本支出、项目支出，以及对下级政府的转移性支出； （三）法律规定必须履行支付义务的支出，以及在预算草案的报告中作出说明、根据前款规定安排支出的情况，应当在预算草案的报告中作出说明。 预算经本级人民代表大会批准后，按照批准的预算执行。
第四十五条 预算收入征收部门，必须依照法律、行政法规的规定，及时、足额征收应征的预算收入。不得违反法律、行政法规规定，擅自减征、免征或者缓征应征的预算收入，不得截留、占用或者挪用预算收入。	第五十五条 预算收入征收部门和单位，必须依照法律、行政法规的规定，及时、足额征收应征的预算收入。不得违反法律、行政法规规定，多征、少征、提前征收或者减征、免征、缓征应征的预算收入，不得截留、占用或者挪用预算收入。 各级政府不得向预算收入征收部门和单位下达收入指标。
第四十六条 有预算收入上缴任务的部门和单位，必须依照法律、行政法规和国务院财政部门的规定，将应当上缴的预算资金及时、足额地上缴国库（以下简称国库），不得截留、占用、挪用或者拖欠。	第五十六条 政府的全部收入应当上缴国家金库（以下简称国库），任何部门、单位和个人不得截留、占用、挪用或者拖欠。 对于法律有明确规定或者经国务院批准的特定专用资金，可以依照国务院的规定设立财政专户。

414

(续表)

现行《预算法》	修改后的《预算法》
第四十七条 各级政府财政部门必须依照法律、行政法规和国务院财政部门的规定,及时、足额地拨付预算支出资金,加强对预算支出的管理和监督。各级政府、各部门、各单位必须按照预算执行。	第五十七条 各级政府财政部门必须依照法律、行政法规和国务院财政部门的规定,及时、足额地拨付预算支出资金,加强对预算支出的管理和监督。各级政府、各部门,各单位必须按照预算执行。各级政府、各部门、各单位对预算支出情况应当开展绩效评价。
	第五十八条 各级预算的收入和支出实行收付实现制。特定事项按照国务院的规定实行权责发生制的有关情况,应当向本级人民代表大会常务委员会报告。
第四十八条 县级以上各级预算必须设立国库;具备条件的乡、民族乡、镇也应当设立国库。中央国库业务由中国人民银行经理,地方国库业务依照国务院的有关规定办理。国库业务应当按照国家有关规定,及时准确地办理预算收入的收纳、划分、留解和预算支出的拨付。各级国库款的支配权属于本级政府财政部门。除法律、行政法规另有规定外,未经本级政府财政部门同意,任何部门、单位和个人都无权支配已入国库的库款。各级政府应当加强对本级国库的管理和监督。	第五十九条 县级以上各级预算必须设立国库;具备条件的乡、民族乡、镇也应当设立国库。中央国库业务由中国人民银行经理,地方国库业务依照国务院的有关规定办理。各级国库应当按照国务院财政部门的有关规定,及时准确地办理预算收入的收纳、划分、留解、退付和预算支出的拨付。各级国库款的支配权属于本级政府财政部门。除法律、行政法规另有规定外,未经本级政府财政部门同意,任何部门、单位和个人都无权冻结、动用国库的库款或者以其他方式支配已入国库的库款。各级政府应当加强对本级国库的管理和监督,按照国务院的规定完善国库现金管理,合理调节国库资金余额。

（续表）

现行《预算法》	修改后的《预算法》
	第六十条 已经缴入国库的资金，依照法律、行政法规的规定或者国务院的决定需要退付的，各级政府财政部门或者其授权的机构应当及时办理退付。按照规定应当由财政支出安排的事项，不得用退库处理。
	第六十一条 国家实行国库集中收缴和集中支付制度，对政府全部收入和支出实行国库集中收付管理。
第四十九条 各级政府应当加强对预算执行的领导，支持政府财政、税务、海关等预算收入征收部门依法组织预算收入，支持政府财政、税务、海关等部门严格管理预算支出。财政、税务、海关等部门在预算执行中，应当加强对预算执行的分析；发现问题时应当及时采取措施予以解决。	第六十二条 各级政府应当加强对预算执行的领导，支持政府财政、税务、海关等预算收入的征收部门依法组织预算收入，支持政府财政、税务、海关等部门严格管理预算支出。财政、税务、海关等部门在预算执行中，应当加强对预算执行的分析；发现问题时应当及时采取措施予以解决。
第五十条 各部门、各单位应当加强对预算收入和支出的管理，不得截留或者动用应当上缴的预算收入，也不得将不应当在预算内支出的款项转为预算内支出。	第六十三条 各部门、各单位应当加强对预算收入和支出的管理，不得截留或者动用应当上缴的预算收入，不得擅自改变预算支出的用途。
第五十一条 各级政府预算预备费的动用方案，由本级政府财政部门提出，报本级政府决定。	第六十四条 各级预算预备费的动用方案，由本级政府财政部门提出，报本级政府决定。

(续表)

现行《预算法》	修改后的《预算法》
第五十二条 各级政府预算周转金由本级政府财政部门管理,用于预算执行中的资金周转,不得挪作他用。	第六十五条 各级预算周转金由本级政府财政部门管理,不得挪作他用。 第六十六条 各级一般公共预算年度执行中有超收收入的,只能用于冲减赤字或者补充预算稳定调节基金。 各级一般公共预算的结余资金,应当补充预算稳定调节基金。 省、自治区、直辖市一般公共预算年度执行中出现短收,通过调入预算稳定调节基金、减少支出等方式仍不能实现收支平衡的,可以增列赤字,报国务院财政部门备案,并应当在下一年度预算中予以弥补。
第七章 预算调整	**第七章 预算调整**
第五十三条 预算调整是指经全国人民代表大会批准的中央预算和经地方各级人民代表大会批准的本级预算,在执行中因特殊情况需要增加支出或者减少收入,使原批准的收支平衡的预算的总支出超过总收入,或者使原批准的预算中举借债务的数额增加的部分变更。	第六十七条 经全国人民代表大会批准的中央预算和经地方各级人民代表大会批准的地方各级预算,在执行中出现下列情况之一的,应当进行预算调整: (一)需要增加或者减少预算总支出的; (二)需要调入预算稳定调节基金的; (三)需要调减预算安排的重点支出数额的; (四)需要增加举借债务数额的。

417

（续表）

现行《预算法》	修改后的《预算法》
	第六十八条　在预算执行中，各级政府一般不制定新的增加财政收入或者支出的政策和措施，也不制定减少财政收入的政策和措施；必须作出并需要进行预算调整的，应当在预算调整方案中作出安排。
第五十四条　各级政府对于必须进行的预算调整，应当编制预算调整方案。中央预算的调整方案必须提请全国人民代表大会常务委员会审查和批准。县级以上地方各级政府预算的调整方案必须提请本级人民代表大会常务委员会审查和批准；乡、民族乡、镇政府预算的调整方案必须提请本级人民代表大会审查和批准。未经批准，不得调整预算。	第六十九条　在预算执行中，对于必须进行的预算调整，应当编制预算调整方案。预算调整方案应当说明预算调整的理由、项目和数额。在预算执行中，由于发生自然灾害等突发事件，必须及时增加预算支出的，应当先动支预备费；预备费不足支出的，各级政府可以先安排支出，列于预算调整。国务院财政部门应当在全国人民代表大会常务委员会举行会议审查和批准预算调整方案三十日前，将预算调整初步方案送交全国人民代表大会财政经济委员会进行初步审查。省、自治区、直辖市政府财政部门应当在本级人民代表大会常务委员会举行会议审查和批准预算调整方案的三十日前，将预算调整初步方案送交本级人民代表大会常务委员会有关专门委员会进行初步审查。设区的市、自治州政府财政部门应当在本级人民代表大会常务委员会举行会议审查和批准预算调整方案的三十日前，将预算调整初步方案送交本级人民代表大会常务委员会有关工作机构征求意见。县，不设区的市，民族乡、乡、镇政府财政部门应当在本级人民代表大会常务委员会举行会议审查和批准预算调整方案的三十日前，将预算调整初步方案送交本级人民代表大会常务委员会有关工作机构征求意见。中央预算的调整方案应当提请全国人民代表大会常务委员会审查和批准。县级以上地方各级预算的调整方案应当提请本级人民代表大会常务委员会审查和批准；乡、民族乡、镇预算的调整方案应当提请本级人民代表大会审查和批准。未经批准，不得调整预算。

(续表)

现行《预算法》	修改后的《预算法》
第五十五条 未经批准调整预算，各级政府不得作出任何使原批准的收支平衡的预算中总支出超过总收入或者使原批准的预算中举借债务的数额增加的决定。对违反前款规定作出的决定，本级人民代表大会、本级人民代表大会常务委员会或者上级政府应当责令其改变或者撤销。	第七十条 经批准的预算调整方案，各级政府应当严格执行。未经本法第六十九条规定程序，各级政府不得作出预算调整的决定。对违反前款规定作出的决定，本级人民代表大会、本级人民代表大会常务委员会或者上级政府应当责令其改变或者撤销。
第五十六条 在预算执行中，因上级政府返还或者给予补助引起的预算收支变化，不属于预算调整。接受返还或者补助款项的县级以上地方各级政府应当向本级人民代表大会常务委员会报告有关情况；接受返还或者补助款项的乡、民族乡、镇政府应当向本级人民代表大会报告有关情况。	第七十一条 在预算执行中，地方各级政府因上级政府增加不需要本级政府提供配套资金的专项转移支付而引起的预算支出变化，不属于预算调整。接受增加专项转移支付的县级以上地方各级政府应当向本级人民代表大会常务委员会报告有关情况；接受增加专项转移支付的乡、民族乡、镇政府应当向本级人民代表大会报告有关情况。
第五十七条 各部门、各单位的预算支出应当按照预算科目执行。不同预算科目间的预算资金需要调剂使用的，必须按照国务院财政部门的规定经批准。	第七十二条 各部门、各单位的预算支出应当按照预算科目执行。严格控制不同预算科目、预算级次或者预算项目间的预算资金的调剂，确需调剂使用的，按照国务院财政部门的规定办理。

419

（续表）

现行《预算法》	修改后的《预算法》
第五十八条 地方各级政府预算的调整方案经批准后，由本级政府报上一级政府备案。	第七十三条 地方各级预算的调整方案经批准后，由本级政府报上一级政府备案。
第八章 决 算	第八章 决 算
第五十九条 决算草案由各级政府、各部门、各单位，在每一预算年度终了后按照国务院规定的时间编制，编制决算草案的具体事项，由国务院财政部门部署。	第七十四条 决算草案由各级政府、各部门、各单位，在每一预算年度终了后按照国务院规定的时间编制，编制决算草案的具体事项，由国务院财政部门部署。
第六十条 编制决算草案，必须符合法律、行政法规，做到收支数额准确，内容完整，报送及时。	第七十五条 编制决算草案，必须符合法律、行政法规，做到收支真实，数额准确，内容完整、报送及时。决算草案应当与预算相对应，按预算数、调整预算数、决算数分类列出。一般公共预算支出应当按其功能和经济性质分类编列到款。
第六十一条 各部门对所属各单位的决算草案，应当审核并汇总编制本部门的决算草案，在规定的期限内报本级政府财政部门审核；各级政府财政部门决算草案审核后发现有不符合法律、行政法规规定的，有权予以纠正。	第七十六条 各部门对所属各单位的决算草案，应当审核并汇总编制本部门的决算草案，在规定的期限内报本级政府财政部门审核；各级政府财政部门决算草案审核后发现有不符合法律、行政法规规定的，有权予以纠正。

(续表)

现行《预算法》	修改后的《预算法》
第六十二条 国务院财政部门编制中央决算草案，报国务院审定后，由国务院提请全国人民代表大会常务委员会审查和批准。 县级以上地方各级政府财政部门编制本级决算草案，报本级政府审查后，由本级政府提请本级人民代表大会常务委员会审查和批准。 乡、民族乡、镇政府编制本级决算草案，提请本级人民代表大会审查和批准。	第七十七条 国务院财政部门编制中央决算草案，经国务院审定，由国务院提请全国人民代表大会常务委员会审查和批准。 县级以上地方各级政府财政部门编制本级决算草案，经本级政府审计部门审计后，报国务院审计部门审定，由本级政府提请本级人民代表大会常务委员会审查和批准。 乡、民族乡、镇政府编制本级决算草案，提请本级人民代表大会审查和批准。
	第七十八条 国务院财政部门应当在全国人民代表大会常务委员会举行会议审查和批准中央决算草案的三十日前，将上一年度中央决算草案提交全国人民代表大会财政经济委员会进行初步审查。 省、自治区、直辖市政府财政部门应当在本级人民代表大会常务委员会举行会议审查和批准本级决算草案的三十日前，将上一年本级决算草案提交本级人民代表大会有关专门委员会进行初步审查。 设区的市、自治州政府财政部门应当在本级人民代表大会常务委员会举行会议审查和批准本级决算草案的三十日前，将上一年本级决算草案提交本级人民代表大会常务委员会有关工作机构征求意见。 县、自治县、不设区的市、市辖区政府财政部门应当在本级人民代表大会常务委员会举行会议审查和批准本级决算草案的三十日前，将上一年度本级决算草案提交本级人民代表大会有关专门委员会，或者本级人民代表大会常务委员会有关工作机构征求意见。 全国人民代表大会财政经济委员会和省、自治区、直辖市，设区的市、自治州人民代表大会财政经济委员会，向本级人民代表大会常务委员会提出关于本级决算草案的审查结果报告。

421

（续表）

现行《预算法》	修改后的《预算法》
	第七十九条 县级以上各级人民代表大会常务委员会和乡、民族乡、镇人民代表大会对本级决算草案，重点审查下列内容： （一）预算收入情况； （二）支出政策实施情况和重点支出、重大投资项目资金的使用情况及绩效情况； （三）结转资金的使用情况； （四）资金结余情况； （五）本级预算调整及执行情况； （六）财政转移支付安排执行情况； （七）经批准举借债务的规模、结构、使用、偿还等情况； （八）本级预算周转金使用情况； （九）本级预备费使用情况； （十）超收收入安排情况，预算稳定调节基金的规模和使用情况； （十一）本级人民代表大会批准的预算决议议落实情况； （十二）其他人民代表大会有关的重要情况。 县级以上各级人民代表大会常务委员会应当结合各本级政府提出的上一年度预算执行和其他财政收支的审计工作报告，对本级决算草案进行审查。
第六十三条 各级政府决算经批准后，财政部门应当向本级各部门批复决算。	第八十条 各级决算经批准后，财政部门应当在二十日内向本级各部门批复决算。各部门应当在接到本级政府财政部门批复的本部门决算后十五日内向所属单位批复决算。
第六十四条 地方各级政府应当将经批准的决算，报上一级政府备案。	第八十一条 地方各级政府应当将下一级政府报送备案的决算汇总后，报上一级政府备案。 县级以上各级政府应当将下一级政府报送备案的决算汇总后，报本级人民代表大会常务委员会备案。

(续表)

现行《预算法》	修改后的《预算法》
第六十五条 国务院和县级以上地方各级政府对下一级政府报送备案的决算，认为有同法律、行政法规相抵触或者有其他不适当之处，需要撤销批准该项决算的决议的，应当提请本级人民代表大会常务委员会撤销；经审议决定撤销的，该下级人民政府应当依照本法规定重新编制决算草案，提请本级人民代表大会常务委员会审查和批准。	第八十二条 国务院和县级以上地方各级政府对下一级政府依照本法第八十一条规定报送备案的决算，认为有同法律、行政法规相抵触或者有其他不适当之处；经审议决定撤销的，需要撤销批准该项决算的决议的，应当提请本级人民代表大会常务委员会撤销；经审议决定撤销的，该下级人民政府应当依照本法规定重新编制决算草案，提请本级人民代表大会常务委员会审查和批准。
第九章 监 督	第九章 监 督
第六十六条 全国人民代表大会及其常务委员会对中央和地方预算、决算进行监督。 县级以上地方各级人民代表大会及其常务委员会对本级和下级政府预算、决算进行监督。 乡、民族乡、镇人民代表大会对本级预算、决算进行监督。	第八十三条 全国人民代表大会及其常务委员会对中央和地方预算、决算进行监督。 县级以上地方各级人民代表大会及其常务委员会对本级和下级预算、决算进行监督。 乡、民族乡、镇人民代表大会对本级预算、决算进行监督。

(续表)

现行《预算法》	修改后的《预算法》
第六十七条 各级人民代表大会和县级以上各级人民代表大会常务委员会有权就预算、决算中的重大事项或者特定问题组织调查，有关的政府、部门、单位和个人应当如实反映情况和提供必要的材料。	第八十四条 各级人民代表大会和县级以上各级人民代表大会常务委员会有权就预算、决算中的重大事项或者特定问题组织调查，有关的政府、部门、单位和个人应当如实反映情况和提供必要的材料。
第六十八条 各级人民代表大会和县级以上各级人民代表大会常务委员会举行会议时，各级人民代表大会代表或者常务委员会组成人员，依照法律规定程序就预算、决算中的有关问题提出询问或者质询，受询问或者受质询的有关的政府或者财政部门必须及时给予答复。	第八十五条 各级人民代表大会和县级以上各级人民代表大会常务委员会举行会议时，人民代表大会代表或者常务委员会组成人员，依照法律规定程序就预算、决算中的有关问题提出询问或者质询，受询问或者受质询的有关的政府或者财政部门必须及时给予答复。
第六十九条 各级政府应当在每一预算年度内至少一次向本级人民代表大会或者其常务委员会作预算执行情况的报告。	第八十六条 国务院和县级以上地方各级政府应当在每年六月至九月期间向本级人民代表大会常务委员会报告预算执行情况。
第七十条 各级政府监督下级政府的预算执行；下级政府应当定期向上一级政府报告预算执行情况。	第八十七条 各级政府监督下级政府的预算执行；下级政府应当定期向上一级政府报告预算执行情况。
第七十一条 各级政府财政部门负责监督检查本级各部门及其所属各单位预算的执行；并向本级政府和上一级政府财政部门报告预算执行情况。	第八十八条 各级政府财政部门负责监督检查本级各部门及其所属各单位预算的编制、执行，并向本级政府和上一级政府财政部门报告预算执行情况。

(续表)

现行《预算法》	修改后的《预算法》
第七十二条 各级政府审计部门对本级各部门、各单位和下级政府的预算执行、决算实行审计监督。	第八十九条 县级以上政府审计部门依法对预算执行、决算实行审计监督，对预算执行和其他财政收支的审计工作报告应当向社会公开。 第九十条 政府各部门负责监督检查所属各单位的预算执行，及时向本级政府财政部门反映本部门预算执行情况，依法纠正违反预算的行为。 第九十一条 公民、法人或者其他组织发现违反本法的行为，可以依法向有关国家机关进行检举、控告。 接受检举、控告的国家机关应当依法进行处理，并为检举人、控告人保密。任何单位或者个人不得压制和打击报复检举人、控告人。
第十章 法律责任	第十章 法律责任
第七十三条 各级政府未经依法批准自变更预算，使经批准的收支平衡的预算的总支出超过总收入，或者使经批准的预算中举借债务的数额增加的，对负有直接责任的主管人员和其他直接责任人员追究行政责任。	第九十二条 各级政府及有关部门有下列行为之一的，责令改正，对负有直接责任的主管人员和其他直接责任人员依法追究行政责任： （一）未依照本法规定，编制、报送预算草案、预算调整方案、决算草案和部门预算、决算以及批复预算、决算的； （二）违反本法规定，进行预算调整的； （三）未依照本法规定对有关预算事项进行公开和说明的； （四）违反法律、法规规定设立政府性基金项目和其他财政收入项目的； （五）违反规定设立预算周转金、预算备费、预算稳定调节基金、超收收入的； （六）违反本法规定开设财政专户的。 第九十三条 各级政府及有关部门，单位有下列行为之一的，责令改正，对负有直接责任的主管人员和其他直接责任人员依法给予降级、撤职、开除的处分：

（续表）

现行《预算法》	修改后的《预算法》
第七十三条　各级政府未经依法批准擅自变更预算，使经批准的收支平衡的预算的总支出超过总收入，或者使经批准的预算中举借债务的数额增加的，对负有直接责任的主管人员和其他直接责任人员追究行政责任。	（一）未将所有政府收入和支出列入预算或者虚列收入和支出的； （二）违反法律、行政法规的规定，多征、提前征收或者减征、免征、缓征应征预算收入的； （三）截留、占用、挪用或者拖欠应当上缴国库的预算收入的； （四）违反本法规定，改变预算支出用途的； （五）擅自改变上级政府专项转移支付资金用途的； （六）违反本法规定拨付预算资金、办理预算收入收纳、划分、留解、退付，或者违反本法规定冻结、动用国库库款或者以其他方式支配已入国库库款的。 第九十四条　各级政府、各部门、各单位违反本法规定举借债务或者为他人债务提供担保，或者挪用重点支出资金，或者在预算之外及超预算标准建设楼堂馆所的，责令改正，对负有直接责任的主管人员和其他直接责任人员给予撤职、开除的处分。 第九十五条　各级政府有关部门、单位及其工作人员有下列行为之一的，责令改正，对单位给予警告通报批评；对负有直接责任的主管人员和其他直接责任人员依法给予处分： （一）违反法律、法规的规定，改变预算收入上缴方式的； （二）以虚报、冒领等手段骗取预算资金的； （三）违反规定扩大开支范围、提高收支标准的； （四）其他违反财政管理规定的行为。
第七十四条　违反法律、行政法规的规定，擅自动用国库库款或者擅自以其他方式支配已入国库的库款的，由政府财政部门责令退还或者追回国库库款，并由上级机关给予负有直接责任的主管人员和其他直接责任人员行政处分。	

(续表)

现行《预算法》	修改后的《预算法》
第七十五条 隐瞒预算收入或者将不应当在预算内支出的款项转为预算内支出的,由上一级政府或者本级政府财政部门责令纠正,并由上级机关给予负有直接责任的主管人员和其他直接责任人员行政处分。	
	第九十六条 本法第九十二条、第九十三条、第九十四条、第九十五条所列违法行为,其他法律对其处理、处罚另有规定的,依照其规定。违反本法规定,构成犯罪的,依法追究刑事责任。
第十一章 附 则	第十一章 附 则
第七十六条 各级政府、各部门、各单位应当加强对预算外资金的管理。预算外资金管理办法由国务院另行规定。各级人民代表大会要加强对预算外资金使用的监督。	
	第九十七条 各级政府财政部门应当按年度编制以权责发生制为基础的政府综合财务报告,报告政府整体财务状况、运行情况和财政中长期可持续性,报本级人民代表大会常务委员会备案。
第七十八条 国务院根据本法制定实施条例。	第九十八条 国务院根据本法制定实施条例。

427

(续表)

现行《预算法》	修改后的《预算法》
第七十七条 民族自治地方的预算管理，依照民族区域自治法的有关规定执行；民族区域自治法没有规定的，依照本法和国务院的有关规定执行。	第九十九条 民族自治地方的预算管理，依照民族区域自治法的有关规定执行；民族区域自治法没有规定的，依照本法和国务院的有关规定执行。
	第一百条 省、自治区、直辖市人民代表大会或者其常务委员会根据本法，可以制定有关预算审查监督的决定或者地方性法规。
第七十九条 本法自1995年1月1日起施行。1991年10月21日国务院发布的《国家预算管理条例》同时废止。	第一百零一条 本法自1995年1月1日起施行。1991年10月21日国务院发布的《国家预算管理条例》同时废止。

附录二

十七位专家学者就《预算法修正案（草案二次审议稿）》向全国人大常委会提出的五点主要修改意见

全国人民代表大会常务委员会：

十一届全国人大常委会第二十七次会议再次审议了《中华人民共和国预算法修正案（草案二次审议稿）》，于 2012 年 7 月 6 日将《中华人民共和国预算法修正案（草案二次审议稿）》在中国人大网（www.npc.gov.cn）上公布，并向社会公开征集意见。

根据这一精神，2012 年 7 月 25 日，中国 10 余所高校和研究机构的长期从事《预算法》研究的教授、专家在上海召开了"《预算法修正案（草案二次审议稿）》征求意见"专题研讨会。

通过深入讨论和仔细研究，我们认为，相对于 1994 年通过的《预算法》，《预算法修正案（草案二次审议稿）》有一定的进步：（一）明确规定各级政府、各部门、应当依法将所有政府收入全部列入预算，增强了政府预算的完整性；（二）把近 15 年来的财政体制改革成果大都囊括其中，如政府采购、部门预算及公开等，使得这些"新财政"有法可依；（三）修正案规定预算的编制要更加细化，在预算公开这方面也作了一些具体的规定。

随着中国财政规模逐年扩大、纳税人意识日渐强烈，《预算法修正案（草案二次审议稿）》的进步并不大，在预算审查与批准、预算管理执行、预算监督和违法行为追究、预算公开缺乏明确要求等多个方面还需要进一步明确和改进，在国库管理等条款上还存在重大倒退。

同时，我们注意到，在2012年6月27日第十一届全国人民代表大会常务委员会第二十七次会议上，全国人民代表大会财政经济委员（人大财经委）会主任委员石秀诗和审计署审计长刘家义，分别做了《全国人民代表大会财政经济委员会关于2011年中央决算审查结果的报告》和《国务院关于2011年度中央预算执行和其他财政收支的审计工作报告》。两位报告人均指出当前预算在各环节中存在的问题，并提出了具体建议。

人大财经委提出要"坚持先有预算，后有支出""进一步细化预算编制""实施绩效问责制度""对预算结余结转资金应当强化管理""加大财政监督力度，健全覆盖所有政府性资金运行全过程的监督机制，提高财政支出透明度，保障财政资金安全""建立从源头上根治'小金库'的有效途径和长效机制"等建议。这些原则性问题都应该考虑写入新的《预算法》之中。

审计署提出要"切实将政府收支全部纳入预算，超收收入和重大预算调整事项应向全国人大常委会报告""切实解决转移支付在中央财政支出中占比高、专项转移支付在转移支付中占比高的问题，建立健全规范的转移支付制度""提高预算执行效果和预算公开质量"等建议。审计署还明确指出,"从根本上解决预算编制不细化、执行中调整预算级次和项目用途等问题,关键在于建章立制,明确标准和依据,落实管理责任和权限"。

由此可见,以人大财经委和审计署为代表的部分政府部门对当前预算体制的诸多问题,已经有了非常准确的把握,也有了明确的改革方向,而这些也是我们所赞同并坚持的。

鉴于此,作为中华人民共和国公民,根据全国人大常委会向社会公开征集意见的精神,结合会议讨论中与会专家达成的共识和修改建议,针对《预算法修正案(草案二次审议稿)》,我们特向全国人民代表大会常务委员会发出如下呼吁:

第一,建议赋予人大代表预算修正权,更好地落实宪法和法律赋予人大的预算审查、批准与监督职能,建议进一步明确预算的权力主体,强调全国及各级人大对于本级预算的权力主体作用。

预算的本质是对政府预算行为的规范和约束。但《预算法修正案(草案二次审议稿)》第四十一条、第四十九条、第六十三条、第六十八条、第八十三条等,对人大的职权规定严重不足,包括向人大提交的预算编制科目不够细化,预算审批与调整对行政部门授权过大、虚置人大职责,预算监督过于强调财政部门自律而忽视人大对预算监督的权力主体作用等。这些条款必须得到有效调整,让人大作为国家最高权力机关,在预算过程中履行相应的职责。

第二,建议明确预算执行过程中的法定授权原则和人大的预算执行监督权。

《立法法》第八条第八款明确规定:"基本经济制度以及财政、

税收、海关、金融和外贸的基本制度，只能制定法律，全国人民代表大会和全国人民代表大会常务委员会行使国家立法权"。但《预算法修正案（草案二次审议稿）》第十二条将中央与地方的财政体制授权给国务院制定，中央与地方间的财政体制以及地方各级政府间的财政体制属于财政税收的基本制度，应该由全国人大立法，而不应交由国务院决定。

同时，《预算法修正案（草案二次审议稿）》的大量条款只有立法原则或是直接将权力授予国务院，严重削弱了预算的统一性，如第五条、第二十五条等。这些条款包括预算执行、预算调整的批准与监督，政府性基金预算、国有资本经营预算和社会保障预算的收支范围界定等。我们认为，预算编制、预算执行等条款应该遵循法律保留原则，不应该随意授权给行政部门进行立法。

第三，建议明确国库的构成、支配权与经理，确立央行的国库经理地位。

国库是财政收支的平台，国库是国家的国库，而不是财政部门的国库，国库的安全性是财政收入不被滥用、挪用的重要保障。但《预算法修正案（草案二次审议稿）》第五十一条新增"财政专户"及相应的"国库单一账户体系"条款，混淆了国库的本质。自1996年起在各级政府财政部门出现的大量"财政专户"，实际上是在国库之外运行，使一些财政部门随意调控预算收支进度、截留挤占上级收入，为商业银行拉存款等违法违规行为提供了条件。财政部国库支付中心副主任张锐、江苏省财政厅副厅长张美芳等腐败案均源起"财政专户"制度。近些年来，财政部也在彻查小金库，规范、减少、合并财政专户,但在立法时却完全无视财政专户的制度缺陷而把"财政专户"写进《预算法修正案》。因此,我们强烈建议将所有预算资金(包括财政专户)纳入央行国库单一账户管理,而不是像"二审稿"第五十一条那样含糊地规定"财政专户纳入国库单一账户体系管理",从而避免各类"财政专户"以虚账户之名,行实账户之利。

同时,国库由央行经理也有利于对资金的监督。但《预算法修正案(草案二次审议稿)》第五十四条删除了1994年通过的《预算法》中"中央国库业务由中国人民银行经理"的条款。人大是国库的户主,政府和财政部门是操作账户的受托人。央行经理国库,行使的是监督权和审核权,而非简单的代理。自1985年央行经理国库以后,堵住了大量的通过调整预算级次、预算科目、分成比例、缴库方式等违规调库、混库、截留上级收入;通过开具支拨、退库、更正凭证甚至虚假凭证违规拨款、退库,为商业银行拉存款;人为控制预算收支进度,制造虚假收支信息以及商业银行延压、占用预算资金等违规业务,为保障国库资金安全完整、维护各级政府正当权益发挥了不可替代的重要作用。

第四,建议完善预算支出项目相关的信息公开条款,提高预算透明度。

预算支出花的是纳税人的钱,一分一厘都应该让纳税人知晓,因此预算公开是保障纳税人清楚知晓预算支出的重要方式。但《预算法修正案(草案二次审议稿)》第十一条、第八十六条对于预算公开的规定过于模糊,例如公开的时间使用"及时"两字而非具体的时限,公开方式及预算收入的公开未做界定等。我们认为,"及时"

应有明确的法律界限，本条款应该规定收入的款、项、目的具体程度，以便从法律上呼应政府透明度。

同时针对公众关心的支出项目也应重点公开，其中按经济分类的预算公布到款级科目；公务接待费、公务用车购置和运行费、因公出国（境）费等机关运行经费的预算和决算情况应当公布到项级科目，审计机关应当予以重点审计并公布审计结果。

另外，对于公众申请预算公开的异议处理机制应该明确，需要增加条款"公民、法人或者其他组织对本法规定公开的预算、预算调整或决算有权依法申请公开，对公开义务机关公开行为不服的可以依法提起行政复议或行政诉讼"。

第五，建议进一步明确《预算法》的法律责任，补充、明确对违法行为的惩罚责任条款。

对违法行为设定法律责任，是衡量一部法律能否发挥效力的关键性因素。没有违法行为的法律责任，也很难真正遏制违法行为，尤其是像《预算法》这样所约束的违法主体是政府行政部门及其负责人的法律，更是如此。但《预算法修正案（草案二次审议稿）》第八十七条、第八十八条、第八十九条只规定了哪些行为是违法行为，但未规定具体违法行为的法律责任。因此，我们建议，明确违反《预算法》有关规定的，在实体上就要依预算法的规定处分；区分情节给予不同处分，以增强《预算法》的可问责性。

关于《预算法修正案（草案二次审议稿）》具体条款的修改建议，请见附件。

最后，我们真诚的希望新一轮的《预算法修正案》可以达到"规范政府预算收支和管理行为"的功能，谨以此公开信向全国人大常委会吁请采纳我们的建议。

2012 年 8 月 10 日

本建议修改意见的参与学者（按姓氏拼音序排列）：

邓淑莲，上海财经大学公共经济与管理学院教授；

冯兴元，中国社会科学院农村发展研究所研究员；

傅蔚冈，上海金融与法律研究院执行院长；

蒋　洪，全国政协委员，上海财经大学公共经济与管理学院财政学教授；

李炜光，天津财经大学财政学科首席教授；

刘小兵，上海财经大学公共经济与管理学院副院长，教授；

马　骏，中山大学政治与公共事务与管理学院院长、教授，中国公共管理研究中心主任；

聂日明，上海金融与法律研究院研究员；

施正文，中国政法大学民商经济法学院教授、博士生导师；

王录春，京衡律师集团律师；

王雍君，中央财经大学教授、财经研究院院长；

李维森（韦森），复旦大学经济学院教授，复旦大学经济思想与经济史研究所所长；

吴　弘，华东政法大学经济法学院院长、教授；

许多奇，上海交通大学凯原法学院教授；

叶青,全国十届、十一届人大代表,湖北省统计局副局长,中南财经政法大学教授博士生导师;

郑春荣,上海财经大学公共经济与管理学院社会保障与社会政策系副主任、副教授;

朱为群,上海财经大学公共经济与管理学院教授。

附录三
十六位专家学者就《预算法修正案（草案二次审议稿）》向全国人大常委会提出的具体修改建议

十一届全国人大常委会第二十七次会议再次审议了《中华人民共和国预算法修正案（草案二次审议稿）》，于 2012 年 7 月 6 日将《中华人民共和国预算法修正案（草案二次审议稿）》在中国人大网公布，并向社会公开征集意见。根据这一通知，2012 年 7 月 25 日，中国 10 余所高校和研究机构的长期从事《预算法》研究的 20 余位教授、专家，在上海召开了"《预算法修正案》征求意见"的闭门专题研讨会。根据会议讨论的共识和各专家学者的建议，我们对《预算法修正案（草案二次审议稿）》提出如下修改意见：

一、方向性与框架性修改意见

针对《预算法修正案（草案二次审议稿）》方向性、框架性问题，会议经过讨论，共达成如下五条共识：

第一，建议赋予人大代表预算修正权，更好地落实宪法和法律赋予人大的预算监督职能，建议进一步明确预算的权力主体，强调全国及各级人大对于本级预算的权力主体作用；

第二,建议明确预算执行过程中的法定授权原则和人大预算执行监督权;

第三,建议明确国库支配权与国库经理,肯定央行的国库经理地位;

第四,建议完善预算支出项目相关的公开透明条款;

第五,建议进一步明确《预算法》的法律责任,补充明确惩罚责任条款。

针对《预算法修正案(草案二次审议稿)》具体条文修改,本次会议参会学者和教授经过热烈讨论和激烈争论,共达成如下十五条共识,特向全国人大常委会法制工作委员会提出如下修改建议:

二、强烈建议修改条款

强烈提请建议修改的条款为:第一条、第十一条、第十二条、第十五条、第二十五条、第四十一条、第四十九条、第五十一条、第五十四条、第八十三条。具体条文修改建议如下:

(一)建议修改第一条。

修改条款:"健全国家对预算的管理,加强国家宏观调控。"

建议修改为:"为了强化预算的分配和监督职能,规范政府预算收支和管理行为,明确预算过程中公民、各级人民代表大会以及各级政府的权力和责任,保障经济和社会的健康发展,根据宪法,制定本法。"

修改原因:预算的本质是对政府预算行为的规范和约束。国家不等于政府，根据宪法明确预算过程中公民、人大、政府三者权责是《预算法》的宗旨与核心内容。有鉴于此，建议修改此条款。

（二）建议修改第十一条。

修改条款："应当及时向社会公开。"

增加条款："按经济分类的预算公布到款级科目；公务接待费、公务用车购置和运行费、因公出国（境）费等机关运行经费的预算和决算情况应当公布到项级科目，审计机关应当予以重点审计并公布审计结果。"

增加条款："公开的范围可区别为主动公开和依申请公开，具体划分由国务院规定。"

建议修改为："经本级人民代表大会或者本级人民代表大会常务委员会批准的预算、预算调整、决算，应当在批准之日起15个工作日之内向社会公开，公开方式应尽可能便于社会公众获取信息，但涉及国家秘密的内容除外。

按经济分类的预算公布到款级科目；公务接待费、公务用车购置和运行费、因公出国（境）费等机关运行经费的预算和决算情况应当公布到项级科目，审计机关应当予以重点审计并公布审计结果。

公开的范围可区别为主动公开和依申请公开，具体划分由国务院规定。

各级政府财政部门负责本级政府总预算、预算调整、决算以及所属各部门预算、决算的公开。预算、预算调整、决算公开的具体办法，由国务院规定。"

修改原因:《预算法》应该规定收入的款、项、目的具体程度,以便从法律上呼应政府透明度,另外,"及时"应有明确的法律界限,部门预算的分别公开不利于社会公众获得信息。

(三)建议修改第十二条。

修改条款第二款。

建议修改为:"中央与地方之间的财政管理体制由全国人民代表大会通过立法程序决定。地方各级政府之间的财政管理体制,由地方各级人民代表大会通过法定程序决定。国务院和地方各级政府按同级人民代表大会的决定负责财政管理体制的实施。"

修改原因:我国《立法法》第八条第八款规定:"基本经济制度以及财政、税收、海关、金融和外贸的基本制度""只能制定法律""全国人民代表大会和全国人民代表大会常务委员会行使国家立法权"。中央与地方间的财政体制以及地方各级政府间的财政体制属于财政税收的基本制度。

(四)建议修改第十五条。

修改条款:"预算年度自公历1月1日起,至12月31日止。"

建议修改为:预算年度自公历4月1日至下一年3月30日。

修改原因:预算年度选择最基本的原则是"立法机构通过政府预算之日起",这在现代预算中被称为"事前批准原则",许多国家直接写入宪法。此外,目前这种按照自然年度确定的预算年度,也使得政府的预算执行时间最多只有8个月。修改后,至少可多出4个月。

(五)建议修改第二十五条。

修改条款:"政府性基金预算、国有资本经营预算和社会保障预算的收支范围,按照国务院的规定执行。"

建议修改为:"政府性基金预算、国有资本经营预算和社会保障预算的收支范围,由国务院负责提交方案,经全国人大常委会审批之后生效执行。"

修改说明:确定预算收支范围是保障预算完整性的关键性条款,应由人大负责。

(六)建议修改第四十一条。

修改条款:"本级公共预算一般收支至少编列到款,重点支出至少编列到项。"

建议修改为:"报送各级人民代表大会审查和批准的预算草案应当细化。按功能分类的,编列到项;按经济分类的,编列到款。"

修改原因:报送各级人民代表大会审查和批准的预算草案,应当包括详细的功能分类、组织分类、经济分类、规划分类以及其他重要的相关信息。

(七)建议修改第四十九条。

修改条款:"必须支付的本年度部门基本支出、项目支出,以及对下级政府的转移性支出。"

建议修改为:"预算年度开始后,各级预算草案在本级人民代表大会批准前,可以安排下列支出:

(一)上一年度结转的支出;

(二)必须支付的本年度部门基本支出以及与基本支出相关的对下级政府的转移性支出;

(三)法律规定必须履行支付义务的支出。

预算经本级人民代表大会批准后,按照批准的预算执行。"

修改原因:"项目支出"不是维持政府运转的必须支出,不能在人大审批之前就执行。"其他特殊支出"没有确定的法律界限,容易被滥用。

(八)建议修改第五十一条(五十六条同)。

修改条款:"财政专户纳入国库单一账户体系管理。"

建议修改为:"有预算收入上缴义务的部门和单位,应当依照法律、行政法规和国务院的规定,将应当上缴的预算资金及时、足额地上缴国家金库(以下简称国库)和依法设立的财政专户,不得截留、占用、挪用或者拖欠。

前款规定的财政专户,是指由法律、行政法规和国务院规定的特定专用资金设立的专户。财政专户纳入**国库单一账户管理**。

国务院财政部门应当将财政专户收支情况纳入信息管理系统,并与国库实现信息共享。"

修改原因:国库单一账户体系管理和国库单一账户管理是两回事。所有预算资金都应纳入国库实账户管理,避免政府部门以虚账户之名,行实账户之利。

(九)建议修改第五十四条。

保留1994年通过的《预算法》第四十八条第二款:"中央国库业务由中国人民银行经理,地方国库业务依照国务院的有关规定办理。"

修改条款:"各级政府及其财政部门应当加强对本级国库的管理和监督。"

建议修改为:"县级以上各级预算必须设立国库;具备条件的

乡、民族乡、镇也应当设立国库。

中央国库业务由中国人民银行经理，地方国库业务依照国务院的有关规定办理。

各级国库应当按照国家有关规定，及时准确地办理预算收入的收纳、划分、留解、退付和预算支出的拨付。

各级国库库款的支配权属于本级政府财政部门。除法律、行政法规另有规定外，未经本级政府财政部门同意，任何部门、单位和个人都无权动用国库库款或者以其他方式支配已入国库的库款。

各级财政部门经人大批准的计划收支预算以及追加预算应当及时提交给同级国库部门以便审核，各级国库部门应当加强对预算资金使用的监督。

各级政府、财政部门以及中国人民银行应当加强对本级国库的管理和监督。

国库管理的具体办法由国务院规定。"

修改原因：国库由中国人民银行经理有利于资金的监管。人大是国库的户主，政府和财政部门是操作账户的受托人。另外，1995年制定和2003年修订的《中国人民银行法》第四条第八款对中国人民银行的职责明确规定有"经理国库"，如果新的《预算法》把"中央国库业务由中国人民银行经理，地方国库业务依照国务院的有关规定办理"这一条款去掉，也使两个法律相矛盾和冲突。故即使在现行体制下，也要保留这一条款，除非同时修改《银行法》和《预算法》。

（十）建议修改第八十三条。

建议修改为："各级人民代表大会、财政部门、审计部门、央行国库和其他财政监督机构应加强对公共资金收付过程的监督，向本级政府和上级财政及时报告预算执行情况、公共资金收付和政府银行账户管理情况。"

三、其他建议修改条款

其他建议修改条款为：第五条、第二十五条、第三十一条、第四十三条、第六十三条、第六十八条、第八十六条、第八十七条、第八十八条、第八十九条。具体条文修改建议如下：

（一）建议修改第五条。

增加条款："获得本级人民代表大会的授权"条款和"预算执行应严格遵循法定授权原则"条款。

建议修改为："各级政府征集收入、开支公款和举借债务应获得本级人民代表大会的授权。预算执行应严格遵循法定授权原则。"

修改原因：各级预算执行过程中的法定授权原则应是《预算法》的灵魂。

（二）建议修改第二十五条。

修改条款："按照国务院的规定执行"。

建议修改为："政府性基金预算、国有资本经营预算和社会保障预算，与公共预算遵循相同的申报、审查和辩论程序，由国务院规定，报全国人大审查批准后执行。"

修改原因：此条与宪法不符。宪法规定预算由人大审查和批准，意味着预算的"范围"应由法定预算程序决定，并依法执行。确定预算收支范围是保障预算完整性的关键性条款，应由人大负责。

（三）建议修改第三十一条。

修改条款："除法律和国务院另有规定外，地方政府不得发行地方政府债券。"

建议修改为："地方各级预算按照量入为出、收支平衡的原则编制，不列赤字。按照法律和国务院的规定，并经国务院财政部门批准，地方政府可以举借债务。"

修改原因：目前，地方政府都在变相借债。因此，还不如直接允许它们发行地方债券，提高债务透明度，增加市场约束，也方便管理和控制。

（四）建议修改第四十三条。

增加条款："（九）其他全国人民代表大会及本级代表大会认为应该审查的内容。"

建议修改为："全国人民代表大会和地方各级人民代表大会对预算草案及其报告、预算执行情况的报告重点审查下列内容：

（一）上一年预算执行情况是否符合本级人民代表大会预算决议的要求；

（二）预算安排是否符合本法和有关法律、法规的规定；

（三）预算安排是否贯彻国民经济和社会发展的方针政策；

（四）预算收入和预算支出编制是否完整；

（五）对下级政府的转移性支出预算是否规范、适当；

（六）预算安排举借的债务是否合法、合理；

（七）为完成预算提出的政策措施是否切实可行；

（八）与预算有关重要事项的说明是否清晰；

（九）其他全国人民代表大会及本级代表大会认为应该审查的内容。"

（五）建议修改第六十三条。

建议修改为："预算调整是指经全国人民代表大会批准的中央预算和经地方各级人民代表大会批准的地方各级预算，在执行中出现下列情况之一的预算变更：

（一）本级人民代表大会批准的收支平衡的预算出现赤字，或者举借债务数额增加的；

（二）需要增加预算总支出1%以上；

（三）需要调入预算稳定调节基金，或者需要减少预算总支出1%以上；

（四）需要调减预算安排的农业、教育、科技、文化、卫生、社会保障等重点支出数额的；

（五）类、款、项级科目支出额增加或者减少大于预算数1%以上；

（六）预算资金在部门之间发生流转的。"

修改原因：原条款意味着行政部门可以几乎不受限制地进行项目调剂，人大审批的预算只在收支总额上具有法律意义。总额小幅增减可以不做预算调整处理。

（六）建议修改第六十八条。

修改条款："不同预算科目间的预算资金需要调剂使用的，必须按照国务院财政部门的规定报经批准。"

建议修改为："不同预算科目间的预算资金需要调剂使用的,必须报经各级人民代表大会常务委员会批准。"

修改原因：行政部门的科目调剂权应受人大（法律）限制。

(七)建议修改第八十六条。

增加条款："公民、法人或者其他组织对本法规定公开的预算、预算调整或决算有权依法申请公开,对公开义务机关公开行为不服的可以依法提起行政复议或行政诉讼。"

(八)建议修改第八十七条、第八十八条、第八十九条。

增加条款："依法给予处分"的细则条款。

建议修改为："违反本法规定,有下列情形之一的,由上级机关责令改正,并由任免机关或者监察机关对责任人员给予警告、记过处分；情节较重的,给予记大过或者降级处分；情节严重的,给予撤职或者开除处分。"

修改原因：明确违反本法有关规定的,在实体上就要依《预算法》的规定处分；区分情节给予不同处分；加大处分力度,以增强《预算法》的可问责性。

本建议修改意见的参与学者（按姓氏拼音序排列）：

邓淑莲,上海财经大学公共经济与管理学院教授；

冯兴元,中国社会科学院农村发展研究所研究员；

傅蔚冈,研究员,上海金融与法律研究院执行院长；

蒋　洪,全国政协委员,财政学教授,上海财经大学公共经济与管理学院财政学教授；

李维森（韦森），复旦大学经济学院教授，复旦大学经济思想与经济史研究所所长；

李炜光，天津财经大学财政学科首席教授；

刘小兵，上海财经大学公共经济与管理学院副院长，教授；

马　骏，中山大学政治与公共事务与管理学院院长、教授，中国公共管理研究中心主任（书面递交意见）

施正文，中国政法大学民商经济法学院教授、博士生导师，《预算法修正案（草案二次审议稿）》起草组成员；

王录春，京衡律师集团律师；

王雍君，中央财经大学教授、财经研究院院长；

吴　弘，华东政法大学经济法学院院长、经济法学教授；

许多奇，上海交通大学凯原法学院法学教授；

叶　青，全国十届、十一届人大代表，湖北省统计局副局长，中南财经政法大学教授，博士生导师；

郑春荣，上海财经大学公共经济与管理学院社会保障与社会政策系副主任、副教授；

朱为群，上海财经大学公共经济与管理学院教授。

附录四

八位专家学者对《中华人民共和国预算法》及其二审稿修改意见的对照表

注：二审稿中黑体字为对现行法的修改，二审稿修改建议中黑体字为八位专家学者上海闭门会议对二审稿的修改意见，三审稿中黑体字对二审稿的修改，灰底部分表示删除。

现 行 法	二 审 稿	二审稿修改建议	三审稿修改稿
第一章 总 则	第一章 总 则	第一章 总 则	第一章 总 则
第一条 为了强化预算的分配和监督职能，健全国家对预算的管理，加强国家宏观调控，保障经济和社会的健康发展，根据宪法，制定本法。	第一条 为了强化预算的**分配和监督职能**，健全国家对预算的管理，加强国家宏观调控，保障经济和社会的健康发展，根据宪法，制定本法。	第一条 为了强化预算分配和监督职能，规范政府预算收支和管理行为，明确预算过程中公民、各级人民代表大会以及各级政府的权力和责任，保障经济和社会的健康发展，根据宪法，制定本法。	第一条 为了规范政府收支行为，加强对预算的管理和监督，建立健全全面规范、公开透明的预算制度，保障经济社会的健康发展，根据宪法，制定本法。
	第二条 **预算的编制、审查、批准、执行、调整、监督，以及决算和其他预算管理活动**，依照本法规定执行。		第二条 预算、决算的编制、审查、批准、监督，以及预算的执行和调整，依照本法规定执行。

（续表）

现 行 法	二 审 稿	二审稿修改建议	三审稿修改稿
第二条 国家实行一级政府一级预算，设立中央，省、自治区、直辖市，自治州，县、自治县、不设区的市、市辖区，乡、民族乡、镇五级预算。不具备设立预算条件的乡、民族乡、镇，经省、自治区、直辖市政府确定，可以暂不设立预算。	第三条 国家实行一级政府一级预算，设立中央，省、自治区、直辖市，自治州，县、自治县、不设区的市、市辖区，乡、民族乡、镇五级预算。		第三条 国家实行一级政府一级预算，设立中央，省、自治区、直辖市，设区的市、自治州，县、自治县、不设区的市、市辖区，乡、民族乡、镇五级预算。国家预算由中央预算和地方预算组成。地方预算由各省、自治区、直辖市总预算组成。地方各级总预算由本级预算和汇总的下一级总预算组成；下一级只有本级预算的，下一级总预算即指本级预算。没有下一级预算的，总预算即指本级预算。（第七条第一款、第二款移至此）
	第四条 预算分为公共预算、政府性基金预算、国有资本经营预算、社会保障预算。公共预算、政府性基金预算、国有资本经营预算、社会保障预算应当保持完整，独立，同时保持各类预算间互相衔接。		第四条 预算分为一般公共预算、政府性基金预算、国有资本经营预算、社会保险基金预算。一般公共预算、政府性基金预算、国有资本经营预算、社会保险基金预算应当保持完整、独立，同时保持各类预算间相衔接。

（续表）

现行法	二审稿	二审稿修改建议	三审稿修改稿
	第五条 预算由预算收入和预算支出组成。 各级政府的全部收入和支出都应当纳入预算。	第五条 预算由预算收入和预算支出组成。 各级政府的全部收入和支出都应当纳入预算。 各级政府征集债务收入、开支公款和举借债务应获得本级人民代表大会的授权。预算执行应严格遵循法定授权原则。	第五条 预算由预算收入和预算支出组成。 各级政府的全部收入和支出都应当纳入预算。
第四条 中央政府预算（以下简称中央预算）由中央各部门（含直属单位，下同）的预算组成。 中央预算包括地方向中央上解的收入数额和中央对地方返还或者给予补助的数额。	第六条 中央各部门、各直属单位的预算和中央对地方的税收返还、转移支付预算。 中央公共预算收入包括中央本级收入和地方向中央上解的收入。中央公共预算支出包括中央本级支出、中央对地方的税收返还和转移支付。		第六条 一般公共预算是对以税收为主体的财政收入，安排用于保障和改善民生、推动经济社会发展、维护国家安全、维持国家机构正常运转等方面的收支预算。 中央一般公共预算包括中央各部门、各直属单位的预算和中央对地方的预算和转移支付预算。 中央一般公共预算收入包括中央本级收入和地方向中央上解的收入。中央一般公共支出包括中央本级支出、中央对地方的税收返还和转移支付。

（续表）

现行法	二审稿	二审稿修改建议	三审稿修改稿
第五条　地方预算由各省、自治区、直辖市总预算组成。地方各级总预算由本级预算（以下简称本级预算）和汇总的下一级总预算组成；下一级只有本级预算的，下一级总预算即指下一级的本级预算。没有下一级预算的，总预算即指本级预算。地方各级政府预算由本级各部门（含直属单位，下同）的预算组成。地方各级政府预算包括下级政府向上级政府上解收入的数额和上级政府对下级政府返还或者给予补助的数额。	第七条　地方预算由各省、自治区、直辖市总预算组成。地方各级总预算由本级预算和汇总的下一级总预算组成；下一级只有本级预算的，下一级总预算即指下一级的本级预算。没有下一级预算的，总预算即指本级预算。（移至第三条）地方各级政府预算包括本级各部门、各直属单位的预算。地方各级公共预算收入包括本级税收返还、转移支付预算。地方本级支出、上级政府对下级政府的税收返还和转移支付，下级政府对上级政府的上解收入。地方各级公共预算支出包括地方本级支出，对上级政府的上解支出，对下级政府的税收返还和转移支付。		第七条　地方各级一般公共预算包括本级预算和汇总的下一级预算，各直属单位的预算。地方各级一般公共预算收入，上级政府的税收返还和下级政府的上解收入。地方各级一般公共预算支出，对上级政府的上解支出，对下级政府的税收返还和转移支付。
第六条　各部门预算由本部门所属各单位预算组成。第七条　单位预算是指列入部门预算的国家机关、社会团体和其他单位的收支预算。	第八条　各部门预算由本部门及其所属各单位列入部门预算的国家机关、社会团体和其他单位的收支预算。		第八条　各部门预算由本部门及其所属各单位预算组成。

（续表）

现　行　法	二　审　稿	二审稿修改建议	三审稿修改稿
			第九条　政府性基金预算是对依照法律、行政法规的规定在一定期限内向特定对象征收、取得或者以其他方式筹集的资金，专项用于特定公共事业发展的收支预算。 政府性基金预算应当按基金项目编制，做到以收定支、收支平衡。
			第十条　国有资本经营预算是对国有资本收益作出支出安排的收支预算。 国有资本经营预算应当安排资金调入一般公共预算。
			第十一条　社会保险基金预算是对社会保险缴款、一般公共预算安排和其他方式筹集的资金，专项用于社会保险的收支预算。 社会保险基金预算应当按照统筹层次和社会保险项目分别编制，做到收支平衡，略有结余。

453

（续表）

现 行 法	二 审 稿	二审稿修改建议	三审稿修改稿
第三条 各级预算应当做到收支平衡。	第九条 各级预算应当遵循统筹兼顾、勤俭节约、量力而行、讲求绩效和收支平衡的原则。		第十二条 各级预算应当遵循统筹兼顾、勤俭节约、量力而行、讲求绩效和收支平衡的原则。 各级政府应当建立跨年度预算平衡机制。
第九条 经本级人民代表大会批准的预算，非经法定程序，不得改变。	第十条 经本级人民代表大会批准的预算，非经法定程序，不得改变。		第十三条 经人民代表大会批准的预算，非经法定程序，不得改变。各级政府、各部门、各单位的支出必须以经批准的预算为依据，未列入预算的不得支出。
	第十一条 经本级人民代表大会或者本级人民代表大会常务委员会批准的预算调整、决算，应当在批准之日起15个工作日内向社会公开，但涉及国家秘密的内容除外。	第十一条 经本级人民代表大会或者本级人民代表大会常务委员会批准的预算调整、决算，应当在批准之日起15个工作日内向社会公开，公开方式应尽可能便于社会公众获取信息，但涉及国家秘密的内容除外。	第十四条 经本级人民代表大会或者本级人民代表大会常务委员会批准的预算、预算调整、决算，预算执行情况及报表，应当在批准后20日内由本级政府财政部门向社会公开。

(续表)

现　行　法	二　审　稿	二审稿修改建议	三审稿修改稿
	各级政府财政部门负责本级政府总预算、预算调整、决算的公开。各部门负责本部门预算、决算、预算调整、决算公开的具体办法，由国务院规定。	按经济分类的预算公开到款项科目；公务接待费、公务用车购置和运行经费、因公出国（境）费等机关运行经费的预算和决算情况应当公开并作出审计结果。公开的范围同区别为主动公开和依申请公开，决算议和决算议请公开，决算议的范围和审议的范围和审议的具体办法，由国务院规定。	经本级政府财政部门批复的部门预算、决算及报表，应当在批复后20日内由各部门向社会公开并对部门预算、决算中机关运行经费的安排、使用情况作出说明。各部门、各部门、各单位应当将使用财政性资金采购货物、工程和服务的情况及时向社会公开。本条前三款规定的内容除外，涉及国家秘密的公开，涉及国家秘密的除外。
第八条　国家实行中央和地方分税制。	第十二条　各级政府之间应当建立财力保障与支出责任相匹配的财政管理体制。国家实行中央和地方分税制财政管理体制，具体办法由国务院规定，报全国人民代表大会常务委员会备案。地方各级政府之间的财政管理体制，由省、自治区、直辖市政府或者其授权的下级政府按照国务院的规定制定，报本级人民代表大会常务委员会备案。	第二十条　各级政府之间应当建立财力保障与支出责任相匹配的财政管理体制。中央与地方之间的财政管理体制由全国人民代表大会通过立法程序决定。地方各级政府之间的财政管理体制，由地方各级人民代表大会通过立法程序决定。国务院和地方各级政府按同级人民代表大会的决定负责财政管理体制的实施。	第十五条　国家实行中央和地方分税制。（恢复现行法，相应恢复现行法第二十一条并作修改）

455

（续表）

现行法	二审稿	二审稿修改建议	三审稿修改稿
	第十三条 国家实行财政转移支付制度。财政转移支付分为中央对地方的转移支付和地方上级政府的转移支付，包括不指定专项用途的一般性转移支付和经国务院批准设立、用于办理特定事务的专项转移支付。财政转移支付应当规范、公平、公开，以一般性转移支付为主体，以均衡地区间基本财力为主要目标。		第十六条 国家实行财政转移支付制度。财政转移支付应当规范、公平、公开，以推进地区间基本公共服务均等化为主要目标。财政转移支付分为中央对地方的转移支付和地方上级政府的转移支付，由下级政府统筹安排使用的一般性转移支付为主体。按照法律、行政法规和国务院的规定可以设立专项转移支付，用于办理特定事项。竞争性领域的事项不得设立专项转移支付。上级政府在安排专项转移支付时，一般不得要求下级政府相配套资金。
	第十四条 各级预算的编制、执行、监督应当建立健全相互制约、相互协调的机制。		第十七条 各级预算的编制、执行、监督应当建立健全相互制约、相互协调的机制。

456

（续表）

现 行 法	二 审 稿	二审稿修改建议	三审稿修改稿
第十条 预算年度自公历一月一日起，至十二月三十一日止。	第十五条 预算年度自公历1月1日起，至12月31日止。	第十五条 预算年度自公历4月1日至下一年3月30日。	第十八条 预算年度自公历1月1日起，至12月31日止。
第十一条 预算收入和预算支出以人民币元为计算单位。	第十六条 预算收入和预算支出以人民币元为计算单位。		第十九条 预算收入和预算支出以人民币元为计算单位。
第二章 预算管理职权	第二章 预算管理职权	第二章 预算管理职权	第二章 预算管理职权
第十二条 全国人民代表大会审查中央和地方预算草案及中央和地方预算执行情况的报告；批准中央预算和中央预算执行情况的报告；改变或者撤销全国人民代表大会常务委员会关于预算、决算的不适当的决议。全国人民代表大会常务委员会监督中央和地方预算的执行；审查和批准中央预算的调整方案；审查和批准中央决算；撤销国务院制定的同宪法、法律相抵触的关于预算、决算的行政法规、决定和命令；撤销省、自治区、直辖市人民代表大会及其常务委员会制定的同宪法、法律和行政法规相抵触的关于预算、决算的地方性法规和决议。	第十七条 全国人民代表大会审查中央和地方预算草案及中央和地方预算执行情况的报告；批准中央预算和中央预算执行情况的报告；改变或者撤销全国人民代表大会常务委员会关于预算、决算的不适当的决议。全国人民代表大会常务委员会监督中央和地方预算的执行；审查和批准中央预算的调整方案；审查和批准中央决算；撤销国务院制定的同宪法、法律相抵触的关于预算、决算的行政法规、决定和命令；撤销省、自治区、直辖市人民代表大会及其常务委员会制定的同宪法、法律和行政法规相抵触的关于预算、决算的地方性法规和决议。		第二十条 全国人民代表大会审查中央和地方预算草案及中央和地方预算执行情况的报告；批准中央预算和中央预算执行情况的报告；改变或者撤销全国人民代表大会常务委员会关于预算、决算的不适当的决议。全国人民代表大会常务委员会监督中央和地方预算的执行；审查和批准中央预算的调整方案；审查和批准中央决算；撤销国务院制定的同宪法、法律相抵触的关于预算、决算的行政法规、决定和命令；撤销省、自治区、直辖市人民代表大会及其常务委员会制定的同宪法、法律和行政法规相抵触的关于预算、决算的地方性法规和决议。

457

（续表）

现行法	二审稿	二审稿修改建议	三审稿修改稿
第十三条 县级以上地方各级人民代表大会审查本级总预算草案及本级总预算执行情况的报告；批准本级预算和本级预算执行情况的报告；改变或者撤销本级人民代表大会常务委员会关于预算、决算的不适当的决议；撤销本级政府关于预算、决算的不适当的决定和命令。县级以上地方各级人民代表大会常务委员会监督本级总预算的执行；审查和批准本级预算的调整方案；审查和批准本级决算（以下简称本级决算）；撤销本级政府和下一级人民代表大会及其常务委员会关于预算、决算的不适当的决议；撤销本级政府关于预算、决算的不适当的决定和命令。乡、民族乡、镇的人民代表大会审查和批准本级预算和本级预算执行情况的报告；监督本级预算的执行；审查和批准本级预算的调整方案；审查和批准本级决算；撤销本级政府关于预算、决算的不适当的决定和命令。	第十八条 县级以上地方各级人民代表大会审查本级总预算草案及本级总预算执行情况的报告；批准本级预算和本级预算执行情况的报告；改变或者撤销本级人民代表大会常务委员会关于预算、决算的不适当的决议；撤销本级政府关于预算、决算的不适当的决定和命令。县级以上地方各级人民代表大会常务委员会监督本级总预算的执行；审查和批准本级预算的调整方案；审查和批准本级决算（以下简称本级决算）；撤销本级政府及其常务委员会关于预算、决算的不适当的决议；撤销本级政府关于预算、决算的不适当的决定和命令。乡、民族乡、镇的人民代表大会审查和批准本级预算和本级预算执行情况的报告；监督本级预算的执行；审查和批准本级预算的调整方案；审查和批准本级决算；撤销本级政府关于预算、决算的不适当的决定和命令。		第二十一条 县级以上地方各级人民代表大会审查本级总预算草案及本级总预算执行情况的报告；批准本级预算和本级预算执行情况的报告；改变或者撤销本级人民代表大会常务委员会关于预算、决算的不适当的决议；撤销本级政府关于预算、决算的不适当的决定和命令。县级以上地方各级人民代表大会常务委员会监督本级总预算的执行；审查和批准本级预算的调整方案；审查和批准本级决算；撤销本级政府及其常务委员会关于预算、决算的不适当的决议；撤销本级政府关于预算、决算的不适当的决定和命令。乡、民族乡、镇的人民代表大会审查和批准本级预算和本级预算执行情况的报告；监督本级预算的执行；审查和批准本级预算的调整方案；审查和批准本级决算；撤销本级政府关于预算、决算的不适当的决定和命令。

(续表)

现　行　法	二　审　稿	二审稿修改建议	三审稿修改稿
	第十九条　全国人民代表大会财政经济委员会对中央预算草案及上一年预算执行情况、中央预算调整方案和中央决算草案进行初步审查。 省、自治区、直辖市人民代表大会有关专门委员会对本级预算草案及上一年预算执行情况、本级预算调整方案和本级决算草案进行初步审查。 设区的市、自治州人民代表大会有关专门委员会对本级预算草案及上一年预算执行情况进行初步审查，可以由人民代表大会常务委员会有关工作机构研究提出意见。 县、自治县、不设区的市、市辖区人民代表大会常务委员会对本级预算草案及上一年预算执行情况进行初步审查。		第二十二条　全国人民代表大会财政经济委员会对中央预算草案及上一年预算执行情况、中央预算调整方案和中央决算草案进行初步审查，提出初步审查意见。 省、自治区、直辖市人民代表大会有关专门委员会对本级预算草案及上一年预算执行情况、本级预算调整方案和本级决算草案进行初步审查，提出初步审查意见。 设区的市、自治州人民代表大会有关专门委员会对本级预算草案及上一年预算执行情况和本级决算草案进行初步审查，提出初步审查意见；未设立有关专门委员会的，可以由人民代表大会常务委员会有关工作机构研究提出意见。

459

（续表）

现 行 法	二 审 稿	二审稿修改建议	三审稿修改稿
	全国人民代表大会常务委员会和省、自治区、直辖市，设区的市、自治州人民代表大会常务委员会依照本级人民代表大会常务委员会的决定，协助本级人民代表大会专门委员会承担审查预算草案、决算草案，预算调整方案和监督预算执行等方面的具体工作。（第四十条第五款 政府有关部门应当将对初步审查意见的处理情况反馈给初步审查机构。）		县、自治县、不设区的市、市辖区人民代表大会常务委员会及上年预算执行情况进行初步审查，提出初步审查意见。县、自治县、不设区的市、市辖区人民代表大会常务委员会将预算初步审查方案和本级决算草案研究提出意见。政府财政部门应当将对本级人民代表大会有关专门工作机构、常务委员会有关工作机构依照本条第一款规定提出的意见，印发本级人民代表大会代表和常务委员会组成人员。人民代表大会有关专门工作机构，应当至第四款的处理情况及时反馈。全国和省、自治区、直辖市，设区的市、自治州人民代表大会常务委员会有关工作机构，依照本级人民代表大会或者常务委员会的决定，协助本级人民代表大会财政经济委员会承担审查预算草案、决算草案，预算调整方案和监督预算执行等方面的具体工作。

(续表)

现　行　法	二　审　稿	二审稿修改建议	三审稿修改稿
第十四条　国务院编制中央预算、决算草案；向全国人民代表大会作关于中央和地方预算草案的报告；将省、自治区、直辖市政府报送备案的预算汇总后报全国人民代表大会常务委员会备案；组织中央和地方预算的执行；决定中央预算预备费的动用；监督中央各部门和地方政府的预算执行；改变或者撤销中央各部门和地方政府关于预算、决算的不适当的决定、命令；向全国人民代表大会、全国人民代表大会常务委员会报告中央和地方预算的执行情况。	第二十条　国务院编制中央预算、决算草案；向全国人民代表大会作关于中央和地方预算草案的报告；将省、自治区、直辖市政府报送备案的预算汇总后报全国人民代表大会常务委员会备案；组织中央和地方预算的执行；决定中央预算预备费的动用；监督中央各部门和地方政府的预算执行；改变或者撤销中央各部门和地方政府关于预算、决算的不适当的决定、命令；向全国人民代表大会、全国人民代表大会常务委员会报告中央和地方预算的执行情况。		第二十三条　国务院编制中央预算、决算草案；向全国人民代表大会作关于中央和地方预算草案的报告；将省、自治区、直辖市政府报送备案的预算汇总后报全国人民代表大会常务委员会备案；组织中央和地方预算的执行；决定中央预算预备费的动用；监督中央各部门和地方政府的预算执行；改变或者撤销中央各部门和地方政府关于预算、决算的不适当的决定、命令；向全国人民代表大会、全国人民代表大会常务委员会报告中央和地方预算的执行情况。
第十五条　县级以上地方各级政府编制本级预算、决算草案；向本级人民代表大会作关于本级预算草案的报告；将下一级政府报送备案的预算	第二十一条　县级以上地方各级政府编制本级预算、决算草案；向本级人民代表大会作关于本级预算草案的报告；将下一级政府报送备案的预算		第二十四条　县级以上地方各级政府编制本级预算、决算草案；向本级人民代表大会作关于本级预算草案的报告；将下一级政府报送备案的预算

461

(续表)

现 行 法	二 审 稿	二审稿修改建议	三审稿修改稿
汇总后报本级人民代表大会常务委员会备案；组织本级预算备算的执行；决定本级预算预备费的动用；编制本级预算的调整方案；监督本级各部门和下级政府预算的执行；改变或者撤销本级各部门和下级政府关于预算、决算的不适当的决定命令；向本级人民代表大会、本级人民代表大会常务委员会报告本级总预算的执行情况。乡、民族乡、镇预算草案、决算草案的报告；组织本级预算的执行；编制本级预算的调整方案；向本级人民代表大会报告本级预算的执行情况。	汇总后报本级人民代表大会常务委员会备案；组织本级预算备算的执行；决定本级预算预备费的动用；编制本级预算的调整方案；监督本级各部门和下级政府预算的执行；改变或者撤销本级各部门和下级政府关于预算、决算的不适当的决定命令；向本级人民代表大会、本级人民代表大会常务委员会报告本级总预算的执行情况。乡、民族乡、镇预算草案、决算草案的报告；组织本级预算的执行；编制本级预算的调整方案；向本级人民代表大会报告本级预算的执行情况。经省、自治区、直辖市政府批准，乡、民族乡、镇本级预算草案、决算调整方案，预算调整方案，可以由上一级政府代编，并依照本法第十八条的规定报乡、民族乡、镇的人民代表大会审查和批准。		汇总后报本级人民代表大会常务委员会备案；组织本级预算备算的执行；决定本级预算预备费的动用；编制本级预算的调整方案；监督本级各部门和下级政府预算的执行；改变或者撤销本级各部门和下级政府关于预算、决算的不适当的决定命令；向本级人民代表大会、本级人民代表大会常务委员会报告本级总预算的执行情况。乡、民族乡、镇预算草案、决算草案的报告；组织本级预算的执行；编制本级预算的调整方案；向本级人民代表大会报告本级预算的执行情况。经省、自治区、民族区、直辖市政府批准，乡、民族乡、镇预算草案、决算调整方案，可以由上一级政府代编，并依照本法第十八条的规定报乡、民族乡、镇的人民代表大会审查和批准。

(续表)

现 行 法	二 审 稿	二审稿修改建议	三审稿修改稿
第十六条 国务院财政部门具体编制中央预算、决算草案；具体组织中央和地方预算的执行；提出中央预算备费动用的调整方案；具体编制中央预算的调整方案；定期向国务院报告中央和地方预算的执行情况。 地方各级政府财政部门具体编制本级预算、决算草案；具体组织本级预算的执行；提出本级预算备费动用方案；具体编制本级预算的调整方案；定期向本级政府和上一级政府财政部门报告本级总预算的执行情况。	第二十二条 国务院财政部门具体编制中央预算、决算草案；具体组织中央和地方预算的执行；提出中央预算备费动用的调整方案；具体编制中央预算的调整方案；定期向国务院报告中央和地方预算的执行情况。 地方各级政府财政部门具体编制本级预算、决算草案；具体组织本级预算的执行；提出本级预算备费动用方案；具体编制本级预算的调整方案；定期向本级政府和上一级政府财政部门报告本级总预算的执行情况。		第二十五条 国务院财政部门具体编制中央预算、决算草案；具体组织中央和地方预算的执行；提出中央预算备费动用的调整方案；具体编制中央预算的调整方案；定期向国务院报告中央和地方预算的执行情况。 地方各级政府财政部门具体编制本级预算、决算草案；具体组织本级预算的执行；提出本级预算备费动用方案；具体编制本级预算的调整方案；定期向本级政府和上一级政府财政部门报告本级总预算的执行情况。
第十七条 各部门编制本部门预算、决算草案；组织和监督本部门预算的执行；定期向本级政府财政部门报告预算的执行情况。 第十八条 各单位编制本单位预算、决算草案；按照国家规定上缴预算收入，安排预算支出，并接受国家有关部门的监督。	第二十三条 各部门编制本部门预算、决算草案；组织和监督本部门预算的执行；定期向本级政府财政部门报告预算的执行情况。 各单位编制本单位预算、决算草案；按照国家规定上缴预算收入，安排预算支出，并接受国家有关部门的监督。		第二十六条 各部门编制本部门预算、决算草案；组织和监督本部门预算的执行；定期向本级政府财政部门报告预算的执行情况。 各单位编制本单位预算、决算草案；按照国家规定上缴预算收入，安排预算支出，并接受国家有关部门的监督。

（续表）

现 行 法	二 审 稿	二审稿修改建议	三审稿修改稿
第三章 预算收支范围	第三章 预算收支范围	第三章 预算收支范围	第三章 预算收支范围
第十九条 预算由预算收入和预算支出组成。 预算收入包括： （一）税收收入； （二）依照规定应当上缴的国有资产收益； （三）专项收入； （四）其他收入。 预算支出包括： （一）经济建设支出； （二）教育、科学、文化、卫生、体育等事业发展支出； （三）国家管理费用支出； （四）国防支出； （五）各项补贴支出； （六）其他支出。	第二十四条 公共预算收入包括各项税收收入、行政事业性收费收入、国有资源（资产）有偿使用收入、转移性收入和其他收入。公共预算收入应当统筹安排使用。 公共预算支出按照其保障功能分类，包括一般公共服务支出，外交、公共安全、国防支出，农业、环境保护支出，教育、科技、文化、卫生、体育支出，社会保障及就业支出和其他支出。 公共预算支出按照其经济性质分类，包括工资福利支出，商品和服务支出，基本建设支出和其他支出。		第二十七条 一般公共预算收入包括各项税收收入、行政事业性收费收入、国有资源（资产）有偿使用收入、转移性收入和其他收入。 一般公共预算支出按照其保障功能分类，包括一般公共服务支出，外交、公共安全、国防支出，农业、环境保护支出，教育、科技、文化、卫生、体育支出，社会保障及就业支出和其他支出。 一般公共预算支出按照其经济性质分类，包括工资福利支出，商品和服务支出，资本性支出和其他支出。
	第二十五条 政府性基金预算、国有资本经营预算和社会保障预算的收支范围，按照国务院的规定执行。	第二十五条 政府性基金预算、国有资本经营预算和社会保障预算的收支范围，由国务院负责提交方案，经全国人大常委会审批之后生效执行。	第二十八条 政府性基金预算、国有资本经营预算和社会保险基金预算的收支范围，按照法律、行政法规和国务院的规定执行。

(续表)

现 行 法	二 审 稿	二审稿修改建议	三审稿修改稿
第二十条 预算收入划分为中央预算收入、地方预算收入、中央和地方预算共享收入。预算支出划分为中央预算支出和地方预算支出。	删除		
第二十一条 中央预算与地方预算有关收入和支出项目的划分、中央预算对地方预算返还或者给予补助的具体办法，由国务院规定，报全国人民代表大会常务委员会备案。	删除		第二十九条 中央预算与地方预算有关收入和支出项目的划分、地方向中央上解收入、中央对地方税收返还或者转移支付的具体办法，由国务院规定，报全国人民代表大会常务委员会备案。（恢复现行法并作修改）
第二十二条 预算收入应当统筹安排使用；确需设立专用基金项目的，须经国务院批准。	删除		
第二十三条 上级政府不得在预算之外调用下级政府预算的资金。下级政府不得挤占或者截留属于上级政府预算的资金。	第二十六条 上级政府不得在预算之外调用下级政府预算的资金。下级政府不得挤占或者截留属于上级政府预算的资金。		第三十条 上级政府不得在预算之外调用下级政府预算的资金。下级政府不得挤占或者截留属于上级政府预算的资金。

（续表）

现　行　法	二　审　稿	二审稿修改建议	三审稿修改稿
第四章　预算编制	第四章　预算编制	第四章　预算编制	第四章　预算编制
第三十五条　国务院应当及时下达关于编制下一年预算草案的具体事项，编制预算草案的具体事项，由国务院财政部门部署。 第二十四条　各级政府、各部门、各单位应当按照国务院规定的时间编制预算草案。	第二十七条　国务院应当及时下达关于编制下一年预算草案的指示，编制预算草案的具体事项由国务院财政部门部署。 各级政府、各部门、各单位应当按照国务院规定的时间编制预算草案。		第三十一条　国务院应当及时下达关于编制下一年预算草案的通知。编制预算草案的具体事项由国务院财政部门部署。 各级政府、各部门、各单位应当按照国务院规定的时间编制预算草案。
第二十五条　中央预算，应当参考上一年预算执行情况和本年度收支预测进行编制。地方各级政府预算，应当参考上一年预算执行情况和本年度收支预测进行编制。	第二十八条　中央预算和地方各级预算，应当根据年度经济社会发展目标和国家宏观调控总体要求，参照上一年预算执行情况和本年度收支预测，按照规定程序征求各方面意见后，进行编制。 各级政府制定执行政措施，凡涉及增加或者减少财政收入或者支出的，应当在预算批准前提出并在预算草案中作出相应安排。		第三十二条　各级预算应当根据年度经济社会发展目标和国家宏观调控总体要求和跨年度预算平衡的需要，参考上一年预算执行结果、有关支出绩效评价结果和本年度收支预测，按照规定程序征求各方面意见后，进行编制。 各级政府制定依照法定权限作出决定或者制定执行政措施，凡涉及增加或减少财政收入或者支出的，应当在预算批准前提出并在预算草案中作出相应安排。

466

(续表)

现行法	二审稿	二审稿修改建议	三审稿修改稿
	各部门、各单位应当按照国务院财政部门制定的政府收支分类科目和本级政府制定的预算支出定额标准以及其他预算编制规定，根据其事业发展的需要，编制本部门、本单位预算草案。		各部门、各单位应当按照国务院财政部门制定的政府收支分类科目和省级以上政府财政部门制定的预算支出定额标准以及绩效目标管理等预算编制规定，根据其依法履行职能和事业发展的需要以及存量资产情况，编制本部门、本单位预算草案。 前款所称政府收支分类科目，应当按照其保障功能分类分为类、款、项，按其经济性质分类分为类、款。
第二十六条 省、自治区、直辖市政府应当按照国务院规定的时间，将本级总预算草案报国务院审核汇总。	第二十九条 省、自治区、直辖市政府应当按照国务院规定的时间，将本级总预算草案报国务院汇总。		第三十三条 省、自治区、直辖市政府应当按照国务院规定的时间，将本级总预算草案报国务院汇总。
第二十六条 中央预算和地方各级政府的预算按照复式预算编制。 复式预算的编制办法和实施步骤，由国务院制定。	删除		

（续表)

现　行　法	二　审　稿	二审稿修改建议	三审稿修改稿
第二十七条　中央政府公共预算不列赤字。中央预算中必需的部分建设投资的部分和国外债务等方式筹措，可以通过举借国内和国外债务等方式筹措，但是借债应当有合理的结构。中央预算中对已经举借的债务还本付息所需的资金，依照前款规定办理。	第三十条　中央政府公共预算中必需的部分资金，可以通过举借国内和国外债务等方式筹措，但是借债应当控制适当的规模，保持合理的结构。对中央预算中举借的债务实行余额管理，并对中央预算中举借的债务的规模不得超过全国人民代表大会批准的限额。国务院财政部门具体负责对中央政府债务的统一管理，并对地方政府债务实施监督管理。		第三十四条　中央一般公共预算中必需的部分资金，可以通过举借国内和国外债务等方式筹措，举借债务应当控制适当的规模，保持合理的结构。对中央一般预算中举借的债务实行余额管理，余额的规模不得超过全国人民代表大会批准的限额。国务院财政部门具体负责对中央政府债务的统一管理，并对地方政府债务实施监督管理。
第二十八条　地方各级预算按照量入为出，收支平衡的原则编制，不列赤字。除法律和国务院另有规定外，地方政府不得发行地方政府债券。	第三十一条　地方各级预算按照量入为出，收支平衡的原则编制，不列赤字。除法律和国务院财政部门另有规定外，地方政府不得发行地方政府债券。	第三十一条　地方各级预算按照量入为出，收支平衡的原则编制，不列赤字。按照国务院的规定，并经国务院财政部门批准，地方政府可以举借债务。	第三十五条　地方各级预算按照量入为出，收支平衡的原则编制，不列赤字。经国务院批准的省、自治区、直辖市的一般公共预算中必须的建设投资的部分资金，可以在国务院确定的限额内，通过发行地方政府债券举借债务的方式筹措。举借债务的规模，由国务院报全国人民代表

（续表）

现行法	二审稿	二审修改建议	三审稿修改稿
			大会或者全国人民代表大会常务委员会批准。省、自治区、直辖市依照国务院下达的限额举借的债务，列入本级预算调整方案，报本级人民代表大会常务委员会批准。举借的债务应当有稳定的偿还资金来源，不得用于经常性支出。除法律另有规定外，地方政府及其所属部门、单位不得以任何方式举借债务。除法律另有规定外，地方政府及其所属部门、单位不得为任何单位和个人的债务提供担保。
第二十九条　各级预算收入的编制，应当与国民生产总值的增长率相适应，按照规定必须列入预算的收入，不得隐瞒、少列，也不得将上年的非正常收入作为编制预算收入的依据。	第三十二条　各级预算收入的编制，应当与经济和社会发展水平相适应。各级政府、各部门、各单位应当依照本法规定，将所有政府收入全部列入预算，不得隐瞒、少列，也不得将上年的非正常收入作为编制预算收入的依据。各级政府不得征收预算之外，向预算部门和单位下达收入指标。		第三十六条　各级预算收入的编制，应当与经济和社会发展水平相适应，与财政政策相衔接。各级政府、各部门、各单位应当依照本法规定，将所有政府收入全部列入预算，不得隐瞒、少列。各级政府不得向预算部门和单位下达收入指标。

(续表)

现 行 法	二 审 稿	二审稿修改建议	三审稿修改稿
第三十条 各级预算支出的编制，应当贯彻厉行节约、勤俭建国的方针。各级预算支出的编制，应当统筹兼顾，确保政府公共支出合理需要的前提下，妥善安排其他各类预算支出。	第三十三条 各级预算支出的编制，应当贯彻厉行节约、勤俭建国的方针。各级预算支出的编制，应当统筹兼顾，确保重点，在保证政府公共支出合理需要的前提下，妥善安排其他各类预算支出。		第三十七条 各级预算支出应当依照本法规定，按其保障功能和经济性质分类编制。各级预算支出的编制，应当贯彻厉行节约、勤俭建国的方针，严格控制各部门、各单位的机关运行经费和楼堂馆所等基本建设支出。各级一般公共预算支出的编制，应当统筹兼顾，在保证基本公共服务合理需要的前提下，优先安排国家确定的重点支出。
第三十四条 县级以上各级政府对下级政府的转移支付预计数提前告知下级政府。地方各级政府应当将上级政府提前下达的转移支付预计数编入本级预算。			第三十八条 一般性转移支付应当按照国务院规定的标准和计算方法分地区、分项目编制。县级以上各级政府的转移支付应当将对下级政府的转移支付预计数提前下达下级政府。地方各级政府应当将上级政府提前下达的转移支付预计数编入本级预算。

470

(续表)

现行法	二审稿	二审稿修改建议	三审稿修改稿
第三十一条 中央预算和有关地方政府预算中安排必要的资金，用于扶助经济不发达的民族自治地方、革命老根据地、边远、贫困地区发展经济文化建设事业。	第二十五条 中央预算和有关地方预算中应当安排必要的资金，用于扶助革命老区、民族自治地方、边疆地区、贫困地区、水库移民区、农产品主产区和重点生态功能区发展经济社会建设事业。		第三十九条 中央预算和中央预算中应当安排必要的有关地方预算中应当安排必要的资金，用于扶助地方、边远、贫困地区、民族自治地方发展经济文化建设事业。
第三十二条 各级政府预算应按照本级预算支出额的百分之一至三设置预备费，用于当年预算执行中的自然灾害救灾开支及其他难以预见的特殊开支。	第二十六条 各级公共预算应当按照本级公共预算支出额的1%至3%设置预备费，用于当年预算执行中的严重自然灾害救灾、突发公共事件处理、重大政策调整增加的支出及其他难以预见的开支。		
第三十三条 各级政府预算应按照国务院的规定设置预算周转金。	第二十七条 各级预算应当按照国务院的规定设置预算周转金。		
第三十四条 各级政府预算的上年结余，可以在下年用于上年结转项目的支出；有余额的，可以补充预算周转金；再有余额的，可以用于下年必需增加的预算支出。	第二十八条 各级政府上一年预算的结转资金，应当在下一年用于结转项目的支出；上一年预算结余资金结转下年使用，或者补充充预算稳定调节基金。各部门、各单位上一年预算的结转、结余资金按照国务院财政部门的规定办理。		

471

（续表）

现行法	二审稿	二审稿修改建议	三审稿修改稿
第五章 预算审查和批准	第五章 预算审查和批准	第五章 预算审查和批准	第五章 预算审查和批准
第三十九条 中央预算由全国人民代表大会审查和批准。地方各级政府预算由本级人民代表大会审查和批准。	第三十九条 中央预算由全国人民代表大会审查和批准。地方各级政府预算由本级人民代表大会审查和批准。		
第三十七条 国务院财政部门应当在每年全国人民代表大会会议举行的一个月前，将中央预算草案的主要内容提交全国人民代表大会财政经济委员会进行初步审查。省、自治区、自治州直辖市政府财政部门应当在本级人民代表大会会议举行的一个月前，将本级预算草案的主要内容提交本级人民代表大会有关的专门委员会或者根据本级人民代表大会常务委员会主任委员会议的决定提交本级人民代表大会常务委员会的工作委员会进行初步审查。	第四十条 国务院财政部门应当在每年全国人民代表大会会议举行的45日前，将中央预算草案的初步方案提交全国人民代表大会财政经济委员会进行初步审查。全国人民代表大会财政经济委员会应当提出初步审查意见。省、自治区、直辖市政府财政部门应当在本级人民代表大会会议举行的30日前，将本级预算草案的初步方案提交本级人民代表大会有关专门委员会进行初步审查。本级人民代表大会专门委员会应当提出初步审查意见。		第四十四条 国务院财政部门应当在每年全国人民代表大会会议举行的45日前，将中央预算草案的初步方案提交全国人民代表大会财政经济委员会进行初步审查。省、自治区、直辖市政府财政部门应当在本级人民代表大会会议举行的30日前，将本级预算草案的初步方案提交本级人民代表大会有关专门委员会进行初步审查。

（续表）

现 行 法	二 审 稿	二审稿修改建议	三审稿修改稿
县、自治县、不设区的市、市辖区政府财政部门应当在本级人民代表大会举行的一个月前，将本级预算草案提交本级人民代表大会常务委员会进行初步审查。	设区的市、自治州政府财政部门应当在本级人民代表大会会议举行的30日前，将本级预算草案提交大会有关专门委员会进行初步审查，或者送交本级人民代表大会常务委员会有关工作机构征求意见。本级人民代表大会有关专门委员会提出初步审查意见。县、自治县、不设区的市、市辖区政府财政部门应当在本级人民代表大会会议举行的30日前，将本级预算草案提交本级人民代表大会常务委员会进行初步审查。本级人民代表大会常务委员会应当提出初步审查意见。政府有关部门应当将对初步审查意见的处理情况反馈给初步审查机构。（移至第二十二条）		设区的市、自治州人民政府财政部门应当在本级人民代表大会会议举行的30日前，将本级预算草案提交大会有关专门委员会进行初步审查，或者送交本级人民代表大会常务委员会有关工作机构征求意见。县、自治县、不设区的市、市辖区人民政府应当在本级人民代表大会会议举行的30日前，将本级预算草案的初步方案提交本级人民代表大会常务委员会进行初步审查。

473

（续表）

现行法	二审稿	二审稿修改建议	三审稿修改稿
第三十八条 国务院在全国人民代表大会举行会议时，向大会作关于中央和地方预算草案的报告。地方各级政府在本级人民代表大会举行会议时，向大会作关于本级总预算草案的报告。	第四十一条 报送各级人民代表大会审查和批准的预算草案应当细化。本级公共预算草案一般收支至少编列到款，支出至少编列到项。	第四十一条 报送各级人民代表大会审查和批准的预算草案应当细化。按功能分类的，编列到款；按经济分类的，编列到款。	第四十五条 报送各级人民代表大会审查和批准的预算草案应当细化。本级保障重点支出，应当编列到项，按其经济性质分类，基本支出应当编列到款。
	第四十二条 国务院在全国人民代表大会举行会议时，向大会作关于中央和地方预算执行情况的报告。地方各级政府在本级人民代表大会举行会议时，向大会作关于本级预算执行情况的报告。		第四十六条 国务院在全国人民代表大会举行会议时，向大会作关于中央和地方预算草案以及中央和地方预算执行情况的报告。地方各级政府在本级人民代表大会举行会议时，向大会作关于本级预算草案和总预算执行情况的报告。
	第四十三条 全国人民代表大会和地方各级人民代表大会对预算草案及其报告、预算执行情况的报告重点审查下列内容： （一）上一年预算执行情况是否符合本级人民代表大会预算决议的要求；		第四十七条 全国人民代表大会及其常务委员会对预算草案及其报告、预算执行情况的报告重点审查下列内容：

(续表)

现行法	二审稿	二审稿修改建议	三审稿修改稿
	（二）预算安排是否符合本法和有关法律、法规的规定； （三）预算安排是否贯彻国民经济和社会发展的方针政策； （四）预算收入和预算支出编制是否完整； （五）对下级政府的转移性支出是否规范、调整； （六）预算安排举借的债务是否合法、合理； （七）为完成预算提出的政策措施是否切实可行； （八）与预算有关重要事项的说明是否清晰。	（二）预算安排是否符合本法和有关法律、法规的规定； （三）预算安排是否贯彻国民经济和社会发展的方针政策； （四）预算收入和预算支出编制是否完整； （五）对下级政府的转移性支出是否规范、调整； （六）预算安排举借的债务是否合法、合理； （七）为完成预算提出的政策措施是否切实可行； （八）与预算有关重要事项的说明是否清晰。 （九）**其他全国人民代表大会及本级代表大会认为应该审查的内容。**	（一）上一年预算执行情况是否符合本级人民代表大会预算决议的要求； （二）预算安排是否符合本法的规定； （三）预算安排是否贯彻国民经济和社会发展的方针政策，收支政策是否切实可行； （四）预算编制是否完整，是否符合本法第四十五条的规定； （五）对下级政府的转移性支出是否规范、适当； （六）预算安排举借的债务是否合法、合理； （七）与预算有关重要事项的说明是否清晰。
	第四十四条 全国人民代表大会财政经济委员会向全国人民代表大会主席团提出关于中央和地方预算草案及中央和地方预算执行情况的审查结果报告。		第四十八条 全国人民代表大会财政经济委员会向全国人民代表大会主席团提出关于中央和地方预算草案及中央和地方预算执行情况的审查结果报告。

续表

现行法	二审稿	二审稿修改建议	三审稿修改稿
	省、自治区、直辖市、设区的市、自治州人民代表大会有关专门委员会，县、自治县、不设区的市、市辖区人民代表大会常务委员会，向本级人民代表大会主席团提出关于总预算草案及上年预算执行情况的审查结果报告。 审查结果报告应当包括下列内容： （一）对上一年预算执行和落实本级人民代表大会预算决议的情况作出评价； （二）对本年度预算草案的合法性、可行性作出评价； （三）对预算草案和预算报告提出建议； （四）对完成年度预算，改进预算管理、加强预算监督等提出意见和建议。		省、自治区、直辖市、设区的市、自治州人民代表大会有关专门委员会，县、自治县、不设区的市、市辖区人民代表大会常务委员会，向本级人民代表大会主席团提出关于总预算草案及上年预算执行情况的审查结果报告。 审查结果报告应当包括下列内容： （一）对上一年预算执行和落实本级人民代表大会预算决议的情况作出评价； （二）对本年度预算草案是否符合本法的规定，作出评价； （三）对预算草案和预算报告提出建议； （四）对执行年度预算，改进预算管理、加强预算监督等提出意见和建议。

（续表）

现　行　法	二　审　稿	二审稿修改建议	三审稿修改稿
第四十条　乡、民族乡、镇政府应当及时将经本级人民代表大会批准的本级预算及上一级政府备案。县级以上地方各级政府依照前款规定下一级政府报送备案的预算汇总，报上一级政府备案。县级以上地方各级政府依照前款规定将本级政府报送备案的预算汇总后，报本级人民代表大会常务委员会备案。国务院和县级以上地方各级政府依照第四十五条规定将报送备案的预算，自治区、直辖市政府依照前款规定报送备案的预算汇总后，报全国人民代表大会常务委员会备案。	第四十五条　乡、民族乡、镇政府应当及时将经本级人民代表大会批准的本级预算及上一级政府备案。县级以上地方各级政府依照前款规定下一级政府报送备案的预算汇总，报上一级政府备案。县级以上地方各级政府依照前款规定将本级政府报送备案的预算汇总后，报本级人民代表大会常务委员会备案。国务院和县级以上地方各级政府依照第四十五条规定将报送备案的预算，自治区、直辖市政府依照前款规定报送备案的预算汇总后，报全国人民代表大会常务委员会备案。		第四十九条　乡、民族乡、镇政府应当及时将经本级人民代表大会批准的本级预算及上一级政府报送备案。县级以上地方各级政府依照前款规定将本级政府报送备案的预算汇总，报上一级政府备案。国务院和县级以上地方各级政府依照前款规定将本级政府报送备案的预算汇总后，报本级人民代表大会常务委员会备案。县级以上地方各级政府依照前款规定报送备案的预算汇总后，报全国人民代表大会常务委员会备案。
第四十一条　国务院和县级以上地方各级政府对下一级政府依照本法第四十条规定报送备案的预算，认为有同法律、行政法规相抵触或者有其他不适当之处，需要撤销或者批准预算的决议的，应当提请本级人民代表大会常务委员会审议决定。	第四十六条　国务院和县级以上地方各级政府对下一级政府依照本法第四十五条规定报送备案的预算，认为有同法律、行政法规相抵触或者有其他不适当之处，需要撤销或者批准预算的决议的，应当提请本级人民代表大会常务委员会审议决定。		第五十条　国务院和县级以上地方各级政府对下一级政府依照第四十九条规定报送备案的预算，认为有同法律、行政法规相抵触或者有其他不适当之处的决议的，应当提请本级人民代表大会常务委员会审议决定。

477

（续表）

现 行 法	二 审 稿	二审稿修改建议	三审稿修改稿
第四十二条 各级政府预算经本级人民代表大会批准后,本级政府财政部门应当及时向本级各部门批复预算。各部门应当及时向所属各单位批复预算。	第四十七条 各级预算经本级人民代表大会批准后,本级政府财政部门应当在30日内向本级各部门批复预算。各部门应当在接到本级政府财政部门批复的本部门预算后15日内向所属各单位批复预算。中央对地方的一般性转移支付应当在全国人民代表大会批准预算后30日内正式下达。中央对地方的专项转移支付应当在全国人民代表大会批准预算后90日内正式下达。省、自治区、直辖市政府接到中央一般性转移支付和专项转移支付后,应当在30日内正式下达到本行政区域各级政府。县级以上地方各级政府预算安排对下级政府的一般性转移支付和专项转移支付,应当分别在本级人民代表大会批准预算后的30日和60日内正式下达。		第五十一条 各级预算经本级人民代表大会批准后,本级政府财政部门应当在20日内向本级各部门批复预算。各部门应当在接到本级政府财政部门批复的本部门预算后15日内向所属各单位批复预算。中央对地方的一般性转移支付应当在全国人民代表大会批准预算后30日内正式下达。中央对地方的专项转移支付应当在全国人民代表大会批准预算后90日内正式下达。省、自治区、直辖市政府接到中央一般性转移支付和专项转移支付后,应当在30日内正式下达到本行政区域各级政府。县级以上地方各级政府预算安排对下级政府的一般性转移支付和专项转移支付,应当分别在本级人民代表大会批准预算后的30日和60日内正式下达。

(续表)

现 行 法	二 审 稿	二审稿修改建议	三审稿修改稿
	对突发公共事件处理、自然灾害救灾等支付，应当及时下达预算；对据实结算等特殊项目的转移支付，或者先预付后结算。 县级以上各级政府财政部门应当将批复下级政府的预算和批复本级各部门的转移支付预算，抄送本级人民代表大会财政经济委员会、有关专门委员会或者常务委员会的工作机构。		对自然灾害等突发事件处理的转移支付，应当及时下达预算；对据实结算等特殊项目的转移支付，可以分期下达预算，或者先预付后结算。 县级以上各级政府财政部门应当将批复下级政府的预算和批复本级各部门的转移支付预算，抄送本级人民代表大会财政经济委员会、有关专门委员会或者常务委员会的工作机构。
第六章 预算执行	第六章 预算执行	第六章 预算执行	第六章 预算执行
第四十三条 各级预算由本级政府组织执行，具体工作由本级政府财政部门负责。	第四十八条 各级预算由本级政府组织执行，由本级政府财政部门负责。各部门、各单位是本部门、本单位的预算执行主体，负责本部门、本单位的预算执行，并对执行结果负责。		

479

(续表)

现 行 法	二 审 稿	二审稿修改建议	三审稿修改稿
第四十四条 预算草案批准前，本级政府可以先按照上一年同期的预算支出数额安排支出；预算经本级人民代表大会批准后，按照批准的预算执行。	第四十九条 预算年度开始后，各级预算草案在本级人民代表大会批准前，可以安排下列支出： （一）上一年度结转的支出； （二）必须支付的本年度部门基本支出、项目支出，以及对下级政府履行支付义务的支出，以及其他特殊支出。 预算经本级人民代表大会批准后，按照批准的预算执行。	第四十九条 预算年度开始后，各级预算草案在本级人民代表大会批准前，可以安排下列支出： （一）上一年度结转的支出； （二）必须支付的以及与基本支出相关的对下级政府履行的转移性支出； （三）法律规定必须履行支付义务的支出，以及其他特殊支出。 预算经本级人民代表大会批准后，按照批准的预算执行。	
第四十五条 预算收入征收部门，必须依照法律、行政法规的规定，及时、足额征收应征的预算收入。不得违反法律、行政法规规定，擅自减征、免征或者缓征应征的预算收入，不得截留、占用或者挪用预算收入。	第五十条 预算收入征收部门和单位，必须依照法律、行政法规的规定，及时、足额征收应征的预算收入。不得违反法律、行政法规规定，擅自减征、免征或者缓征应征的预算收入，不得截留、占用或者挪用预算收入。		

（续表）

现 行 法	二 审 稿	二审稿修改建议	三审修改稿
第四十六条 有预算收入上缴任务的部门和单位，必须依照法律、行政法规和国务院财政部门的规定，将应当上缴的预算资金及时、足额地上缴国家金库（以下简称国库），不得截留、占用、挪用或者拖欠。	第五十一条 有预算收入上缴义务的部门和单位，应当依照法律、行政法规和国务院的规定，将应当上缴国家金库（以下简称国库）和依法设立的财政专户，不得截留、占用、挪用或者拖欠。 前款规定的财政专户，是指法律、行政法规和国务院规定的特定专用资金设立的专户。财政专户纳入国库单一账户体系管理。 国务院财政部门应当将财政专户收支情况纳入国库信息管理系统，并与国库实现信息共享。	第五十一条 有预算收入上缴义务的部门和单位，应当依照法律、行政法规和国务院的规定，将应当上缴国家金库（以下简称国库）和依法设立的财政专户，不得截留、占用、挪用或者拖欠。 前款规定的财政专户，是指法律、行政法规和国务院规定的特定专用资金设立的专户。财政专户纳入国库单一账户管理。 国务院财政部门应当将财政专户收支情况纳入国库信息管理系统，并与国库实现信息共享。	第五十五条 政府的全部收入应当上缴国家金库（以下简称国库），任何部门、单位和个人不得截留、占用、挪用或者拖欠。 对于法律有明确规定或者经国务院批准的特定专用资金，可以依照国务院的规定设立财政专户。
第四十七条 各级政府财政部门必须依照法律、行政法规和国务院财政部门的规定，及时、足额地拨付预算支出资金，加强对预算支出的管理和监督。 各级政府、各部门、各单位必须按照预算执行。	第五十二条 各级政府财政部门必须依照法律、行政法规和国务院财政部门的规定，及时、足额地拨付预算支出资金，加强对预算支出的管理和监督。 各级政府、各部门、各单位必须按照预算执行。		第五十六条 各级政府财政部门必须依照法律、行政法规和国务院财政部门的规定，及时、足额地拨付预算支出资金，加强对预算支出的管理和监督。 各级政府、各部门、各单位的支出必须按照预算执行，不得虚假列支。 各级政府、各部门、各单位应当对预算支出情况开展绩效评价。

（续表）

现 行 法	二 审 稿	二审稿修改建议	三审稿修改稿
	第五十三条 **中央和地方**预算实行收付实现制。部分特定事项可以实行权责发生制。具体办法由国务院规定。部分特定事项实行权责发生制的有关情况，应当在决算报告中作出说明。		第五十七条 各级预算的收入和支出实行收付实现制。特定事项按国务院制定的规定实行权责发生制的有关情况，应当在决算报告红作出说明。
第四十八条 县级以上各级预算必须设立国库；具备条件的乡、民族乡、镇也应当设立国库。中央国库业务由中国人民银行经理，地方国库业务依照国务院的有关规定办理。各级国库应当按照国家有关规定，及时准确地办理预算收入的收纳、划分、留解和预算支出的拨付。各级政府财政部门、单位和个人都无权冻结、动用国库款或者以其他方式支配已入国库的库款。	第五十四条 县级以上各级预算必须设立国库；具备条件的乡、民族乡、镇也应当设立国库。各级国库应当按照国家有关规定，及时准确地办理预算收入的收纳、划分、留解、退付和预算支出的支配权属于本级政府财政部门。除法律、行政法规另有规定外，未经本级政府财政部门同意，任何部门、单位和个人都无权冻结、动用国库款或者以其他方式支配已入国库的库款。	第五十四条 县级以上各级预算必须设立国库；具备条件的乡、民族乡、镇也应当设立国库。**中央国库业务由中国人民银行经理，地方国库业务依照国务院的有关规定办理。** 各级国库应当按照国家有关规定，及时准确地办理预算收入的收纳、划分、留解、退付和预算支出的支配权属于本级政府财政部门。除法律、行政法规另有规定外，未经本级政府财政部门同意，任何部门、单位和个人都无权冻结、动用国库款或者以其他方式支配已入国库的库款。	第五十八条 县级以上各级预算必须设立国库；具备条件的乡、民族乡、镇也应当设立国库。各级国库应当按照国家有关规定，及时准确地办理预算收入的收纳、划分、留解、退付和预算支出的支配权属于本级政府财政部门。除法律、行政法规另有规定外，未经本级政府财政部门同意，任何部门、单位和个人都无权冻结、动用国库款或者以其他方式支配已入国库的库款。

（续表）

现行法	二审稿	二审稿修改建议	三审稿修改稿
各级国库库款的支配权属于本级政府财政部门。除法律、行政法规另有规定外，未经本级政府财政部门同意，任何部门、单位和个人都无权动用方式支配已入国库的库款。 各级政府应当加强对本级国库的管理和监督。	各级政府及其财政部门应当加强对本级国库的管理和监督。国库管理的具体办法由国务院规定。	级政府财政部门同意，任何部门、单位和个人都无权冻结、动用国库库款或者以其他方式支配已入国库的库款。 各级财政部门经人大批准的计划收支预算以及追加预算应当及时提交给各级国库部门以便审核，各级国库部门应当加强对预算资金使用的监督。 各级政府、财政部门以及中国人民银行应当加强对本级国库的管理和监督。国库管理的具体办法由国务院规定。	各级政府应当加强对本级国库的管理和监督。国库管理的具体办法由国务院规定。
	第五十五条 已经缴入国库或者财政专户的资金，依照法律、行政法规的规定或者国务院的决定需要退付的，各级政府财政部门或者其授权的机构应当及时办理退付。按照规定应当由财政安排支出由财政安排支出处理。		第五十九条 已经缴入国库的资金，依照法律、行政法规的规定或者国务院的决定需要退付的，各级政府财政部门或者其授权的机构应当及时办理退付。按照规定的事项，不得用退库处理。

483

（续表）

现行法	二审稿	二审稿修改建议	三审稿修改稿
第四十九条 各级政府应当加强对预算执行的领导，支持财政、税务、海关等部门依法组织预算收入，支持政府财政部门严格管理预算支出。 财政、税务、海关等部门在预算执行中，应当加强对预算执行的分析；发现问题时应当及时建议本级政府采取措施予以解决。	第五十六条 **县级以上各级政府全部收入和支出都应当纳入国库单一账户体系进行管理，实行国库集中收付制度。** 第五十七条 各级政府应当加强对预算执行的领导，支持财政、税务、海关等部门依法组织预算收入，支持政府财政部门严格管理预算支出。 财政、税务、海关等部门在预算执行中，应当加强对预算执行的分析；发现问题时应当及时建议本级政府采取措施予以解决。	第五十六条 县级以上各级政府全部收入国库单一账户进行管理，实行国库集中收付制度。	第六十条 **国家实行国库集中收付制度，对县级以上各级政府收入和支出实行国库集中收付管理。** 第六十一条 各级政府应当加强对预算执行的领导，支持财政、税务、海关等部门依法组织预算收入，支持政府财政部门严格管理预算支出。 财政、税务、海关等部门在预算执行中，应当加强对预算执行的分析；发现问题时应当及时建议本级政府采取措施予以解决。
第五十条 各部门、各单位应当加强对预算收入和支出的管理，不得截留或者动用应当上缴的预算收入，也不得将不应当在预算内支出的款项转为预算内支出。	第五十八条 各部门、各单位应当加强对预算收入和支出的管理，不得截留或者动用应当上缴的预算收入，不得擅自改变预算支出的用途。		第六十二条 各部门、各单位应当加强对预算收入和支出的管理，不得截留或者动用应当上缴的预算收入，不得擅自改变预算支出的用途。

484

(续表)

现行法	二审稿	二审稿修改建议	三审稿修改稿
第五十一条 各级政府预算备费的动用方案，由本级政府财政部门提出，报本级政府决定。	第五十九条 各级政府预算备费的动用方案，由本级政府财政部门提出，报本级政府决定。		第六十三条 各级政府预算备费的动用方案，由本级政府财政部门提出，报本级政府决定。
第五十二条 各级政府预算周转金由本级政府财政部门管理，用于本级政府预算执行中的资金周转，不得挪作他用。	第六十条 各级政府预算周转金由本级政府财政部门管理，用于本级政府预算调剂预算年度内季节性收支差额，不得挪作他用。		第六十四条 各级政府预算周转金由本级政府财政部门管理，不得挪作他用。
	第六十一条 各级政府年度预算执行中有超收入的，除依照法律、行政法规规定安排支出外，可以用于冲减赤字，或者安排预算稳定调节基金用于补充以后年度预算资金的不足。		第六十五条 各级政府年度预算执行中有超收入或者赤字的，只能用于冲减赤字或补充预算稳定调节基金。
	第六十二条 国务院和县级以上地方各级政府应当在每年六月至九月期间向本级人民代表大会常务委员会报告预算执行情况。		（移至第九章）

485

（续表）

现　行　法	二　审　稿	二审稿修改建议	三审稿修改稿
第七章　预算调整	第七章　预算调整	第七章　预算调整	第七章　预算调整
第五十三条　预算调整是指经全国人民代表大会批准的中央预算和经地方各级人民代表大会批准的本级预算，在执行中因特殊情况需要增加支出或者减少收入，使原批准的预算的总支出超过总收入，或者使原批准的预算中举借债务的数额增加的部分变更。	第六十三条　预算调整是指经全国人民代表大会批准的中央预算和经地方各级人民代表大会批准的地方各级预算，在执行中出现下列情况之一的预算变更：（一）本级人民代表大会批准的预算的收支平衡的预算出现赤字，或者举借债务数额增加的；（二）需要增加预算总支出的；（三）需要调入预算稳定调节基金，或者需要减少预算总支出的；（四）需要调减预算安排的农业、科技、教育、文化、卫生、社会保障等重点支出数额的。	第六十三条　预算调整是指经全国人民代表大会批准的中央预算和经批准的地方各级人民代表大会批准的地方各级预算，在执行中出现下列情况之一的：（一）本级人民代表大会批准的预算的收支平衡的预算出现赤字，或者举借债务数额增加的；（二）需要增加预算总支出1%以上；（三）需要调入预算稳定调节基金，或者需要减少预算总支出1%以上；（四）需要调减预算安排的农业、科技、教育、文化、卫生、社会保障等重点支出数额的；（五）类、款、项级科目支出额增加或者减少大于预算数1%以上；（六）预算资金在部门之间发生流转的。	第六十六条　经全国人民代表大会批准的中央预算和经地方各级人民代表大会批准的地方各级预算，在执行中出现下列情况之一的，应当进行预算调整：（一）需要增加或者减少预算总支出的；（二）需要调入预算稳定调节基金的；（三）需要调减预算安排的农业、科技、教育、文化、卫生、社会保障等重点支出数额的；（四）需要增加举借债务数额的。

（续表）

现　行　法	二　审　稿	二审稿修改建议	三审修改稿
第五十四条　各级政府对于必须进行的预算调整，应当编制预算调整方案。中央预算的调整方案必须提请全国人民代表大会常务委员会审查和批准。县级以上地方各级政府预算的调整方案必须提请本级人民代表大会常务委员会审查和批准；乡、民族乡、镇政府预算的调整方案必须提请本级人民代表大会审查和批准。未经批准，不得调整预算。	第六十四条　各级政府在预算执行中，增加或减少财政收入或者支出的政策和措施，必须作出预算调整进行预算调整的，应当在预算调整方案中作出安排。 　　第六十五条　各级政府对于必须进行的预算调整，应当编制预算调整方案。预算调整方案应当说明预算调整的理由、项目和数额。 　　在预算执行中，突发公共事件，由于发生特大自然灾害增加支出或者减少收入，应及时动支预备费；预备费不足支出的，各级政府可以先动支出，超过年初预算支出规模的，列入预算调整方案。 　　国务院财政部门应当在全国人民代表大会常务委员会举行会议审查和批准预算调整方案的30日前，将预算调整初步方案送交全国人民代表大会财政经济委员会进行初步审查。		第六十七条　在预算执行中，各级政府一般不制定新的增加财政收入或者减少支出的政策和措施，也不制定减少财政收入的政策和措施；必须作出并需要进行预算调整的，应当在预算调整方案中作出安排。 　　第六十八条　在预算执行中，各级政府对于必须进行的预算调整，应当编制预算调整方案。预算调整方案应当说明预算调整的理由、项目和数额。 　　在预算执行中，由于发生自然灾害等突发事件，必须及时增加预算支出的，应先动支预备费；预备费不足安排的，属于预算调整的，各级政府可以先安排支出，列入预算调整方案。 　　国务院财政部门应当在全国人民代表大会常务委员会举行会议审查和批准预算调整方案的30日前，将预算调整初步方案送交全国人民代表大会财政经济委员会进行初步审查。

(续表)

现行法	二审稿	二审稿修改建议	三审稿修改稿
	省、自治区、直辖市政府财政部门应当在本级人民代表大会常务委员会举行会议审查和批准预算调整方案的30日前,将预算调整初步方案送交本级人民代表大会有关专门委员会进行初步审查。 设区的市、自治州政府财政部门应当在本级人民代表大会常务委员会举行会议审查和批准预算调整方案的30日前,将预算调整初步方案送交本级人民代表大会有关专门委员会进行初步审查,或者送交人民代表大会常务委员会的有关工作机构征求意见。		省、自治区、直辖市政府财政部门应当在本级人民代表大会常务委员会举行会议审查和批准预算调整方案的30日前,将预算调整初步方案送交本级人民代表大会有关专门委员会进行初步审查。 省、自治区、直辖市政府财政部门应当在本级人民代表大会常务委员会举行会议审查和批准预算调整方案的30日前,将预算调整初步方案送交本级人民代表大会有关专门委员会进行初步审查。 设区的市、自治州政府财政部门应当在本级人民代表大会常务委员会举行会议审查和批准预算调整方案的30日前,将预算调整初步方案送交本级人民代表大会有关专门委员会进行初步审查,或者送交人民代表大会常务委员会有关工作机构征求意见。

（续表）

现行法	二审稿	二审稿修改建议	三审稿修改稿
第五十五条　未经批准调整预算，各级政府不得作出任何使原批准的收支平衡的总支出超过总收入或者使原批准的预算中举借债务的数额增加的决定。	中央预算的调整方案应当提请全国人民代表大会常务委员会审查和批准。县级以上地方各级预算的调整方案应当提请本级人民代表大会常务委员会审查和批准；乡、民族乡、镇预算的调整方案应当提请本级人民代表大会审查和批准。未经批准，不得调整预算。年终超过预算调整方案的预算收入，依照本法第三十八条或者第六十一条的规定执行。		县、自治县、不设区的市、市辖区政府财政部门应当在本级人民代表大会常务委员会举行会议审查和批准预算调整方案的30日前，将预算调整初步方案送交本级人民代表大会常务委员会有关工作机构征求意见。中央预算的调整方案应当提请全国人民代表大会常务委员会审查和批准。县级以上地方各级预算的调整方案应当提请本级人民代表大会常务委员会审查和批准；乡、民族乡、镇预算的调整方案应当提请本级人民代表大会审查和批准。未经批准，不得调整预算。
	第六十六条　经批准的预算调整方案，各级政府应当严格执行。未经本法第六十五条规定的程序，各级政府不得作出预算调整的决定。		第六十九条　经批准的预算调整方案，各级政府应当严格执行。未经本法第六十八条规定的程序，各级政府不得作出预算调整的决定。

489

(续表)

现行法	二审稿	二审稿修改建议	三审稿修改稿
对违反前款规定作出的决定，本级人民代表大会、本级人民代表大会常务委员会或者上级政府应当责令其改变或者撤销。	对违反前款规定作出的决定，本级人民代表大会、本级人民代表大会常务委员会或者上级政府应当责令其改变或者撤销。		对违反前款规定作出的决定，本级人民代表大会、本级人民代表大会常务委员会或者上级政府应当责令其改变或者撤销。
第五十六条 在预算执行中，因上级政府预算收支变化，或者补助数项引起地方各级政府预算收支变化，接受返还或者补助款项的县级以上地方各级政府应当向本级人民代表大会常务委员会报告有关情况；接受返还或者补助款项的乡、民族乡、镇政府应当向本级人民代表大会报告有关情况。	第六十七条 在预算执行中，各级政府依照有关法律和行政法规规定应当增加的支出，以及因上级政府增加专项转移支付而引起的预算支出变化，不属于预算调整。接受专项转移支付的县级以上地方各级政府应当向本级人民代表大会常务委员会报告有关情况；接受专项转移支付的乡、民族乡、镇政府应当向本级人民代表大会报告有关情况。		第七十条 在预算执行中，地方各级政府因上级政府增加不需要本级政府提供配套资金的专项转移支付而引起的预算支出变化，不属于预算调整。接受增加专项转移支付的县级以上地方各级人民代表大会常务委员会报告有关情况；接受专项转移支付的乡、民族乡、镇政府应向本级人民代表大会报告有关情况。
第五十七条 各部门、各单位的预算支出应当按照预算科目执行。不同预算科目间的预算资金需要调剂使用的，必须按照国务院财政部门的规定报经批准。	第六十八条 各部门、各单位的预算支出应当按照预算科目执行。不同预算科目间的预算资金需要调剂使用的，必须按照国务院财政部门的规定报经批准。	第六十八条 各部门、各单位的预算支出应当按照预算科目执行。不同预算科目间的预算资金需要调剂使用的，必须经各级人民代表大会常务委员会批准。	第七十一条 各部门、各单位应当按照预算科目执行。不同预算项目间的预算资金改变或者需要调剂使用的，必须按照国务院财政部门的规定办理。

490

（续表）

现　行　法	二　审　稿	二审稿修改建议	三审稿修改稿
第五十八条　地方各级政府预算的调整方案经批准后，由本级政府报上一级政府备案。	第六十九条　地方各级预算的调整方案经批准后，由本级政府报上一级政府备案。		第七十二条　地方各级预算的调整方案经批准后，由本级政府报上一级政府备案。
第八章　决　算	第八章　决　算	第八章　决　算	第八章　决　算
第五十九条　决算草案由各级政府、各部门、各单位，在每一预算年度终了后按照国务院规定的时间编制。编制决算草案的具体事项，由国务院财政部门部署。	第七十条　决算草案由各级政府、各部门、各单位，在每一预算年度终了后按照国务院规定的时间编制。编制决算草案的具体事项，由国务院财政部门部署。		第七十三条　决算草案由各级政府、各部门、各单位，在每一预算年度终了后按照国务院规定的时间编制。编制决算草案的具体事项，由国务院财政部门部署。
第六十条　编制决算草案，必须符合法律、行政法规，做到数额准确，内容完整，报送及时。决算草案应当与预算数相对应，按预算数、调整预算数、决算数分别列出。	第七十一条　编制决算草案，必须符合法律、行政法规，做到收支数额准确，内容完整，报送及时。决算草案应当与预算数、调整预算数、决算数分别列出。		第七十四条　编制决算草案，必须符合法律、行政法规，内容完整。决算草案应当与预算数、调整预算数、决算数分别列出。一般公共预算支出应当按其保障经济性质分类编列到项，按其经济性质分类编列到款。

491

（续表）

现 行 法	二 审 稿	二审稿修改建议	三审稿修改稿
第六十一条 各部门对所属各单位的决算草案，应当审核并汇总编制本部门的决算草案，在规定的期限内报本级政府财政部门审核。各级政府财政部门对本级各部门决算草案审核后发现有不符合法律、行政法规规定的，有权予以纠正。	第七十二条 各部门对所属各单位的决算草案，应当审核并汇总编制本部门的决算草案，在规定的期限内报本级政府财政部门审核。各级政府财政部门对本级各部门决算草案审核后发现有不符合法律、行政法规规定的，有权予以纠正。		第七十五条 各部门对所属各单位的决算草案，应当审核并汇总编制本部门的决算草案，在规定的期限内报本级政府财政部门审核。各级政府财政部门对本级各部门决算草案审核后发现有不符合法律、行政法规规定的，有权予以纠正。
第六十二条 国务院财政部门编制中央决算草案，报国务院审定后，由国务院提请全国人民代表大会常务委员会审查和批准。县级以上地方各级政府财政部门编制本级决算草案，报本级政府审定，由本级政府提请本级人民代表大会常务委员会审查和批准。乡、民族乡、镇政府编制本级决算草案，提请本级人民代表大会审查和批准。	第七十三条 国务院财政部门编制中央决算草案，报国务院审计部门审计后，由国务院提请全国人民代表大会常务委员会审查和批准。县级以上地方各级政府财政部门编制本级决算草案，报**本级政府审计部门审计**后，由本级政府提请本级人民代表大会常务委员会审查和批准。乡、民族乡、镇政府编制本级决算草案，提请本级人民代表大会审查和批准。		第七十六条 国务院财政部门编制中央决算草案，经国务院审计部门审计，报国务院审定，由国务院提请全国人民代表大会常务委员会审查和批准。县级以上地方各级政府财政部门编制本级决算草案，经本级政府审计部门审计，报本级政府审定，由本级政府提请本级人民代表大会常务委员会审查和批准。乡、民族乡、镇政府编制本级决算草案，提请本级人民代表大会审查和批准。

(续表)

现行法	二审稿	二审稿修改建议	三审稿修改稿
	第七十四条 国务院财政部门应当在全国人民代表大会常务委员会召开会议审查和批准中央决算草案的30日前,将上一年度中央决算草案提交全国人民代表大会财政经济委员会进行初步审查。 省、自治区、直辖市政府财政部门应当在本级人民代表大会常务委员会召开会议审查和批准本级决算草案的30日前,将上一年度本级决算草案提交本级人民代表大会有关专门委员会进行初步审查。 设区的市、自治州人民政府财政部门应当在本级人民代表大会常务委员会召开会议审查和批准本级决算草案的30日前,将上一年度本级决算草案提交本级人民代表大会有关专门委员会进行初步审查,或者送交本级人民代表大会常务委员会有关工作机构征求意见。		第七十七条 国务院财政部门应当在全国人民代表大会常务委员会举行会议审查和批准中央决算草案的30日前,将上一年度中央决算草案提交全国人民代表大会财政经济委员会进行初步审查。 省、自治区、直辖市政府财政部门应当在本级人民代表大会常务委员会举行会议审查和批准本级决算草案的30日前,将本级决算草案提交本级人民代表大会有关专门委员会进行初步审查。 设区的市、自治州人民政府财政部门应当在本级人民代表大会常务委员会举行会议审查和批准本级决算草案的30日前,将上一年度本级决算草案提交本级人民代表大会有关专门委员会进行初步审查,或者送交本级人民代表大会常务委员会有关工作机构征求意见。

（续表）

现行法	二审稿	二审稿修改建议	三审稿修改稿
	全国人民代表大会财政经济委员会和省、自治区、直辖市、设区的市、自治州人民代表大会有关专门委员会，向本级人民代表大会常务委员会提出关于本级决算草案的审查报告。		县、自治县、不设区的市、市辖区政府财政部门应当在本级人民代表大会常务委员会举行会议审查和批准本级决算草案的30日前，将上一年度本级决算草案送交本级人民代表大会常务委员会有关工作机构征求意见。 全国人民代表大会财政经济委员会和省、自治区、直辖市、设区的市、自治州人民代表大会有关专门委员会，向本级人民代表大会常务委员会提出关于本级决算草案的审查报告。
	第七十五条 县级以上各级人民代表大会常务委员会结合本级政府提出的上一年度预算执行和其他财政收支的审计工作报告，对本级决算草案进行审查，重点审查下列内容： （一）预算收入完成情况； （二）重点支出资金的使用情况；		第七十八条 县级以上各级人民代表大会常务委员会，乡、民族乡、镇人民代表大会对本级决算草案，重点审查下列内容： （一）预算收入情况； （二）支出政策实施情况和重点支出资金的使用情况； （三）结转资金的使用情况；

494

(续表)

现行法	二审稿	二审稿修改建议	三审稿修改稿
	（三）本级预算调整及执行情况； （四）财政转移支付安排执行情况； （五）本级预备费使用情况； （六）本级人民代表大会批准的预算决议落实情况； （七）其他与决算有关的重要情况。		（四）资金结余情况； （五）本级预备调整执行情况； （六）财政转移支付安排执行情况； （七）经批准举借债务的规模、结构、使用等情况； （八）本级预算局转金规模和使用情况； （九）本级预备费使用情况； （十）超收收入安排情况； （十一）本级人民代表大会批准的预算决议落实情况； （十二）其他与决算有关的重要事项。 县级以上各级人民代表大会常务委员会应当结合本级政府提出的上一年度预算执行和其他财政收支的审计工作报告，对本级决算草案进行审查。

495

(续表)

现 行 法	二 审 稿	二审稿修改建议	三审稿修改稿
第六十三条 各级政府决算经批准后，财政部门应当向本级各部门批复决算。	第七十六条 各级政府决算经批准后，财政部门应当在30日内向本级各部门批复决算。各部门应当在接到本级政府财政部门批复的本部门决算后15日内向所属单位批复决算。		第七十九条 各级政府决算经批准后，财政部门应当在20日内向本级各部门批复决算。各部门应当在接到本级政府财政部门批复的本部门决算后15日内向所属单位批复决算。
第六十四条 地方各级政府应当将经批准的决算，报上一级政府备案。	第七十七条 地方各级政府应当将经批准的决算及下一级政府上报备案的决算汇总，报上一级政府备案。县级以上各级政府报送备案后，报本级人民代表大会常务委员会备案。		第八十条 地方各级政府应当将经批准的决算及下一级政府上报备案的决算汇总，报上一级政府备案。县级以上各级政府报送备案后，报本级人民代表大会常务委员会备案。
第六十五条 国务院和县级以上地方各级政府对下一级政府依照本法第六十四条规定报送备案的决算，认为有同法律、行政法规相抵触或者有其他不适当之处，需要撤销批准该项决算的决议的，应当提请本级人民代表大会常务委员会审议。	第七十八条 国务院和县级以上地方各级政府对下一级政府依照本法第七十七条规定报送备案的决算，认为有同法律、行政法规相抵触或者有其他不适当之处，需要撤销批准该项决算的决议的，应当提请本级人民代表大会常务委员会审议。		第八十一条 国务院和县级以上地方各级政府对下一级政府依照本法第八十条规定报送备案的决算，认为有同法律、行政法规相抵触或者有其他不适当之处，需要撤销批准该项决算的决议的，应当提请本级人民代表大会常务委员会审议。

（续表）

现行法	二审稿	二审稿修改建议	三审稿修改稿
审议决定；经审议决定撤销的，该下级人民代表大会常务委员会应当责成本级政府依照本法规定重新编制决算草案，提请本级人民代表大会常务委员会审查和批准。	审议决定；经审议决定撤销的，该下级人民代表大会常务委员会应当责成本级政府依照本法规定重新编制决算草案，提请本级人民代表大会常务委员会审查和批准。		决定；经审议决定撤销的，该下级人民代表大会常务委员会应当责成本级政府依照本法规定重新编制决算草案，提请本级人民代表大会常务委员会审查和批准。
第九章 监　督	第九章 监　督	第九章 监　督	第九章 监　督
第六十六条　全国人民代表大会及其常务委员会对中央和地方预算、决算进行监督。县级以上地方各级人民代表大会及其常务委员会对本级和下级预算、决算进行监督。乡、民族乡、镇人民代表大会对本级预算、决算进行监督。	第七十九条　全国人民代表大会及其常务委员会对中央和地方预算、决算进行监督。县级以上地方各级人民代表大会及其常务委员会对本级和下级预算、决算进行监督。乡、民族乡、镇人民代表大会对本级预算、决算进行监督。		第八十二条　全国人民代表大会及其常务委员会对中央和地方预算、决算进行监督。县级以上地方各级人民代表大会及其常务委员会对本级和下级预算、决算进行监督。乡、民族乡、镇人民代表大会对本级预算、决算进行监督。

(续表)

现行法	二审稿	二审稿修改建议	三审稿修改稿
第六十七条 各级人民代表大会和县级以上各级人民代表大会常务委员会有权就预算、决算中的重大事项特定问题组织调查，有关的政府、部门、单位和个人应当如实反映情况和提供必要的材料。	第八十条 各级人民代表大会和县级以上各级人民代表大会常务委员会有权就预算、决算中的重大事项特定问题组织调查，有关的政府、部门、单位和个人应当如实反映情况和提供必要的材料。		第八十三条 各级人民代表大会和县级以上各级人民代表大会常务委员会有权就预算、决算中的重大事项特定问题组织调查，有关的政府、部门、单位和个人应当如实反映情况和提供必要的材料。
第六十八条 各级人民代表大会和县级以上各级人民代表大会常务委员会举行会议时，人民代表大会代表或者常务委员会组成人员，依照法律规定程序就预算、决算中的有关问题提出询问或者质询，受询问或者受质询的有关的政府或者财政部门必须及时予以答复。	第八十一条 各级人民代表大会和县级以上各级人民代表大会常务委员会举行会议时，人民代表大会代表或者常务委员会组成人员，依照法律规定程序就预算、决算中的有关问题提出询问或者质询，受询问或者受质询的有关的政府或者财政部门必须及时予以答复。		第八十四条 各级人民代表大会和县级以上各级人民代表大会常务委员会举行会议时，人民代表大会代表或者常务委员会组成人员，依照法律规定程序就预算、决算中的有关问题提出询问或者质询，受询问或者受质询的有关的政府或者财政部门必须及时予以答复。
第六十九条 预算每在本年度内至少二次向人民代表大会或者其常务委员会作预算执行情况的报告。	第六十二条 国务院和县级以上地方各级政府应当在每年六月至九月期间向本级人民代表大会常务委员会报告预算执行情况。	（级以上地方各级政府应当在每年六月至九月期间向本级人民代表大会常务委员会报告预算执行情况。）	第八十五条 国务院和县级以上地方各级政府应当在每年六月至九月期间向本级人民代表大会常务委员会报告预算执行情况。

(续表)

现 行 法	二 审 稿	二审稿修改建议	三审稿修改稿
第七十条 各级政府监督下级政府的预算执行；下级政府应当定期向上一级政府报告预算执行情况。	第八十二条 各级政府监督下级政府的预算执行；下级政府应当定期向上一级政府报告预算执行情况。		第八十六条 各级政府监督下级政府的预算执行；下级政府应当定期向上一级政府报告预算执行情况。
第七十一条 各级政府财政部门负责监督检查本级各部门及其所属各单位预算的执行，并向本级政府和上一级政府财政部门报告预算执行情况。	第八十三条 各级政府财政部门负责监督检查本级各部门及其所属各单位预算的编制、执行和本级国库办理预算收入收纳、划分、留解、退付业务，并向本级政府和上一级政府财政部门报告预算执行情况。省级以上政府财政部门经本级政府批准设立的派出机构，按照规定的职责依法开展监督检查工作。	第八十三条 各级人民代表大会、财政部门、审计部门、国库和其他公共资金收付过程的央行应加强对公共资金收付过程的监督，向本级政府和上一级财政部门及时报告预算执行情况、公共资金收付和政府银行账户管理情况。	第八十七条 各级政府财政部门负责监督检查本级各部门及其所属各单位预算的编制、执行和上一级政府财政部门报告预算执行情况。
第七十二条 各级政府审计部门对本级各部门、各单位和下级政府的预算执行、决算，实行审计监督。	第八十四条 县级以上政府审计部门依法对预算执行、决算实行审计监督。		第八十八条 县级以上政府审计部门依法对预算执行、决算实行审计监督。

499

（续表）

现行法	二审稿	二审稿修改建议	三审稿修改稿
	第八十五条 政府各部门负责监督检查所属各单位的预算执行，及时向本级政府财政部门反映本部门预算执行情况，依法纠正违反预算的行为。		第八十九条 政府各部门负责监督检查所属各单位的预算执行，及时向本级政府财政部门反映本部门预算执行情况，依法纠正违反预算的行为。
	第八十六条 公民、法人或者其他组织发现有违反本法的行为，可以依法向有关国家机关进行检举、控告。接受检举、控告的国家机关应当依法进行处理，并为检举人、控告人保密。任何单位或者个人不得压制和打击报复检举人、控告人。	第八十六条 公民、法人或者其他组织发现有违反本法的行为，可以依法向有关国家机关进行检举、控告。接受检举、控告的国家机关应当依法进行处理，并为检举人、控告人保密。任何单位或者个人不得压制和打击报复检举人、控告人。公民、法人或者其他组织对本法规定公开或者依法申请公开的预算、调整或决算有权依法申请公开，对公开义务机关不公开行为不服的可以依法提起行政复议或行政诉讼。	第九十条 公民、法人或者其他组织发现有违反本法的行为，可以依法向有关国家机关进行检举、控告。接受检举、控告的国家机关应当依法进行处理，并为检举人、控告人保密。任何单位或者个人不得压制和打击报复检举人、控告人。

（续表）

现 行 法	二 审 稿	二审稿修改建议	三审稿修改稿
第十章 法律责任	第十章 法律责任	第十章 法律责任	第十章 法律责任
第七十三条 各级政府未经依法批准擅自变更预算，使经批准的收支平衡的预算的总支出超过总收入，或者使批准的预算中举借债务的数额增加的，对负有直接责任的主管人员和其他直接责任人员追究行政责任。			
第七十四条 违反法律、行政法规的规定，擅自动用国库款或者置自以其他方式支配已入国库的库款的，由政府财政部门责令退还或者追回国库款，并由上级机关给予负有直接责任的主管人员和其他直接责任人员行政处分。	第八十七条 各级政府对本级财政部门、收入征收部门和单位、国库和其他部门、单位的下列行为，责令改正，对负有直接责任的主管人员和其他直接责任人员依法给予处分： （一）未依照法律、法规规定的程序和要求，编制、报送政府预算、部门预算、调整预算方案、决算草案以及批复预算、决算的； （二）未将所有政府收入和支出列入预算并接受审查监督的；		第九十一条 各级政府及有关部门有下列行为之一的，责令改正，对负有直接责任的主管人员和其他直接责任人员追究行政责任： （一）未依照法律、法规规定的程序和要求，编制、报送预算草案和要求，编制、报送预算草案、预算调整方案、决算草案、预算调整方案、决算以及批复预算、决算的； （二）未将所有政府收入和支出列入预算的； （三）违反法律、法规或者国务院的规定，擅自进行预算调整或者变更的；
第七十五条 隐瞒预算收入或者转为预算内支出的，由上一级政府财政部门责令纠正，并由上级政府主管机关给予负有直接责任的主管人员和其他直接责任人员行政处分。			

现　行　法	二　审　稿	二审稿修改建议	三审稿修改稿
	（三）违反法律、法规规定，擅自调整预算级次或者变更预算收支类别的； （四）违反法律、法规或者国务院财政部门的规定，擅自进行预算调整或者变更的； （五）违反法律、法规规定，擅自动用预算预备费、预算周转金、预算稳定调节基金的； （六）违反政府性基金项目的； （七）违反本法规定，举借债务或者为他人债务担保的； （八）违反法律、法规的规定，擅自减征、免征或者缓征应征预算收入，擅自改变预算收入上缴方式，预算收入科目，或者挪用上级预算收入，以及截留、占用或者挪用上级预算收入的； （九）违反法律、法规或者国务院财政部门的规定，擅自改变预算支出用途的；		（四）未依法向社会公开预算、预算调整、决算、预算执行情况的报告及报表的。 第九十二条 有下列行为之一的，各级政府及有关部门对负有直接责任的主管人员和其他直接责任人员依法给予降级、撤职、开除的处分： （一）违反本法规定，擅自设立政府性基金项目和其他财政收入项目的； （二）违反法律、行政法规的规定，擅自多征、提前征收或者减征、免征、缓征应征预算收入，以及截留、占用或综合挪用上级预算收入的； （三）违反财政部门的规定，擅自改变财政支出用途的； （四）擅自改变上级政府专项转移支付资金用途的；

(续表)

现行法	二审稿	二审稿修改建议	三审稿修改稿
	（十）未依照法律、法规的规定办理预算收入收纳、划分、留解、退付及预算支出拨付，或者擅自冻结、动用国库款项或者以其他方式支配已入国库库款的； （十一）未依照法律、法规或者国务院财政部门的规定开设、使用、撤销财政资金账户的； （十二）未依法向社会公开预算、预算调整、决算的。 地方各级政府有前款规定违法行为的，由上级政府责令改正，对负有直接责任的主管人员和其他直接责任人员依法给予处分。 第八十八条 县级以上各级政府对下级政府的下列行为，责令改正，对负有直接责任的主管人员和其他直接责任人员依法给予处分： （一）违反法律、行政法规的规定，擅自决定减免税收或者其他预算收入的；		（五）未依照法律、法规的规定办理预算收入收纳、划分、留解、退付及预算支出拨付，或者违反本法规定或者以其他方式支配已入国库款项或者以其他方式支配已入国库库款的； （六）违反法律、法规规定，擅自动用预算备费、预算周转金、预算稳定调节基金的； （七）未依照财政部门的规定开设、使用、撤销财政资金账户的。 第九十三条 各部门、各单位违反本法规定举借债务或者为他人债务提供担保，或者在预算之外及超预算标准建设楼堂馆所的，责令改正，对负有直接责任的主管人员和其他直接责任人员给予撤职、开除的处分。

503

（续表）

现行法	二 审 稿	二审稿修改建议	三审稿修改稿
	（二）未将政府收入和支出全部列入预算的； （三）延解、占压应当上解的财政收入的； （四）截留、挤占不属于本级政府的预算资金的； （五）擅自改变上级政府专项转移支付资金用途的； （六）违反本法规定举借债务的。 第八十九条　各级政府财政部门对本级和下级政府各部门、单位及其工作人员的下列行为，责令改正，调整有关会计账目，追回骗取、使用的资金，没收违法所得，对单位给予警告或者通报批评，对单位有权建议有关机关和其他直接责任的主管人员依法给予处分： （一）以虚报、冒领等手段骗取预算资金的； （二）截留、占用、挪用预算资金的；		第九十四条　各级政府有关部门、单位及其工作人员有下列行为之一的，责令改正，有违法所得的追回骗取、使用的资金，没收违法所得的没收违法所得，对单位给予警告或者通报批评，对负有直接责任的主管人员和其他直接责任人员依法给予处分： （一）违反法律、法规规定擅自改变预算收入上缴方式的； （二）以虚报、冒领等手段骗取预算资金的； （三）截留、占用、挪用预算资金的； （四）违反规定扩大开支范围、提高开支标准的； （五）其他违反财政管理规定的行为。

（续表）

现行法	二审稿	二审稿修改建议	三审稿修改稿
（三）擅自减征、免征或者缓征预算收入以及未及时上解预算收入的； （四）未依照规定程序及时支付资金的； （五）违反法律、法规的规定，分配、使用财政转移支付资金的。			
	第九十条 本法第八十七条、第八十八条、第八十九条所列违法行为，《中华人民共和国税收征收管理法》对其处罚另有规定的，依照其规定。 违反本法规定，构成犯罪的，依法追究刑事责任。	第九十条 有本法第八十七条、第八十八条、第八十九条所列违法行为的，由上级机关责令改正，并由任免机关或者监察机关对责任人员给予警告、记过或者记大过处分；情节较重的，给予降级处分；情节严重的，给予撤职或者开除处分。 本法第八十七条、第八十八条、第八十九条所列违法行为，《中华人民共和国税收征收管理法》对其处理、处罚另有规定的，依照其规定。 违反本法规定，构成犯罪的，依法追究刑事责任。	第九十五条 本法第九十一条、第九十二条、第九十三条、第九十四条所列违法行为，《中华人民共和国税收征收管理法》和其他法律法规所列税收征收对其处理、处罚另有规定的，依照其规定。 违反本法规定，构成犯罪的，依法追究刑事责任。

505

(续表)

现　行　法	二　审　稿	二审稿修改建议	三审稿修改稿
第十一章　附　则	第十一章　附　则	第十一章　附　则	第十一章　附　则
第七十六条　各级政府、各部门、各单位应当加强对预算外资金的管理。预算外资金管理办法由国务院另行规定。各级人民代表大会要加强对预算外资金使用的监督。	（删除）		
	第九十一条　政府性基金预算、国有资本经营预算和社会保障预算的编制、执行和实施步骤，由国务院依据本法作出规定。		（删除）
			第九十六条　各级政府财政部门应当按年度编制综合权责发生制为基础的政府整体财务报告，报告政府财政中长期可持续运行情况和财政整体财务状况，报本级人民代表大会常务委员会备案。
第七十八条　国务院根据本法制定实施条例。	第九十二条　国务院根据本法制定实施条例。		第九十七条　国务院根据本法制定实施条例。

（续表）

现 行 法	二 审 稿	二审稿修改建议	三审稿修改稿
第七十七条 民族自治地方的预算管理，依照民族自治区域自治法的有关规定执行；民族区域自治法没有规定的，依照本法和国务院的有关规定执行。	第九十三条 民族自治地方的预算管理，依照民族自治区域自治法的有关规定执行；民族区域自治法没有规定的，依照本法和国务院的有关规定执行。		第九十八条 民族自治地方的预算管理，依照民族自治区域自治法的有关规定执行；民族区域自治法没有规定的，依照本法和国务院的有关规定执行。
	第九十四条 省、自治区、直辖市人民代表大会或者其常务委员会根据本法，制定有关预算监督的决定或者地方性法规。		第九十九条 省、自治区、直辖市人民代表大会或者其常务委员会根据本法，可以制定有关预算监督的决定或者地方性法规。
第七十九条 本法自1995年1月1日起施行。1991年10月21日国务院发布的《国家预算管理条例》同时废止。	第九十五条 本法自1995年1月1日起施行。1991年10月21日国务院发布的《国家预算管理条例》同时废止。		第一百条 本法自1995年1月1日起施行。1991年10月21日国务院发布的《国家预算管理条例》同时废止。

附录五

八位专家学者就《预算法修正案（草案三次审议稿）》向全国人大法工委提出的五条主要修改建议

2014年6月14日，我们八位长期从事《预算法》研究的学者在北京召开专家讨论会，对《预算法》的修改和完善进行了深入研讨。会议达成的共识是，与现行《预算法》和《预算法修正案（草案二次审议稿）》（以下简称《二审稿》）相比，《预算法修正案（草案三次审议稿）》（以下简称《三审稿》）有诸多进步，但是在人大的预算审查监督权、预算编制的完整性、预算透明度、国库管理等方面仍有待明确、改进或修正的余地。根据会议讨论的共识和专家学者会后的建议，我们对《三审稿》提出如下修改意见：

一、进一步完善《预算法》的立法宗旨

《三审稿》第一条开宗明义地指出，《预算法》的宗旨是"为了规范政府收支行为，加强对预算的管理和监督"，相对于《二审稿》，这是一个巨大的进步。这一宗旨表明，预算不再只是经法定程序审核批准的政府年度财政收支计划，更是人民及代表监督和管理政府财政行为的工具。但是，政府收支并不是财政活动的全部，它不足以

概括政府的沉淀资金、债务资金，对国有资产的管理也无法体现。因此，我们建议将"政府收支行为"改为"政府财政行为"。此外，预算应坚持"全面""规范""透明"，作为《预算法》的基本原则，用以概括预算的基本要求，相比《三审稿》中"全面规范、公开透明"的表述更能达意。同时，为了贯彻十八届三中全会的精神，体现预算在国家治理中的作用，建议增加预算促进国家治理的内容。有鉴于此，本条可以修改为："为了规范政府财政行为，加强对预算的管理和监督，建立全面、规范、透明的预算制度，促进国家治理现代化，根据宪法，制定本法。"

二、增加规定政府预算活动的目标

我们认为，《预算法》的目的不仅仅在于程序控制，更在于通过启动程序，实现预算管理的目标。这一点对政府编制和执行预算、人大审批和监督预算都具有重要指导意义。因此，《预算法》应该明确预算的目标。一般而言，预算管理应致力促进四个关键目标：（1）有效的财政控制以确保可持续性；（2）财政资金基于公平和效率的合理配置；（3）实现支出绩效；（4）确保财政收支公开、透明。这些是整个《预算法》所要追求的实体价值。因此，建议增加一条，作为第二条："预算管理制度应当促进财政控制、财政资金的合理配置及公共资金的有效使用。"

三、强化人大预算审查监督，设立预算专门委员会

预算程序最重要的着力环节是立法机关的审批监督。从目前的

情况看，人大对政府预算的审查能力比较薄弱，无法正常履行《预算法》赋予的职能。虽然人民代表大会设立了财政经济委员会，但是其职能非常综合，主要负责财经方面的立法。而人大对政府预算的审查、监督和制衡，是一种专业性非常强的活动，从预算编制开始，到预算的审议批准，再到预算执行的监督，需要进行全过程参与，非财政经济委员会力所能逮。虽然全国人大及部分地方人大常委会先后设立预算工作委员会，但是，它们毕竟只是常委会的工作机构，不是各级人大能独立享有职权的专门委员会，加之其人员有限，既要负责财税立法事务，也要负责预算审查监督，分身乏术。从促进预算民主、改善国家治理的角度看，要加强人民代表大会对政府预算的管理和监督职能，必须建立相应的专门委员会，并强化预算工作委员会的作用。

我们建议，在县级以上人民代表大会设立"预算委员会"，或者将财政经济委员会分立为"财政委员会""经济委员会"。"预算委员会"或"财政委员会"专司财税立法和每年预算的审查、监督与制衡。同时，强化人大常委会预算工作委员会的职能，扩大编制，增加人员，便于其协助"预算委员会"或"财政委员会"的工作。特别是，可以将预算审计的职能赋予预工委，使其与政府预算、公共单位内部审计并列，大大提升人大对政府预算的审查、监督和制衡能力。

四、落实财政透明度原则，健全政府财务管理

政府预算支出，花的是纳税人的钱，一分一厘都应该让纳税人

知晓。预算公开是保障纳税人清楚知晓预算支出的重要方式。《二审稿》对此已经有所突破,要求政府及时公开已审批通过的预算,部门及时公开经过批复的部门预算。但是,预算公开的程度、方法对社会公众了解预算也很重要。另外,预算公开只是增加财政透明度的一个方面,与此相关的其他政府财务信息也应该公开。

因此我们建议,一是要扩大信息公开的环节,整个预算过程应当公开透明。政府提交人大审批的预算草案,也要采取一定的方式让公众知晓,收集并征求公众的意见。二是要扩大信息公开的内容,除了预算、决算,以及政府对预算、决算报告之外,政府预算、决算审计报告、政府综合财务报告等都应当公开。三是要完善预算公开的形式,除按照功能分类和经济分类公开外,项目支出、政府采购支出、政府债务情况等,都应该逐项公开。四是提高预算公开的程度,伴随着预算编制的精细化,预算应当公开到编制的最低一级科目。

五、明确央行国库的职能,从严格限制财政专户制度的设立到逐步取消财政专户

国库是财政收支的平台,是国家的金库,应当和财政部门保持相对独立性,以便实现政府内部的相互监督、审核和制约。我们认为,要想保证公款的安全,必须坚持1994年《预算法》第四十八条第二款和《中国人民银行法》第四条第八款和第二十四条所确认的模式,即,央行经理国库。《预算法》中所提到的国库,应该是指央行国库,而不是财政国库。基于这个前提,所有的财政资金都必须

纳入国库单一账户（TSA）管理，资金缴存直达国库单一账户，资金拨付从国库单一账户直达供应商账户。政府部门可以设立跟国库单一账户联动的银行存款账户，但是必须每天实现零余额。

同样是基于公款安全的考虑，《预算法》有必要严格限制财政专户的设立。目前多达上万个的财政专户不仅降低了政府的资金利用效率，肢解了预算的全面性，而且滋生了腐败和寻租。实际上，国库现有的技术能力完全可以解决各种资金的特殊需要，没有必要在国库之外再在商业银行开设财政专户。万一确有这个必要，也应履行严格的法律标准，履行严格的审批程序。我们以为，除非法律、行政法规允许或者人大常委会批准，政府不能在国库单一账户之外设立财政专户。

本建议修改意见的参与学者（按姓氏拼音序排列）：

蒋　洪：全国政协委员，上海财经大学公共经济与管理学院财政学教授；

刘剑文：北京大学法学院教授、财税法研究中心主任，中国法学会财税法学研究会会长；

李维森（韦森）：复旦大学经济学院教授，复旦大学经济思想与经济史研究所所长；

李炜光：天津财经大学财政学科首席教授；

施正文：中国政法大学民商经济法学院教授、财税法研究中心主任；

王雍君：中央财经大学教授、财经学院财经研究院院长；

熊　伟:武汉大学教授、税法研究中心主任,中国财税法学研究会副会长;

叶　青:全国十、十一届全国人大代表,湖北省统计局副局长,中南财经政法大学教授、博士生导师。

2014年6月30日

附录六

十八位专家学者对《预算法修正案（草案三次审议稿）》的修改意见对照表

注：

(1)《三审稿》中黑体字为对现行法的修改。

(2)《三审稿》修改建议列出建议修改的条款，黑体字为修改建议。

(3) 我们提供的《三审稿》中欠缺第三十九、四十、四十一、四十二、四十三、五十一、五十二、五十三、五十四条，如有建议请另附文。

(4) 灰底部分表示删除。

现 行 法	三 审 稿	三审稿修改建议
第一章 总 则	第一章 总 则	第一章 总 则
第一条 为了强化预算的分配和监督职能，健全国家对预算的管理，加强国家宏观调控，保障经济和社会的健康发展，根据宪法，制定本法。	第一条 为了规范政府收支行为，加强对预算的管理和监督，建立健全全面规范、公开透明的预算制度，保障经济社会的健康发展，根据宪法，制定本法。	第一条 为了规范政府财政行为，加强对预算的管理和监督，促进全面、规范、透明的预算制度，促进国家治理的现代化，根据宪法，制定本法。 增加一条：预算制度应当促进财政控制、财政资金的合理配置及公共资金的有效使用。

514

现 行 法	三 审 稿	三审稿修改建议
	第二条 预算、决算的编制、审查、批准、监督，以及预算的执行和调整，依照本法规定执行。	
第二条 国家实行一级政府一级预算，设立中央，省、自治区、直辖市，设区的市、自治州，县、自治县、不设区的市、市辖区，乡、民族乡、镇五级预算。不具备设立预算条件的乡、民族乡、镇，经省、自治区、直辖市政府确定，可以暂不设立预算。	第三条 国家实行一级政府一级预算，设立中央，省、自治区、直辖市，设区的市、自治州，县、自治县、不设区的市、市辖区，乡、民族乡、镇五级预算。国家预算由中央预算和地方预算组成。地方预算由各省、自治区、直辖市总预算组成。地方各级总预算即指本级预算和汇总的下一级总预算；下一级只有本级预算的，下一级总预算即指下一级本级预算。没有下一级预算的，总预算即指本级预算。（第七条等、第二款移至此）	
	第四条 预算分为一般公共预算、政府性基金预算、国有资本经营预算、社会保险基金预算。一般公共预算、政府性基金预算、国有资本经营预算、社会保险基金预算应当保持完整、独立，同时保持各类预算间互相衔接。	
	第五条 预算由预算收入和预算支出组成。各级政府的全部收入和支出都应当纳入预算。	第五条 预算由预算收入、预算支出、资产和负债等组成。各级政府机构及其所属所有行政事业单位以及经营机构的全部收入、支出、资产、负债都应当纳入预算报告体系。

515

（续表）

现行法	三审稿	三审稿修改建议
第四条 中央政府预算由中中央各部门（以下简称中央预算单位，下同）的预算组成。中央预算包括地方向中央上解的收入数额和中央对地方返还或者给予补助的数额。	第六条 一般公共预算收入，安排用于保障和改善民生，推动经济社会发展，维护国家安全等方面的收支预算。中央一般公共预算包括中央各部门、各直属单位的预算和中央对地方的税收返还和转移支付预算。中央一般公共预算收入包括中央本级收入和地方向中央的上解收入。中央一般公共预算支出包括中央本级支出、中央对地方的税收返还和转移支付。	
第五条 地方预算由各省、自治区、直辖市总预算组成。地方各级总预算由本级政府预算（以下简称本级预算）和汇总的下一级总预算组成；下一级只有本级预算的，下一级总预算即指下一级本级预算。没有下一级预算的，总预算即指本级预算。地方各级政府预算由本级各部门（含直属单位，下同）的预算组成。地方各级政府预算包括下级政府向上级政府上解的收入数额和上级政府对下级政府返还或者给予补助的数额。	第七条 地方各级一般公共预算包括本级各部门、各直属单位的预算和税收返还、转移支付预算。地方各级一般公共预算收入包括地方本级收入、上级政府一般公共预算对本级政府的税收返还和转移支付、下级政府的上解收入。地方各级一般公共预算支出包括地方本级支出、一般公共预算的上解支出，对上级政府的上解支出，对下级政府的税收返还和转移支付。	

(续表)

现 行 法	三 审 稿	三审稿修改建议
第六条 各部门预算由本部门所属各单位预算组成。 第七条 单位预算是指列入部门预算的国家机关、社会团体和其他单位的收支预算。	第八条 各部门预算由本部门及其所属各单位预算组成。	
	第九条 政府性基金预算是对依照法律、行政法规的规定或者以其他事业发展的方式向特定对象征收、收取用于特定公共事业发展的资金，专项用于特定公共事业发展的收支预算。政府性基金预算应当按基金项目编制，做到以收定支、收支平衡。	
	第十条 国有资本经营预算对国有资本收益作出支出安排的收支预算。国有资本经营预算应当安排资金调入一般公共预算。	
	第十一条 社会保险基金预算是对社会保险缴款，一般公共预算安排和其他方式筹集的资金，专项用于社会保险的收支预算。社会保险基金预算应当按照统筹层次和社会保险项目分别编制，做到收支平衡，略有结余。	

517

（续表）

现　行　法	三　审　稿	三审稿修改建议
第三条　各级预算应当做到收支平衡。	第十二条　各级预算应当遵循统筹兼顾、勤俭节约、量力而行，讲求绩效和收支平衡的原则。 各级政府应当建立跨年度预算平衡机制。	
第九条　经本级人民代表大会批准的预算，非经法定程序，不得改变。	第十三条　经人民代表大会批准的预算，非经法定程序，不得改变。各部门、各单位的支出必须以经批准的预算为依据，未列入预算的不得支出。	
	第十四条　经本级人民代表大会或者本级人民代表大会常务委员会批准的预算、预算调整、决算，预算执行情况的报告及报表，应当在批准后20日内由本级政府财政部门向社会公开。 经本级政府财政部门批复的部门预算、决算及报表，应当在批复后20日内由各部门向社会公开并对部门预算、决算中机关运行经费的安排、使用情况作出说明。 各级政府、各部门、各单位在政府集中采购中采购货物、工程和服务运用财政性资金的情况应当公开。 本条前三款规定的公开，涉及国家秘密的内容除外。	第十四条　预算过程应当公开透明。 经本级人民代表大会或者本级人民代表大会常务委员会批准的预算、预算调整、决算，预算执行情况的报告及报表，应当在批准后20日内由本级政府财政部门向社会公开。 经本级政府财政部门批复的部门预算、决算及报表，应当在批复后20日内由各部门向社会公开并对部门预算、决算中机关运行经费的安排、使用情况作出说明。 经审计的预算收入公开细化到目级科目。预算支出公开，按功能分类细化到款级科目。项目支出按项目经济分类细化到级科目。 各级政府财政部门负责预算的公开。本级预算以及所属各部门预算的公开。

（续表）

现　行　法	三　审　稿	三审稿修改建议
		本条规定的公开，涉及国家秘密的内容除外。 增加一条：财务报告应当公开，具体办法由国务院规定。
第八条　国家实行中央和地方分税制。	第十五条　国家实行中央和地方分税制。 （恢复现行法，相应恢复现行法第二十一条并作修改）	
	第十六条　国家实行财政转移支付制度。财政转移支付应当规范、公平、公开，采用公式法进行分配，以推进地区间基本公共服务均等化为主要目标。 财政转移支付分为中央对地方的转移支付和地方上级政府对下级政府的转移支付，以为均衡地区间基本财力，由中下级政府统筹安排使用的一般性转移支付为主体。 按照法律、行政法规和国务院的规定可以设立专项转移支付，用于办理特定事项。竞争性领域不得安排专项转移支付，一般上级政府在安排专项转移支付时，不得要求下级政府承担配套资金。	第十六条　国家实行财政转移支付制度。财政转移支付应当规范、公平、公开，采用公式法进行分配，以推进地区间基本公共服务均等化为主要目标。 财政转移支付分为中央对地方的转移支付和地方上级政府对下级政府的转移支付，以为均衡地区间基本财力，由中下级政府统筹安排使用的一般性转移支付为主体。 按照法律、行政法规和国务院的规定可以设立专项转移支付，用于办理特定事项。竞争性领域不得安排专项转移支付，一般上级政府在安排专项转移支付时，不得要求下级政府承担配套资金。

519

（续表）

现 行 法	三 审 稿	三审稿修改建议
	第十七条 各级预算的编制、执行、监督应当建立健全相互制约、相互协调的机制。	
第十条 预算年度自公历一月一日起，至十二月三十一日止。	第十八条 预算年度自公历1月1日起，至12月31日止。	
第十一条 预算收入和预算支出以人民币元为计算单位。	第十九条 预算收入和预算支出以人民币元为计算单位。	
第二章 预算管理职权	第二章 预算管理职权	第二章 预算管理职权
第十二条 全国人民代表大会审查中央和地方预算草案及中央和地方预算执行情况的报告；批准中央预算和中央预算执行情况的报告；改变或者撤销全国人民代表大会常务委员会关于预算、决算的不适当的决议。全国人民代表大会常务委员会监督中央和地方预算的执行；审查和批准中央决算；审查和批准中央预算的调整方案；撤销国务院制定的同宪法、法律相抵触的行政法规、决定和命令；撤销省、自治区、直辖市人民代表大会及其常务委员会制定的同宪法、法律和行政法规相抵触的关于预算、决算的地方性法规和决议。	第二十条 全国人民代表大会审查中央和地方预算草案及中央和地方预算执行情况的报告；批准中央预算和中央预算执行情况的报告；改变或者撤销全国人民代表大会常务委员会关于预算的不适当的决议。全国人民代表大会常务委员会监督中央和地方预算的执行；审查和批准中央决算；审查和批准中央预算的调整方案；撤销国务院制定的同宪法、法律相抵触的行政法规、决定和命令；撤销省、自治区、直辖市人民代表大会及其常务委员会制定的同宪法、法律和行政法规相抵触的关于预算、决算的地方性法规和决议。	

（续表）

现 行 法	三 审 稿	三审稿修改建议
第十三条 县级以上地方各级人民代表大会审查本级总预算草案及本级总预算执行情况的报告；批准本级预算和本级预算执行情况的报告；改变或者撤销本级人民代表大会常务委员会关于预算、决算的不适当的决议；撤销本级政府关于预算、决算的不适当的决定和命令。 县级以上地方各级人民代表大会常务委员会监督本级总预算的执行；审查和批准本级预算的调整方案；审查和批准本级政府决算（以下简称本级决算）；撤销本级人民代表大会及其常务委员会关于预算、决算的不适当的决议；撤销本级政府关于预算、决算的不适当的决定和命令。 乡、民族乡、镇的人民代表大会审查和批准本级预算和本级预算执行情况的报告；监督本级预算的执行；审查和批准本级决算；撤销本级政府关于预算、决算的不适当的决定和命令。	第二十一条 县级以上地方各级人民代表大会及本级总预算草案及本级总预算执行情况的报告；批准本级预算和本级预算执行情况的报告；改变或者撤销本级人民代表大会常务委员会关于预算、决算的不适当的决议；撤销本级政府关于预算、决算的不适当的决定和命令。 县级以上地方各级人民代表大会常务委员会监督本级总预算的执行；审查和批准本级预算的调整方案；审查和批准本级决算；撤销本级人民代表大会及其常务委员会关于预算、决算的不适当的决议；撤销本级政府关于预算、决算的不适当的决定和命令。 乡、民族乡、镇的人民代表大会审查和批准本级预算和本级预算执行情况的报告；审查和批准本级决算；撤销本级政府关于预算、决算的不适当的决定和命令。	
	第二十二条 全国人民代表大会财政经济委员会对中央预算草案初步方案及上一年预算执行情况、中央预算调整初步方案和中央决算草案进行初步审查，提出初步审查意见。	第二十二条 全国人民代表大会有关专门委员会对中央预算草案初步方案及上一年预算执行情况、中央预算调整初步方案和中央决算草案进行初步审查，提出初步审查意见。

521

（续表）

现 行 法	三 审 稿	三审稿修改建议
	省、自治区、直辖市人民代表大会有关专门委员会对本级预算草案初步方案及上一年预算执行情况、本级预算调整初步方案和本级决算草案进行初步审查，提出初步审查意见。 设区的市、自治州人民代表大会有关专门委员会对本级预算草案初步方案及上一年预算执行情况、本级预算调整初步方案和本级决算草案进行初步审查，提出初步审查意见。未设立专门委员会的可以由人民代表大会常务委员会的有关工作机构研究提出意见。 县、自治县、不设区的市、市辖区人民代表大会常务委员会对本级预算草案初步方案及上一年预算执行情况进行初步审查，提出初步审查意见。县、自治县、不设区的市、市辖区人民代表大会常务委员会有关工作机构对本级预算调整初步方案和本级决算草案研究提出意见。 政府财政部门应当将对本级人民代表大会有关专门委员会、常务委员会有关工作机构的意见的处理情况及时反馈。	省、自治区、直辖市人民代表大会有关专门委员会对本级预算草案初步方案及上一年预算执行情况、本级预算调整初步方案和本级决算草案进行初步审查，提出初步审查意见。 设区的市、自治州人民代表大会有关专门委员会对本级预算草案初步方案及上一年预算执行情况、本级预算调整初步方案和本级决算草案进行初步审查，提出初步审查意见。未设立专门委员会的可以由人民代表大会常务委员会的有关工作机构研究提出意见。 县、自治县、不设区的市、市辖区人民代表大会常务委员会对本级预算草案初步方案及上一年预算执行情况进行初步审查，提出初步审查意见。县、自治县、不设区的市、市辖区人民代表大会常务委员会有关工作机构对本级预算调整初步方案和本级决算草案研究提出意见。 政府财政部门应当将对本级人民代表大会有关专门委员会、常务委员会有关工作机构的意见的处理情况及时反馈。

（续表）

现行法	三审稿	三审稿修改建议
	人民代表大会有关专门委员会、常务委员会有关工作机构依照本条第一款至第四款规定提出的意见，应当印发本级人民代表大会代表和常务委员会组成人员。 全国人民代表大会常务委员会和省、自治区、直辖市、设区的市、自治州人民代表大会常务委员会有关工作机构，依照本级人民代表大会常务委员会的决定，协助本级人民代表大会财政经济委员会或者有关专门委员会承担审查预算草案、预算调整方案、决算草案和监督预算执行等方面的具体工作。	人民代表大会有关专门委员会、常务委员会有关工作机构依照本条第一款至第四款规定提出的意见，应当印发本级人民代表大会代表和常务委员会组成人员。 全国人民代表大会常务委员会和省、自治区、直辖市、设区的市、自治州人民代表大会常务委员会有关工作机构，依照本级人民代表大会常务委员会的决定，协助本级人民代表大会财政经济委员会或者有关专门委员会承担审查预算草案、预算调整方案、决算草案和监督预算执行等方面的具体工作。
第十四条 国务院编制中央预算、决算草案；向全国人民代表大会作关于中央和地方预算草案的报告；将省、自治区、直辖市政府报送备案的预算汇总后报全国人民代表大会常务委员会备案；组织中央和地方预算的执行；决定中央预算预备费的动用；编制中央预算调整方案；监督中央各部门和地方政府的预算执行；改变或者撤销中央各部门和地方政府关于预算、决算的不适当的决定、命令；向全国人民代表大会、全国人民代表大会常务委员会报告中央和地方预算的执行情况。	第二十三条 国务院编制中央预算、决算草案；向全国人民代表大会作关于中央和地方预算草案的报告；将省、自治区、直辖市政府报送备案的预算汇总后报全国人民代表大会常务委员会备案；组织中央和地方预算的执行；决定中央预算预备费的动用；编制中央预算调整方案；监督中央各部门和地方政府的预算执行；改变或者撤销中央各部门和地方政府关于预算、决算的不适当的决定、命令；向全国人民代表大会、全国人民代表大会常务委员会报告中央和地方预算的执行情况。	

（续表）

现 行 法	三 审 稿	三审稿修改建议
第十五条 县以上地方各级政府编制本级预算、决算草案；向本级人民代表大会作关于本级预算草案的报告；将下一级政府报送备案的预算汇总后报本级人民代表大会常务委员会备案；组织本级总预算的执行；决定本级预算预备费的动用；编制本级预算的调整方案；监督本级各部门和下级政府预算的执行；改变或者撤销本级各部门和下级政府关于预算执行的不适当的决定、命令；向本级人民代表大会、本级人民代表大会常务委员会报告本级总预算的执行情况。 乡、民族乡、镇政府编制本级预算、决算草案；向本级人民代表大会作关于本级预算草案的报告；组织本级预算的执行；决定本级预算预备费的动用；编制本级预算的调整方案；向本级人民代表大会报告本级预算的执行情况。	第二十四条 县级以上地方各级政府编制本级预算、决算草案；向本级人民代表大会作关于本级预算草案的报告；将下一级政府报送备案的预算汇总后报本级人民代表大会常务委员会备案；组织本级总预算的执行；决定本级预算预备费的动用；编制本级各部门和下级政府的预算调整方案；监督本级各部门和下级政府预算的执行；改变或者撤销本级各部门和下级政府关于预算执行的不适当的决定、命令；向本级人民代表大会、本级人民代表大会常务委员会报告本级总预算的执行情况。 乡、民族乡、镇政府编制本级预算、决算草案；向本级人民代表大会作关于本级预算草案的报告；组织本级预算的执行；决定本级预算预备费的动用；编制本级预算的调整方案；向本级人民代表大会报告本级预算的执行情况。	经省、自治区、直辖市政府批准，乡、民族乡、镇本级预算草案、预算调整方案、决算草案，可以由上一级政府代编，并依照本法第十八条的规定报乡、民族乡、镇的人民代表大会审查和批准。

(续表)

现 行 法	三 审 稿	三审稿修改建议
第十六条 国务院财政部门具体编制中央预算、决算草案;具体组织中央和地方预算的执行;提出中央预算备费动用方案;具体编制中央预算的调整用方案;定期向国务院报告中央和地方预算的执行情况。 地方各级政府财政部门具体编制本级预算、决算草案;具体组织本级总预算的执行;提出本级预算备费动用方案;具体编制本级预算的调整方案;定期向本级政府和上一级政府财政部门报告本级总预算的执行情况。	第二十五条 国务院财政部门具体编制中央预算、决算草案;具体组织中央和地方预算的执行;提出中央预算备费动用方案;具体编制中央预算的调整方案;定期向国务院报告中央和地方预算的执行情况。 地方各级政府财政部门具体编制本级预算、决算草案;具体组织本级总预算的执行;提出本级预算备费动用方案;具体编制本级预算的调整方案;定期向本级政府和上一级政府财政部门报告本级总预算的执行情况。	
第十七条 各部门编制本部门预算、决算草案;组织和监督本部门预算的执行;定期向本级政府财政部门报告预算的执行情况。 第十八条 各单位编制本单位预算、决算草案;按照国家规定上缴预算收入,安排预算支出,并接受国家有关部门的监督。	第二十六条 各部门编制本部门预算、决算草案;组织和监督本部门预算的执行;定期向本级政府财政部门报告预算的执行情况。 各单位编制本单位预算、决算草案;按照国家规定上缴预算收入,安排预算支出,并接受国家有关部门的监督。	

(续表)

现 行 法	三 审 稿	三审稿修改建议
第三章 预算收支范围 第十九条 预算由预算收入和预算支出组成。 预算收入包括： （一）税收收入； （二）依照规定应当上缴的国有资产收益； （三）专项收入； （四）其他收入。 预算支出包括： （一）经济建设支出； （二）教育、科学、文化、卫生、体育等事业发展支出； （三）国家管理费用支出； （四）国防支出； （五）各项补贴支出； （六）其他支出。	第三章 预算收支范围 第二十七条 一般公共预算收入包括各项税收收入、行政事业性收费收入、国有资源（资产）有偿使用收入、转移性收入和其他收入。 一般公共预算支出按照其功能分类，包括一般公共服务支出、外交、公共安全、国防支出、农业、环境保护支出、教育、科技、文化、卫生、体育支出、社会保障及就业支出和其他支出。 一般公共预算支出按照其经济性质分类，包括工资福利支出、商品和服务支出、资本性支出和其他支出。 第二十八条 政府性基金预算、国有资本经营预算和社会保险基金预算的收支范围，按照法律、行政法规和国务院的规定执行。	第三章 预算收支范围

（续表）

现 行 法	三 审 稿	三审稿修改建议
第二十条 预算收入、地方预算收入。中央预算支出、地方预算共同支出和地方预算支出。		
第二十一条 中央预算与地方预算有关收入和支出项目的划分、地方向中央上解收入、中央对地方返还或者给予补助的具体办法，由国务院规定，报全国人民代表大会常务委员会备案。	第二十九条 中央预算与地方预算有关收入和支出项目的划分、地方向中央上解收入、中央对地方税收返还或者转移支付的具体办法，由国务院规定，报全国人民代表大会常务委员会备案。 （恢复现行法并作修改）	第二十九条 中央预算与地方预算有关收入和支出项目的划分、地方对税收返还或者转移支付的具体办法，由国务院提出方案，报全国人民代表大会常务委员会审批。
第二十二条 预算收入应当统筹安排使用；确需设立专用基金项目的，须经国务院批准。		
第二十三条 上级政府不得在预算之外调用下级政府预算的资金。下级政府不得挤占或者截留属于上级政府预算的资金。	第三十条 上级政府不得在预算之外调用下级政府的资金。下级政府不得挤占或者截留属于上级政府预算的资金。	
第四章 预算编制	第四章 预算编制	第四章 预算编制
第二十五条 国务院应当及时下达关于编制下一年预算草案的指示。编制预算草案的具体事项，由国务院财政部门部署。 第二十四条 各级政府、各部门、各单位应当按照国务院规定的时间编制预算草案。	第三十一条 国务院应当及时下达关于编制下一年预算草案的通知。编制预算草案的具体事项由国务院财政部门部署。 各级政府、各部门、各单位应当按照国务院规定的时间编制预算草案。	第三十一条 国务院应当在6月30日前下达关于编制下一年预算草案的通知。编制预算草案的具体事项由国务院财政部门部署。 各级政府、各部门、各单位应当按照国务院规定的时间编制预算草案。

527

（续表）

现　行　法	三　审　稿	三审稿修改建议
第二十五条　中央预算和地方各级政府预算，应当参考上一年预算执行情况和本年度收支预测进行编制。	第三十二条　各级预算应当根据年度经济社会发展目标和国家宏观调控总体要求和跨年度预算平衡的需要，参考上一年预算执行情况、有关支出绩效评价结果和本年度收支预测，按照规定程序征求各方面意见后，进行编制。 各级政府依据法定权限作出决定或者制定行政措施，凡涉及增加或者减少财政收入或者支出的，应当在预算批准前提出并在预算草案中作出相应安排。 各部门、各单位应当按照国务院财政部门制定的政府收支分类科目和省级以上政府财政部门制定的预算支出标准以及绩效目标管理等预算编制规定，根据其依法履行职能和事业发展的需要以及存量资产情况，编制本部门、本单位预算草案。 前款所称政府收支分类科目，应当按功能分类分为类、款、项，按经济性质分类分为类、款。	第三十二条　各级预算应当根据年度经济社会发展目标，国家宏观经济运行情况和跨年度预算平衡的需要，参考上一年预算执行情况、有关支出绩效评价结果和本年度收支预测，按照规定程序征求各方面意见和公众意见后，进行编制。 各级政府依据法定权限作出决定或者制定行政措施，凡涉及增加或者减少财政收入或者支出的，应当在预算批准前提出并在预算草案中作出相应安排。 各部门、各单位应当按照国务院财政部门制定的政府收支分类科目和省级以上政府财政部门制定的预算支出标准以及绩效目标管理等预算编制规定，根据其依法履行职能和事业发展的需要以及存量资产情况，编制本部门、本单位预算草案。 前款所称政府收支分类科目，应当按功能分类分为类、款、项，按经济性质分类分为类、款。
第三十六条　省、自治区、直辖市政府应当按照国务院规定的时间，将本级总预算草案报国务院核审汇总。	第三十三条　省、自治区、直辖市政府应当按照国务院规定的时间，将本级总预算草案报国务院汇总。	

（续表）

现 行 法	三 审 稿	三审稿修改建议
第二十六条 中央预算和地方各级政府预算按照复式预算编制。复式预算的编制办法和实施步骤，由国务院制定。		
第二十七条 中央政府公共预算不列赤字。中央预算中必需的建设投资的部分资金，可以通过举借国内和国外债务等方式筹措，但是借债应当有合理的规模和结构，中央预算中对已经举借的债务还本付息所需的资金，依照前款规定办理。	第三十四条 中央一般公共预算中必需的部分资金，可以通过举借国内和国外债务等方式筹措，举借债务应当控制适当的规模，保持合理的结构。对中央一般公共预算中举借的债务实行余额管理，余额的规模不得超过全国人民代表大会批准的限额。国务院财政部门具体负责对中央政府债务的统一管理，并对地方政府债务实施监督管理。	
第二十八条 地方各级预算按照量入为出、收支平衡的原则编制，不列赤字。除法律和国务院另有规定外，地方政府不得发行地方政府债券。	第三十五条 地方各级预算按照量入为出、收支平衡的原则编制，不列赤字。经国务院批准举债的省、自治区、直辖市的一般公共预算中必须的建设投资的部分资金，可以在国务院确定的债务举借方式筹措，地方政府债券举借债务的方式筹措。举借债务的规模，由国务院报全国人民代表大会或者全国人民代表大会常务委员会批准。省、自治区、直辖市依照国务院下达的限额举借	第三十五条 地方各级预算按照量入为出、收支平衡的原则编制，不列赤字。经国务院批准举债的省、自治区、直辖市的一般公共预算中必须的建设投资的部分资金，可以在国务院债券举借债务的方式筹措，通过发行地方政府债券举借债务的方式筹措。举借债务的规模，由国务院报全国人民代表大会或者全国人民代表大会常务委员会批准。省、自治区、直辖市依照国务院下达的限额举借

（续表）

现 行 法	三 审 稿	三审稿修改建议
	的债务，列入本级预算调整方案，报本级人民代表大会常务委员会批准。举借的债务应当有稳定的偿还资金来源，不得用于经常性支出。除前款规定外，地方政府及其所属部门、单位不得以任何方式举借债务。除法律另有规定外，地方政府及其所属部门、单位不得为任何单位和个人的债务提供担保。	的债务，列入本级代表大会预算调整方案，报本级人民代表大会常务委员会批准。举借的债务应当有稳定的偿还资金来源，不得用于经常性支出。增加一款：地方政府应当建立政府债务信用评级制度和资产负债预政状况等信息披露制度，加强对政府债务的监管。除前款规定外，地方政府及其所属部门、单位不得以任何方式举借债务。除法律另有规定外，地方政府及其所属部门、单位不得为任何单位和个人的债务提供担保。
第二十九条 各级预算收入的编制，应当与国民生产总值的增长率相适应。按照规定必须列入预算的收入，不得隐瞒、少列，也不得将上年的非正常收入作为编制预算收入的依据。	第三十六条 各级预算收入的编制，应当与经济和社会发展水平相适应，与财政政策相衔接。各级政府、各部门、各单位应当依照本法规定，将所有政府收入全部列入预算，不得隐瞒、少列。各级政府不得向预算收入征收部门和单位下达收入指标。	

(续表)

现 行 法	三 审 稿	三审稿修改建议
第三十条 各级预算支出的编制,应当贯彻厉行节约、勤俭建国的编制,各级统筹兼顾、确保重点,在保证政府公共支出合理需要的前提下,妥善安排其他各类预算支出。	第三十七条 各级预算支出应当依照本法规定,按其保障功能和经济性质分类编制。各级预算支出应当贯彻厉行节约、勤俭建国的方针,严格控制各部门、各单位机关运行经费和楼堂馆所等基本建设支出。各级一般公共预算支出的编制,应当统筹兼顾,在保证基本公共服务合理需要的前提下,优先安排国家确定的重点支出。	
	第三十八条 一般性转移支付应当按照国务院规定的标准和计算方法编制。专项转移支付应当分地区、分项目编制。县级以上各级政府应当将下达下级政府的转移支付提前下达。地方各级政府应当将上级政府提前下达的转移支付预计数编入本级预算。	第三十八条 一般性转移支付应当按照法律、行政法规规定的标准和计算方法编制。专项转移支付应当分地区、分项目按公式法原则编制。增加一款:县级以上各级政府应当将对下级政府的转移支付提前下达数提前下达下级政府。地方各级政府应当将上级政府提前下达的转移支付预计数编入本级预算。
第三十一条 中央预算和有关地方政府预算中安排必要的资金,用于扶助经济不发达的民族自治地方、革命老根据地、边远、贫困地区发展经济文化建设事业。	第三十九条 中央预算和有关地方预算中应当安排必要的资金,用于扶助地方革命老区、民族自治地方、边远、贫困地区发展经济文化建设事业。	第三十九条 中央预算和有关地方预算中应当安排必要的资金,用于扶助地方革命老区、民族自治地方、边远、贫困地区发展经济文化建设事业。

531

（续表）

现　行　法	三　审　稿	三审稿修改建议
第三十二条　各级政府预算应当按照本级政府预算支出额的百分之一至三设置预备费，用于当年预算执行中的自然灾害救灾开支及其他难以预见的特殊开支。	（欠缺）	
第三十三条　各级政府预算应当按照国务院的规定设置预算周转金。	（欠缺）	
第三十四条　各级政府预算的上年结余，可以在下年用于上年结转项目的支出；有余额的，可以补充预算周转金；再有余额的，可以用于下年必需的预算支出。	（欠缺）	
第五章　预算审查和批准	第五章　预算审查和批准	第五章　预算审查和批准
第三十九条　中央预算由全国人民代表大会审查和批准。地方各级政府预算由本级人民代表大会审查和批准。		增加一条：人民代表大会审议预算时可以采取听证、质询、辩论等程序。
第三十七条　国务院财政部门应当在每年全国人民代表大会会议举行的一个月前，将中央预算草案的主要内容提交全国人民代表大会财政经济委员会进行初步审查。	第四十四条　国务院财政部门应当在每年全国人民代表大会会议举行的45日前，将中央预算草案的初步方案提交全国人民代表大会财政经济委员会进行初步审查。	

（续表）

现　行　法	三　审　稿	三审稿修改建议
省、自治区、直辖市、设区的市、自治州政府财政部门应当在本级人民代表大会会议举行的一个月前，将本级预算草案的主要内容提交本级人民代表大会有关的专门委员会或者根据本级人民代表大会常务委员会会议的决定提交本级人民代表大会常务委员会有关的工作委员会进行初步审查。县、自治县、不设区的市、市辖区政府财政部门应当在本级人民代表大会会议举行的一个月前，将本级预算草案的主要内容提交本级人民代表大会常务委员会进行初步审查。	省、自治区、直辖市政府财政部门应当在本级人民代表大会会议举行的30日前，将本级预算草案提交本级人民代表大会有关专门委员会进行初步审查。设区的市、自治州政府财政部门应当在本级人民代表大会会议举行的30日前，将本级预算草案的初步方案提交本级人民代表大会有关专门委员会进行初步审查，或者送交人民代表大会常务委员会有关工作机构征求意见。县、自治县、不设区的市、市辖区政府应当在本级人民代表大会会议举行的30日前，将本级预算草案的初步方案提交本级人民代表大会常务委员会进行初步审查。	
	第四十五条　报送各级人民代表大会审查和批准的预算草案应当细化。本级一般公共预算支出，按其功能分类应当编列到项，按其经济性质分类，基本支出应当编列到款。	第四十五条　报送各级人民代表大会审查和批准的预算草案应当细化。本级一般公共预算支出，按其功能分类应当编列到项，按其经济性质分类，应当编列到款。
第三十八条　国务院在全国人民代表大会举行会议时，向大会作关于中央和地方预算草案的报告。地方各级政府在本级人民代表大会举行会议时，向大会作关于本级总预算草案的报告。	第四十六条　国务院在全国人民代表大会举行会议时，向大会作关于中央和地方预算草案以及中央和地方预算执行情况的报告。地方各级政府在本级人民代表大会举行会议时，向大会作关于预算草案和总预算执行情况的报告。	

533

(续表)

现行法	三 审 稿	三审稿修改建议
	第四十七条 全国人民代表大会和地方各级人民代表大会对预算草案及其报告、预算执行情况的报告重点审查下列内容： （一）上一年预算执行情况是否符合本级人民代表大会预算决议的要求； （二）预算安排是否符合本法的规定； （三）预算安排是否贯彻国民经济和社会发展的方针政策，收支政策是否切实可行； （四）预算编制是否完整，是否符合本法第四十五条的规定； （五）对下级政府的转移性支出预算是否规范、适当； （六）预算安排举借的债务是否合法、合理； （七）与预算有关重要事项的说明是否清晰。	
	第四十八条 全国人民代表大会财政经济委员会向全国人民代表大会主席团提出关于中央和地方预算草案及中央和地方预算执行情况的审查结果报告。 省、自治区、直辖市、设区的市、自治州人民代表大会有关专门委员会、自治县、不设区的市、市辖区人民代表大会常务	第四十八条 全国人民代表大会有关专门委员会向全国人民代表大会主席团提出关于中央和地方预算草案及中央和地方预算执行情况的审查结果报告。 省、自治区、直辖市、设区的市、自治州人民代表大会有关专门委员会、自治县、不设区的市、市辖区人民代表大会常务

（续表）

现 行 法	三 审 稿	三审稿修改建议
	委员会，向本级人民代表大会主席团提出关于总预算草案及上一年预算执行情况的审查结果报告。审查结果报告应当包括下列内容： （一）对上一年预算执行和落实本级人民代表大会预算决议的情况作出评价； （二）对本年度预算草案是否符合本法的规定，是否可行作出评价； （三）对本级人民代表大会批准预算草案和预算报告提出建议； （四）对执行年度预算，改进预算管理，加强预算监督等提出意见和建议。	委员会，向本级人民代表大会主席团提出关于总预算草案及上一年预算执行情况的审查结果报告。审查结果报告应当包括下列内容： （一）对上一年预算执行和落实本级人民代表大会预算决议的情况作出评价； （二）对本年度预算草案是否符合本法的规定，是否可行作出评价； （三）对本级人民代表大会批准预算草案和预算报告提出建议； （四）对执行年度预算，改进预算管理，加强预算监督等提出意见和建议。
第四十条 乡、民族乡、镇政府应当及时将经本级人民代表大会批准的本级预算报上一级政府备案。县级以上地方各级政府应当及时将经本级人民代表大会批准的本级预算及下一级政府报送备案的预算汇总，报上一级政府备案。 县级以上地方各级政府将下一级政府依照前款规定报送备案的预算汇总后，报本级人民代表大会常务委员会备案。省、自治区、直辖市政府依照前款规定将备案的预算汇总后，报全国人民代表大会常务委员会备案。	第四十九条 乡、民族乡、镇政府应当及时将经本级人民代表大会批准的本级预算报上一级政府备案。县级以上地方各级政府应当及时将经本级人民代表大会批准的本级预算及下一级政府报送备案的预算汇总，报上一级政府备案。 县级以上地方各级政府将下一级政府依照前款规定报送备案的预算汇总后，报本级人民代表大会常务委员会备案。省、自治区、直辖市政府依照前款规定将备案的预算汇总后，报全国人民代表大会常务委员会备案。	

（续表）

现　行　法	三　审　稿	三审稿修改建议
第四十一条　国务院和县级以上地方各级政府对下一级政府依照本法第四十条规定报送备案的预算，认为有同法律、行政法规相抵触或者有其他不适当之处，需要撤销批准预算的决议的，应当提请本级人民代表大会常务委员会审议决定。	第五十条　国务院和县级以上地方各级政府对下一级政府依照本法第四十九条规定报送备案的预算，认为有同法律、行政法规相抵触或者有其他不适当之处，需要撤销批准预算的决议的，应当提请本级人民代表大会常务委员会审议决定。	
第四十二条　各级政府预算经本级人民代表大会批准后，本级政府财政部门应当及时向本级各部门批复预算。各部门应当及时向所属各单位批复预算。	第五十一条　各级预算经本级人民代表大会批准后，本级政府财政部门应当在20日内向本级各部门批复预算。各部门应当在15日内向所属各单位批复预算。 中央对地方的一般性转移支付应当在全国人民代表大会批准预算后30日内正式下达。中央对地方的专项转移支付应当在全国人民代表大会批准预算后90日内正式下达。 省、自治区、直辖市政府接到中央一般性转移支付和专项转移支付，应当分别在本级人民代表大会批准预算后30日内正式下达到本行政区域各级政府。 县级以上地方各级预算安排对下级政府的一般性转移支付和专项转移支付，应当分别在本级人民代表大会批准预算后30日和60日内正式下达。	县级以上地方各级预算安排对下级政府的一般性转移支付和专项转移支付，应当分别在本级人民代表大会批准预算后30日和60日内正式下达。 对自然灾害等突发事件处理的转移支付，应当及时下达预算；对据实结算等特殊项目的转移支付，可以分期下达预算，或者先预付后结算。 县级以上各部门的预算和批复下级政府本级各部门的预算和批复批准下达转移支付预算。 ……

(续表)

现　行　法	三　审　稿	三审稿修改建议
	对自然灾害等突发事件处理的转移支付，应当及时下达预算；对据实结算等特殊项目的转移支付，可以分期下达预算，或者本级各级政府财政部门应当将批复本级预算和批复下级政府的转移支付后结算。……	
第六章　预算执行	**第六章　预算执行**	**第六章　预算执行**
第四十三条　各级预算由本级政府组织执行，具体工作由本级政府财政部门负责。	第五十二条（欠缺）	
预算草案在本级人民代表大会批准前，各级政府预算可以按照上一年同期的预算支出数额安排支出；预算经本级人民代表大会批准后，按照批准的预算执行。	第五十三条（欠缺）	建议修改为：预算年度开始后，各级政府预算草案在本级人民代表大会批准前，本级政府可以安排下列支出： （一）上一年度结转的支出； （二）法律规定必须履行支付义务的支出； （三）其官支出需编制临时预算，经人大常委会批准后执行。临时预算仅限于部门必须支付的基本支出、常规性项目支出以及与此相关的对下级政府的转移性支出。预算经本级人民代表大会批准后，按照批准的预算执行。

537

（续表）

现 行 法	三 审 稿	三审稿修改建议
第四十五条 预算收入征收部门，必须依照法律、行政法规的规定，及时、足额征收应征的预算收入。不得违反法律、行政法规规定，擅自减征、免征或者缓征应征的预算收入，不得截留、占用或者挪用预算收入。	第五十四条（欠缺）	
第四十六条 有预算收入上缴任务的部门和单位，必须依照法律、行政法规的规定，将应当上缴的预算资金及时、足额地上缴国家金库（以下简称国库），不得截留、占用、挪用或者拖欠。	第五十五条 政府的全部收入应当上缴国家金库（以下简称国库），任何部门、单位和个人不得截留、占用、挪用或者拖欠。对于法律有明确规定或者经国务院批准的特定专用资金，可以依照国务院的规定设立财政专户。	第五十五条 政府的全部财政资金应当及时缴存开设于央行的国库单一账户，单位和个人不得截留、占用、挪用或者拖欠。法律有明确规定或者经全国人大常委会批准的特定专用资金，可以设立财政专户。增加一款：财政存款账户（国库单一账户和财政专户）的资金流入、流出及余额情况应当每月向本级人大常委会报告。
第四十七条 各级政府财政部门必须依照法律、行政法规和国务院财政部门的规定，及时、足额地拨付预算支出资金，加强对预算支出的管理和监督。各级政府、各部门、各单位的支出必须按照预算执行。	第五十六条 各级政府财政部门必须依照法律、行政法规和国务院财政部门的规定，及时、足额地拨付预算支出资金，加强对预算支出的管理和监督。各级政府、各部门、各单位的支出必须按照预算执行，不得虚假列支。各级政府、各部门、各单位应当对预算支出情况开展绩效评价。	

538

(续表)

现　行　法	三　审　稿	三审稿修改建议
	第五十七条　各级预算的收入和支出实行收付实现制。 特定事项按照国务院的规定实行权责发生制的有关情况，应当在决算报告中作出说明。	
第四十八条　县级以上各级预算必须设立国库；具备条件的乡、民族乡、镇也应当设立国库。 中央国库业务由中国人民银行经理，地方国库业务依照国务院的有关规定办理。 各级国库办理预算国家有关规定，及时准确地办理预算收入的收纳、划分、留解和退付和预算支出的拨付。 各级国库库款的支配权属于本级政府财政部门。除法律、行政法规另有规定外，未经本级政府财政部门同意，任何部门、单位和个人都无权冻结、动用国库库款或者以其他方式支配已入国库的库款。 各级政府应当加强对本级国库的管理和监督。	第五十八条　县级以上各级预算必须设立国库；具备条件的乡、民族乡、镇也应当设立国库。 各级国库应当按照国家有关规定，及时准确地办理预算收入的收纳、划分、留解、退付和预算支出的拨付。 各级国库库款的支配权属于本级政府财政部门。除法律、行政法规另有规定外，未经本级政府财政部门同意，任何部门、单位和个人都无权冻结、动用国库库款或者以其他方式支配已入国库的库款。 各级政府应当切实加强对本级国库的管理和监督。 国库管理的具体办法由国务院规定。	
	第五十九条　已经缴入国库的资金，依照法律、行政法规的规定或者国务院的决定需要退付的，各级政府财政部门或者其授权的机构应当及时办理退付。按照规定应当由财政支出安排的事项，不得用退库处理。	

539

（续表）

现行法	三审稿	三审稿修改建议
	第六十条 国家实行国库集中收缴和集中支付制度，对县级以上各级政府全部收入和支出实行国库集中收付管理。	第六十条 国家实行国库集中收缴和集中支付制度，对县级以上各级政府全部收入和支出实行国库集中收付管理。资金缴存直达国库单一账户；资金拨付从国库单一账户直达供应商账户。
第四十九条 各级政府应当加强对预算执行的领导，支持政府财政、税务、海关等预算收入的征收部门依法组织预算收入，支持政府财政部门严格管理预算支出。 财政、税务、海关等部门在预算执行中，应当加强对预算执行的分析，发现问题时应当及时建议本级政府采取措施予以解决。	第六十一条 各级政府应当加强对预算执行的领导，支持政府财政、税务、海关等预算收入的征收部门依法组织预算收入，支持政府财政部门严格管理预算支出。 财政、税务、海关等部门在预算执行中，应当加强对预算执行的分析，发现问题时应当及时建议本级政府采取措施予以解决。	
第五十条 各部门、各单位应当加强对预算收入和支出的管理，不得截留或者动用上缴的预算收入，也不得将不应在预算内支出的款项转为预算内支出。	第六十二条 各部门、各单位应当加强对预算收入和支出的管理，不得截留或者动用上缴的预算收入，不得擅自改变预算支出的用途。	
第五十一条 各级政府预算预备费的动用方案，由本级政府财政部门提出，报本级政府决定。	第六十三条 各级政府预算预备费的动用方案，由本级政府财政部门提出，报本级政府决定。	
第五十二条 各级政府预算周转金由本级政府财政部门管理，用于预算执行中的资金周转，不得挪作他用。	第六十四条 各级政府预算周转金由本级政府财政部门管理，不得挪作他用。	

（续表）

现 行 法	三 审 稿	三审稿修改建议
	第六十五条 各级政府年度预算执行中有超收收入的，只能用于冲减赤字或者补充预算稳定调节基金。	
第七章 预算调整	第七章 预算调整	第七章 预算调整
第五十三条 预算调整是指经全国人民代表大会批准的中央预算和经地方各级人民代表大会批准的地方本级预算，在执行中因特殊情况需要增加支出或者减少收入，或者使原批准的预算中举借债务的数额增加的部分变更。	第六十六条 经全国人民代表大会批准的中央预算和经地方各级人民代表大会批准的地方各级预算，在执行中出现下列情况之一的，应当进行预算调整： （一）需要增加或减少预算总支出的； （二）需要调入预算总支出的； （三）需要调减预算安排的农业、教育、科技、文化、卫生、社会保障等重点支出数额的； （四）需要增加举借债务数额的。	第六十六条 经全国人民代表大会批准的中央预算和经地方各级人民代表大会批准的地方各级预算在执行过程中的变更称为预算调整。符合下列情况之一的预算调整的程序方可进行本法第六十八条规定的程序方可进行： （一）需要增加或者减少预算总支出的； （二）需要调入预算总支出的； （三）需要调减预算安排的农业、教育、科技、文化、卫生、社会保障等重点支出数额的； （四）需要增加举借债务数额的； （五）各级预算变更幅度大于预算3%的，科目的支出金额调整的流用使得相关增加一款，一般情况下，预算调整每年上半年、下半年各一次。
	第六十七条 在预算执行中，各级政府一般不制定新的增加财政收入或支出的政策和措施，也不制定减少财政收入的政策和措施；必须作出并需要进行预算调整的，应当在预算调整方案中作出安排。	

541

(续表)

现行法	三审稿	三审稿修改建议
第五十四条 各级政府对于必须进行的预算调整，应当编制预算调整方案。中央预算的调整方案必须提请全国人民代表大会常务委员会审查和批准。县级以上地方各级政府预算的调整方案必须提请本级人民代表大会常务委员会审查和批准；乡、民族乡、镇政府预算的调整方案必须提请本级人民代表大会审查和批准。未经批准，不得调整预算。	第六十八条 在预算执行中，各级政府对于必须进行的预算调整，应当编制预算调整方案。预算调整方案应当说明预算调整的理由、项目和数额。 在预算执行中，由于发生自然灾害等突发事件，必须及时增加预算支出的，应当先动支预备费；预备费不足支出的，各级政府可以先安排支出，属于预算调整的，列入预算调整方案。 国务院财政部门应当在全国人民代表大会常务委员会举行会议审查和批准预算调整方案的30日前，将预算调整方案送交全国人民代表大会财政经济委员会进行初步审查。 省、自治区、直辖市政府财政部门应当在本级人民代表大会常务委员会举行会议审查和批准预算调整方案的30日前，将预算调整方案送交本级人民代表大会有关专门委员会进行初步审查。	

（续表）

现　行　法	三　审　稿	三审稿修改建议
	设区的市、自治州人民代表大会常务委员会举行会议审查和批准预算调整方案的30日前，将预算调整初步方案送交本级人民代表大会有关专门委员会进行初步审查，或者送交本级人民代表大会常务委员会有关工作机构征求意见。 县、自治县、不设区的市、市辖区政府财政部门应当在本级人民代表大会常务委员会举行会议审查和批准预算调整方案的30日前，将预算调整方案送交本级人民代表大会常务委员会有关工作机构征求意见。 中央预算的调整方案应当提请全国人民代表大会常务委员会审查和批准。县级以上地方各级预算的调整方案应当提请本级人民代表大会常务委员会审查和批准；乡、民族乡、镇预算的调整方案应当提请本级人民代表大会审查和批准。未经批准，不得调整预算。	

543

(续表)

现 行 法	三 审 稿	三审稿修改建议
第五十五条 未经批准调整预算，各级政府不得作出任何使原批准的收支平衡的预算的总支出超过总收入或者使原批准的预算中举借债务的数额增加的决定。对违反前款规定作出的决定，本级人民代表大会、本级人民代表大会常务委员会或者上级政府应当责令其改变或者撤销。	第六十九条 经批准的预算调整方案，各级政府应当严格执行。未经本法第六十八条规定的程序，各级政府不得作出预算调整的决定。对违反前款规定作出的决定，本级人民代表大会、本级人民代表大会常务委员会或者上级政府应当责令其改变或者撤销。	
第五十六条 在预算执行中，因上级政府因上级补助款或者专项预算调整。接受返还或者补助款项的县级以上地方各级政府财政部门应当向本级人民代表大会常务委员会报告有关情况；接受返还或者补助款项的乡、民族乡、镇政府应当向本级人民代表大会报告有关情况。	第七十条 在预算执行中，地方各级政府因上级政府增加不需要本级政府提供配套资金的专项转移支付而引起的预算支出变化，不属于预算调整。接受增加专项转移支付的县级以上地方各级政府财政部门应当向本级人民代表大会常务委员会报告有关情况；接受专项转移支付的乡、民族乡、镇政府应当向本级人民代表大会报告有关情况。	
第五十七条 各部门、各单位的预算支出应当按照预算科目执行。不同预算科目间的预算资金需要调剂使用的，必须按照国务院财政部门的规定报经批准。	第七十一条 各部门、各单位的预算支出应当按照预算科目执行。不同预算科目、预算级次或者预算项目间的预算资金需要调剂使用的，按照国务院财政部门的规定办理。	
第五十八条 地方各级政府预算的调整方案经批准后，由本级政府报上一级政府备案。	第七十二条 地方各级预算的调整方案经批准后，由本级政府报上一级政府备案。	第七十二条 地方各级预算的调整方案经批准后，由本级政府报上一级政府备案。

(续表)

现 行 法	三 审 稿	三审稿修改建议
第八章 决算	第八章 决算	第八章 决算
第五十九条 决算草案由各级政府、各部门、各单位,在每一预算年度终了后按照国务院规定的时间编制。编制决算草案的具体事项,由国务院财政部门部署。	第七十三条 决算草案由各级政府、各部门、各单位,在每一预算年度终了后按照国务院规定的时间编制。编制决算草案的具体事项,由国务院财政部门部署。	
第六十条 编制决算草案,必须符合法律、行政法规,做到数额准确,内容完整,报送及时。	第七十四条 编制决算草案,必须符合法律、行政法规,做到数额准确,内容完整,报送及时。决算草案应当与预算草案相对应,按预算数、调整预算数、决算数分别列出。一般公共预算支出应当按其保障功能分类编列到项,按经济性质分类列到款。	
第六十一条 各部门对所属各单位的决算草案,应当审核并汇总编制本部门的决算草案,在规定的期限内报本级政府财政部门审核。各级政府财政部门对本级各部门决算草案审核后发现有不符合法律、行政法规规定的,有权予以纠正。	第七十五条 各部门对所属各单位的决算草案,应当审核并汇总编制本部门的决算草案,在规定的期限内报本级政府财政部门审核。各级政府财政部门对本级各部门决算草案审核后发现有不符合法律、行政法规规定的,有权予以纠正。	

545

(续表)

现 行 法	三 审 稿	三审稿修改建议
第六十二条 国务院财政部门编制中央决算草案，报国务院审定后，由国务院提请全国人民代表大会常务委员会审查和批准。 县级以上地方各级政府财政部门编制本级决算草案，报本级政府审查后，由本级政府提请本级人民代表大会常务委员会审查和批准。 乡、民族乡、镇政府编制本级决算草案，提请本级人民代表大会审查和批准。	第七十六条 国务院财政部门编制中央决算草案，经国务院审定后，报国务院审计部门审计审查，由国务院提请全国人民代表大会常务委员会审查和批准。 县级以上地方各级政府财政部门编制本级决算草案，经本级政府审计部门审计审查后，由本级政府提请本级人民代表大会常务委员会审查和批准。 乡、民族乡、镇政府编制本级决算草案，提请本级人民代表大会审查和批准。	
	第七十七条 国务院财政部门应当在全国人民代表大会常务委员会举行会议审查和批准中央决算草案的30日前，将上一年度中央决算草案提交全国人民代表大会财政经济委员会进行初步审查。 省、自治区、直辖市政府财政部门应当在本级人民代表大会常务委员会举行会议审查和批准本级决算草案的30日前，将上一年度本级决算草案提交本级人民代表大会有关专门委员会进行初步审查。 设区的市、自治州人民政府财政部门应当在本级人民代表大会常务委员会举行会议有	

(续表)

现行法	三审稿	三审稿修改建议
	和批准本级决算草案的30日前,将上一年度本级决算草案提交本级人民代表大会专门委员会进行初步审查,或者送交人民代表大会常务委员会有关工作机构征求意见。 县、自治县、不设区的市、市辖区政府部门应当在本级人民代表大会常务委员会举行会议审查和批准本级决算草案的30日前,将上一年度本级决算草案送本级人民代表大会常务委员会有关专门委员会和大会常务委员会提出关于本级决算草案的审查报告。	
	第七十八条 县级以上各级人民代表大会常务委员会和乡、民族乡、镇人民代表大会对本级决算草案,重点审查下列内容: (一)预算收入情况; (二)支出政策实施情况和重点支出资金的使用情况; (三)结转资金的使用情况; (四)资金结余情况;	

(续表)

现 行 法	三 审 稿	三审稿修改建议
	(五) 本级预备费调整及执行情况; (六) 财政转移支付安排执行情况; (七) 经批准举借债务的规模、结构、使用等情况; (八) 本级预算周转金规模和使用情况; (九) 本级预备费使用情况; (十) 超收收入安排情况; (十一) 本级人民代表大会批准的预算决议落实情况; (十二) 其他与决算有关的重要事项。 县级以上各级人民代表大会常务委员会应当结合本级政府提出的上一年度预算执行和其他财政收支的审计工作报告,对本级决算草案进行审查。	
第六十三条 各政府决算经批准后,财政部门应当向本级各部门批复决算。	第七十九条 各级政府决算经批准后,财政部门应当在20日内向本级各部门批复决算。各部门应当在接到本级政府财政部门批复的本部门决算后15日内向所属单位批复决算。	
第六十四条 地方各级政府应当将经批准的决算,报上一级政府备案。	第八十条 地方各级政府应当将经批准的决算及下一级政府上报备案的决算汇总,报上一级政府备案。	

548

(续表)

现　行　法	三　审　稿	三审稿修改建议
	县级以上各级政府应当将下一级政府报送备案的决算汇总后，报本级人民代表大会常务委员会备案。	
第六十五条　国务院和县级以上地方各级政府对下一级政府依照本法第六十四条规定报送备案的决算，认为有其他不适当之处，需要撤销批准该项决算的决议的，应当提请本级人民代表大会常务委员会审议决定；经审议决定撤销的，该下级政府应依照本法规定重新编制决算草案，提请本级人民代表大会常务委员会审查和批准。	第八十一条　国务院和县级以上地方各级政府对下一级政府依照本法第八十条规定报送备案的决算，认为有同法律、行政法规相抵触或者有其他不适当之处，需要撤销批准该项决算的决议的，应当提请本级人民代表大会常务委员会审议决定；经审议决定撤销的，该下级政府应依照本法规定重新编制决算草案，提请本级人民代表大会常务委员会审查和批准。	
第九章　监　督	**第九章　监　督**	**第九章　监　督**
第六十六条　全国人民代表大会及其常务委员会对中央和地方各级预算、决算进行监督。县级以上地方各级人民代表大会及其常务委员会对本级和下级政府预算、决算进行监督。乡、民族乡、镇人民代表大会对本级预算、决算进行监督。	第八十二条　全国人民代表大会及其常务委员会对中央和地方预算、决算进行监督。县级以上地方各级人民代表大会及其常务委员会对本级和下级政府预算、决算进行监督。乡、民族乡、镇人民代表大会对本级预算、决算进行监督。	

549

(续表)

现行法	三审稿	三审稿修改建议
第六十七条 各级人民代表大会和县级以上各级人民代表大会常务委员会有权就预算、决算中的重大事项或者特定问题组织调查，有关政府、部门、单位和个人应当如实反映情况和提供必要的材料。	第八十三条 各级人民代表大会和县级以上各级人民代表大会常务委员会有权就预算、决算中的重大事项或者特定问题组织调查，有关政府、部门、单位和个人应当如实反映情况和提供必要的材料。	
第六十八条 各级人民代表大会和县级以上各级人民代表大会常务委员会举行会议时，人民代表大会代表或者常务委员会组成人员，依照法律规定程序就预算、决算中的有关问题提出询问或者质询，受询问或者受质询的有关的政府或者财政部门必须及时给予答复。	第八十四条 各级人民代表大会和县级以上各级人民代表大会常务委员会举行会议时，人民代表大会代表或者常务委员会组成人员，依照法律规定程序就预算、决算中的有关问题提出询问或者质询，受询问或者受质询的有关的政府或者财政部门必须及时给予答复。	
第六十九条 各级政府应当在每一预算年度内至少一次向本级人民代表大会或者其常务委员会作预算执行情况的报告。	第八十五条 国务院和县级以上地方各级政府应当在每年六月至九月期间向本级人民代表大会常务委员会报告预算执行情况。	
第七十条 各级政府应当监督下级政府的预算执行；下级政府应当定期向上一级政府报告预算执行情况。	第八十六条 各级政府应当监督下级政府的预算执行；下级政府应当定期向上一级政府报告预算执行情况。	
第七十一条 各级政府财政部门负责监督检查本级各部门及其所属各单位预算的执行，并向本级政府和上一级政府财政部门报告预算执行情况。	第八十七条 各级政府财政部门负责监督检查本级各部门及其所属各单位预算的编制、执行，并向本级政府和上一级政府财政部门报告预算执行情况。	

(续表)

现　行　法	三　审　稿	三审稿修改建议
第七十二条　各级政府审计部门对本级各部门、各单位和下级政府的预算执行、决算实行审计监督。	第八十八条　县级以上政府审计部门依法对预算执行、决算实行审计监督。	
	第八十九条　政府各部门负责监督检查所属各单位的预算执行，及时向本级政府财政部门反映本部门预算执行情况，依法纠正违反预算的行为。	
	第九十条　公民、法人或者其他组织发现有违反本法的行为，可以依法向有关国家机关进行检举、控告。 接受检举、控告的国家机关应当依法进行处理，并为检举人、控告人保密。任何单位或者个人不得压制和打击报复检举人、控告人。	
第十章　法律责任	第十章　法律责任	第十章　法律责任
第七十三条　各级政府未经依法批准擅自变更预算，使经批准的收支平衡的预算发出支出超过总收入，或者使经批准的预算中举借债务的数额增加的，对负有直接责任的主管人员和其他直接责任人员追究行政责任。		

551

（续表）

现 行 法	三 审 稿	三审稿修改建议
第七十四条　违反法律、行政法规的规定，擅自动用国库库款或者擅自以其他方式支配已入国库的库款的，由政府财政部门责令退还或者追回国库库款，并由上级机关给予负有直接责任的主管人员和其他直接责任人员行政处分。 第七十五条　隐瞒预算收入或者将不应当在预算内支出的款项转为预算内支出的，由上一级政府或者本级政府财政部门责令改正，并由上级机关给予负有直接责任的主管人员和其他直接责任人员行政处分。	第九十一条　各级政府及有关部门有下列行为之一的，责令改正，对负有直接责任的主管人员和其他直接责任人员追究行政责任： （一）未依照法律、法规规定的程序和要求，编制、报送预算草案、预算调整方案、决算草案和部门预算、决算以及批复预算、决算的； （二）未将所有政府收入和支出列入预算的； （三）违反法律、法规或者国务院的规定，擅自进行预算调整或者变更的； （四）未依法向社会公开预算、预算调整、决算、预算执行情况的报告及报表的。 第九十二条　各级政府及有关部门有下列行为之一的，责令改正，对负有直接责任的主管人员和其他直接责任人员依法给予降级、撤职、开除的处分： （一）违反本法规定，擅自设立政府性基金项目和其他财政收入项目的； （二）违反法规，行政法规的规定，擅自多征、提前征收或者减征、免征、缓征应征预算收入，以及截留、占用或挪用上级综合预算收入的；	

（续表）

现 行 法	三 审 稿	三审稿修改建议
	（三）违反法律、法规或者国务院财政部门的规定，擅自改变预算支出用途的； （四）擅自改变上级政府专项转移支付资金用途的； （五）未依照法律、法规的规定办理预算收入收纳、划分、留解、退付及预算支出拨付，或者违反本法规定擅自冻结、动用国库款或者以其他方式支配已入国库款的； （六）违反法律、法规规定，擅自动用预算预备费、预算周转金、预算稳定调节基金的； （七）未依照法律、法规或者国务院财政部门的规定开设、使用、撤销财政资金账户的。 第九十三条 地方各级政府、各部门、各单位违反本法规定举借债务或者为他人债务提供担保，或者挪用重点支出资金，或者在预算之外及超预算标准建设楼堂馆所的，对负有直接责任的主管人员和其他直接责任人员给予撤职、开除的处分。 第九十四条 各级政府有关部门、单位及其工作人员有下列行为之一的，责令改正，追回骗取、使用的资金，有违法所得的	

553

（续表）

现行法	三审稿	三审稿修改建议
	没收违法所得，对单位给予警告或者通报批评；对负有直接责任的主管人员和其他直接责任人员依法给予处分： （一）违反法律、法规的规定擅自改变预算收入上缴方式的； （二）以虚报、冒领等手段骗取预算资金的； （三）截留、占用、挪用预算资金的； （四）违反规定扩大开支范围、提高开支标准的； （五）其他违反财政管理规定的行为。	
	第九十五条 本法第九十一条、第九十二条、第九十三条、第九十四条所列违法行为，《中华人民共和国税收征收管理法》和其他法律法规对其处理、处罚另有规定的，依照其规定。违反本法规定，构成犯罪的，依法追究刑事责任。	
第十一章 附 则	第十一章 附 则	第十一章 附 则
第七十六条 各级政府、各部门、各单位应当加强对预算外资金的管理。预算外资金管理办法由国务院另行规定。各级人民代表大会要加强对预算外资金使用的监督。		

554

(续表)

现 行 法	三 审 稿	三审稿修改建议
	第九十六条 各级政府财政部门应当按年度编制以权责发生制为基础的政府综合财务报告,报告政府整体财务状况、运行情况和财政中长期可持续性,报本级人民代表大会常务委员会备案。	
第七十八条 国务院根据本法制定实施条例。	第九十七条 国务院根据本法制定实施条例。	
第七十七条 民族自治地方的预算管理,依照民族区域自治法的有关规定执行;民族区域自治法没有规定的,依照本法和国务院的有关规定执行。	第九十八条 民族自治地方的预算管理,依照民族区域自治法的有关规定执行;民族区域自治法没有规定的,依照本法和国务院的有关规定执行。	
	第九十九条 省、自治区、直辖市人民代表大会或者其常务委员会根据本法,可以制定有关预算监督的决定或者地方性法规。	
第七十九条 本法自1995年1月1日起施行。1991年10月21日国务院发布的《国家预算管理条例》同时废止。	第一百条 本法自1995年1月1日起施行。1991年10月21日国务院发布的《国家预算管理条例》同时废止。	

555

附录七

十三位专家学者就《预算法实施条例（修订草案征求意见稿）》致国务院法制办的修订建议

国务院法制办公室：

国务院法制办于 2015 年 6 月 24 日将《中华人民共和国预算法实施条例（修订草案征求意见稿）》（以下称《条例草案》）在国务院法制办网站（http://www.chinalaw.gov.cn）公布，并向社会公开征集意见。

根据这一精神，2015 年 7 月 20 日，中国九所高校和研究机构的长期从事《预算法》研究的十几位教授、专家，在上海召开了"《预算法实施条例》征求意见"专题研讨会。通过深入讨论和仔细研究，根据 2014 年 8 月 31 日由全国人大常委会通过并于 2015 年 1 月 1 日实施的新《预算法》，我们认为，《条例草案》有一定的进步，包括进一步明确并细化了《预算法》对预算完整性、预算编制、预算公开、预算执行、预算监督等方面的规定，赋予财政部门更大的权力去约束各级政府、各部门的预算管理，在某些方面推动预算行为法治化，在转移支付、政府债务余额管理等方面也做了一些明确的规定。

随着中国经济增长、财政收支规模逐年扩大、纳税人意识日渐强烈,社会各界对新《预算法》的修订提出了很高的要求。《预算法》的修订历时十年,经过四次全国人大常委会的审议,最终获全国人大常委会批准通过。

新《预算法》基本得到社会各界的认可,在立法宗旨、预算调整和预决算原则等方面取得了较大突破,在全口径预决算、地方政府债务、转移支付、预算公开和中国人民银行经理国库方面进行了诸多创新和完善,在预决算编制、审查和批准、执行和调整、监督及法律责任方面也有许多改进,是一部有着现代民主与法治精神的法律,对我国国家治理系统现代化建设有着十分重要的意义。

有了《预算法》十年修法、修订过程一波三折的前车之鉴,《预算法实施条例》的修订本应汲取教训,严格按照新《预算法》的立法宗旨和明确规定,来全面落实《预算法》。然而,我们遗憾地看到,《预算法实施条例(修订草案征求意见稿)》并未严格遵循《预算法》的立法宗旨,在许多地方突破了《预算法》这一上位法的强制性规定;新《预算法》的一些进步在《条例草案》的落实过程中甚至出现了倒退;新《预算法》明确的一些事项,在《条例草案》中存在明显的"部门利益法律化"的倾向,背离了新《预算法》的立法精神。如果《预算法实施条例》按照《条例草案》的版本通过,新《预算法》的许多条文将被架空。

鉴于此,作为中华人民共和国公民,根据国务院法制办向社会公开征集意见的精神,结合我们在上海召开的"《预算法实施条例》征求意见"专题研讨会与会专家所达成的共识和修改建议,针对

《预算法实施条例(修订草案征求意见稿)》,我们特向国务院法制办提出如下呼吁:

第一,全面修订《预算法实施条例》。重新组建《预算法实施条例》草案起草组,由国务院法制办牵头,财政部、中国人民银行、国家税务总局、海关总署、审计署、国家发展改革委等行政部门和人大财经委、预算工作委、地方人大以及业界专家作为起草组成员,落实中共中央十八届四中全会的精神,按照新《预算法》的立法宗旨精神修订《预算法实施条例》,防止行政部门通过立法把部门利益法律化。

《预算法》是财政领域的基础性法律,是推进国家治理现代化的关键一环。《预算法实施条例》作为国务院发布的、落实《预算法》的行政法规,应当明确各级政府、各部门、各单位的责任与义务,确保全国人大和各级地方人大与政府在预算过程中的衔接。

在立法环境、《预算法》都发生重大变化的前提下,《条例草案》的起草依然遵循现行《预算法实施条例》的章节结构,无视中共中央十八届四中全会对改进政府立法制度建设的要求,无视《预算法》赋予社会公众、各级人大在预算审查、预算监督上的权力,无视国家税务总局、海关总署、中国人民银行等行政部门在政府预算过程中的角色,在《条例草案》中重点阐述财政部门的权力与职责,维护财政部门的部门利益,破坏了《预算法》的完整性、权威性和可实施性。

中共中央十八届四中全会明确要求,"加强和改进政府立法制度建设,完善行政法规、规章制定程序,完善公众参与政府立法机制。重要行政管理法律法规由政府法制机构组织起草","明确立法权力边界,从体制机制和工作程序上有效防止部门利益和地方保护主义法律化。对部门间争议较大的重要立法事项,由决策机关引入第三方评估,充分听取各方意见,协调决定,不能久拖不决"。

习近平总书记指出:"法律是治国之重器,法治是国家治理体系和治理能力的重要依托。我们在立法领域面临着一些突出问题,比如,立法工作中部门化倾向、争权诿责现象较为突出……要明确立法权力边界,从体制机制和工作程序上有效防止部门利益和地方保护主义法律化。"

我们认为,《预算法实施条例》作为重要的行政法规,不是财政部一个部门的部门规章。《预算法实施条例》的修订,应当落实党中央、全国人大和国务院的精神,落实《预算法》的立法宗旨和立法精神,由国务院法制办牵头组织起草,财政部、中国人民银行、国家税务总局、海关总署、审计署、国家发展改革委等行政部门作为政府预算实施的相关单位应当参与起草过程,要充分吸收各部门、各单位的意见,并征求全国人大财经委和预算工作委、地方人大以及业界专家的意见,保证《预算法》赋予社会公众、各级人大的权力可以在《预算法实施条例》中得到充分的体现。

同时国务院法制办等部门应当履行合法性审查义务,防止《预算法实施条例》与现行《预算法》《中国人民银行法》《国家金库条例》等法律法规冲突。

第二,明确立法宗旨、落实《预算法》的立法精神。

预算的本质是对政府预算行为的规范和约束。根据宪法,明确预算过程中公民、人大、政府三者权责是《预算法》的宗旨与核心内容。新《预算法》的立法宗旨体现了国家治理的现代化和依法治国的时代要求，最终通过的法律全文也很好地遵循了新《预算法》立法宗旨所蕴含的立法精神。

《条例草案》的第一条，只有"根据《预算法》，制定本条例"简短的一句话，没有说明立法宗旨、立法精神。通观《条例草案》全文，一些条款也与《预算法》的立法精神相悖，在强化财政部门预算管理权力的同时，没有遵循法治原则，没有很好地保障公民、各级人大在预算过程中的基本权利，也没有很好地协调政府各部门的预算行为，使《预算法》无法得到有效的实施。

我们认为，《预算法实施条例》应将立法宗旨明确为"**为了建立健全全面规范、公开透明的现代预算制度，保障公民在预算过程中的基本权利，落实各级人民代表大会及其常务委员会在预算过程中的审查和监督权力，规范与协调政府各部门的预算行为，保障《预算法》的实施，根据《预算法》，制定本条例**"。

同时《预算法实施条例》应当依据《预算法》的章节结构，新增"预算管理职权"、"预算审查和批准"及"预算调整"等章节，衔接各级人大和政府及其行政部门在预算过程的流程，从政府部门的角度来明确政府在预算过程中和各级人大衔接时的职权与义务，完整地落实《预算法》。

第三，落实《预算法》的要求，并进一步完善预算编制的完整性和准确性。

预算的完整性和准确性是预算的核心要求。《预算法》第四条规定"政府的全部收入和支出都应当纳入预算",并列举了四本预算包括"一般公共预算、政府性基金预算、国有资本经营预算和社会保险预算"。第四十六条规定"本级一般公共预算支出,按其功能分类应当编列到项;按其经济性质分类,基本支出应当编列到款。本级政府性基金预算、国有资本经营预算、社会保险基金预算支出,按其功能分类应当编列到项。"

《条例草案》没有如实地落实《预算法》对四本预算的编制要求。《条例草案》第四条,仅规定了各部门预算收支范围,没有明确各级政府预算的收支范围;第三十九条到第四十四条,对各政府、各部门的预算编制内容,没有明确编制的细致程度。相对《预算法》,《条例草案》出现了明显倒退,立法非常不严谨。

根据《预算法》要求的"政府的全部收入和支出都应当纳入预算",现行政府性收入中,还有很多收入和支出未纳入到四本预算中,例如住房公积金属于政府性基金,但没有纳入政府性基金管理,国有资本经营预算仅纳入了上缴的收益和支出,未明确要求编制国有企业的年度收入、支出和未分配利润情况。

我们建议,应当落实《预算法》,全面完善预算编制的条款,强化预算的完整性、准确性,并纳入住房公积金、预算稳定调节基金等未列入四本预算的政府性收入和支出,条款应该明确,凡是"依照有关规定征缴、由政府管理、用于特定用途"的资金,都应当纳入四本预算,或者编制补充预算。

第四,建议明确中国人民银行经理国库的地位,全面落实并细化完善《预算法》明确的内容,条款不应违反新《预算法》已经明确

的强制性规定，坚持国库单一账户，严格限制直至逐步取消财政专户，把政府全部收支纳入到国库单一账户进行管理。

"政府的全部收入应当上缴国家金库""中国人民银行经理国库"被视为新《预算法》修订过程中被保住的一大成果，但《条例草案》中，通过偷换概念、虚置条款等方式，多处违反《预算法》的强制性规定。

首先，《预算法》规定"中央国库业务由中国人民银行经理，地方国库业务依照国务院的有关规定办理"，条款中的"国务院有关规定"包括现行的行政法规《国家金库条例》、国务院文件《关于深化预算管理制度改革的决定》（国发45号文），这些规定明确指出，不论是中央国库，还是地方国库都是由中国人民银行经理，并且明确："规范国库资金管理，提高国库资金收支运行效率。全面清理整顿财政专户，各地一律不得新设专项支出财政专户，除财政部审核并报国务院批准予以保留的专户外，其余专户在两年内逐步取消。"

但《条例草案》第七十三条规定，"地方国库业务由中国人民银行分支机构办理"，强行将"地方国库依照国务院有关规定办理"的"办理"理解成和"经理"不同的"办理机构"，割裂了中央国库和地方国库，并将两者统称为"国库业务经办机构"，破坏了国家金库的统一性和完整性，实际上否定了中国人民银行对地方国库的经理权，违反了《预算法》《中国人民银行法》《国家金库条例》等法律法规对中国人民银行经理国库的规定。

其次，《条例草案》没有明确依照《中国人民银行法》《国家金库条例》等法律法规赋予中国人民银行经理国库的具体职能，作出狭隘甚至误导性表述，要求"国库对财政负责"，"中国人民银行经理中央国库业务应当接受财政部的指导和监督，对中央财政负责"，（财政部门）"指导监督并定期检查中国人民银行经理国库业务、中国人民银行分支机构和有关银行业金融机构办理国库业务的职责履行情况"，弱化、矮化中国人民银行在国库管理中的经理角色。

再次，在财政专户被明令清理整顿的背景下，《条例草案》仍然试图放宽《预算法》对财政专户开设的严格限制，并以"国库单一账户体系"取代"国库单一账户"。尤其需要指出，《预算法》要求设立财政专户需要依据国务院有关规定，"国发45号文"进一步明确"除财政部审核并报国务院批准予以保留的专户外，其余专户在两年内逐步取消"。但《条例草案》违反《预算法》的强制性规定和"国发45号文"的明确规定，降低财政专户的开设门槛，改为"财政部负责核准财政专户"，而不见了"报国务院批准"的明确规定，实际上为各级财政部门保留和新设"财政专户"开了口子。

我们建议，应当严格落实《预算法》第五十六条"政府的全部收入应当上缴国家金库"的规定，坚持国库单一账户，拒绝使用"国库单一账户体系"概念替代"国库单一账户"；严格限制财政专户的审批，落实设立财政专户"报国务院批准"的规定。落实《预算法》第五十六条的要求，财政专户应当开设在国库中。

我们认为，《预算法》等法律法规明确的中国人民银行经理国库，主要体现在监督和审核预算收支，拒绝办理有违预算规定的支出，与财政部一起做好库底资金的管理和运用等。这种拒绝办理，实质上就是对财政部门的监督和制衡。因此《预算法实施条例》应当明确《预算法》《国家金库条例》等法律法规明确赋予中国人民银行经理国库的职责，并且明确中国人民银行经理国库的责任上级是国务院，对全国人大和国务院负责，中国人民银行经理国库监督和审核的是财政部门的预算收支，因而不应规定中国人民银行经理国库要接受财政部的指导和监督。

第五，建议明确预算公开与预算监督的方式与内容。

预算支出花的是纳税人的钱，一分一厘都应该让纳税人及人大代表知晓，因此预算公开与预算监督是保障纳税人和人大代表清楚知晓预算支出的重要方式。但《条例草案》弱化了《预算法》的要求，相关章节、条款在《条例草案》中出现缺失，《预算法》第八十三条到第八十六条以及第九十一条赋予公民、法人、其他组织和各级人大的权利在《条例草案》中没有落实。同时，《条例草案》将预算监督的职权狭义理解为财政部门的权力，是上级财政监督下级政府及其财政部门的权力，扭曲预算监督的应有之义。

我们认为，《预算法实施条例》的"监督"章节应当全面落实《预算法》赋予公民、法人、其他组织和各级人大的权力，按《预算法》的要求，全面增加相关条款，并进一步明确政府在应对上述主体对政府预算进行监督、询问、质询等的应当行为。

具体包括：政府应当向社会公众公布经各级人大批准的全部预算内容；在指定的官方网站、平面媒体公布全部预算内容；设立专门的机构、负责人接受上述主体的询问、质询等；以便于公众理解的形式对预算内容进行说明等。

同时针对公众关心的支出项目也应重点公开，其中按经济分类的预算公布到款级科目；公务接待费、公务用车购置和运行费、因公出国（境）费等机关运行经费的预算和决算情况应当公布到项级科目，审计机关应当予以重点审计并公布审计结果。

关于《中华人民共和国预算法实施条例（修订草案征求意见稿）》具体条款的修改建议，请见附件。

最后，我们真诚地希望重新组建起草组修订的《预算法实施条例》可以达到"规范与协调政府各部门的预算行为"的目的，避免习近平总书记警示的"部门利益法律化"陷阱，恪守新《预算法》的立法精神和条款规定，为推进国家治理现代化，为落实中共中央十八届四中全会，以此推进中国的依法治国。谨以此建议书向国务院法制办吁请采纳我们的意见。

2015 年 7 月 20 日

本建议修改意见的参与学者（按姓氏拼音序排列）：
邓淑莲，上海财经大学公共经济与管理学院教授；
冯兴元，中国社会科学院农村发展研究所研究员；
傅蔚冈，上海金融与法律研究院执行院长；
蒋　洪，全国政协委员，上海财经大学公共经济与管理学院财政学教授；
李维森（韦森），复旦大学经济学院教授，复旦大学经济思想与经济史研究所所长；

李炜光，天津财经大学财政学科首席教授；

刘胜军，中欧陆家嘴国际金融研究院执行副院长；

刘小兵，上海财经大学公共经济与管理学院副院长，教授；

聂日明，上海金融与法律研究院研究员；

施正文，中国政法大学民商经济法学院教授、博士生导师；

王雍君，中央财经大学教授、财经研究院院长；

叶　青，全国十届、十一届人大代表，湖北省统计局副局长，中南财经政法大学教授、博士生导师；

朱为群，上海财经大学公共经济与管理学院教授。

附录八

十三位专家学者就《预算法实施条例（修订草案征求意见稿）》致国务院法制办的具体修改建议

针对《预算法实施条例（修订草案征求意见稿）》（《条例草案》）具体条款修改，本次会议参会学者和专家达成如下共识，特向国务院法制办提出如下修改建议：

（一）建议修改第一条，明确立法宗旨。

建议修改为："为了建立健全全面规范、公开透明的现代预算制度，保障人民在预算过程中的基本权利、落实各级人大及其常务委员会在预算过程中的批准和监督权力，规范与协调政府各部门的预算行为，保障《预算法》的实施，根据《预算法》，制定本条例。"

修改原因：《预算法实施条例》是落实《预算法》的细化，这意味着《预算法实施条例》首先必须准确贯彻实施《预算法》的法律精神、法律宗旨及指导思想。同时需要用立法宗旨来明确《预算法实施条例》的立法原则、立法精神。

（二）根据《预算法》，建议增加"预算管理职权""预算审查与批准"两个章节。

建议增加原则：按照《预算法》的章节结构，《预算法实施条例》

增加上述三个章节，逐条落实《预算法》规定的政府在预算过程中如何履行和各级人大的衔接责任，落实各级人大及其常务委员会在预算过程中的批准和监督权力，规范与协调政府的预算行为。

增加原因：《预算法实施条例》是国务院发布的行政法规，无权规范全国人大在预算过程中的行为，但《预算法实施条例》应当落实政府预算行为与全国人大相关工作衔接时的责任和义务，在《预算法》的要求下，要求政府履行保证全国人大和各级人大的预算管理职权、预算审查和批准等权力，同时《预算法实施条例》有权力规范各地方人大履行《预算法》规定的权利和义务。

（三）根据《预算法》，建议增加"预算调整"章节。

增加原因： 预算调整是重要的预算行为，《预算法》中用了八个条款来规范预算调整行为。《条例草案》中仅在预算执行章节就少数预算调整行为做了落实，无法全面落实《预算法》规定了预算调整的要求。应该按照《预算法》的章节结构，逐条落实《预算法》规定的预算调整的安排。

（四）根据《预算法》，建议全面扩充"监督""法律责任"章节，恢复或细化《预算法》的相关条款。

建议修改为： 按照《预算法》相应两章的条款内容，全面扩充《预算法实施条例》的"监督"与"法律责任"两章，明确公民、法人和有关组织在预算监督上的权利，同时依照《预算法》要求，全面细化违反《预算法》和《预算法实施条例》的责任追究和处罚。

全面恢复或细化《预算法》第九十二条到第九十六条关于违反《预算法》的责任追究条款。

修改原因：预算监督和法律责任是保障《预算法》得到有力执行的重要条款，《预算法实施条例》的这两章，遗漏了大多数《预算法》规定的条款，避重就轻，使得有关机构和个人在预算过程中的违法行为有可能会逃避处罚和追究。

（五）建议修改第四条第一款、第二款。

建议修改为："各级政府预算应当包括一般公共预算、政府性基金预算、国有资本经营预算和社会保险预算及未包括在上述四本预算中的其他补充资料，包括专户存储资金预算、未列入政府性基金预算的其他政府性基金的预算、国有企业全部收支及其利润分配信息、政府资产负债信息等。

各部门预算收入包括本级财政安排给本部门及其所属各单位的预算拨款以及合法取得的其他各项收入。各政府、各部门预算支出为政府、部门预算收入相对应的支出，包括基本支出和项目支出。"

修改原因：《预算法》明确规定政府的全部收入和支出都应纳入预算，《条例草案》仅规范了部门预算，没有规范政府预算。预算完整性包括政府预算完整性和部门预算完整性两个层面。

（六）建议修改第五条。

建议修改为："各级政府应公开其全部资金的预算和决算。公开内容包括一般公共预决算、政府性基金预决算、国有资本经营预决算、社会保险基金预决算以及未包含在上述四本预决算中的政府收支的补充预决算信息。

补充预决算信息包括专户存储资金预决算信息、未列入政府性基金预算的其他政府性基金的预决算信息、国有企业全部收支及其利润分配信息、政府资产负债信息等。

政府收入应当按其来源公开到目；支出应当按其功能分类公开到项，按其经济性质分类公开到款。

部门预算、决算应当公开基本支出和项目支出及部门基本数字表。部门预算、决算支出应当按其功能分类公开到项，按其经济性质分类公开到款。

各部门批复所属单位的预算、决算，应当在批复后二十日内由单位向社会公开，涉及国家秘密的事项除外。单位预算、决算支出应当按其功能分类公开到项，按其经济性质分类公开到款。

一般性转移支付向社会公开应当细化到地区。专项转移支付向社会公开应当细化到地区和项目。

各级政府与社会资本合作项目及财政补贴情况应当向社会公布。

各级政府财政部门应当将本级人民代表大会批准的政府预算和部门预算及其预算调整情况抄送同级国库。

通过将各级政府及部门预决算中的收入、支出编制或分类进一步细化，各级政府及部门的预算中其他支出的比例应当限定在5%以内。"

修改原因：预算公开包括政府预算公开和部门预算公开，应进一步明确公开内容、细化公开程度，以便从法律上呼应政府透明度。国库办理付款应以预算及调整为重要依据。国库及时掌握预算和预算调整情况，有利于准确办理预算收支业务和有效履行事中监督职责，为预算资金安全多加一把锁。

(七)建议修改第十二条。

增加条款: "上级政府在安排专项转移支付时,不得要求下级政府承担配套资金。但是,按照国务院的规定应当由上下级政府共同承担的事项除外。"

建议修改为: "上级政府在安排专项转移支付时,不得要求下级政府承担配套资金。但是,按照国务院的规定应当由上下级政府共同承担的事项除外。

《预算法》第十六条第四款所称'配套资金',是指上级政府对上下级政府共同承担的事项下达专项转移支付时,要求下级政府按照支出责任分担情况同时安排、共同使用的资金"。

修改原因:《预算法》第十六条第四款规定的"配套资金"是特例,是严格限制使用,因此应该引用《预算法》条款,限制配套资金的使用,如果必须使用,再说明配置资金的定义。

(八)建议修改第十五条第二款。

修改条款: "起草地方性法规、政府规章和规范性文件,涉及减免应缴预算收入,设立和改变收入项目和标准,罚没财物处理,经费开支标准和范围,国有资产处置、收益分配以及会计核算的,应当符合国家统一的规定,不得违反法律、行政法规规定;涉及预算安排事项的,应当征求本级政府财政部门的意见。"

建议修改为: "起草地方性法规、政府规章和规范性文件,涉及减免应缴预算收入,设立和改变收入项目和标准,罚没财物处理,经费开支标准和范围,国有资产处置、收益分配以及会计核算的,应当符合国家统一的规定,不得违反法律、行政法规规定;地方应该建立健全减免、改变收入项目的标准,保证所有经济主体受到平等对待;涉及预算安排事项的,应当征求本级政府财政部门的意见。"

修改原因:地方在减免、改变收入项目的时候,应该制定统一的标准,保证对所有的征缴主体公平公正。

(九)建议修改第十七条"国库单一账户"和"零余额账户"。

修改条款:"国库单一账户,是指财政部门在国库业务经办机构开设的,用于记录、核算和反映预算收入和预算支出及《预算法》和本条例规定的其他预算资金活动,并用于与零余额账户进行清算的存款账户;

零余额账户,是指财政部门和各部门、各单位在代理国库集中支付业务的银行业金融机构开设的银行结算账户,用于办理预算资金支付业务并与国库单一账户清算,日终余额为零。"

修改条款为:"国库单一账户,是指财政部门在国库开立的存款账户,本级政府原则上唯一持有的存款账户,按收入和支出设置分类账,用于全面记录、核算和反映政府全部收入、支出及库存现金等情况,可视特定专用资金管理需求开设子账户;

零余额账户,是指财政部门和各部门、各单位在国库或银行业金融机构开设的银行结算账户,用于办理预算资金支付业务并与国库单一账户清算,日终余额为零。"

修改原因:按照《预算法》第五十九条的要求,所有政府收入进入国家金库,不存在国库业务经办机构。按照《预算法》的规定,修改"国库单一账户"和"零余额账户"的含义,与建立完善真正意义上的国库集中收付制度相对应。

（十）建议修改第十九条。

增加条款："政府性基金是指按照有关法律法规和规定、由政府有关机关进行管理的、用于专门用途的基金。"

建议修改为："政府性基金是指按照有关规定、由政府有关机关进行管理的、用于专门用途的基金。

政府性基金预算收入包括政府性基金各项目收入和转移性收入。

政府性基金预算支出包括与政府性基金预算收入相对应的各项支出和向一般公共预算调出资金等转移性支出。"

修改原因：政府性基金预算收支涵盖范围广、易遗漏，此处应当进一步明确政府性基金的具体含义。

（十一）建议修改第二十条。

增加条款："国有及国有控股、参股企业的收入、支出及利润分配情况应当向社会公开；国有资本经营预算中其他支出的比例应当限定为5%。"

建议修改为："国有资本经营预算收入包括国有独资企业、国有独资公司按照规定上缴国家的利润收入，国有资本控股和参股公司获得的股息红利收入、国有产权转让收入、清算收入以及其他国有资本经营收入，但依照国务院规定应当缴入一般公共预算的收入除外。

国有资本经营预算支出包括资本性支出和其他支出，以及向一般公共预算调出资金等转移性支出。

国有及国有控股、参股企业的收入、支出及利润分配情况应当向社会公开；国有资本经营预算中其他支出的比例应当限定为5%。"

修改原因：为了防止国有资本经营中，将支出列入其他支出中列支，因此预算报告体系应当明确其他支出的标准，规范管理。

（十二）建议修改第二十一条。

增加条款："社会保险基金累计结余包括各项社会保险的结余金额、资产组成情况、资产经营收益。"

建议修改为："社会保险基金预算收入包括各项社会保险基金保险费收入、一般公共预算安排补助及其他收入。

社会保险基金预算支出包括各项社会保险待遇支出及其他支出。

社会保险基金累计结余包括各项社会保险的结余金额、资产组成情况、资产经营收益。"

修改原因：社会保险的累计结余金额巨大，对社会保险的经营情况有明显影响，应该列入政府预算的收支范围，规范管理。

（十三）建议修改第二十三条。

增加条款："国务院应当及时下达关于编制下一年预算草案的通知。"

建议修改为："国务院应当及时下达关于编制下一年预算草案的通知。

财政部于每年6月15日前部署编制下一年度预算草案的具体事项，规定报表格式、编报方法、报送期限等。"

修改原因：按照《预算法》的规定，由国务院下指示财政部部署，预算的编制通知应当及时公开。

（十四）建议修改第三十一条。

修改条款："各级政府财政部门编制收入预算草案时，应当征求税务、海关等预算收入征收部门和单位的意见。"

建议修改为："各级政府财政部门编制收入预算草案时，应当征求税务、海关等预算收入征收部门和单位的意见，并向各级人大、政府各部门及社会公众征求意见。"

修改原因：政府预算过程是一个涉及多个主体、多级政府和跨部门的过程，征求意见对象应当尽可能广泛。

（十五）建议修改第三十二条、第三十三条的第一款。

修改条款："（一）《预算法》和本条例"

建议修改为："（一）法律、法规"

修改原因：政府预算行为涉及多个方面，如环境保护等，预算编制要依据的法律法规不应该限于《预算法》和本条例，应该充分遵循法律和行政法规的要求。

（十六）建议修改第三十五条。

修改条款："财政部根据预算管理需要，可以对政府收支分类科目作出调整并予以公布。"

建议修改为："财政部应当根据预算管理需要制定政府收支分类科目，并报国务院批准。政府收支分类科目的划分应当保持稳定。根据预算管理需要，经国务院批准，可以对政府收支分类科目作出调整并予以公布。"

修改原因：政府收支分类科目是测量政府预算合理性的重要基础，其科目设置应当科学、有代表性，同时应当保持稳定，以便于跨年比较。

（十七）建议合并并修改第三十九条至第四十三条。

建议修改为："各级政府预算分别按照一般公共预算、政府性基金预算、国有资本经营预算、社会保险预算和未纳入四本预算的补充预算编制。

各级政府、各部门、各单位应当依照本法规定，将所有政府收入全部列入预算，不得隐瞒、少列。

一般公共预算收入包括各项税收收入、行政事业性收费收入、国有资源（资产）有偿使用收入、转移性收入和其他收入。

各级政府预算支出应当依照本法规定，按其功能和经济性质分类编制。一般公共预算支出按照其功能分类，包括一般公共服务支出，外交、公共安全、国防支出，农业、环境保护支出，教育、科技、文化、卫生、体育支出，社会保障及就业支出和其他支出。一般公共预算支出按照其经济性质分类，包括工资福利支出、商品和服务支出、资本性支出和其他支出。

本级一般公共预算支出，按其功能分类应当编列到项；按其经济性质分类，基本支出应当编列到款。本级政府性基金预算、国有资本经营预算、社会保险基金预算支出，按其功能分类应当编列到项。

各级政府应当编制资产负债表。

各部门应该编制单一具体项目预算。

各政府、各部门、各单位应当编制基本数字表作为预算补充材料。"

修改原因：各政府、各部门、各单位编制预算的内容应该以《预算法》规定为基本要求，具体包括预算的完整性、细致程度。

同时政府的资产负债表作为预算的重要参考，应当一同编制。

政府、部门的基本数字，包括人员编制、项目情况等应该作为预算的补充材料，辅助理解预算。

（十八）建议修改第四十七条。

增加条款："中央政府每年应对或有债务（政府负有担保责任的债务、可能承担一定救助责任的债务）进行统计，以预算报表备注或附表方式向全国人大或其常委会报告，并向社会公众公布其规模、结构、期限结构、融资成本。政府负有担保责任的债务、可能承担一定救助责任的债务转为政府直接债务，要向各级人大和政府报告，并向社会公告。

对于或有债务确需政府依法承担偿债责任的，偿债资金要纳入相应预算管理，并相应追究原偿债主体责任，扣减有关经费。"

修改原因：中央政府债务管理仅将预算内的债务纳入余额管理制度，未考虑广义的政府债务。负有担保责任的债务和可能承担一定救助责任的债务都未纳入预算管理。

（十九）建议修改第四十八条第二款。

修改条款为："省、自治区、直辖市政府可以将举借的债务转贷给下级政府。接受转贷并向下级政府转贷的政府应当将转贷债务纳入本级预算管理。使用转贷的政府应当将转贷债务列入本级预算调整方案，报本级人民代表大会常务委员会批准，并应当有偿还计划和稳定的偿还资金来源。"

建议修改为:"省、自治区、直辖市政府举借的债务由本级政府财政部门**会同中国人民银行分支机构**统一管理。省、自治区、直辖市政府举借的债务不得突破国务院下达的政府债务限额。"

增加条款:"国际金融组织和外国政府贷款举借按国家有关规定执行,属于政府债务的纳入规模限额管理。省、自治区、直辖市政府举借债务的限额由财政部在各省、自治区、直辖市政府举借债务的总限额内为各地区前三年 GDP 平均值的 30%。"

修改原因:地方政府债务管理采取余额管理模式。方向是对的,但管理模式过于僵化。地方政府债务余额的考虑因素过多过细,容易产生新的"跑部钱进"。

鉴于地方政府债券属于金融市场上一类重要金融产品,并与银行融资平台类贷款等共同构成地方政府的负债,发行并管理地方政府债券会对货币政策和金融稳定产生一定影响。过去几年,地方债务风险已经严重影响了系统性金融风险,因此,地方政府举借债务应该由财政部会同中国人民银行统一管理。

(二十)建议修改第四十九条第三款。

修改条款:"地方政府债券的发行办法由财政部制定。"

修改条款为:"地方政府债券的发行办法由财政部**会同中国人民银行**制定。"

修改原因:鉴于地方政府债券属于金融市场上一类重要金融产品,并与银行融资平台类贷款等共同构成地方政府的负债,发行并管理地方政府债券会对货币政策和金融稳定产生一定影响。过去几年,地方债务风险已经严重影响了系统性金融风险,因此,地方政府举债应该由财政部会同中国人民银行统一管理。

因此,适宜采用由财政部会同人民银行制定地方政府债券发行办法的模式,由各级财政部门会同人民银行及其分支机构对使用单位和债务资金使用情况进行监督检查和绩效评价。对于达到债务警戒线的高风险地区,除不得新增政府债务余额外,还应采取有效措施降低债务风险。

(二十一)建议修改第五十条。

增加条款:"省级政府每年应对省级及省以下政府负有担保责任的债务、可能承担一定救助责任的债务进行统计,以预算报表备注或附表方式向本级人大或其常委会报告,并向社会公众公布其规模、结构、期限结构、融资成本。政府负有担保责任的债务、可能承担一定救助责任的债务转为政府直接债务,要向各级人大和政府报告,并向社会公告。"

修改原因:目前纳入预算管理的仅为政府负有偿还责任的债务,对二类债和三类债,没有明确的管理办法,很有可能会转化为一类债。

(二十二)建议修改第五十二条。

修改条款:"根据债务率、新增债务率、偿债率等指标,评估地方政府的债务风险状况。财政部对债务高风险地区提出预警,并监督其化解债务风险。债务高风险地区一般不得新增政府债务规模。"

修改条款为:"根据债务率、新增债务率、偿债率等指标,评估地方政府的债务风险状况。财政部对债务高风险地区提出预警,并监督其化解债务风险。债务高风险地区一般不得新增政府债务规模,并采取有效措施降低地方政府债务风险状况。"

(二十三)建议删除第五十三条、第五十四条。

删除原因:公共资金不适宜用于商业用途。这两个条款将公共资金置于非常危险的地位,应当禁止动用公共资金设立任何产业引导基金、投资基金等非公共预算领域。

(二十四)建议在第六十条之前增加一条。

增加条款:"在预算执行中,各级政府的主要任务是:

(一)组织、领导本级预算执行;

(二)按照本级人大批准的预算监督下级政府预算执行情况;

(三)管理和监督预算执行各相关部门和单位;

(四)定期听取财政部门有关预算执行情况的汇报,研究解决预算执行中出现的问题;

(五)按照国务院的规定完善国库现金管理,合理调节国库资金余额;

(六)向本级人民代表大会、本级人民代表大会常务委员会报告本级总预算的执行情况并接受其监督。"

修改原因:根据《预算法》,各级政府是预算执行的主体,应当增加各级政府在预算执行中的相关职责。即《条例草案》中第八十四条相关内容,原第八十四条删除。

(二十五)建议修改第六十条第四款、第十款。

修改条款:"(四)根据年度支出预算和用款计划,合理调度、拨付预算资金,规范库款和国库单一账户体系管理,监督检查各部门、各单位预算资金使用管理情况,建立覆盖预算执行全过程的动态监

控机制,厉行节约,提高效率;

(十)协调预算收入征收部门和单位、国库和其他有关部门的业务工作。"

修改条款为:"(四)根据年度支出预算和用款计划,合理调度、拨付预算资金,监督检查各部门、各单位预算资金使用管理情况,建立覆盖预算执行全过程的动态监控机制,**会同中国人民银行及其分支机构**规范**国库单一账户**、零余额账户、财政专户管理。

(十)协调预算收入征收部门和单位、国库和其他有关部门的业务工作。"

修改原因:根据《预算法》第五十九条规定,只有国库单一账户,没有国库单一账户体系。根据《预算法》确立的"人民银行经理国库"以及《人民币银行结算账户管理办法》等法律法规,人民银行是各类账户管理的主体,应当明确三类账户由财政部会同人民银行管理。

(二十六)建议修改第六十条第五款。

修改条款:"(五)统一管理政府债务的举借、支出、偿还,对使用单位和债务资金使用情况进行监督检查和绩效评价;"

修改条款为:"(五)**会同中国人民银行及其分支机构**统一管理政府债务的举借、支出、偿还,对使用单位和债务资金使用情况进行监督检查和绩效评价;"

修改原因:鉴于地方政府债券属于金融市场上一类重要金融产品,并与银行融资平台类贷款等共同构成地方政府的负债,发行并管理地方政府债券会对货币政策和金融稳定产生一定影响。过去几年,地方债务风险已经严重影响了系统性金融风险,因此,地方政府债务举借应该由财政部会同中国人民银行统一管理。

(二十七)增加第六十条第十一款。

增加条款:"(十一)审核预算单位资金使用计划和财政直接支付资金申请,建立健全内部监督制约机制。"

增加原因:在具体组织预算执行过程中,建立和强化各相关行政部门之间的协调机制,是一个行之有效的经验做法,有利于保证预算执行各项工作顺利开展,因此需要在条例中予以明确。

(二十八)建议在第六十条后增加一条。

增加条款:"预算执行中,中国人民银行的主要任务是:

(一)组织管理国库工作;

(二)制定国库管理具体制度和办法;

(三)办理预算收入的收纳、划分、留解、退付和库款支拨业务;

(四)对相关预算收支行为实施监督管理;

(五)承担国库现金管理相关工作;

(六)开展国库统计分析工作,定期向本级政府报告预算执行情况;

(七)代理国务院财政部门向金融机构发行、兑付国债和其他政府债券。"

修改原因:第一,《预算法》《中国人民银行法》规定了人民银行经理国库制度,《条例草案》中也应明确人民银行经理国库具体职责。第二,《条例草案》中对政府财政部门、预算单位、海关、税务等部门在预算执行中的任务作了规定,国库作为预算执行重要环节之一,也应当予以明确。第三,上述国库职责是由现行《国家金库条例》等法规制度所规定的,是被长期实践证明行之有效的,应当继续坚持。

(二十九)建议修改第六十二条第一款、第三款。

修改条款:"各级财政、税务、海关等预算收入征收部门和单位,必须依法组织预算收入,按照财政管理体制、征收管理制度和国库集中收缴制度的规定及时将预算收入缴入国库,按照《中华人民共和国社会保险法》规定将社会保险基金收入存入依法设立的财政专户。

预算收入征收部门和单位应当按照财政部规定将收入征管信息提供给有关政府财政部门。"

修改条款为:"各级财政、税务、海关等预算收入征收部门和单位,必须依法组织预算收入,按照**国家有关规定**及时将预算收入缴入国库。

预算收入征收部门和单位应当将收入征管信息提供给有关政府财政部门**和国库**。"

修改原因:第一,《预算法》第五十六条规定"政府的全部收入应当上缴国家金库"。《条例草案》列出"按财政管理体制、征收管理制度和国库集中收缴制度的规定",并不是"规定"的全部,改为"按照国家有关规定"更为合理。

第二,把社保基金收入存入财政专户,在《社保法》中已有明确规定,没有必要在本条例中再次表述。

第三,删除"财政部"后,消除了作出"规定"部门的唯一性,有更强的适用性。

第四,《国家金库条例实施细则》规定"为了正确反映预算收入执行情况,各级财政、征收机关和国库必须严格遵守预算收入对账制度",在该条中增加收入征收部门向国库提供收入信息,有利于国库做好与征收部门的对账工作,确保国库收入数据真实准确;同时,也与《条例草案》第八十一条规定各部门之间要建立健全预算收入对账制度相衔接,体现一致性。

(三十)建议修改第六十三条。

修改条款:"《预算法》第五十六条第二款、第九十二条所称'财政专户',是指财政部门为履行财政管理职能,按照规定的设立程序,在银行业金融机构开设用于管理核算特定专用资金的银行结算账户。

财政专户资金由本级政府财政部门管理。除法律另有规定外,未经本级政府财政部门同意,任何部门、单位和个人都无权冻结、动用财政专户资金。

各级财政专户资金应当由本级政府财政部门纳入统一的会计核算,并在预算执行情况、决算、政府综合财务报告中单独反映。"

修改条款为:"《预算法》第五十六条第二款、第九十二条所称'财政专户',是指财政部门按法律规定或者经国务院批准设立的用于管理核算特定专用资金的银行结算账户。

特定专用资金需要设立财政专户的,原则上应开设在国库,对确有特殊需要必须开设在银行业金融机构的,中央本级由财政部商中国人民银行同意后拟定设立方案,报国务院批准;地方各级由本级财政部门商同级人民银行同意后拟定设立方案,逐级上报,经财政部审核同意后报国务院批准。

除法律另有规定外,变更财政专户应当依照本条第二款规定的程序办理审批手续,撤销财政专户应当报财政部和中国人民银行备案。"

修改原因:第一,《预算法》第五十六条规定"政府的全部收入应当上缴国家金库"。第二,财政专户开设在人民银行国库,符合建立国库单一账户制度的原则。第三,根据《人民币银行结算账户管理办法》第六条的规定,"存款人开立基本存款账户、临时存款账户和预算单位开立专用存款账户实行核准制度,经中国人民银行核准后由开户银行核发开户登记证",因此,设立财政专户需经人民银行核准。

(三十一)建议修改第六十四条。

修改条款:《预算法》第五十六条第二款所称特定专用资金,包括:(一)法律规定可以设立财政专户的资金;(二)外国政府和国际经济组织贷款、赠款;(三)按照规定存储的人民币以外的货币;(四)国务院批准的其他特定专用资金。

本条前款第(一)项至第(三)项规定的特定专用资金需要设立财政专户的,应当由财政部核准;本条前款第(四)项规定的特定专用资金需要设立财政专户的,应当由财政部审核后报国务院批准。

除法律另有规定外,变更财政专户应当依照本条第二款规定的程序办理审批手续,撤销财政专户应当报财政部备案。"

修改条款为:"预算法第五十六条第二款所称特定专用资金,包括:(一)法律规定可以设立财政专户的资金;(二)国务院批准的特定专用资金。

财政专户资金由本级政府财政部门管理。除法律另有规定外，未经本级政府财政部门同意，任何部门、单位和个人都无权冻结、动用财政专户资金。

各级财政专户资金应当由本级政府财政部门纳入统一的会计核算，并在预算执行情况、决算、政府综合财务报告中单独反映。"

修改原因：财政专户应严格按照《预算法》规定设立。同时，对本条和第六十三条的相关内容进行调整，第六十三条规定财政专户设立、第六十四条规定财政专户资金管理，更加符合逻辑顺序。

（三十二）建议修改第六十五条。

修改条款："一切有预算收入上缴职责的部门和单位，必须依法将应当上缴的预算收入，按照规定的预算级次、政府收支分类科目、缴款方式和期限缴入国库，将社会保险基金收入存入依法设立的财政专户，不得截留、占用、挪用或者拖欠。"

修改条款为："一切有预算收入上缴职责的部门和单位，必须依法将应当上缴的预算收入，按照规定的预算级次、政府收支分类科目、缴款方式和期限缴入国库，不得截留、占用、挪用或者拖欠。"

修改原因：《社保法》明确规定"社会保险基金存入财政专户"，不需在条例中再重复"将社会保险基金收入存入依法设立的财政专户"的内容。

（三十三）建议修改第六十九条第二款。

删除条款："中央各部门、各单位不得接受地方各级政府及其部门的补助，但法律、行政法规或者国务院、财政部有规定的除外。"

修改条款："中央各部门、各单位不得接受地方各级政府及其部门的补助，但法律、行政法规或者国务院有规定的除外。"

修改原因：财政部不具有对地方预算资金的支配权。

(三十四)建议修改第七十三条。

修改条款："地方国库业务由中国人民银行分支机构办理。未设中国人民银行分支机构的地区，由上级中国人民银行分支机构商有关的地方政府财政部门后，委托有关银行业金融机构办理。

具备条件的乡、民族乡、镇设立国库，具体条件和标准由省、自治区、直辖市政府财政部门确定。"

修改条款为："国库是国家金库的简称，是负责办理预算收入的收纳、划分、留解、退付和库款支拨业务并实施监督管理的专门机构，按规定承担国库现金管理以及承担组织国债和其他政府债券发行、兑付等工作。国库分为中央国库和地方国库。国库包括总库、分库、中心支库、支库和乡镇国库。

国库业务由中国人民银行及其分支机构经理。其中，中央国库业务由中国人民银行经理，地方国库业务由中国人民银行分支机构经理。未设中国人民银行分支机构的地区，其地方国库业务原则上由上一级中国人民银行机构经理；确有特殊需要的，由上级中国人民银行机构委托当地有关银行业金融机构代理。

具备条件的乡、民族乡、镇设立国库的，具体条件和标准由分库商同级政府财政部门确定。"

修改原因：《预算法》第五十九条规定"中央国库业务由中国人民银行经理"，"条例草案"违反了《预算法》第五十九条的规定，没有体现人民银行经理国库的具体内容。通过上述修改，可以明确国库的基本业务和经理国库的基本组织构架，也可以对具备条件的乡镇如何设立国库进行明确。

（三十五）建议修改第七十四条第一款、第二款。

修改条款："中国人民银行经理中央国库业务应当接受财政部的指导和监督，对中央财政负责。

中国人民银行分支机构和有关银行业金融机构办理地方国库业务应当接受本级政府财政部门的指导和监督，对地方财政负责。

省、自治区、直辖市制定的地方国库业务制度应当报财政部和中国人民银行备案。"

修改条款："中国人民银行经理中央国库业务应当接受国务院的指导和监督，对国务院负责；

中国人民银行分支机构经理国库业务和银行业金融机构代理国库业务，应当接受本级政府和上级国库的业务指导和监督，对本级政府和上级国库负责；

省、自治区、直辖市制定的地方国库业务制度应当报财政部和中国人民银行备案。"

修改原因：原款"对中央财政负责"的表述至少有三大问题：财政部不等于中央政府，财政部与央行同属国务院的同级组成部门，经理国库指央行为政府而不是为财政部门经理国库。《预算法》第五十九条规定，"各级政府应当加强对本级国库的管理和监督"，基于下位法服从上位法之原则，国库工作应接受各级政府领导，对各级政府负责，而不是对财政部门负责。

（三十六）建议修改第七十五条第一款、第二款，删除第五款、第六款，增加一款。

修改条款："各级政府财政部门履行下列国库管理职责：

（一）组织拟定国库管理制度、国库集中收付制度，制定国库管理相关业务流程；

（二）管理本级国库单一账户体系，组织实施国库集中收付业务；

（三）通过政府采购选择国库集中收付代理银行，组织实施国库集中收付代理银行与中国人民银行资金清算，开展国库集中收付代理银行管理及职责履行考评工作；

（四）管理国库库款和财政专户资金，建立健全国库现金管理制度，承担国库现金管理工作；

（五）指导监督并定期检查中国人民银行经理国库业务、中国人民银行分支机构和有关银行业金融机构办理国库业务的职责履行情况；

（六）审核预算单位资金使用计划和财政直接支付资金申请，建立健全内部监督制约机制"。

修改条款为："各级政府财政部门会同中国人民银行及其分支机构履行下列国库管理职责：

（一）组织拟定国库管理制度、国库集中收付制度，制定国库管理相关业务流程；

（二）管理本级**国库单一账户**，组织实施国库集中收付业务；

（三）通过政府采购选择国库集中收付代理银行，组织实施国库集中收付代理银行与中国人民银行资金清算，开展国库集中收付代理银行管理及职责履行考评工作；

（四）管理国库库款和财政专户资金，建立健全国库现金管理制度，承担国库现金管理工作；

（五）本条所称'国库现金管理'，是指按照安全性、流动性、收益性相结合的原则，以维持合理的国库库存水平为目标，运用适当的方式对国库现金余额进行有效调节的行为。"

修改原因：第一，国库管理的相应职责应当由各级政府财政部门、人民银行及其分支机构共同承担。第二，"国库现金管理"作为在《预算法》中已出现、在《条例草案》中也多次出现的概念，应明确其含义。

（三十七）建议修改第七十六条。

修改条款："中央国库业务经理机构和地方国库业务办理机构（以下统称国库业务经办机构）履行下列国库管理职责：

（一）按照财政部规定及时准确办理预算收入的收纳、划分、留解、退付、更正和预算支出的拨付；

（二）按照财政部门指令及规定时间，办理国库单一账户与零余额账户资金清算业务；

（三）按规定监督代理国库集中收付业务的银行业金融机构的资金清算业务；

（四）对国库库款收支有关凭证要素的合规性进行审核；

（五）按照财政部规定向财政部门编报预算收入入库、解库及库款拨付情况的日报、旬报、月报和年报及明细情况；

（六）建立健全预算收入对账制度。"

修改条款为："各级国库在预算收支执行中履行下列监督管理职责：

（一）监督国库存款的开户和国库库款的支拨，对违反财政制度规定的，国库有权拒绝执行；

（二）督促检查各国库经收处和收入机关所收之款是否按规定全部缴入国库，发现违法不缴的，应及时查究处理；

（三）对擅自变更各级财政之间收入划分范围、分成留解比例，以及随意调整库款账户之间存款余额的，国库有权拒绝执行；

（四）对不符合国家规定要求办理退库的，国库有权拒绝办理；

（五）任何单位和个人强令国库办理违反国家规定的事项，国库有权拒绝执行；

（六）对不符合规定的凭证，国库有权拒绝受理；

（七）对银行业金融机构代理国库相关业务进行监督和管理；

（八）对于监督管理中发现的问题，应及时向本级政府和上级国库报告。

本条所称'国库经收处'，是指经收预算收入的银行业金融机构等。国库经收处办理国库经收业务，接受中国人民银行及其分支机构的监督和管理。

本条所称'代理国库相关业务'，是指银行业金融机构代理部分中心支库、支库和乡镇国库业务，以及代理国库集中收付业务。"

修改原因：国库事中监督是经理国库制度的核心要求，实施适度的、必要的国库事中监督，符合现行《国家金库条例》规定，有助于各级政府、财政部门和征收机关进一步约束、规范自身预算收支行为；同时，也能确保各级政府财政部门的合法权益，确保国库资金安全。长期实践证明，国库履行事中监督职能行之有效、成效显著，应当继续坚持。

《预算法》规定"中央国库业务由中国人民银行经理，地方国库业务依照国务院的有关规定办理"，实际操作中，不论中央的国库，还是地方的国库都是由央行经理的，但《条例草案》中强行将地方国库依照国务院有关规定办理的"办理"理解成和"经理"不同的"办理机构"，统称为"经办机构"，割裂了中央国库和地方国库，破坏了国家金库的统一性和完整性，强行抢夺央行对国库的经理权，违反了《预算法》第五十九条对人民银行经理国库的规定。

（三十八）建议修改第七十七条。

修改条款："国库业务经办机构应当依照有关法律、行政法规和财政部、中国人民银行的有关规定，加强对国库业务的管理。

国库业务经办机构必须遵守国家有关预算收入缴库的规定，不得延解、占压应当缴入国库的预算收入和国库库款。"

修改条款为："各级国库应当依照有关法律、行政法规和财政部、中国人民银行的有关规定，加强对国库业务的管理。

各级国库和有关银行业金融机构应当遵守国家有关预算收入缴库的规定，不得延解、占压应当缴入国库的预算收入。"

修改原因：《条例草案》将国库划分为经理和办理机构、统称为"经办机构"的做法割裂了中央国库和地方国库，破坏了国家金库的统一性和完整性；同时将政府部门与商业机构混为一体，违反了

《预算法》第五十九条对人民银行经理国库的规定。

（三十九）建议修改第七十八条。

修改条款："国库业务经办机构必须凭本级政府财政部门签发的拨款凭证或者支付指令于当日办理资金拨付，并及时清算资金或者将款项及时转入收款单位的账户。各级政府财政部门签发的拨款凭证或者支付指令，凭证要素合规齐全的，国库业务经办机构不得延迟或者拒绝办理。"

修改条款为："各级国库在收到本级政府财政部门或其授权的预算单位签发的拨付指令后，对照经本级人大批准的预算支出计划，经政策性、合规性、要素性审核无误的，应于当日最迟下一工作日拨付资金；对于不符合规定的，应及时将拨付指令退回给财政部门或其授权的预算单位。

本条所称'拨付指令'，是指财政部门签发的实拨资金支付指令、直接支付指令和经财政部门授权的预算单位签发的支付指令。"

修改原因：第一，《国家金库条例》规定，国库"负责办理国家预算资金的收入和支出。在执行任务中，必须认真贯彻国家的方针、政策和财经制度，发挥国库的促进和监督作用。"国库依法履行监管职责，必须按照本级人大批准的预算支出计划，并根据国家有关政策进行政策性、合规性、要素性审核。第二，所有政府收支都在国库单一账户中"钱过留痕"，有利于加强预算执行中的监督制衡。

（四十）建议修改第七十九条第三款。

修改条款："上下级财政之间的资金往来、财政部门提前拨付预算资金，不属于财政对外借款。"

修改条款为："上下级财政之间的资金往来、财政部门依据有关规定提前拨付预算资金，不属于财政对外借款。"

修改原因：强调财政部门应"依据有关规定提前拨付预算资金……"，可以保障财政部门依据相关法规制度进行提前拨付，避免提前拨付的随意性。

（四十一）建议修改第八十条。

修改条款："国家建立以国库现金流量预测和库底目标余额管理为基础的国库现金管理制度。财政部负责中央国库现金管理，各省、自治区、直辖市政府财政部门负责组织开展本地区国库现金管理。

国库现金管理遵循安全性、流动性和收益性相统一的原则。"

修改条款为："各级政府按照国务院的规定开展国库现金管理，并定期向本级人民代表大会常务委员会报告。各级政府财政部门和中国人民银行及其分支机构应建立国库现金管理协调机制，共同组织开展国库现金管理工作，合理调节国库资金余额。

国库现金管理遵循安全性、流动性、收益性相统一的原则；公开、公平、公正原则；促进货币政策与财政政策协调性的原则。"

修改原因：第一，国库现金管理工作由财政部门、人民银行两家共同组织开展，是目前已经达成的共识，也是实际工作中的具体做法；第二，财政部和人民银行已经就国库现金管理的基本原则达成一致，并共同下发了文件，其主要精神应在条例中体现；第三，关于"库底目标余额管理"，目前财税体制改革正在逐步推进，库底目标余额管理制度尚未建立，需借鉴国际经验认真研究，故不宜在《条例草案》中提出以库底目标余额管理为基础的国库现金管理制度。

（四十二）建议修改第八十一条。

修改条款："各级政府财政部门、预算收入征收部门和单位、有预算收入收缴职责的部门和单位、国库业务经办机构应当建立健全相互之间的预算收入对账制度，在预算执行中按旬、按月、按季、按年核对预算收入的收纳及库款拨付情况，保证预算收入的征收入库和库存金额准确无误。"

修改条款为："各级政府财政部门、预算收入征收部门和单位、有预算收入收缴职责的部门和单位、各级国库应当建立健全相互之间的预算收入对账制度，各级财政部门和各级国库之间应当建立健全预算支出及国库库存对账制度，保证预算收入、支出及库存资金数额准确无误。"

修改原因：建立完善对账制度是保障国库资金安全、降低风险的有效手段。

（四十三）建议修改第八十二条。

修改条款："涉及中央预算收入退付的办法，由财政部制定。地方预算收入退付的办法，由省、自治区、直辖市政府财政部门制定。

各级预算收入退付的审批权属于本级政府财政部门。涉及中央预算收入的退付，由财政部或者财政部授权的机构批准。地方预算收入的退付，由地方政府财政部门或者其授权的机构批准。具体退付程序按照财政部的有关规定办理。

办理预算收入退付，应当直接退给申请单位或者申请个人，退付资金有专项用途的按照国家规定用途使用。任何部门、单位和个人不得截留、挪用退付款项。"

修改条款为："涉及中央预算收入退付的办法，由财政部会同国家税务总局、中国人民银行制定。地方预算收入退付的办法，由省、自治区、直辖市政府财政部门会同税务和中国人民银行分支机构等部门制定；

各级预算收入退付的审批权属于本级政府财政部门。涉及中央预算收入的退付，由财政部或者财政部授权的机构批准。地方预算收入的退付，由地方政府财政部门或者其授权的机构批准。具体退付程序按照国家有关规定办理。

国库办理预算收入退付，应依据国家有关规定加强审核监督，直接退给符合条件的申请单位或者申请个人，退付资金有专项用途的按照国家规定用途使用。任何部门、单位和个人不得截留、挪用退付款项。"

修改原因：预算收入退付业务主要涉及财政部门、中国人民银行、征收机关等部门，由财政部门会同中国人民银行、税务等部门制定相关制度办法，是一直以来的通常做法，它有利于制度的科学制定和有效执行。因此，建议作出上述修改。

（四十四）建议修改第八十三条。

修改条款："《预算法》第六十一条所称'国库集中收缴制度'，是指预算收入按照规定的程序，通过国库单一账户体系缴入国库的办法。

《预算法》第六十一条所称'国库集中支付制度'，是指预算支出通过国库单一账户体系，采取财政直接支付或者财政授权支付方式，将资金支付到收款人的办法。县级以上各级政府财政部门应当设立专门的财政国库支付执行机构承担国库集中支付有关具体工作。

财政直接支付是指由政府财政部门开具支付令，通过财政零余额账户支付到收款人，财政零余额账户再与国库进行资金清算的支付方式。财政授权支付是指预算单位根据本级政府财政部门授权，自行开具支付令，通过预算单位零余额账户支付到收款人，预算单位零余额账户再与国库进行资金清算的支付方式。

国库集中收缴制度和集中支付制度统称国库集中收付制度"。

修改条款为："《预算法》第六十一条所称'国库集中收缴制度'，是指全部预算收入通过国库经收处由缴款人直接缴入国库单一账户的办法。

《预算法》第六十一条所称'国库集中支付制度'，是指预算支出从国库单一账户直接支付或经银行业金融机构支付到最终收款人账户的办法。国库集中支付业务原则上由国库单一账户直接支付到最终收款人账户。必要时，由中国人民银行及其分支机构委托银行业金融机构代理相关支付业务。

国库集中收缴制度和国库集中支付制度合称国库集中收付制度。"

修改原因：真正意义上的国库集中收付制度，应当以国库单一账户为基础，即政府全部收入通过国库经收处缴入国库单一账户，全部支出通过国库单一账户直接拨付给最终收款人。对确有特殊需要的，可以比照现行委托银行业金融机构代理国库模式，由中国人民银行及其分支机构委托银行业金融机构将支出款项拨付到最终收款人账户。

（四十五）建议修改第八十六条。

修改条款："各级政府财政部门应当每月向本级政府报告预算执行情况，具体报告内容、方式和期限由本级政府规定。"

修改条款为："各级政府财政部门和国库应当每月向本级政府报告预算执行情况，具体报告内容、方式和期限由本级政府规定。"

修改原因：预算执行情况的一个关键方面是"现金预算"的执行情况。政府需要同时了解"收支预算"和"现金预算"两个层面的执行信息。国库的报告机制也有助于校正财政一家报告可能出现的信息偏差或失真。依照《预算法》规定，各级政府负责组织本级总预算执行，负责监督本级各部门预算执行，依法加强对本级国库的管理和监督，明确由各级政府财政部门和国库定期向本级政府报告预算执行情况，有利于将《预算法》的规定落到实处，有利于促进各级政府更好地履行监督职能，保障预算执行真实准确，也符合内部控制的"四眼原则"。

（四十六）建议修改第八十八条。

修改条款："各级财政、税务、海关等预算收入征收部门和单位、有预算收入收缴职责的部门和单位应当按照相关政府财政部门规定的期限和要求，向相关政府财政部门和上级主管部门报送有关预算收入征收或者收缴明细情况，并附分析说明材料。

预算收入征收部门和单位应当与相关财政部门建立信息共享机制，通过电子政务平台共享所有收入征管信息。"

修改条款为:"各级政府按相关规定开展国库现金管理,定期向本级人民代表大会常务委员会报告。各级政府财政部门和中国人民银行及其分支机构应建立国库现金管理协调机制,共同组织开展国库现金管理工作。

预算收入征收部门和单位应当与相关财政部门和国库建立信息共享机制,通过电子政务平台共享所有收入征管信息。"

修改原因: 现金管理应当与央行共同开展,并向人大报告。应当建立预算收入征收部门、财政部门和国库之间的信息共享机制,便于国库及时掌握预算信息,保证国库准确办理政府收支业务,有助于国库履行事中监督职责。

(四十七)建议修改第九十三条第三款、第四款。

修改条款:"(三)部门的预算资金与本部门以外预算资金间调剂,凡不涉及预算级次间变动或者部门新增项目的,由本级政府财政部门负责办理并向本级政府报告;

(四)不同预算级次间的预算资金调剂的,或者部门新增项目需要从本部门以外预算资金调剂的,由本级政府财政部门审核后报本级政府批准。"

修改条款为:"(三)部门的预算资金与本部门以外预算资金间调剂,凡不涉及预算级次间变动或者部门新增项目的,由本级政府财政部门负责办理,抄送同级国库,并向本级政府报告;

(四)不同预算级次间的预算资金调剂的,或者部门新增项目需要从本部门以外预算资金调剂的,由本级政府财政部门审核后报本级政府批准,并抄送同级国库。"

修改原因：将部门间的预算级次调整和不同预算级次的预算资金调剂信息抄送同级国库，能够使国库及时掌握预算和预算调整情况，有利于准确办理政府收支业务，有效履行国库事中监督职能。

（四十八）建议修改第一百一十一条。

修改条款："各部门及其所属各单位应当接受本级政府财政部门有关预算的监督检查；按照本级政府财政部门的要求，如实提供有关预算资料；执行本级政府财政部门提出的检查意见。"

建议修改为："各部门及其所属各单位应当接受本级政府财政部门、本级人大及政协有关预算的监督检查；按照本级政府财政部门、本级人大及政协的要求，如实提供有关预算资料；执行本级政府财政部门、本级人大及政协提出的检查意见。"

修改原因：应增强预算的外部监督合作，强化人大对预算监督的权力。

（四十九）建议修改第一百一十二条。

修改条款：建议将第一百一十二条修改为："《预算法》第九十三条第（六）项所称'违反本法规定冻结、动用国库库款或者以其他方式支配已入国库库款'，除法律、行政法规另有规定外，是指：

（一）未经政府财政部门同意冻结、动用国库库款的；

（二）违规将库款调入财政专户的；

（三）违规或擅自动用国库库款，或将国库库款挪作他用的；

（四）延解、占压国库库款的；

（五）预算收入征收部门和单位将所收税款和其他预算收入违

规存入国库或财政专户之外的其他账户的；

（六）预算收入征收部门和单位未经政府财政部门或者政府财政部门授权的机构同意退付的；

（七）违规或擅自办理退付的；

（八）违反规定签发拨款指令的；

（九）违规提前拨付预算资金的；

（十）占压政府财政部门拨付的预算资金的；

（十一）查封零余额账户的；

（十二）违法《预算法》规定的其他相关行为。"

修改原因：一是本条为对之前条款所称各种违规行为的解释，应囊括预算执行中可能违规的各类主体和各种情况，将《意见稿》中原（二）（四）内容合并，并新增（二）（三）（八）（九）。二是性质相近的违规行为条款应依序摆放，以便对比理解。

（五十）建议新增一条。

新增条款："各级政府及有关部门有下列行为之一的，责令改正，对负有直接责任的主管人员和其他直接责任人员追究行政责任：

（一）未依照《预算法》和本条例规定，编制、报送预算草案、预算调整方案、决算草案和部门预算、决算以及批复预算、决算的；

（二）违反《预算法》和本条例规定，进行预算调整的；

（三）未依照《预算法》和本条例规定对有关预算事项进行公开和说明的；

（四）违反规定设立政府性基金项目和其他财政收入项目的；

（五）违反法律、法规规定使用预算预备费、预算周转金、预算稳定调节基金、超收收入的；

（六）违反《预算法》和本条例规定开设财政专户的。"

新增原因：落实《预算法》规定的法律责任。

（五十一）建议新增一条。

新增条款："各级政府及有关部门、单位有下列行为之一的，责令改正，对负有直接责任的主管人员和其他直接责任人员依法给予降级、撤职、开除的处分：

（一）未将所有政府收入和支出列入预算或者虚列收入和支出的；

（二）违反法律、行政法规的规定，多征、提前征收或者减征、免征、缓征应征预算收入的；

（三）截留、占用、挪用或者拖欠应当上缴国库的预算收入的；

（四）违反《预算法》和本条例规定，改变预算支出用途的；

（五）擅自改变上级政府专项转移支付资金用途的；

（六）违反《预算法》和本条例规定拨付预算支出资金，办理预算收入收纳、划分、留解、退付，或者违反本法规定冻结、动用国库库款或者以其他方式支配已入国库库款的。"

新增原因：落实《预算法》规定的法律责任。

（五十二）建议新增一条。

新增条款："各级政府、各部门、各单位违反本法规定举借债务或者为他人债务提供担保，或者挪用重点支出资金，或者在预算之外及超预算标准建设楼堂馆所的，责令改正，对负有直接责任的主管人员和其他直接责任人员给予撤职、开除的处分。"

新增原因：落实《预算法》规定的法律责任。

（五十三）建议新增一条。

新增条款："各级政府有关部门、单位及其工作人员有下列行为之一的，责令改正，追回骗取、使用的资金，有违法所得的没收违法所得，对单位给予警告或者通报批评；对负有直接责任的主管人员和其他直接责任人员依法给予处分：

（一）违反法律、法规的规定，改变预算收入上缴方式的；

（二）以虚报、冒领等手段骗取预算资金的；

（三）违反规定扩大开支范围、提高开支标准的；

（四）其他违反财政管理规定的行为。"

新增原因：落实《预算法》规定的法律责任。

本建议修改意见的参与学者（按姓氏拼音序排列）：

邓淑莲，上海财经大学公共经济与管理学院教授；

冯兴元，中国社会科学院农村发展研究所研究员；

傅蔚冈，上海金融与法律研究院执行院长；

蒋　洪，全国政协委员，上海财经大学公共经济与管理学院财政学教授；

李维森（韦森），复旦大学经济学院教授，复旦大学经济思想与经济史研究所所长；

李炜光，天津财经大学财政学科首席教授；

刘胜军，中欧陆家嘴国际金融研究院执行副院长；

刘小兵，上海财经大学公共经济与管理学院副院长，教授；

聂日明，上海金融与法律研究院研究员；

施正文，中国政法大学民商经济法学院教授、博士生导师；

王雍君，中央财经大学教授、财经研究院院长；

叶　青，全国十届、十一届人大代表，湖北省统计局副局长，中南财经政法大学教授、博士生导师；

朱为群，上海财经大学公共经济与管理学院教授。